바이블매트릭스

바이블매트릭스

4
하나님들의 과학기술과 우리가 창조해야 할 미래·하

차원용 지음

BIBLE MATRIX

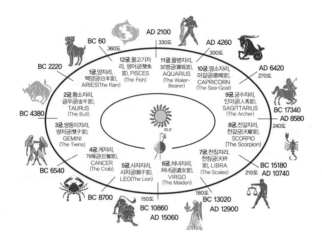

갈모산방

프롤로그

필자는 신(神)과 과학의 선적(善的)인 조화를 견지하는 유신론(有神論, theism)자이다. 그렇다고 유일신(唯一神, monotheism)을 지지하지는 않는다. 성경에는 많은 하나님들(God, Elohim)이 등장한다. 그런 점에서 다신론(多神論, polytheism)을 지지한다. 그렇다고 필자의 다신론에 귀신이나 무당 신을 포함시키지는 않는다. 우리가 아버지→할아버지→증조할아버지→고조할아버지→그 이상의 더 높은 서열의 아버지들이 계시듯이, 하나님들께서도 족보상으로 꽤나 많은 하나님들이 계신다. 이렇게 접근해 볼 때 최고 높으신 하나님이 기독교(그리스도교)에서 말하는 '여호와 하나님(Lord God)'이요 가톨릭에서 말하는 '주 하느님'이 될 수도 있다. 이를 히브리 성경에는 이스라엘의 하나님인 '야훼(Yahweh, YHWH, JHWH, Jehovah)' 하나님으로 기록하고 있다. 그런데 신약으로 가면 예수님은 하나님을 '야훼'라 부르지 않고 '하나님 아버지(God the Father)'라 부르신다.

성경에는 수많은 하나님들의 과학기술들이 등장한다. 먼 과거의 처녀자리(VIRGO)가 시작되던 BC 13020년의 노아 방주, 즉 잠수함 기술도 등장하고, 「요한계시록」 등의 예언서에는 먼 미래의 지하왕국과 바다왕국의 과학기술에서 특이점-블랙홀을 이용한 별들의 핵융합과 핵전쟁기술도 등장한다. 따라서 어떤 것은 오늘날의 과학기술로 이해가 되기도 하고, 어떤 것은 이해가 되지 않아 단지 하나의 신화(Mythology)나 신비(Mystery), 특히 기적(Miracle)으로 간주하기도 한다. 그리고 그것은 전지전능하신 하나님들의 영역이라고 생각하고 그냥 지나쳐 버린다. 그러나 과학적으로 볼 때 기적은 없다. 성경에 등장하는 하나님들의 기적이란 모두 진실의 역사적 사실이며, 그것은 과학기술로 이해할 수 있다. 단지 하나님들이 사용했던 과학기술들을 그 당시의 기록자들이 이해하지 못해 기적으로 표현한 것뿐이다. 또한 현재 우리가 이해 못하는 부분들은, 아직도 우리가 그러한 과학기술들을 찾아내지 못했기 때문에 이해를 못하는 것이다. 그러나 언젠가는 과학기술이 발전하다 보면 우리는 분명하게 성경에 기록된 내용이 사실이며 진실임을 이해하게 될 것이다.

또 하나 중요한 점은 하나님들은 지성(Intelligence)과 과학(Science)으로 우주와 인간을 창조했으며, 이제 하나님들의 지성과 과학은 우리들로 하여금 하나님들의 창조 행위를 반복하도록 하고 있다는 데 있다. 미래의 역사는 다시 과거로 돌아가는 것이다. 과거로 돌아가되 시대의 변화에 따른 수준만 다를 뿐이다. 그러므로 우리는 과거에 하나님들께서 사용했던 과학기술들을 반드시 찾아내서 하나님들의 창조 행위를 반복해야 한다. 창조 행위를 반복하되 더 낫게 해야 한다. 극단적으로 말하자면, 우리가 다시 창세기로 돌아가지만, 먼 미래에는 창세기에 등장했던 에덴 동산보다 월등히 높은 수준의 낙원과 천년왕국을 건설해야 한다.

1부에서는 하나님들을 왜 하나님(God), 즉 히브리어 성경의 엘로힘(Elohim)과 여호와 하나님(Lord God), 즉 히브리어 성경의 야훼 (Yahweh)로 분리하여 기록되었는지를 자세히 분석하고, 고대 수메르 문서에 등장하는 여러 신들의 이름들이 구약성경에도 그대로 기록되어 있음을 분석하여 제시해 보기로 한다. 이를 통해 의로운 하나님들과 불의의 하나님들을 구분하여 제시해 보도록 한다. 그리고 「요한계시록」의 하늘에서 쫓겨나 이 땅에 내려오시는 하나님들은 과연 어느 하나님들인가를 밝힌다. 또한 「요한계시록」에서 말하는 용과 뱀과 마귀와 사단은 어느 하나님들인가를 밝히고, 불의의 하나님들을 분별할 줄 아는 지혜 있는 방법을 제시해 보도록 한다.

2부에서는 지금까지 공부한 필자의 과학지식과 그것을 바탕으로 최대한 상상력을 발휘하여, 구약성경에 등장하는 주요 기적들을 하나하나씩 과학기술로 풀어보기로 한다. 이것은 매우 중요한 것인데 '과거는 바로 미래(the Past becomes the Future)'이며, 미래란 과거 하나님들의 창조 행위를 반복하는 것이기 때문이다. 그러므로 구약에 표현된 기적 같은 사건의 실체(역사)를 파악하여 그 사건의 구체적인 과학기술들을 밝혀, 사건들이 기적이 아니라 실제 과학적으로 일어난 살아 있는 역사임을 증명해 보기로 한다. 그런 점에서 성경은 진실이며 역사를 기록한 하나님들과 인간의 기록이라는 점을 밝힌다.

3부의 주제는 파란 미래(Blue pill)를 찾는 경건한 자(Godly man)와 붉은 미래(Red pill)를 찾는 불경한 자(Ungodly man)이다. 물론 경건한 자가 되어야 한다. 과학을 진보시키되 그 목적은 의로운 데 사용해야 한다. 경건한 자란 '의로운 자(Righteous men)'를 말하는데, 하나님 아버지(God the Father)를 아버지라 부를 수 있는 자, 즉 하나님을 사랑하는 자를 뜻하며, 동시에 예수님을 사랑하는 자를 뜻한다. 이러한 관점에서 세차운동(歲差運動, Precession)으로 보는 세대(Generation)의 상징과 미래 과학기술들을 알아보도록 한다. 지금 과학기술의 진보는 엄청 빠르다. 우리가 앞으로 어떻게 과학기술을 진보시키고 어느 방향으로 나아갈 것이며, 우리의 미래는 긍정적인가 부정적인가를 고민해 보도록 한다. 그 다음 과학의 궁극적 목적, 즉 우리의 사명에 대해 알아보도록 한다. 특히 이 땅에 건설할 미래의 에덴 동산(낙원)과 천년왕국에 대해 알아보고, 우리가 다 함께 건설해야 할 두 번째 우주 창조인 '새 하늘과 새 땅'에 대해 알아보도록 한다.

필자는 선지자도 아니요 예언자도 아니요 목사도 아니요 신부도 아니요 장로도 아니다. 그렇다고 그 흔한 집사도 아니다. 특정 종교가 없는 그저 평범한 인간이요 인문학자이자 과학자이다. 그렇지만 적그리스도(Antichrist)인지 아닌지를 구분하는 잣대인(「마태복음」 28:19, 「요한일서」 2:22, 「요한일서」 4:2-3, 「요한이서」 1:7), 성부(聖父, Lord God the Father Almighty), 성자(聖子, His Only Son our Lord, Jesus Christ), 그리고 성령(聖靈, Holy Spirit)의 삼위일체(Trinity)를 믿고 사랑하며 이 책을 썼다. 이런 점에서 이 책의 독자는 정해져 있다. 크리스찬을 위한 책도 아니요 목사와 신부와 장로를 위한 책도 아니요 종교를 위한 책도 아니다. 이 책은 하나님 아버지(God the Father)와 예수님이 영광(Glory), 즉 오늘날의 과학기술 이상의, 천상의 하나님 아버지의 과학지식으로 이 땅에 오실 때, 기꺼이 '아버지'라 부르고 환영할 수 있는 경건한 자들(the godly, godly men) 또는 의로운 자들(the righteous, righteous men)을 위한 책이다.

과학과 고고학이 전부는 아니다. 단지 과학과 고고학은 창조 지식(비밀)을 밝히는 여러 가지 접근 방법 중 하나(one of them)라는 점에 주의해야 한다. 또 한 가지, 필자는 라엘리안 운동(Raelian Movement)과라엘 집단과는 무관하다. 미안하지만 그건 절대적으로 아니다.

마지막으로 『바이블 매트릭스』 시리즈를 쓰면서, 밤낮없이 자식이 잘 되라고 기도하여 주신 어머니 박승련 권사(89세)님께 이 책을 바칩니다. 어머니 감사 드립니다. 그리고 어머니 사랑합니다. 또한 지금까지 제 삶을 이끌어 주신 예수님께 감사 드립니다. 예수님 사랑합니다! 이 책을 읽는 모든 분들께 감사 드리며 모두 사랑합니다.

2014년 4월
차원용

차례

하권

프롤로그 _4

2부 성경에 등장하는 하나님들의 과거와 미래의 과학기술 _19
질문과 관점들 - 하나님들의 지식을 찾는 경건한 자와 불경한 자

7장 아브라함의 이동경로와 소돔과 고모라에 숨겨진 비밀 ——————— 20
　　1절 시대적 배경 _20
　　2절 가나안이 마르둑 신 편으로 기울다 _24
　　3절 지리적 배경, 해변길과 왕의 대로 _26
　　4절 아브라함의 등장, 우르에서 하란과 가나안과 이집트로 간 이유 _26
　　5절 동부의 네 왕들과 가나안의 다섯 왕들의 전쟁, 아브라함이 끼어든 이유 _37
　　6절 자기들의 하나님(엘로힘)을 '천지를 창조하신 최고의 하나님'이라 말하다 _42
　　7절 아브라함의 이동 경로 _45
　　8절 핵무기로 멸망된 소돔과 고모라 _47
　　9절 핵무기로 파괴된 시나이 우주공항 _53
　　10절 예수님의 증거, 앞으로 반복될 소돔과 고모라 _56
8장 홍해와 요단 강이 갈라지다, 야훼의 척력광선과 원자파괴 레이저 ——57
　　1절 모세가 지팡이로 홍해를 갈라? 척력광선과 원자파괴 레이저 _57
　　　　1. 시대적 상황 _57

　　2. 구름 기둥(a pillar of cloud)과 불 기둥(a pillar of fire)이란 _58

　　3. 야훼의 척력광선(斥力光線, repelling beam) _62

　　4. 야훼의 원자파괴 레이저 _65

　2절 엘리야/엘리사가 옷으로 요단 강을 갈라? 야훼께서 척력광선으로 _66

9장 애굽에 내린 10개의 재앙, 인간(신)과 동물/곤충의 인터페이스(BBI) ― 69

　1절 애굽에 내린 10개의 재앙 _69

　2절 과학자들이 말하는 10개의 재앙 해설 _71

　3절 지팡이→뱀, 물→피, 티끌→이가 되다, 원자자유전환 _73

　4절 구약에 등장하는 개구리, 파리, 메뚜기, 메추라기, 왕벌, 까마귀 _76

　5절 동물과 곤충을 유도하는 초음파기술, 인간(신)과 동물의 인터페이스(BBI) _80

　6절 나노 접착제 분자 털과 양자동조(Quantum Sync) 기술 _82

　7절 항법 시스템인 자기장을 이용하는 메추라기와 까마귀 _85

　8절 새들 중 까마귀의 지능(IQ)이 가장 높아, 침팬지와 비슷 _88

10장 언약궤/속죄소는 오늘날의 무전기 이상의 원자로 송수신기 ―――91

　1절 언약궤는 송신기, 속죄소는 수신기 _91

　2절 언약궤/속죄소를 사용하기 전, 우주선을 타고 직접 내려와 대화하시는 야훼 _95

　3절 나를 보고 살 자가 없느니라의 의미 _96

　4절 보통 때는 언약궤/속죄소로 송수신, 급할 때는 야훼께서 직접 강림, 텔레파시 _99

　5절 웃사(Uzzah)가 언약궤에 감전되어 죽다 _107

　6절 언약궤 안에 있었던 것들 _109

11장 여리고 성이 나팔과 함성(초음파와 군집 음파)에 무너지다 ――――― 111

　1절 시대적 배경과 정황 _111

　2절 고주파/테라헤르츠파의 초음파 기술 _113

　3절 빛보다 빠른 군집(群集) 음파가 발견되다 _114

12장 하나님들의 생명공학기술 ―――――――――――――― 117

　1절 배아복제기술 이상으로 신과 원숭이의 유전자를 융합해 인간을 창조 _117

　　1. 신과 원숭이의 유전자를 융합(배아복제기술)해 인간을 창조 _117

　　2. 처음엔 벌거벗고 다녀, 섹스를 해도 임신이 안 되는 한 가닥의 염색체 인간 _125

3. 엔키 신께서 두 가닥의 염색체로 인간이 임신을 하다(선악과의 두 번째 비밀) _127

2절 만나((Manna)는 분말 합성제(화학식품) _133

3절 하나님들의 식사법, 번제, 소제, 향기로 에너지를 마시다 _135

　　1. 번제, 소제의 향기를 흠향(歆饗)하시다 _135

　　2. 튜브로 레이저를 쏘아 음식을 불살라 향기를 마시는 하나님들과 천사들 _141

　　3. 에너지인 미네랄(Mineral)을 코로 마시다 _146

4절 할례와 불임수술 _150

　　1. 할례 – 언약의 표징(The Covenant of Circumcision)의 의미 _150

　　2. 사라의 불임수술과 사라의 생각을 읽는 여호와 _153

　　3. 삼손이 불임수술로 태어나다 _155

5절 마른 뼈들이 살아나다(죽은 자의 재생, 부활은 아님) _157

　　1. 「에스겔」37장의 마른 뼈들이 살아나다 _157

　　2. 경건한 도전, 매머드 재생→ 죽은 자의 재생 _160

　　3. 예수님의 부활 후에 죽은 많은 성도가 무덤에서 일어나다(재생) _162

3부 우리가 창조해야 할 미래의 과학기술과 우리의 사명인 두 번째 우주 창조 _165

질문과 관점들 - 파란 미래를 찾는 경건한 자와 붉은 미래를 찾는 불경한 자 _166

1장 세차운동으로 보는 세대별 상징과 미래 과학기술 ──────── 169

1절 대주기(대년), 물병자리→염소자리, 과학기술은 거의 신의 경지에 도달(인신조화) _169

2절 처녀자리(BC 13020년~)와 사자자리(BC 10860년~)의 상징 _173

3절 양자리(BC 2220년~)와 물고기자리(BC 60년~)의 상징 _174

4절 물병자리(AD 2100년~)의 상징과 미래 과학기술 _178

　　1. 물병자리(보병궁, AQUARIUS, The Water–Bearer)의 의미 _179

　　2. 나노→피코→펨토→아토→젭토→욕토→??로 진입 _180

　　3. 물병자리의 물, 물의 근원을 밝혀 _183

　　4. 미네랄 테라헤르츠파의 발견 _187

　　5. 유전자는 사라져도 생명의 흔적을 남기는 미네랄의 발견 _189

6. 수소(Hydrogen)→메탈(금속, Metal), 기체→고체가 되다, 원자자유전환 _190

7. 원자자유전환, 3D~4D프린터, 쌀과 사과와 원하는 장기도 찍어내 _192

8. 태양계를 떠난, 인간이 쏘아 올린 우주탐사 로봇인 보이저 1호 _195

9. 나는 자동차, 우주여행/거주, 오닐기지, 테라포밍, 인공동면 _203

10. 양자/인공지능 컴퓨터, 말을 하는 컴퓨터 _206

11. 생각을 읽는 두뇌 칩의 이식, 생각하는 대로 뇌-컴퓨터간의 다운/업로드 _211

12. 죽은 자를 살리는 심부뇌자극술(뇌심부자극술)→광유전자극기술 _215

13. 뇌파/생각을 이용하는 텔레파시/텔레키네시스, EEG, BCI, BMI, BBI _217

14. 꿈을 해석하고 타인의 생각을 읽어 _221

15. 사람의 생각/메시지를 동물에 전달하는 동물전파유도 _224

16. 사람의 생각을 타인에 전달하고 타인을 움직이기(쌍방향) _224

17. 지구 내부의 지하왕국과 지하도시, 생물체 로봇과 인간복제 _227

5절 염소자리(AD 4260년~)의 상징과 미래 과학기술 _230

   1. 염소자리(마갈궁, CAPRICORN, The Sea-Goat)의 의미 _230

   2. 남북극의 개발, 심해잠수정/해저로봇/수중음파탐지기/해저정거장 _233

   3. 가스 하이드레이트(Gas Hydrate)의 수확, 물을 수소와 산소로 분리 _237

   4. 바다왕국과 바다도시 – 해저도시, 심해 지하도시, 생물체 로봇, 인간복제 _242

6절 불경한 자들의 파멸, 궁수자리(AD 6420~)와 전갈자리(AD 8580~)의 상징과 의미 _244

   1. 궁수자리(AD 6420~), 기근과 전쟁의 시작? _244

   2. 전갈자리(AD 8580~), 큰 환란의 시작?, 황충/전갈의 생물체 로봇/무기 _248

7절 심판/새로운 창조, 천칭자리(AD 10740~)와 처녀자리(AD 12900~)의 상징과 의미 _254

   1. 천칭자리(AD 10740~), 정의의 저울대, 예수님의 재림? _254

   2. 처녀자리(AD 12900~), 새로운 생명의 탄생, 새 하늘과 새 땅? _257

2장 우리의 사명, 두 번째 우주창조, 시작과 끝의 의미 ──────── 260

   1절 우주팽창, 특이점-블랙홀로 빨려 들어가는 「창세기」의 첫 번째 우주 _261

   2절 두 번째 우주, 새 하늘과 새 땅의 창조 _264

   3절 두 번째 우주창조 전에, 이 땅에 건설할 에덴 동산(낙원)과 천년왕국 _269

   4절 생명나무와 생명수가 가득한 새 하늘과 새 땅 _274

   5절 예수님 = 나는 알파와 오메가, 처음과 나중, 시작과 끝!! _278

   6절 하나님 아버지와 예수님의 지식을 과학적으로 발견→ 보상의 법칙 _279

부록

출애굽(Exodus) 요약 _286

관련 그림 및 지도 _302

용어해설 _322
참고문헌 _387

상권

프롤로그 _4

1부 성경에 등장하는 수많은 하나님(신)들과 수메르의 신들 _19
질문들 _20

1장 엘로힘(Elohim)=하나님(God), 야훼=여호와(LORD), 다른 나라의 엘로힘=
  신들(gods) ──────────────────────────23
  1절 복수의 신들인 엘로힘의 등장 _23
  2절 문맥상으로 보는 복수의 하나님들 _26
  3절 이스라엘의 하나님(the God of Israel)인 야훼(Yahweh)=여호와(LORD) _28
  4절 엔키 신과 후손 신들과 창조관련 신들은 엘로힘으로, 엔릴 신과 후손
    신들은 야훼로 기록 _31
  5절 이집트나 다른 나라의 엘로힘은 격하된 신들(gods)로 편집하여 기록 _42
  6절 아브라함의 열조가 섬겼던 신들, 다른 족속들을 다스린 여신들과 가증한 신들
    (gods) _45
  7절 성경에 등장하는 바알(Baal)과 벨(Bel) 신 및 다곤(Dagon) 신 _50
  8절 간단히 살펴보는 가나안의 역사와 가나안의 신들 _54
  9절 성경에 등장하는 그 외의 수많은 신들(gods) _57

2장 야훼(Yahweh), 즉 여호와 하나님은 최고 높으신 신인가 ——— 58

1절 나 이외의 다른 신을 섬기지 말라 _59

2절 나는 모든 신들 중의 최고의 신, 나는 처음이요 마지막? _60

3절 야훼는 최고 높으신 하나님(most high God) _65

4절 자기들의 하나님을 '천지를 창조하신 최고의 하나님'이라 말하다 _66

5절 하위급 하나님들(엘로힘)을 대동하신 여호와(야훼) _68

3장 '야훼께서 자리를 비우시다'와 '손에 붙이시다'의 의미 ——— 70

1절 이집트 노예생활, 야훼께서 400년간 자리를 비우시고, 이집트의 신들에게 신탁 _71

2절 40년간의 광야생활, 야훼께서 40년간 자리를 비우다, 아말렉 전쟁에서 패하다 _76

3절 내 얼굴을 가리리라, 이스라엘의 포로(유수)를 예언하는 야훼 _78

4절 앗수르, 바벨론, 바사의 침략에 숨겨진 비밀 – 다른 신들에 신탁 _79

   1. 솔로몬 왕의 죄의 대가, 이스라엘이 남과 북으로 나뉘다 _79

   2. 앗수르 포로와 바벨론 유수 _80

   3. 앗수르, 바벨론, 바사의 침략에 숨겨진 비밀 – 다른 신들에 신탁? _83

4장 구약성경에 등장하는 수메르의 신들 ——— 87

1절 구약성경 「예레미야」에 등장하는 마르둑(므로닥) 신 _87

   1. 마르둑(Marduk)은 어느 신(神)인가? _87

   2. 「예레미야」 46장 25절에 등장하는 아몬(Amon) 신은 마르둑 신 _89

   3. 「예레미야」 50장 2절에 등장하는 마르둑(므로닥) 신 _91

   4. 그리스 신화에 이어지는 신권의 찬탈 _92

2절 구약성경의 섹스와 매춘의 여신인 인안나(아세라, 아스다롯) _93

   1. 하늘의 여왕이자 섹스의 여신인 인안나의 상징 및 족보 _93

   2. 고고학적 발견, 인안나 여신의 신전과 신상이 발굴되다 _98

   3. 증조부의 정부(情婦), 매춘의 방법 등 100가지 문명의 서판을 획득 _101

   4. 길가메시를 꼬시는 인안나 _103

   5. 인안나와 사르곤의 야심, 신권에 도전, 아카드 왕조의 멸망 _108

   6. 구약의 아세라(Asherah)와 아스다롯(Ashtoreth) 여신은 인안나 여신 _111

   7. 구약의 '하늘 황후 또는 하늘 여신(Queen of Heaven)'은 인안나 여신 _113

   8. 구약에 등장하는 매춘의 여신 인안나(아세라) _116

   9. 아래세계(Underworld, Netherworld)로 내려간 인안나 _119

3절 구약성경에 등장하는 두무지(담무스, 탐무즈) 신 _128

4절 구약성경에 등장하는 네르갈 신 _131

5장 「창세기」 6장의 네피림(Nephilim)은 배반한 이기기(Igigi) 신들 —————— 135

1절 이기기 신들(네피림)이 위치와 역할을 이탈해 인간의 딸들과 결혼해 야기시킨

   문제 _135

   1. 「창세기」 6장 1절~7절 요약 _135
   2. 네피림(Nephilim), 즉 이기기(Igigi) 신들이란? 화성에서 우주기지가 발견될 것 _138
   3. 나의 신이 영원히 사람과 함께 있지 아니하리니 _140
   4. 「창세기」 6장 3절의 120년은 신들의 행성인 니비루의 공전주기 횟수 _142
   5. 마르둑 신께서 인간의 사파니트와 결혼하다 _143
   6. 결혼식이 이기기 신들에게 인간의 딸들과 결혼하는 빌미를 주다 _146
   7. 10만 년 전, 야렛(Jared)~라멕(Lamech) 시대에 일어나다 _148

2절 이기기 신들+인간의 딸들에서 거인(Great/Giant Man)들이 태어나다 _149

   1. 「에녹1서」의 증언, 100미터의 거인들이 세상을 죄악으로 물들게 하다 _149
   2. 「희년서」의 증언, 거인들이 세상을 죄악으로 물들게 하다 _155
   3. 거인들이 서로 살육케 하여 다 사라졌을까, 100미터에서 4~5미터로 작아져 _156
   4. 왜 거인들이 탄생했을까? _159

3절 배반한 네피림(이기기), 마지막 심판 날까지 가장 깊은 곳에 가두다 _160

6장 「요한계시록」의 용/뱀/마귀/사단은? 의로운 하나님들과 불의의 하나님들 – 163

1절 엔키 신은 하나님(Elohim, God), 의로운 하나님 야훼는 누구이신가? _163
2절 시험/비방/참소/대적만하는 사단(마귀)은 누구인가? _165
3절 마르둑 신과 바벨론의 멸망 _170
4절 하늘의 전쟁에서 쫓겨 내려오는 용/뱀/마귀/사단들, 즉 엘로힘은? _171
5절 유황불 못에 던져지는 용/뱀/마귀/사단들(하늘의 악의 영들) _175
6절 사망의 세력을 잡은 자가 마귀, 사망과 음부도 유황불 못으로 _177
7절 불의의 하나님들을 분별할 줄 아는 지혜 있는 인간(신)이 되자 _179

2부 성경에 등장하는 하나님들의 과거와 미래의 과학기술 _187

질문과 관점들 - 하나님들의 지식을 찾는 경건한 자와 불경한 자 _188

1장 미래의 진보된 과학기술은 과거의 과학기술을 바탕으로 ──────191

　　1절 과거는 바로 미래다(the Past becomes the Future) _191

　　2절 미래의 과학기술은 과거 하나님들의 창조 행위를 반복 _193

2장 하나님들의 우주과학도시/우주공항/우주통신기지/우주관측기지 ── 195

　　1절 대홍수 이전, 최초의 5개 우주과학도시들과 시파르 우주공항 _195

　　2절 통신용 뿔들(horns)이 설치된 7개의 지구라트(우주통신기지)와 아라라트 산
　　　(우주관측기지) _199

　　3절 니푸르는 우주비행통제센터, 관찰용의 눈들(eyes)과 통신용의 2개의 뿔들
　　　(horns) _203

　　4절 우주공항인 레바논의 세다 산/허몬 산 _207

　　5절 대홍수 이후의 우주기지 시설 _209

　　　　1. 시나이 우주공항, 예루살렘의 비행통제센터, 피라미드와 헬리오폴리스 _209

　　　　2. 우주비행통제센터인 모리야 산의 예루살렘 성전과 에스겔의 경험 _213

　　　　3. 우주관제센터/관측기지인 시내 산(호렙 산)과 모세의 경험 _216

　　　　4. 모세가 시내 산에 우주선을 타고 강림하시는 야훼를 보다 _221

　　　　5. 미사일의 땅, 살아 있는 자의 땅인 딜문 우주기지 _226

　　　　6. 야곱이 본 우주선의 사닥다리 _227

　　　　7. 우주복을 입고 날아가는 여성 하나님들 _230

　　　　8. 성경에서 말하는 영광(Glory)이란? _231

　　6절 화성에 있던 신들의 우주기지가 발견될 것 _233

3장 온 땅을 두루 살피는 일곱 빛(등불), 일곱 눈, 일곱 뿔 → 일곱 영
　　(seven spirits) ────────────────────────── 234

　　1절 「출애굽기」/「예레미야」의 모든 것을 기록하는 일곱 등잔과 네 뿔들 _235

　　2절 또 다른 의미 - 이스라엘을 멸망시킨 「스가랴」의 네 뿔들 _239

　　3절 「스가랴」의 일곱 빛과 일곱 눈을 가진 예루살렘 성전 _241

　　4절 「요한계시록」의 온 땅을 두루 살피는 일곱 빛(등불)+일곱 눈+일곱 뿔 = 일곱 영 _243

　　5절 악인과 선인을 감찰하시는 하나님의 일곱 눈 _250

　　6절 성경에서 말하는 영(Spirits)이란? _252

4장 우주공항/에덴 동산을 지키는 땅의 로봇들과 하늘을 지키는 우주
　　로봇들 ——————————————————————— 256

　1절 세다 산 우주공항을 지키는 레이저로 무장한 훔바바(후와와) _256

　2절 에덴 동산의 생명나무를 지키는 레이저로 무장한 체루빔(그룹들) _273

　3절 에스겔이 본 네 생물체, 우주선을 이루는 우주로봇의 체루빔(그룹들) _274

　4절 이사야가 본 여섯 날개의 우주로봇인 세라핌(Seraphim) _278

　5절 하나님의 보좌를 지키며 노래하는 불사조/체루빔/세라핌/오파닌 _281

　6절 태양을 지키며 관리하는 천사/불사조/칼키드리가 발견되다 _283

5장 노아의 방주와 요나의 물고기는 오늘날의 잠수함 ——————— 288

　1절 노아의 방주는 잠수함 _288

　2절 현대판 노아의 방주에 도전 _292

　3절 요나의 물고기는 잠수함 _294

6장 바벨탑에 숨겨진 비밀 ——————————————————— 298

　1절 바벨탑(The Tower of Babel) 사건 _298

　　1. 바벨탑 사건의 연대와 장소 _298
　　2. 바벨탑의 원형은 바로 최고의 지구라트인 에쿠르 _300

　2절 거대한 로켓인 바벨탑을 쌓은 주인공은 바로 젊은 마르둑 신 _302

　　1. 젊은 마르둑 신의 정체, 서자의 서러움 _302
　　2. 왕자의 자리를 빼앗긴 마르둑 신이 인간인 사파니트와 결혼하다 _304
　　3. 마르둑 신의 야심, 로켓 발사대와 로켓과 우주선인 바벨탑 _306
　　4. 바벨탑과 언어 유전자 _310
　　5. 다시 바벨탑을 쌓을 불의의 하나님들과 인간들 _315

부록

출애굽(Exodus) 요약 _317

관련 그림 및 지도 _333

용어해설 _353
참고문헌 _418

2부

성경에 등장하는 하나님들의 과거와
미래의 과학기술

7장
아브라함의 이동경로와
소돔과 고모라에 숨겨진 비밀

1절 시대적 배경

c.BC 3800년경에 인간에게 최초의 왕권이 주어져, 그 첫 번째 왕국이 키시 또는 구스(Kish, Cush, Cuth, Cuthah)에 세워진 키시 왕조(c.BC 3800-c.BC 2900)였다. 그러다가 키시 왕국은 인안나(Inanna) 여신이 관할하는 우르크(Uruk) 또는 에렉(에레크, Erech) 왕국(c.BC 2900-c.BC 2370)으로 넘어가고, 그 다음 c.BC 2330년경에 인안나 여신의 아카드(Akkad, Agade) 왕조(Akkadian Empire, c.BC 2330-c.BC 2193)로 넘어갔다. 그리고 인안나 여신이 신권을 찬탈하고자하여, 호전적인 인안나 여신의 지시를 받은 아카드 왕조의 나람신(Naram-Sin, Saram-Suen, 통치 c.BC 2254-c.BC 2218) 왕이 시나이 반도를 가로질러 이집트를 공략함으로써, 이집트를 관할하고 있던 엔키 신과 갈등을 일으키고, 이어서 최고 높은 엔릴 신의 지구라트인 메소포타미아의 니푸르에 있는 에쿠르(Ekur)를 침략 약탈하고 신성모독 함으로써, 8명의 고위 아눈나키가 인안나 여신의 아카드 왕국을 오늘날의 핵무기로 멸망시키게 된다(c.BC 2218). 이를 신들에 의한 '아카드의 저주(The Curse of Akkad, The cursing of

Agade)'라고 한다(Black et al., 1998-2006). 이로써 인안나 여신의 야심찬 신권찬탈은 일단락되고 다음 기회를 노리게 된다.

그 후 왕권이 약화되면서 수메르 지역의 우르(Ur)를 중심으로 우르 제3왕조(Ur III Empire, BC 2119-BC 2004)의 첫번째 왕인 우르남무(Ur-Nammu, Ur-Engur, Ur-Gur, 통치 BC 2113-BC 2096)의 새 제국이 들어서게 된다. 그러나 사실 간단히 보아서 그렇지 이 기간 동안에 왕권의 소재지가 수메르 주요 도시들 사이에서 왔다갔다 했다. 키시 왕국이 네 번, 우르크에 세 번, 우르에 두번, 그리고 다른 다섯개 도시에도 한 번씩 있었다. 이것은 무엇을 의미하는가 하면, 왕권의 소재지가 바뀐다는 것은 어느 신의 파우어가 가장 큰가에 따라 바뀐다는 것을 의미한다. 또한 아눈나키 그룹과 젊은 신들의 경쟁이 갈수록 치열해지고 있다는 것을 의미한다. 엔릴 신께서는 이러한 젊은 신들의 도전을 더 이상 방치되어서는 안 된다는 사실을 깨닫고, 이에 적합한 신은 지구에서 나온 둘째 아들인 난나(신) 신임을 알고 있었다. 그래서 우르를 새 제국의 수도가 될 수 있도록 하는 것이었다. 우르 왕국의 주신(Patron God)은 난나(Nannar) 신이었고, 난나 신은 북쪽의 하란(Harran)의 주신(Patron god)이기도 했다.

우르남무는 그저 왕이 아니었다. 그는 반신반인이었고 엔릴 신의 신전이 있는 니푸르의 수호자였다. 그럼에도 불구하고 그는 전쟁터에서 죽는다. 그 뒤를 이어 슐기(Shulgi, 통치 c.BC 2095-c.BC 2048)가 왕위에 올라 제국의 중앙집권을 강화한다. 제국이 번성하면서 인안나 여신의 매력에 빠지고 그녀의 연인이 되어 안(아누) 신께 바쳐진 에안나(Eanna) 신전에서 사랑을 했다. 그러나 서부와 북부에서 마르둑 신과 그의 아들 나부(Nabu) 신에게 충성하는 반역자들이 늘어나고, 이들의 저항이 일어나 확산되자, 슐기는 엘람(Elam, 페르시아, 성경의 바사)으로부터 군사력을 지원 받는다. 슐기는 엘람 총독에게 자기 딸을 시집 보내겠다고 약속하고 도시인 라르사(Larsa, 「창세기」 14:1절과 14:9절에 나오는 엘라살, Ellasar)를 지참금으로 주었다. 그러자 총독은 수메르에 엘람인 부대를 보내 외인부대로서 슐기를 지키게 했다. 그러나 엘람인 부대는 평화가 아니라 전투의 격화를 불러왔다. c.BC 2055년경에 슐기는 난나 신의 명령을 받고 가나안 도시들의 소요를 진압하기 위해 엘람인 부대를 파견하여 소돔(Sodom)과 고모라(Gomorrah) 등 5개 도시들을 점령했다. 슐기는 그의 통치 마지막까지 자신이 난나 신께서 총애하는 자라고 주장했지만, 그는 이제 더 이상 안 신과 엔릴 신께서 선택한 자가 아니었다. 인안나 여신에게 빠지고, 라르사를 엘람인들에게 내주었고 우르 왕국의 몰락을 초래했다. 그는 신이 정한 바를 이행하지 않았고, 자신의 정당성을 더럽혔다(시친, III, pp.433-443).

슐기의 뒤를 이어 그의 아들 아마르신(Amar-Sin, 통치 c.BC 2047-c.BC 2038, 「창세기」 14장 1절에 나오는 암라펠, 아므라벨, Amraphel)이 왕위에 오르고, 그 뒤를 이어 슈신(Shu-Sin), 그 뒤를 마지막 왕인 입비신(Ibbi-Sin)이 즉위했을 때 마르둑 신을 추종하는 서쪽에서 온 침략군에 수메르의 심장부가 점령당했다. 우르와 니푸르 사람들은 방어벽 뒤로 몰려들었고, 난나 신의 세력권은 손바닥만한 크기로 쪼그라들었다(시친, III, p. 443).

그 이후 마르둑 신은 c.BC 2024년경에 이기기(Igigi) 신들과 함께 지지자들을 이끌고 갈대아, 즉 바벨론의 아카드와 수메르로 진군해 아눈나키의 권력과 신권을 찬탈하고 스스로 바벨론의 옥좌에 올라, 신들 중의 최고의 신으로 등극했다. 최고의 신으로 등극했다는 것은 연장자들인 아눈나키 그룹과의 전투에서 최소한 바빌론을 점령했음을 의미한다. 이를 '신들의 전쟁, 인간들의 전쟁(The wars of gods and men)'으로 규정한 시친(Sitchin)은 이때부터 신들의 전투가 중앙 메소포타미아로 확산되었다고 한다(시친, III, p. 557, 2009).

바벨론의 최고의 신으로 등극한 마르둑 신은 이때 다시 한 번 그의 야심찬 계획을 실행에 옮긴다. 그 야심찬 계획은 지구의 신권을 차지하고 하늘로 올라가 하늘의 신권을 차지하는 것이다. 따라서 마르둑 신과 그의 아들 나부(Nabu) 신 등은 시나이 반도에 있던 시나이 우주공항과 예루살렘 근처의 모리야 산에 있던 우주비행통제센터를 장악하고자 가나안의 추종자들을 집결시켰다.

시나이 우주공항과 예루살렘 우주비행통제센터는 엔릴 신과 아들

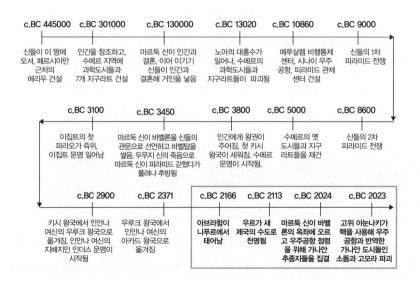

소돔과 고모라가 파괴된 시대의 역사.

들인 닌우르타와 우투 신이 통제하고 있었는데, 이들 신들께서 점차 자리를 비움에 따라 메소포타미아의 중앙 권력도 약화되고 있었다.

2절 가나안이 마르둑 신 편으로 기울다

마르둑 신이 가나안의 추종자들을 집결시켰다? 이것을 이해하려면 가나안의 역사를 알아야 한다. 1부 1장 8절에서 살펴본 "간단히 살펴보는 가나안의 역사와 가나안의 신들" 중 가나안의 역사를 반복해 보자.

원래 가나안은 고대 수메르시대의 12명의 고위급 신들로 구성된 아눈나키의 결정과 약속에 따라 아눈나키 그룹의 최고 높은 신인 엔릴 (Enlil) 계를 따르는 셈(Shem)족이 거주하게 된 땅이었으나, 두 번째 높은 신인 엔키(에아, Enki, Ea)계와 엔키 신을 따르는 함(Ham)족이 이 결정을 거부하고 가나안 지역을 무력으로 점령하고 있었다. 이 사건은 노아의 대홍수가 일어난 BC 13020년 후의 일이다. 엔키 신계가 가나안 지역을 무력으로 점령한 이유는 가나안 아래 지역의 시나이(Sinai) 우주공항과 예루살렘 근처의 모리야 산에 있던 우주비행통제센터 (Spacecraft Mission Control Center)를 장악하고자 함이었다.

그 이후 이집트에서 신들의 제1차 피라미드 전쟁(The First Pyramid War, c.BC 9330-c.BC 8970)이 일어난다. 1차 피라미드 전쟁의 내용을 보면, 엔키 신의 맏아들인 마르둑(Marduk) 신의 후손인 세트(Seth)가 형인 오시리스(Asar, Osiris)를 붙잡아 사지를 절단하고 나일 강 유역과 피라미드의 단독 지배권을 확립한다. 이에 마르둑 신은 세트를 죽이고자 했으나, 아버지인 엔키 신은 오시리스 시체에서 정액을 빼내 오시리스의 아내인 이시스(Ast, Isis)의 자궁에 주입해 호루스(Horus, Horon)를 낳게 한다. 마르둑 신의 동생인 기빌(Gibil)이 호루스에게 우주비행사와 미사일 다루는 방법 및 철로 무기를 만드는 방법을 가르쳐 준다. 호루스의 군대는 세트에게 쳐들어가 공중전을 벌인다. 호루스는 세트가 쏜 독이 든 화살에 맞는다. 그러나 엔키 신의 아들인 토트(넝기쉬지다, Thoth, Ningishzidda)가 호루스에게 해독제(antidote)를 주고 눈부신 무기(blinding weapon)를 준다. 세트는 눈부신 무기에 맞아 고환이 으깨진다. 호루스는 세트를 붙잡아 아눈나키 앞에 세운다. 아눈나키는 이때 세트로 하여금 이미 엔키 신계의 함족이 무력으로 점령한 가나안 땅에 살도록 결정한다. 이로써 세트는 공식적으로 가나안을 지배하게 되었으며 이에 따라 엔키 신계의 모든 자손들이 우주 관련 시설을 통제하게 된다. 이에 반발한 엔릴 신계가 제2차 피라미드 전쟁(c.BC 8670-c.BC 8500)을 일으키지만 여전히 가나안은 함 족속들이 차지하게 된다(시친, III, 2장, 2009).

따라서 가나안의 족속들, 즉 함족의 후손들은 엔키 신계의 마르둑 신을 따르게 된다. 마르둑 신은 이들 추종자들을 집결시킨다.

이로써 「창세기」 12장에 등장하는 아브라함(Abram, Abraham, BC 2166-BC 1991)의 이야기를 이해할 수 있다. 야훼께서는 아브라함 보고 약속했던 가나안 땅으로 가라고 명령한다. 가나안 땅은 원래 아눈나키의 결정과 약속에 따라 셈 족속에게 주려고 했던 땅이다. 그러나 함 족속이 불법으로 차지하고 있었다. 결국 아브라함의 후손들은 출애굽을 하여 가나안 땅에 진입해 함 족속인 아모리 족속(Amorites)과 가나안 족속(Canaanites) 등을 무찌르고 가나안에 입성해 이스라엘 왕국을 이루게 된다.

3절 지리적 배경, 해변길과 왕의 대로

메소포타미아의 바벨론 등에서 예루살렘 비행통제센터와 시나이 우주공항으로 갈 수 있는 육상로는 두 가지 였다. 태곳적부터 이 육상로는 유프라테스 강에서 발리크 강(Balikh) 유역의 주요 중계역인 하란(Harran)으로 이어진다. 그 다음 하란에서 지중해 연안을 따라 계속 남쪽으로 내려가는 방법은 두 가지이다. 하나는 후대 로마인들이 '비아 마리스(Via Maris)'라 했던 해변길(The Sea Way)을 택하거나, 아니면 그 유명한 '왕의 대로(King's Highway)'를 따라 요르단강 동쪽으로 진행하는 방법이다. 전자는 이집트로 가는 최단 경로였고, 후자는 아카바 만(Gulf of Aqaba)과 홍해(Red Sea, Sea of Reeds), 아라비아와 아프리카, 그리고 시나이 반도로 가는 길이었다.

　　구약에서 '왕의 대로'라는 말은 모세(Moses, BC 1526-BC 1406)의 출애굽에서 처음으로 언급된다. 야훼께서 내리신 벌인 광야의 40년이 흐르고, 비로소 이스라엘 백성은 가데스 바네아(Kadesh Barnea)를 출발하여 호르 산(Mount Hor)으로 향할 때에, 에돔 족속(Edomites)이 왕의 대로를 이용하는 것을 거절해(「민수기」 20:14), 왕의 대로를 우회하여 호르 산에 이른다. 이때가 출애굽한 지 40년의(BC 1406) 오월이다(「민수기」 33:38). 왕의 대로는 이스라엘 백성들이 가나안으로 들어가는 첩경이었다. 그렇다면 아브라함의 이동경로는 해변길을 택했을까? 아니면 왕의 대로를 택했을까?

4. 아브라함의 등장, 우르에서 하란과 가나안과 이집트로 간 이유

갈대아(Chaldea)는 히브리인(헤브라이인, Heberites, Hebreians) 민족의 발원지라 볼 수 있다. 히브리인은 수메르 남부에서 활약한 셈계(系)의 아르

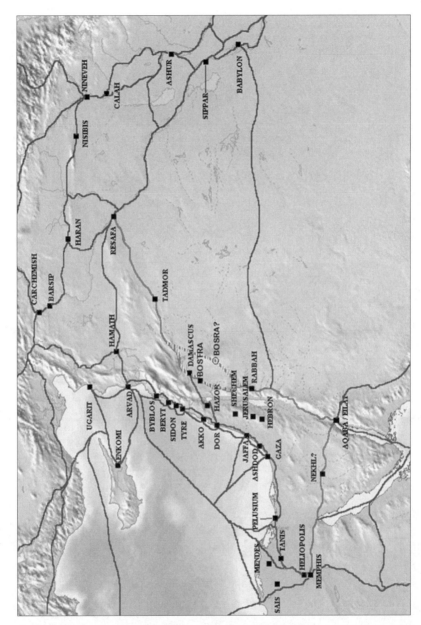

c.BC 2100–c.BC 1400년경의 비아 마리스(Via Maris)라 불렸던 해변길(The Sea Way)과 왕의 대로
(King's Highway). 두 길을 구별하기 위해서는 컬러로 보아야 하므로 다음 사이트를 참조. Image Credit
: http://en.wikipedia.org/wiki/King's_Highway_(ancient)

박삿(Arphaxad) 종족으로 아브라함(Abram, Abraham, BC 2166-BC 1991)
의 아버지 데라(Terah, BC 2236-BC 2031)도 갈대아에 있는 니푸르(Nippur)
출신의 히브리인이다. 그 당시 니푸르는 성경에 언급되지 않는 우주비행
통제센터가 있던 도시이며 최고 높은 신인 아눈나키의 수장인 엔릴 신의
지구라트가 있던 곳이다. 이곳 니푸르에서 데라는 70세에 아브라함과 나
홀(Nahor)과 하란(Haran)을 낳았다(「창세기」 11:26). 데라는 왕가 사제 집안
의 출신으로 신전과 궁정 사이의 연락을 위해 남쪽 우르(Ur)로 이주하였
다(BC 2113). 이주하게 된 이유는 난나 신의 우르가 새 제국의 수도로 천
명되어, 우르 제3왕조의 첫 번째 왕인 우르남무(Ur-Nammu, Ur-Engur, Ur-
Gur, BC 2113-BC 2096)의 새 제국이 들어섰기 때문이었다. 그러므로 「창
세기」 11장과 15장의 기록을 보면 아브라함도 갈대아 우르 출신으로 유
프라테스 강을 건너온 히브리인이다.

여기서 중요한 것은 데라가 엔릴 신의 신전이 있는 니푸르의 고위
왕가 사제 출신이라는 점이며, 아브라함의 구약 이야기가 우르의 멸망
이야기와 뒤얽혀 있으며, 아브라함의 시대가 수메르의 마지막 정점을
찍고 있다는 것이다. 결국 아브라함이 출생한 때부터 그의 아들 이삭
(Issac, BC 2066-BC 1886)이 태어나기까지의 한 세기는 우르의 제3왕조
(Ur III Empire, BC 2119-BC 2004)가 일어났다가 사라진 한 세기였다.

따라서 아브라함의 조상들은 왕가 혈통의 사제 집안 사람들이었다.
집안의 어른인 니푸르의 고위 사제는 신전의 가장 깊숙한 방에 출입이
허용된 유일한 사람이었으며, 거기서 신의 말을 받아다가 왕가 백성들
에게 전했다. 데라의 이름의 뜻은 '운명을 말하는 사제(Oracle Priest)'이
다. 따라서 데라는 계시를 담당한 사제였다. 데라와 아브라함은 우르
남무가 재위하는 기간 동안에는 우르에 머물다 우르남무가 죽자 우르

를 떠나 하란으로 간 것으로 보인다(c.BC 2096)

「창세기」 11: 31 - 데라가 그 아들 아브람과 하란의 아들 그 손자 롯과 그 자부 아브람의 아내 사래를 데리고 갈대아 우르에서 떠나 가나안 땅으로 가고자 하더니 하란에 이르러 거기 거하였으며(Terah took his son Abram, his grandson Lot son of Haran, and his daughter-in-law Sarai, the wife of his son Abram, and together they set out from Ur of the Chaldeans to go to Canaan. But when they came to Haran, they settled there)(NIV)

아브라함의 집안이 하란에서 어떤 일을 했는지는 어디에도 나와 있지 않다. 그러나 왕가의 혈통과 사제의 신분을 감안하면 그들은 하란의 지배층에 속했던 게 틀림없다. 아브라함이 나중에 이집트의 여러 파라오들, 엘람의 여러 왕들, 그리고 가나안의 여러 왕들을 쉽게 다룬 것을 보면, 그는 하란에서 외교문제나 군사문제를 담당했던 듯하다. 그는 군사적 경험으로 잘 알려진 가나안의 히타이트(Hittites) 거류민들과 특별한 친교를 맺었는데, 이는 아브라함이 왕들의 전쟁에서 그렇게 성공적으로 써먹은 숙달된 군사적 능력을 어디서 습득했는가를 잘 설명해 준다.

그러다가 슬기가 인안나 여신의 매력에 빠져 그녀의 연인이 되고, 외인부대를 보내 준 대가로 라르사를 엘람인들에게 내준 그 수치스러운 기간 동안에(c.BC 2095-c.BC 2091), 가나안으로 가라는 야훼의 명령이 내려졌다. 데라는 이미 매우 늙었고, 나홀은 하란에 계속 남아 데라를 모셔야 했다. 야훼의 미션을 위해 선택된 사람은 바로 아브라함이었다. 그가 일흔다섯의 나이(BC 2166-75=BC 2091)에 히타이트와 하란에서 얻고 훈련한 낙타부대(약대, camels)인 정예군단과 함께 하란을 떠나 가나안 땅으로 들어왔다(「창세기」 12:1-5).

아브라함이 일흔다섯에 가나안으로 들어갈 때 근동의 신들이 재편되는 신호탄이었음은 의심할 여지없이 우연의 일치 이상이었다. 바벨탑 사건과 두무지 신의 죽음에 연루되어 산 채로 피라미드에 갇혔다가 비상 갱도를 통해 풀려나 추방되었던(c.BC 3450), 나이든 마르둑 신이 히타이트에 나타난 것은 바로 아브라함이 정예군단과 함께 히타이트 땅의 관문(the gateway to the Hittite lands)인 하란을 떠난 바로 그때였다. 마르둑 신은 하란에서 24년을 머물다가 마침내 마리(Mari, 오늘날 시리아의 Tell Hariri)를 거쳐 바빌론으로 돌아온다. 이로써 마르둑 신은 두 관문, 즉 하란과 마리를 장악한다. 하란은 난나 신의 영토를 빼앗은 것이었고, 마리는 인안나 여신의 영토를 빼앗은 것이었다(시친, III, pp. 470~471).

아브라함에게 가나안으로 가라는 명령이 떨어진 것은 이처럼 빠르게 전개되는 상황에 대한 대응이었다. 구약 「창세기」는 아브라함의 미션에 대해 아무런 내용을 주지 않고 있지만 그의 행선지는 분명하게 밝히고 있다. 가나안으로 가라는 것이었다. 아브라함과 그의 아내, 그의 조카 롯(Lot), 그리고 그의 측근들은 남쪽으로 발길을 재촉했다. 그들은 잠시 세겜 땅 모레 상수리나무(the great tree of Moreh at Shechem)에 이르러 "이 땅을 네 자손에게 주리라"라는 야훼의 말씀을 듣고 단(altar)을 쌓은 후, 거기서 벧엘(Bethel) 동편 산으로 옮겨 장막을 친다. 바로 서는 벧엘이요, 동은 아이(Ai)이다. 아브라함이 그곳에서 여호와(야훼)를 위하여 단을 쌓고 여호와의 이름을 부르더니, 점점 남방(the Negev)으로 옮겨 간다(「창세기」 12:1-9).

'하나님의 집(God's House)'이라는 뜻의 벧엘은 아브라함이 자주 찾아가는 곳으로, 예루살렘 근처에 있다. 이곳에는 그 유명한 모리야 산(Mount Moriah)이 있다. 바로 이곳은 아눈나키의 우주비행통제센터가 있는 곳이었다. 그렇다! 아브라함의 첫 번째 미션은 이곳을 방어하는 것이었다. 이곳은 엔릴 신의 통제하에 난나 신의 아들인 우투(샤마시) 신이 지휘하고 있었다. 바로 이 중요한 우주비행통제센터를 마르둑 신과 마르둑 신을 추종하는 반역자들로부터 보호하는 것이었다.

거기서 떠나 아브라함은 계속 이동을 하는데 향하는 곳은 바로 남방(the Negev)이었다. 시나이 반도(Sinai peninsula)가 만나는 건조지대(dry region)인 네게브가 다음의 행선지였다. 일부 신학자들은 네게브가 지금의 엘아리쉬(El-Arisdh), 즉 이집트 시내와 가데스바네아(Kadesh Barnea)가 아브라함의 최남단 기지라고 지적한다. 그렇다면 왜 아브라함은 이곳까지 내려왔을까? 네게브의 중요성은 네게브가 바로 시나이 반도에 있는 시나이 우주공항의 관문이라는 데 있다. 바로 이곳을 반역자들로부터 보호하는 것이었다.

네게브에 잠시 머무른 뒤 아브라함은 시나이 반도를 건너 이집트로 들어간다. 그저 지나가는 유목민(a shepherding nomad)이 아니었던 아브라함과 사라는 곧바로 이집트 파라오(Pharaoh) 왕궁으로 인도된다. 이것으로 보아 아브라함은 왕실 혈통의 군사적 지도자임이 틀림없다. 그렇다면 왜 이집트까지 내려갔을까? 당시에는 나일 강 하류 지역의 하이집트(Lower Egypt)와 테베(Thebes)를 중심으로 하는 상이집트(Upper Egypt)로 나뉘어져 있었다.

이집트에서는 마르둑 신을 '라(Ra)' 또는 숨은 자라는 '아몬(Amon)'또는 '아멘(Amen)' 또는 '아멘-라(Amen-Ra)'로 불렀다. c.BC 3450년경에 일어난 바벨탑 사건과 두무지 신의 죽음에 연루되어 산 채로 피라미드에 갇혔다가 비상 갱도를 통해 풀려나 추방되었던 마르둑 신은 이때부터 기

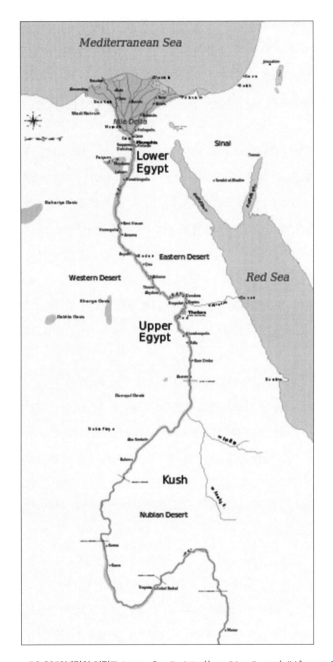

c.BC 2050년경의 이집트. Image Credit : http://en.wikipedia.org/wiki/Lower_Egypt

회가 올 때까지 숨어 살았기 때문에 숨은 자라는 통칭을 얻었다.

그런데 중요한 것은 이 당시의 하이집트를 통치하던 파라오들은 마르둑 신을 따르지 않았다는 데 있다. 다시 말해 마르둑 신을 신봉하지 않았다. 그러나 상이집트에서는 마루둑 신을 숭배하고 있었다. 그래서 마루둑을 최고의 신으로 신봉하던 남쪽 테베의 왕자들이 하이집트를 거세게 몰아붙이고 있었다. 이러한 곤경에 처한 하이집트의 파라오와 니푸르 출신인 아브라함 사이에 어떤 현안 문제가 논의되었는지 「창세기」는 말해 주지 않는다. 동맹이나 공동 방위나 신의 명령 등에 관한 것을 논의 했다는 것을 추측만 할 수 있을 뿐이다. 그러나 분명한 것은 이집트에 간 아브라함을 이집트의 파라오가 적대시하지 않고 있다는 것이다(「창세기」 12:10-20). 이것은 마르둑 신을 따르지 않는 파라오가 분명 아브라함의 야훼 신과 모종의 관계를 맺고 있다는 것을 의미한다. 아니나 다를까 아브라함은 이집트에서 다시 네게브로 돌아갈 때 더욱 많은 육축과 은금과 나귀와 약대들(camels)과 파라오의 부하들(노비들)을 함께 데리고 간다(「창세기」 12:16; 13:1-2).

아브라함의 이집트 체류기간은 얼마나 될까? 「창세기」는 말을 해주지 않지만, 「희년서」 13장 11절에는 아브라함이 이집트에 5년간 머물렀다(he dwelt in Egypt five years)고 기록되어 있다. 그렇다면 아브라함은 하이집트의 어디를 방문한 것일까? 「창세기」에는 그 위치가 어디인지 알려주지 않고 있으나, 「민수기」 13장 12절에는 그곳이 테니스(Tanis)라고 정확히 기록하고 있으며, 테니스는 아브라함의 거처인 헤브론(Hebron)보다 7년 후에 세워졌다고 기록하고 있다. 이는 「민수기」 13장 22절에도 나오는데, 헤브론은 애굽의 소안보다 7년 전에 세운 곳이라고 기록되어 있다. 따라서 아브라함이 방문한 테니스는 소안(Zoan)이었다.

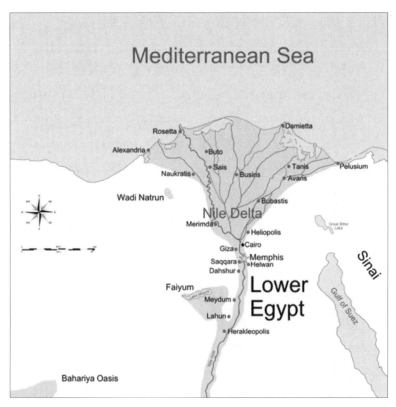

아브라함이 이집트를 방문한 곳은 하 이집트의 테니스(소안). 지도는 멤피스를 수도로 해서 세워진 고대 이집트 왕국시대. Image Credit : http://en.wikipedia.org/wiki/Tanis

그렇다면 아브라함이 이집트에 갔을 당시의 파라오는 누구였을까? 아브라함이 일흔다섯의 나이에 하란을 떠난 때가 BC 2091년경이라고 본다면 이집트에 갔을 때가 대략 BC 2090-BC 2085년경으로 보고 이집트의 역사를 추적해 보자.

이집트의 역사는 이집트 문명을 일으킨 멤피스(Memphis)에 세워진 고대 이집트 왕국(The Old Kingdom of Egypt, c.BC 2686-c.BC 2181)의 3왕조~6왕조를 거쳐, 중세 이집트 왕국(Middle Kingdom of Egypt, c.BC 2180-c.BC 1700)의 11왕조~14왕조에 이어 신이집트 왕국(New Kingdom of Egypt, c.BC 1690-c.BC 1069)의 18왕조~20왕조로 나뉜다. 그리고 고대 이집트 왕국이 붕괴된 이후로 멤피스 아래 지역인 헤라클레오폴리스(Heracleopolis Magna)[20]를 중심으로 하는 하이집트와 테베(Thebes)를 중심으로 하는 상이집트로 나뉘는 첫 번째 중간기 왕국(First Intermediate Period, c.BC 2181-c.BC 2055)의 7왕조~12왕조가 들어선다. 그러나 7왕조와 8왕조의 수도가 멤피스였는지라 이를 고대 이집트 왕국에 넣는 학자들도 있다. 따라서 아브라함이 방문한 때가 7왕조와 8왕조는 아니고, 9왕조와 10왕조 때가 헤라클레오폴리스를 수도로하는 전성시대를 맞았는데, 이때 방문한 것이 아닌가 생각한다. 이때 종종 테베의 상이집트로부터 공격을 받았는데, 이렇게 볼 때 10왕조 때가 아닌가 생각한다. 그러나 중간기 왕국의 10왕조라 정확한 기록이 없고, 테니스 도시를 다스리던 파라오가 누구인지 기록이 없어 어느 왕인지는 알길이 없다. 그 후 11왕조와 12왕조가 테베에 세워지고, 테베의 11왕조와 12왕조는 하이집트를 침공하여, 상하이집트가 통일 되는 중세 이집트 왕국을 이룬다. 상이집트가 하이집트를 통일했다는 것은 마르둑 신과 그의 아들 나부 신, 그리고 그 직계 신들이 이집트를 완전 장악했다는 것을 의미한다.

그리고 다시 네게브를 떠나 위로 올라가 벧엘에 이르러 벧엘과 아이 사이 전에 장막(tent)쳤던 곳에 이르러 야훼의 이름을 불러 지시를 청한다(『창세기』 12:16; 13:1-3)

---

1 Heracleopolis Magna - http://classwiki.matrix.msu.edu/index.php/Christopher_Worst

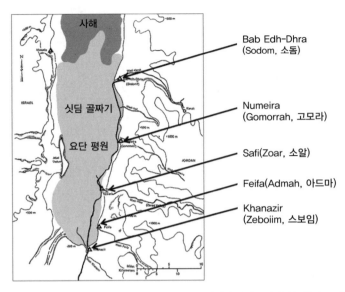

롯이 거한 요단 평원의 소돔. 소돔과 고모라가 멸망당하기 전에는 야훼의 동산 같고 이집트의 땅과 같이 물이 풍부한 곳이었음.

아브라함의 소유가 많아서 조카 롯과 같이 동거할 수 없으므로, 롯은 자신의 가축 떼를 몰고 요단 평원, 즉 소돔(Sodom)에 거한다. 이곳은 소알(Zoar)까지 온 땅에 물이 넉넉하고, 야훼께서 소돔(Sodom, 소금산이라는 뜻)과 고모라(Gomorrah)를 멸하시기 전이었기 때문에, 야훼의 동산같고(like the garden of the LORD) 애굽 땅과 같았다(「창세기」13:10). 즉 이 당시에는 평원(Plain)이었고, 북쪽의 사해(Dead Sea)와는 별개였다. 그런데 소돔 사람은 악하여 야훼 앞에 큰 죄인이었다. 그것은 야훼를 따르지 않고 신봉하지 않았다는 것으로 이 지역 사람들은 다른 신을 섬기고 있었다. 그 결과 소돔과 고모라가 멸당당하고 나서부터는 북쪽의 사해가 흘러들어와 전부 소금물에 잠겼다.

아브라함은 야훼의 지시에 따라 벧엘과 아이에서 아래 지역으로 이동해 헤브론의 가장 높은 봉우리에 자리 잡았다. 그리고 야훼를 위하여 단(altar)을 쌓았다.

5절 동부의 네 왕들과 가나안의 다섯 왕들의 전쟁, 아브라함이 끼어든 이유

그로부터 얼마 뒤에 동부의 동맹군인 네 왕들이 가나안에 쳐들어와 롯이 거주하고 있던 소돔을 포함한 주위 다섯 왕들과 요단 평원과 사해가 만나는 싯딤 골짜기(Valley of Siddim)에서 치열한 전쟁이 시작된다 (「창세기」14장).

「창세기」14:1 - 당시에 시날 왕 아므라벨과 엘라살 왕 아리옥과 엘람 왕 그돌라오멜과 고임 왕 디달이(At this time Amraphel king of Shinar, Arioch king of Ellasar, Kedorlaomer king of Elam and Tidal king of Goiim)(NIV).
14:2 - 소돔 왕 베라와 고모라 왕 비르사와 아드마 왕 시납과 스보임 왕 세메벨과 벨라 곧 소알 왕과 싸우니라(went to war against Bera king of Sodom, Birsha king of Gomorrah, Shinab king of Admah, Shemeber king of Zeboiim, and the king of Bela(that is, Zoar)).

이 이야기는 성경학자들과 고고학자들 사이에서 가장 격렬한 논쟁을 불러일으켰다. 요단 평원의 다섯 왕들의 위치는 밝혀져 알 수 있으나, 동부에서 온 동맹군의 네 왕들은 도대체 어디에서 온 누구이며, 이들의 관계가 어떠했기에 전쟁을 했는지가 밝혀지면, 히브리 첫 족장인 아브라함을 특정한 히브리 밖의 사건과 연결시킴으로써 민족 형성에 관한 이야기를 객관적으로 입증할 수 있기 때문이다. 이에 대해서는 작고하신 시친

(Zecharia Sitchin)의 책인 『신들의 전쟁, 인간들의 전쟁』의 13장인 "아브라함 : 운명의 시간들(Abraham: The Fateful Years)"에 잘 설명되어 있다.

시날 왕 아므라벨(암라펠, Amraphel king of Shinar)은 이 당시 수메르 지역에 세워진 우르 3왕조의 세 번째 왕인 아마르신(Amar-Sin) 왕을 말하는 것이고, 엘라살(Ellasar)은 수메르 지역에 있었던 라르사(Larsa)를 말하는 것이다. 앞서 소개 했듯이 우르 3왕조의 두 번째 왕인 슐기(Shulgi)는 약해져가는 우르 왕국을 위해 엘람(Elam, 페르시아)으로부터 군사력을 지원 받는다. 슐기는 엘람 총독에게 자기 딸을 시집 보내겠다고 약속하고 도시인 라르사를 지참금으로 주었다. 이렇게 해서 라르사 도시는 엘람이 차지하게 되고 엘람 왕이 다스리게 되었다. 엘람 왕 그돌라오멜(Kedorlaomer king of Elam)은 페르시아만 오른쪽에 위치한 엘람(페르시아)의 나라 왕을 말한다. 고임 왕 디달(Tidal king of Goiim)은 바빌론 동쪽, 즉 엘람의 북쪽인 자그로스 산맥(Zagros Mountains)에 위치해 있던 구티움(Guitum)²이라는 나라의 왕을 말하는 것이다. 이렇게 4개 나라가 동맹(Alliance)을 맺고 서부의 가나안으로 원정을 떠나게 된다(c.BC 2041).

중요한 것은 우르의 왕이 혼자서 해야 할 일을 선대왕들과 아르마르신 왕이 잘못하여 우르가 힘이 약해져 외부세력을 끌어들이고 있다는 것이다. 따라서 난나 신의 파우어도 엔릴 신의 파우어도 갈수록 약해지고 있다는 것이다. 그 대신 마르둑 신과 그의 아들 나부 신은 가나안과 히타이트에서 세력을 확장하고 있었다.

---

2 Goiim - International Standard Bible Encyclopedia Online
   http://www.internationalstandardbible.com/G/goiim.html
   http://en.wikipedia.org/wiki/Goiim

그렇다면 왜 동맹군 네 왕들이 서부 가나안으로 원정을 떠났을까? 그 해답은 「창세기」 14장 4절과 5절에 있다.

「창세기」 14:4 - 이들이 십이 년 동안 그돌라오멜을 섬기다가 제 십삼 년에 배반한지라(For twelve years they had been subject to Kedorlaomer, but in the thirteenth year they rebelled)(NIV)

14:5 - 제 십사 년에 그돌라오멜과 그와 동맹한 왕들이 나와서 아스드롯 가르나임에서 르바 족속을, 함에서 수스 족속을, 사웨 기랴다임에서 엠 족속을 치고(In the fourteenth year, Kedorlaomer and the kings allied with him went out and defeated the Rephaites in Ashteroth Karnaim, the Zuzites in Ham, the Emites in Shaveh Kiriathaim)

이게 무슨 말인가? 12년 동안 엘람 왕 그돌라오멜을 섬기다가 13년에 배반했다? 그래서 14년에 가나안을 공격했다? 앞서 소개했듯이 c.BC 2055년경에 슐기는 난나 신의 명령을 받고 가나안 도시들의 소요를 진압하기 위해 엘람인 부대를 파견하여 소돔과 고모라 등 5개 도시들을 점령했다고 했다. 이때부터 소돔을 중심으로 5개 도시의 왕들은 동부의 왕들에 조공을 바쳤고, 동시에 난나 신을 숭배하였다. 그런데 자세히 보면 우르의 왕인 아마르신(Amar-Sin)이 다섯 왕들 중 우두머리가 되어야 하는데, 내용을 보면 엘람 왕 그돌라오멜이 우두머리이다. 이것은 우르가 멸망으로 간다는 뜻이고 난나 신의 파우어가 그만큼 줄어든다는 것이다. 배반했다는 뜻은 소돔을 포함한 다섯 개의 왕들이 난나 신을 신봉하지 않고 마르둑 신과 그의 아들인 나부 신을 받들었다는 것이다.

아무튼 14년에 서부 가나안을 침공했으니 c.BC 2055년에서 14년을 빼면 c.BC 2041년경이 된다. 그래서 성경은 진실을 기록한 역사책이며 미래의 책이다. 동맹군은 메소포타미아를 출발하여 가나안으로 가는 남쪽 루트를 타고 남쪽으로 내려왔다. 그들은 '왕의 대로'를 따라 다마스커스를 지나 요르단 강 동쪽 지역으로 진군하여 요르단 강 도하 지점에 있는 주요 주둔기지들을 공격했다. 북부의 아스도롯 가르나임(Ashteroth Karnaim)에 살고 있던 르바 족속(Rephaites)을 치고, 중부의 함(Ham)에 있는 수스 족속(Zuzites)을 치고, 계속 남하하여 사해 오른쪽에 위치한 사웨 기랴다임(Shaveh Kiriathaim)의 엠 족속(Emites)을 침략했다(「창세기」 14:5). 그리고 이것이 공격의 목적이 아니었다.

계속해서 그 다음 절을 보자. 여기에도 엄청난 비밀이 들어 있다. 동부 동맹군은 아카바 만(Gulf of Aqaba)의 에시온게벨(Ezion-Geger, 지금의 엘라트=Elath)의 바로 위에 위치한 세일 산(the hill country of Seir)까지 침략하고 광야 근방 엘바란(엘파란, El Paran)까지 이르렀다. 시나이 반도까지 내려왔다는 얘기이다. 그런데 갑자기 동맹군은 돌이켜(Then they turned back), 위로 회군하여 아모리 족속을 공격한다. 이게 무슨 말일까?

「창세기」 14:6 - 호리 족속을 그 산 세일에서 쳐서 광야 근방 엘바란까지 이르렀으며(and the Horites in the hill country of Seir, as far as El Paran near the desert)(NIV)

14:7 - 그들이 돌이켜 엔미스밧 곧 가데스에 이르러 아말렉 족속의 온 땅과 하사손다말에 사는 아모리 족속을 친지라(Then they turned back and went to En Mishpat (that is, Kadesh), and they conquered the whole territory of the Amalekites, as well as the Amorites who were living in Hazazon Tamar.)

그렇다. 동부 동맹군의 진짜 목표는 시나이 반도의 광야에 위치한 엘바란이었으나, 이들은 그곳을 점령할 수 없었다. 누군가가 막고 있었기 때문이다. 그래서 동맹군은 갑자기 돌이켜 엔미스밧(En Mishpat), 즉 가데스(Kadesh, 가데스바네아)에 이르러 위쪽으로 회군하여 그 대신 아말렉 족속(Amalekites)과 다말(Tamar)에 있는 아모리 족속(Amorites)을 침략한다.

엘바란은 '신의 자랑스러운 곳(God's Gloried Place)'이라는 뜻이다. 이곳은 바로 신들의 우주공항이 있는 곳이다. 따라서 동맹군의 목적지는 바로 우주공항이었다. 그리고 가데스바네아(카데쉬바르네아)에서 동부 동맹군의 진로를 막은 것은 아브라함이었다. 오래 전부터 가데스바네아는 인간들이 특별한 허가 없이 우주공항 지역에 접근할 수 있는 가장 가까운 곳이었다. 그리고 아브라함은 그의 정예부대와 함께 그곳을 지키고 서서 동맹군들이 우주공항 영내로 들어가는 것을 막은 것이다.

그렇다면 동부 동맹군을 지휘한 신은 누구였을까? 우르와 동맹군의 주신은 난나 신이라 했다. 시친에 따르면, 동맹군을 지휘한 신은 여신인 인안나(이쉬타르)였다고 한다(시친, III, 484 & 557). 따라서 이 당시에는 고위 아눈나키가 지휘체계를 상실하고, 젊은 신들의 신권과 권력 다툼이라고 보아야 할 것이다. 누가 먼저 우주공항을 차지하느냐에 따라 패권이 달라지는 시대였다.

계속해서 다음 구절을 보자. 「창세기」 14장 8절부터 12절에는 동맹군 네왕과 소돔 왕 등 이 지역에 있던 다섯 왕들과의 전쟁을 기록하고 있다. 전쟁은 싯딤 골짜기(Valley of Siddim)에서 이루어진다. 싯딤 골짜기에는 역청 구덩이(tar pits)가 많은지라, 소돔 왕과 고모라 왕이 달아날 때에, 군사가 거기 빠지고 그 나머지는 산으로 도망한다. 동부 동맹군의 네 왕이 소돔과 고모라의 모든 재물과 양식을 빼앗아가고, 소돔에 거하는 아브람의 조카 롯도 사로잡고 그 재물까지 노략하여 간다.

　이 소식을 들은 아브라함은 정예 기병 318명을 뽑아 퇴각하는 동맹군들을 추격한다. 허몬 산 아래 단(Dan)까지 쫓아가서, 밤을 타서 그들을 쳐서 파하고, 가나안 지역과 시리아 지역의 만나는 지점인 다메섹(다마스커스, Damascus)의 좌편 호바(Hobah)까지 쫓아가서, 모든 빼앗겼던 재물과 자기 조카 롯과 그 재물과 또 부녀와 인민을 다 찾아온다(「창세기」 14:13-16).

6절 자기들의 하나님(엘로힘)을 '천지를 창조하신 최고의 하나님'이라 말하다

그가 돌아오자 소돔왕과 사람들은 그를 사웨 골짜기(Valley of Shaveh) 곧 왕곡(King's Valley)에 나와 그를 영접하였다(「창세기」 14:17). 그리고 그 다음 구절인 18절부터 24절에도 또 다른 엄청난 비밀이 숨어 있다. 자세히 들여다보자.

　「창세기」 14:18 - 살렘 왕 멜기세덱이 떡과 포도주를 가지고 나왔으니 그는 지극히 높으신 하나님의 제사장이었더라(Then Melchizedek king of Salem brought out bread and wine. He was priest of God Most High (NIV)
　19 - 그가 아브람에게 축복하여 가로되 천지의 주재시요 지극히 높으신 하나님이여 아브람에게 복을 주옵소서(and he blessed Abram, saying, "Blessed be Abram by God Most High, Creator of heaven and earth)
　20 - 너희 대적을 네 손에 붙이신 지극히 높으신 하나님을 찬송할 찌로다 하매 아브람이 그 얻은 것에서 십분 일을 멜기세덱에게 주었더

라(And blessed be God Most High, who delivered your enemies into your hand." Then Abram gave him a tenth of everything.)

21 - 소돔 왕이 아브람에게 이르되 사람은 내게 보내고 물품은 네가 취하라(The king of Sodom said to Abram, "Give me the people and keep the goods for yourself.")

22 - 아브람이 소돔 왕에게 이르되 <u>천지의 주재시요 지극히 높으신 하나님 여호와께</u> 내가 손을 들어 맹세하노니(But Abram said to the king of Sodom, "I have raised my hand to <u>the LORD, God Most High, Creator of heaven and earth</u>, and have taken an oath)

23- 네 말이 내가 아브람으로 치부케 하였다 할까 하여 네게 속한 것은 무론 한 실이나 신들메라도 내가 취하지 아니하리라(that I will accept nothing belonging to you, not even a thread or the thong of a sandal, so that you will never be able to say, 'I made Abram rich.')

24 - 오직 소년들의 먹은 것과 나와 동행한 아넬과 에스골과 마므레의 분깃을 제할찌니 그들이 그 분깃을 취할 것이니라(I will accept nothing but what my men have eaten and the share that belongs to the men who went with me--to Aner, Eshcol and Mamre. Let them have their share.")

첫째 비밀은 다들 자기들이 신봉하는 하나님을 "<u>천지를 창조하신 지극히 높으신 하나님</u>(God Most High, Creator of heaven and earth)"이라 말을 하고 있다는 것이다. 엄밀히 얘기하면 이때의 높으신 하나님은 엘로힘이다. 그들이 신봉하는 높으신 하나님은 엘로힘 중에 한 분의 하나님이라는 뜻이다.

살렘 왕 멜기세덱이 떡과 포도주를 가지고 나왔으니 그는 "지극히 높으신 하나님의 제사장(He was priest of God Most High)"이었다. 이 구절에서 이스라엘의 하나님은 한결같이 야훼(Yahweh, the LORD)로 표현하고 있는 구약을 보면, 왜 이 구절에서는 야훼로 표현하지 않고, 지극히 높은 엘로힘(하나님)으로 표현했는가이다. 멜기세덱은 제사장이었으므로 자기가 신봉하는 신에게 다가가서 얘기를 하고 지시를 받는 신분이다. 분명 이 당시의 가나안은 마르둑 신이나 그의 아들 나부 신이나 그 직계 신을 신봉하고 있었다는 증거이다. 멜기세덱은 더 나아가 아브람(아브라함)에게 축복하여 가로되 "천지의 주재시요 지극히 높으신 하나님(God Most High, Creator of heaven and earth)이여 아브람에게 복을 주옵소서"라고 자기네의 엘로힘(하나님)에게 기도조로 말을 한다. 그리고 계속해서 아브람의 대적을 아브람의 손에 붙이신 '지극히 높으신 하나님(God Most High)', 즉 자기네가 신봉하는 엘로힘(하나님)을 찬송할찌로다라고 말을 한다. 이에 아브람은 그 얻은 것에서 십분의 일을 멜기세덱에게 준다.

소돔 왕이 아브람에게 이르되 사람은 내게 보내고 물품은 네가 취하라하니, 아브람이 소돔 왕에게 이르되 "천지의 주재시요 지극히 높으신 하나님 여호와께(the LORD, God Most High, Creator of heaven and earth) 내가 손을 들어 맹세하노니"라고 말을 한다. 이제서야 아브라함의 여호와 하나님 이름이 등장한다. 그것도 지극히 높은 엘로힘 중에 아브라함이 신봉하는 하나님은 '야훼(여호와)'라고 분명히 밝힌 것이다.

둘째 비밀은 그 다음 구절에 나온다. 가나안 왕들은 아브라함에게 아브라함이 노획한 재물을 사례로 전부 주겠다고 제안한다. 그러나 아브라함은 그 지역의 왕들이 나누어 가지라고 사양했다. 아브라함과 아브라함의 전사들은 '한 실이나 신발끈 하나도(a thread or the thong of a sandal)' 갖지 않겠다고 대답한다.

이것으로 보아 아브라함은 가나안 왕들 편에 서서 싸운 것도 아니었고, 동부 동맹에 대한 적대감에서 싸운 것도 아니라는 점을 분명히 밝힌 것이다. 난나 신 가문과 마르둑 신 가문 사이의 싸움에서 아브라함은 중립이었다. 아브라함은 난나 신보다 마르둑 신보다 계보가 더 높은 야훼를 위해 싸웠다고 분명히 밝히고 있다. 그렇다면 야훼는 아눈나키의 최고 수장인 엔릴 신이 될 가능성이 높다.

7. 아브라함의 이동 경로

자, 지금까지 살펴본 아브라함의 전체 이동경로를 알아보자. 다행히 정대운 목사의 설교자료에 정확한 그림이 있어 소개한다.

이번에는 동부 동맹군의 가나안 침입경로와 아브라함의 대응 이동경로를 보기로 한다. 이 지도는 작고하신 시친이 제공한 것이다.

시나이 우주공항 침입은 실패했지만 그것으로 고대 세계에서 중대 사건들이 잇달아 터지는 것을 막지는 못했다. 그 후 c.BC 2040-c.BC 2030년경에 테베 왕자들을 이끈 상이집트의 11왕조의 멘투호텝 2세 (Mentuhotep II, 통치 c.BC 2046-c.BC 1995)가 하이집트의 파라오들을 물리치고 테베의 지배 범위를 시나이 반도의 서쪽 입구까지 확대했다. 그 다음 우르의 아르마신(암라펠) 왕은 뱃길로 시나이 반도에 도착했으나 뱀에 물려 죽고 만다(c.BC 2038). 이때의 뱀은 마르둑 신을 일컬으며 그의 아버지 엔키 신을 말한다. 대권을 차지하려는 마르둑 신의 노력은 어느 때보다도 강화되었다. 15년 뒤 소돔과 고모라는 마르둑 신의 반대편인 닌우르타(Ninurta) 신과 네르갈(Nergal) 신이 대파멸의 핵무기를 발사하자 불길에 휩싸이고 말았다(c.BC 2024, 시친, III, 488).

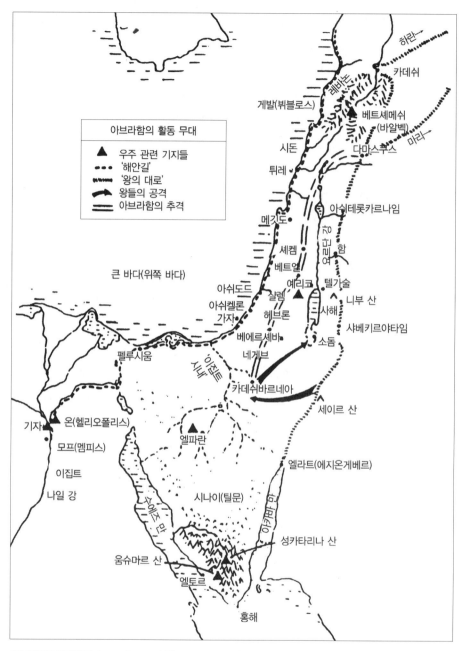

아브라함의 이동 경로. Image Credit : 시친, Ⅲ, 480. © Z. Sitchin, Reprinted with permission.

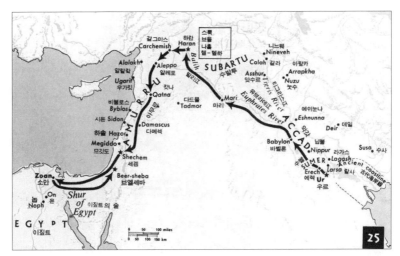

아브라함의 전체 이동 경로. Image Credit : 충남 천안시 소재 '광장교회'의 담임목사 '정대운'의 「창세기연구 9과—선택」(06 Jul 2004). http://www.onbible.net/cgi-bin/bbs/board.cgi?id=sm&action=simple_view&gul=48

8절 핵무기로 멸망된 소돔과 고모라

소돔과 고모라에 숨겨진 비밀은 작고하신 시친의 책인 『신들의 전쟁, 인간들의 전쟁』의 14장인 "핵으로 인한 전멸(The Nuclear Holocaust)"에 잘 설명되어 있다.

운명의 날은 「창세기」 18장 1절부터 시작한다. 아브라함이 헤브론의 마므레 상수리 수풀 근처에서 쉬고 있었다. 아브라함이 눈을 들어 본즉, 사람 셋이 맞은편에 섰는지라(three men standihng nearby), 그가 그들을 보자 곧 장막문에서 달려나가 영접하며 몸을 땅에 굽혔다. 세 분의 하나님들이 아브라함 앞에 나타난 것이다. 아브라함은 곧장 이들이 누구인지를 알아보는데, 사람들과는 다른 옷차림, 즉 우주복을 입고 있었기 때문이다. 그런데 왜 사람(men)이라고 표현했는지 아리송한 대목이다. 분명 천사들은 아니고, 분명 세 분의 하나님들인데, 유일신의 입장에서 야훼라고 표현할 수 없어서, 이렇게 표현하지 않았나 생각된다. 그렇다고 엘로힘을 뜻하는 하나님(God)이라 표현하자니, 이것도 마땅치 않았을 것이다. 왜냐하면 세 분이었고, 이 세 분 중에 한 분이 야훼였기 때문이다.

아브라함은 풍성한 식사를 대접한다(「창세기」 18:8). 식사를 하신 세 분의 하나님들은 늙은 아브라함과 사라에게 적통의 후사를 약속한다. 후사도 중요한 것이겠지만 거기에는 불길한 다른 목적이 있었다. 세 분의 하나님들이 오신 진짜 목적은 소돔과 고모라의 죄상을 확인하러 온 것이었다(「창세기」 18:20-21). 두 분의 하나님은 소돔으로 떠나고 야훼께서 아브라함과 대화를 하신다(「창세기」 18:22). <u>대화를 보면 이 사건은 자연재해가 아니라 사전에 계획된 것이었다.</u> 따라서 늦출 수도 있는 일이었다. 재난을 피할 수 있음을 깨달은 아브라함은 논리를 동원해 설득전술을 폈다. 다들 알고 있는 이야기이지만 아브라함은 처음에 의인 오십(fifty righteous people)을 제안한다. 그 다음에 45명, 그 다음에 40명→30명→20명→10명으로 준다. 야훼께서는 의인 10명만 있어도 멸하지 않겠다고 말씀하셨다.

이제는 두 천사(two angels)가 롯이 사는 소돔에 도착한다. 이번에는 롯이 접대를 하겠다며 나서고 두 천사는 롯의 집에서 묵게 된다. 그러나 소돔의 사람들이 들이닥치고, 두 천사와 상관(sex)하겠다면서 두 천사를 내어놓으라고 실랑이를 벌이며 롯의 문을 부수려 한다. 그러자 두 천사가—아니 「창세기」 19장 10절부터는 천사가 두 사람(two men)으로 변한다—손을 내밀어 롯을 집으로 끌어들이고 문을 닫고, 문 밖의 무리를 대소를 막론하고 그 눈을 어둡게 하여 그들이 문을 찾느라

영화 〈멘 인 블랙〉의 기억을 지우는 소형원자로 레이저 무기인 이레이져(Eraser)

고 혼비백산하게 한다. 두 천사들은 소형원자로 무기를 지니고 있었는데, 이를 이용해 소돔 사람들의 눈을 멀게 했던 것이다. 영화 〈멘 인 블랙(Men In Black)〉을 보면 소형 원자로 기기인 이레이저(Eraser)가 나오는데 이 기기를 이용해 사람의 얼굴을 향해 레이저를 쓰면 기억이 모두 사라지는 것과 같은 원리이다.

조사관인 두 천사(두 사람)는 온 도시 사람들 가운데 롯만이 올바른 사람임을 깨달았고, 더 이상 조사할 필요가 없었다. 도시의 운명은 결정되었다. 롯이 소알(Zoar)에 들어갈 때에 태양이 솟았고, 야훼께서 하늘로부터 유황과 불(burning sulfur)을 비같이 소돔과 고모라에 내려 멸망시킨다. 이때의 유황과 불이란 일본의 히로시마와 나가사키에 떨어졌던 원자폭탄 이상의 핵무기였다. 도시와 주민, 식물 등 모든 것이 하나님들의 무기에 의해 파괴되었다. 그 열기와 불은 앞에 있는 모든 것을 태워버렸다. 그 방사능은 상당히 멀리 떨어져 있는 사람에게도 피

1945년 8월 16일 오전 8시 15분에 투하된 원자폭탄으로 파괴된 히로시마(Hiroshima, 왼쪽)와 나가사키(Nagasaki, 오른쪽)와 같이 소돔과 고모라도 신들의 핵무기로 멸망.

해를 주었다. 소돔에서 도망치면서 멈춰서 뒤돌아보지 말라는 경고를 깜빡한 롯의 아내는 소금 기둥(a pillar of salt)이 되어 버렸다. 방사능과 방사선을 직통으로 맞은 것이었다. 이때가 c.BC 2024년경이었다.

소금 기둥들이 떠 있는 사해.

오늘날의 사해. 아래 쪽의 요단 평원 5개 도시가 c.BC 2024년경의 핵으로 멸망되면서 위쪽 사해 바다의 물이 쏟아져 들어와 자취를 감추었다. 그러다가 소금물이 증발되면서 조금씩 그 자취가 드러나고 있다. 성경학자들과 고고학자들과 화학자들에 의해 이곳의 성분을 분석하는 시도가 진행되고 있다. 따라서 조만간 핵무기로 파괴되었다는 것이 증명될 것이다. Image Credit : http://en.wikipedia.org/wiki/Dead_Sea

그리고 소돔과 고모라가 핵무기로 파괴되면서 북쪽의 사해가 남쪽으로 물이 쏟아져 들어와 해안선이 붕괴되었고, 그 여파로 요단 평원의 5개 도시가 소금물에 잠겨 자취를 감추었다.

핵무기로 소돔과 고모라가 멸망되었다는 고고학 탐사가 이어졌다. 1920년대에 바티칸의 교황청성서연구소(Pontifical Biblical Institute)

가 지원하여, 그 결과 말롱(Alexis Mallon)의 연구보고서인 『사해 동남부 탐사 여행(Voyage of Exploration to South-East of Dead Sea)』에서 방사능(radioactivity)이 발견되었다는 보고가 있었다. 그 후 울브라이트(William Foxwell Albright)와 할란드(P. Hartland) 같은 고고학자들은 이 지역 주변 산악지대에서의 정주(settlements)가 기원전 21세기에 갑자기 중단되었으며, 그 이후 수백 년 동안 재정착이 이루어지지 않았음을 밝혀냈다. 그리고 오늘날까지도 사해 주변 샘물들은 방사능에 오염되어 있음이 밝혀져, 블레이크(I.M. Blake)는 『계간 팔레스티나(The Palestine Exploration Quarterly)』에 실린 "조슈아의 저주와 엘리사의 기적(Joshua's Curse and Elisha's Miracle)"에서 "이 물을 여러 해 동안 마시면 불임과 관련 증상들을 일으킬 가능성이 높다(enough to induce sterility and allied afflictions in any animals and humans that absorbed it over a number of years)"고 썼다(시친, III, 501).

「창세기」 19장 27절~28절과 30절을 보면, 아브라함과 롯과 딸들이 이 평원 도시들의 하늘에서 일어난 유독한 구름을 보고 깜짝 놀란다. 소돔과 고모라와 그 온 들을 향하여 눈을 들어 보니 연기가 옹기점 연기같이 치밀어 오름을 보았다. 롯도 소알에 거하기를 두려워하여 두 딸과 함께 소알에서 나와 산에 올라 굴에 거하였다. 80킬로미터 떨어진 헤브론 산악지역도 안전하지 않다고 생각해, 「창세기」 20장 1절을 보면, 아브라함은 야영지를 걷어서 보다 남방(Negev)으로 이사하여 가데스(Kadesh)와 술(Shur) 사이 그랄(Gerar)에 주둔한다. 또한 아브라함은 그 이후 시나이로 들어가려 한 적이 없었다. 시나이 반도를 통과하기가 분명 안전하지 않다는 의미이다.

「창세기」 19:27 - 아브라함이 그 아침에 일찍이 일어나 여호와의 앞에 섰던 곳에 이르러(Early the next morning Abraham got up and returned to the place where he had stood before the LORD)(NIV)

28 - 소돔과 고모라와 그 온 들을 향하여 눈을 들어 연기가 옹기점 연기같이 치밀음을 보았더라(He looked down toward Sodom and Gomorrah, toward all the land of the plain, and he saw dense smoke rising from the land, like smoke from a furnace.)

30 - 롯이 소알에 거하기를 두려워하여 두 딸과 함께 소알에서 나와 산에 올라 거하되 그 두 딸과 함께 굴에 거하였더니(Lot and his two daughters left Zoar and settled in the mountains, for he was afraid to stay in Zoar. He and his two daughters lived in a cave.)

9절 핵무기로 파괴된 시나이 우주공항

소돔과 고모라의 파괴는 그저 일부분의 에피소드에 불과한 것이었다. 소돔과 고모라를 핵으로 파괴한 것과 동시에 시나이 반도에 있는 시나이 우주공항 역시 핵무기에 의해 파괴되었고, 그 이후 여러 해 동안 치명적인 방사능 유출을 초래했다. 핵의 주요 목표는 시나이 우주공항이었다. 그리고 그 결과 진짜 피해자는 수메르 지역이었다(시친, III, 502).

대파멸의 해인 c.BC 2024년은 우르의 마지막 왕 입비신(Ibbi-Sin)의 재위 6년째 되는 해였다. 임무에 실패하고 아브라함에게 굴욕을 당한 동부 동맹군의 왕들은 권좌에서 물러났다. 거대 동맹체가 붕괴되었고 우르의 제국은 이제 종말로 향했다. 바로 그 해에 서방의 적들이 메소포타미아 평원으로 들어왔다. 그들은 저항도 받지 않고 빠르게 나라 안으로 진군해 큰 요새들을 하나씩 모두 탈취했다. 그리고 마침내 스스로 지상권자라고 하는 마르둑 신이 수메르의 심장부인 바빌론으로 돌아온 것이다. 그리고 스스로 바빌론의 옥좌에 올랐다. 이때부터 신들과 신들을 따르는 인간들의 전투가 중앙메소포타미아 전 지역으로 확산되었다. 즉 마르둑 신과 반-마르둑 신과의 일대 전쟁이 벌어졌다.

그 와중에 아눈나키의 수장이신 최고 높은 엔릴 신의 신전인 니푸르의 에쿠르(Ekur)에 대한 신성모독이 일어났다. 에쿠르를 파괴한 것이었다. 이에 대해 엔릴 신은 마르둑 신과 그의 아들 나부 신을 처벌할 것을 요구했다. 엔키 신은 반대했으나 엔키 신의 셋째아들인 네르갈(Nergal, 에르라, Erra) 신은 엔릴 신 편에 섰다. 신들의 회의(Council of the Gods)가 열렸다. 회의에서 정리가 안 되자 결정은 하늘에 있는 안(아누) 신에게 넘어갔다. 마침내 닌우르타 신이 안 신의 결정을 들고 도착했을 때 네르갈 신은 이미 '일곱 개의 무서운 무기들(the seven awesome weapons)'에 '독(poisons)' 곧 핵탄두(nuclear warheads)를 장착하도록 명령을 내린 뒤였다(시친, III, 519).

그리고 닌우르타 신과 네르갈 신은 협의를 하고, 네르갈 신은 바다를 제외하고 메소포타미아도 공격 대상에서 제외하기로 동의한 뒤 수정계획을 세웠다. 파괴는 선택적으로 하되, 전술적 목표(the tactical aim)는 나부 신이 숨어 있을 만한 도시들을 파괴하는 것이 되었으며, 전략적 목표(the strategic aim)는 '위대한 자들이 하늘로 올라가는 곳(the place from where the Great Ones ascend)'인 시나이 우주공항을 마르둑 신이 챙기지 못하게 파괴하는 것이었다. 엔릴 신은 이를 승인하고 안 신도 승인했다(시친, III, 521).

그들의 첫번째 목표는 시나이 우주공항과 통제단지, 그리고 주변 평원에 널려 있는 착륙장들이었다. 그래서 핵공격 한 방으로 우주공항이 사라졌고, 통제실이 숨어 있던 산이 무너졌으며, 활주로로 쓰였던 평원이 사라졌다. 이것은 닌우르타(이슘, Ishum) 신이 실행한 파괴였다. 이번에는 네르갈이 나부 신이 숨어 있는 가나안 도시들로 가서 그곳들을 파괴했다. 『에르라 서사시(The Erra Epic)』[3]에 쓰인 말들은 「창세기」의 소돔과 고모라를 파괴한 장면과 거의 같다. 그러나 두 번째 목표는 이루지 못했다. 나부 신은 제때에 빠져나가 지중해의 한 섬으로 갔기 때문이었다(시친, III, 515 & 522-523).

그리고 두 신이 의도한 것은 아니었지만 핵폭발은 거대한 바람을 일으켜 회오리바람으로 방사능은 동쪽으로 움직이기 시작했다. 그로부터 얼마 뒤 수메르가 최종적인 핵 피해자가 되었다. 이렇게 해서 찬란했던 수메르 문명이 최종적으로 붕괴되었다. 이때가 c.BC 2023년경이었다.

이러한 암흑기를 거쳐 함(Ham)족의 후손인 가나안의 아모리(Amorites) 족속들이 갈대아 지역의 수메르와 바벨론을 중심으로, 북으로는 아시리아를 포함해 메소포타미아 전역을 장악하는 고대 바빌로니아 제1왕조를 연다. 이것이 고대 바빌로니아 왕조(BC 1830-c.BC 1531)이다. 그 후 시리아에 거주하고 있던 셈계(系)의 아람(Aram)계 족속들이 남부 갈대아로 이주해 신아시리아 왕조를 멸망시킨 후 바벨론에 입성하여 신바빌로니아 왕조를 연다. 그래서 신바빌로니아를 갈대아 왕조라고 한다. 고대 바빌로니아 왕조나 신바빌로니아 왕조나 모두 여호와 하나님(야훼)의 적(뱀으로 표현되는 신)으로 간주되는 마르둑

---

3 에르라 서사시(The Erra Epic) - http://www.bibliotecapleyades.net/sitchin/erra_epic.htm

(Marduk) 신을 신봉하였다. 따라서 여호와 하나님을 주신으로 섬기는 히브리인(유대인, 이스라엘인) 입장에서 보면 마르둑 신을 섬기는 갈대아인, 즉 바빌로니아인은 이방인이며 적이다.

10절 예수님의 증거, 앞으로 반복될 소돔과 고모라

앞 장의 바벨탑 사건에서 우리가 얻는 교훈은 언젠가 바벨탑을 다시 쌓을 것이라는 것이다. 역사는 반복된다고 했다. 그렇다면 소돔과 고모라도 반복되지 않을까? 언젠가 불의의 하나님들이 하늘에서 쫓겨 내려오고(「요한계시록」 12장), 곳곳에 우주공항을 만들어 하나님 아버지와 예수님을 공격할 것이다.

아니나 다를까 「누가복음」 17장 28절과 29절에는 예수님이 창세기의 소돔과 고모라를 인정하고, 앞으로 이러한 시기가 올 것을 예언하고 있으며, 그때에 예수님이 재림하신다고 기록하고 있다.

「누가복음」 17: 28절 - 또 롯의 때와 같으리니 사람들이 먹고 마시고 사고 팔고 심고 집을 짓더니(It was the same in the days of Lot. People were eating and drinking, buying and selling, planting and building.)(NIV)

29 - 롯이 소돔에서 나가던 날에 하늘로서 불과 유황이 비 오듯 하여 저희를 멸하였느니라(But the day Lot left Sodom, fire and sulfur rained down from heaven and destroyed them all.)

30 - 인자의 나타나는 날에도 이러하리라(It will be just like this on the day the Son of Man is revealed.)

8장
홍해와 요단 강이 갈라지다,
야훼의 척력광선과 원자파괴 레이저

1절 모세가 지팡이로 홍해를 갈라? 척력광선과 원자파괴 레이저

1. 시대적 상황

이스라엘 민족은 BC 1446년에 야훼 하나님의 인도로 선지자인 모세 (Moses, BC 1526-BC 1406)가 80세에(「출애굽기」 7:7, 「신명기」 18:15, 아론은 83세) 리더가 되어 출애굽을 하게 되는데, 그 여정은 「민수기」 33장에 자세히 기록되어 있다. BC 1446년 정월에 고센(Goshen) 지방의 라암 셋(Rameses)을 출발하여 숙곳(Succoth)을 거쳐 수르(술) 광야(Wilderness of Shur)의 끝인 에담(Etham)을 거치고(「출애굽기」 12:37, 「출애굽기」 13:20), 지중해 근처의 믹돌(Migdol)과 바알스본(Baal Zephon) 사이의 비하히 롯(Pi Hahiroth)을 거쳐(「출애굽기」 14:1), 홍해(Red Sea, Sea of Reeds)를 건 넌다(「출애굽기」 14:21). 이때의 홍해는 지금의 홍해 위치가 아니라 이집 트 북쪽의 라암셋 동쪽에 위치한 바알스본 맞은편 바닷가이다.

「출애굽기」 14장에는 그 유명한 모세가 지팡이(Staff)로 바알스본 맞 은편 바닷가인 '홍해를 가르는' 기적이 등장한다. 어떻게 갈랐을까? 무슨 과학기술을 사용했을까?

이 역사적 사건은 신이집트 왕국(New Kingdom of Egypt, c.BC 1690-c.BC 1069)의 18왕조(the 18th dynasty)의 제6 파라오(바로, Pharaoh)인 투트모세 3세(Thutmose III, 통치 BC 1479-BC 1425) 때에 일어난 일로, 때는 BC 1446년이다.

뒤에는 이집트(애굽)의 왕 바로가 특별 병거 육백 승(six hundred of the best chariots)과 애굽의 모든 병거들과 장관들(officers)을 거느리고 모세와 이스라엘 백성을 추격하고 있다. 이에 이스라엘 자손들이 심히 두려워하여 야훼께 부르짖고, 그들이 또 모세에게 이르되 "애굽에 매장지가 없으므로 당신이 우리를 이끌어내어 이 광야에서 죽게 하느뇨, 어찌하여 당신이 우리를 애굽에서 이끌어내어 이같이 우리에게 하느뇨"라고 말하면서 불평을 한다. 이에 야훼께서 모세에게 이르시되, "너는 어찌하여 내게 부르짖느뇨, 이스라엘 자손을 명하여 앞으로 나가게 하고, 지팡이를 들고 손을 바다 위로 내밀어 그것으로 갈라지게 하라 이스라엘 자손이 바다 가운데 육지로 행하리라"라고 명령하신다(「출애굽기」 14:16).

2. 구름 기둥(a pillar of cloud)과 불 기둥(a pillar of fire)이란

이때의 상황은 원자로 송수신 라디오 장치인 언약궤(Ark of Covenant)를 만들기 전의 상황이라 야훼께서 직접 우주선을 타시고 이 상황을 진두지휘 하셨다는 것을 알아야 한다. 라암셋에서 이곳에 올 때까지, 야훼께서 그들 앞에 직접 행하사, 낮에는 구름 기둥(a pillar of cloud)으로 그들의 길을 인도하시고, 밤에는 불 기둥(a pillar of fire)으로 그들에게 비춰서(light) 주야로 진행하게 하셨다. 따라서 낮에는 구름 기둥,

밤에는 불 기둥이 이스라엘 백성 앞에서 떠나지 아니하였다(「출애굽기」 13:21~22). 낮에는 우주선의 연소가스인 구름 기둥으로 인도하고, 밤에는 우주선의 광채 또는 서치라이트로 빛을 비추어 인도하셨다는 뜻이다. 다시 말하면 높이 떠 있는 우주선은 낮에는 태양 빛 때문에 실체가 잘 보이지 않고 구름으로만 보인다. 우리가 우주선을 쏘아 올릴 때 높이 솟은 우주선은 하얀 구름처럼 보이기 마련이다. 그러나 밤에는 태양빛이 없으므로 우주선에서 나오는 불빛, 즉 광채로 대낮같이 비추어 인도하셨다는 것이다. 이것을 불 기둥이라고 표현하고 있다.

「출애굽기」 13: 21 - 여호와께서 그들 앞에 행하사 낮에는 구름 기둥으로 그들의 길을 인도하시고 밤에는 불 기둥으로 그들에게 비취사 주야로 진행하게 하시니(By day the LORD went ahead of them in a pillar of cloud to guide them on their way and by night in a pillar of fire to give them light, so that they could travel by day or night(NIV)

여기에서 중요한 개념이 나오는데 '하나의 구름 기둥(a pillar of cloud)'과 '하나의 불 기둥(a pillar of fire)'이라는 점이다. 이 말은 야훼가 타신 우주선의 구름 기둥도 있고, 다른 하나님들이 타신 우주선들의 구름 기둥들도 있고, 천사들이 타신 우주선의 구름 기둥들도 있다는 것을 알아야 한다.

바로 다음 구절을 보면 확연해진다. 이는 밤의 상황이다. 앞에서 진행하던 하나님의 사자(천사) 하나가 뒤로 옮기니 구름 기둥도 뒤로 옮겨져, 애굽 진영과 이스라엘 진영 사이에 이르러 서니, 애굽 진영은 그 구름 기둥 때문에 어두워지고, 이스라엘 진영은 야훼와 다른 사자들의 불 기둥이 비춰서 광명해졌다는 얘기이다. 결국 애굽 진영은 하나님의 사자의 우주선의 구름 때문에 달빛이 가리워져서 어두워졌다는 뜻이다. 밤에 우주선에서 뿜는 연소가스는 시커먼 구름이 되어 달빛을 가렸다는 것이다. 그 결과 애굽 진영은 밤새도록 이스라엘 진영에 가까이 근접하지 못하였다는 내용이다.

「출애굽기」 14:19 – 이스라엘 진 앞에 행하던 하나님의 사자가 옮겨 그 뒤로 행하매 구름 기둥도 앞에서 그 뒤로 옮겨(Then the angel of God, who had been traveling in front of Israel's army, withdrew and went behind them. The pillar of cloud also moved from in front and stood behind them)(NIV)

14:20 – 애굽 진과 이스라엘 진 사이에 이르러 서니 저편은 구름과 흑암이 있고 이편은 밤이 광명하므로 밤새도록 저편이 이편에 가까이 못하였더라(coming between the armies of Egypt and Israel. Throughout the night the cloud brought darkness to the one side and light to the other side; so neither went near the other all night long(NIV); And it came between the camp of the Egyptians and the camp of Israel; and it was a cloud and darkness to them, but it gave light by night to these: so that the one came not near the other all the night)(KJV)

모세가 밤 사이에 바다 위로 지팡이를 들고 손을 내밀자 야훼께서 큰 동풍(a strong east wind)으로 밤새도록 바닷물을 물러가게 하시니, 물이 갈라져 바다가 마른 땅이 되자, 이스라엘 자손들이 바다 가운데에서 육지로 나아가고, 물은 그들의 좌우에 벽이 된다. 혹자는 모세의 지팡이가 아담이 에덴 동산에서 가져온 지팡이라고 한다. 어떤 지팡이였든지 그것은 상징적인 도구에 불과하다. 모세보고 직접 지팡이를 들고 바다 위로 내밀라는 것은 그저 야훼 하나님의 시나리오대로 그렇게 하라는 것이다. 동시에 모세의 믿음을 보기 위함이다. 그래야 모세도 직접 손을 내밀어 이 사건에 참여하게 됨으로써 이스라엘 백성들로부터 지도자로 숭앙받고, 또한 이스라엘 백성들로부터 믿음을 얻을 수 있도록 야훼께서 다 각본을 짠 것이다. 그러므로 중요한 것은 야훼께서 직접 과학기술을 이용해 홍해를 갈랐다는 것이다.

「출애굽기」 14:21 - 모세가 바다 위로 손을 내어민대 여호와께서 큰 동풍으로 밤새도록 바닷물을 물러가게 하시니 물이 갈라져 바다가 마른 땅이 된지라(Then Moses stretched out his hand over the sea, and all that night the LORD drove the sea back with a strong east wind and turned it into dry land. The waters were divided)(NIB)
14:22 - 이스라엘 자손이 바다 가운데 육지로 행하고 물은 그들의 좌우에 벽이 되니(and the Israelites went through the sea on dry ground, with a wall of water on their right and on their left)

그러자 애굽 사람들과 바로의 말들, 병거들과 그 마병들이 다 그 뒤를 쫓아 바다 가운데로 들어온다. 새벽에 야훼께서 불 구름 기둥 가운데서 바다 가운데로 들어오는 애굽 군대를 내려다보시고, '무엇인가(it)를 던져(threw)' 애굽 군대를 어지럽게 하신다. 그 결과 그 병거 바퀴를 벗겨서 또는 바퀴를 제거해서 달리기에 극난하게 하시니, 애굽 사람들이 도망치기 시작한다. 이에 야훼가 모세보고 다시 지팡이를 들고 손을 바다 위에 내밀라 명령하니 물이 애굽 사람들과 그 병거들과 마병들 위에 다시 흘러 하나도 남기지 않고 바다에 몰살된다.

「출애굽기」 14:24 - 새벽에 여호와께서 불 구름 기둥 가운데서 애굽 군대를 보시고 그 군대를 어지럽게 하시며(During the last watch of the night the LORD looked down from the pillar of fire and cloud at the Egyptian army and threw it into confusion(NIV); Just before dawn the LORD looked down from the pillar of fire and cloud at the Egyptian army and threw them into a panic(Good News); But just before dawn the LORD looked down on the Egyptian army from the pillar of fire and cloud, and he threw their forces into total confusion)(New Living)

14:25 - 그 병거 바퀴를 벗겨서 달리기에 극난하게 하시니 애굽 사람들이 가로되 이스라엘 앞에서 우리가 도망하자 여호와가 그들을 위하여 싸워 애굽 사람들을 치는도다(He made the wheels of their chariots come off so that they had difficulty driving. And the Egyptians said, "Let's get away from the Israelites! The LORD is fighting for them against Egypt."(NIV); He twisted(1) their chariot wheels, making their chariots difficult to drive. "Let's get out of here - away from these Israelites!" the Egyptians shouted. "The LORD is fighting for them against Egypt!" / (1)As in Greek version, Samaritan Pentateuch, and Syriac version; Hebrew reads He removed)(New Living)

결론은 이렇다. 야훼께서는 어떻게 과학적으로 밤에 홍해를 갈랐으며 무엇을 던져 애굽 군대의 병거들의 바퀴를 벗겨냈을까?

첫째, 야훼께서 사자들과 함께 우주선을 타시고 직접 밤에 동행하셔서 이스라엘 진영은 우주선의 불 기둥으로 훤히 비추고 애굽 진영은 우주선의 구름 기둥으로 달빛을 막아 한 발자국도 움직이지 못하게 하였다.

3. 야훼의 척력광선(斥力光線, repelling beam)
둘째, 바닷물은 일반물질로 이루어져 있다. 일반물질을 배척, 즉 분열

시키려면, 필자가 『바이블 매트릭스』 시리즈 1권 『우주 창조의 비밀』에서 소개한 반물질(anti-matter)의 에너지 혹은 반중력(Anti-gravity, Repulsive force)의 암흑에너지(Dark energy)를 사용했을 가능성이 높다. 더 구체적으로 말하자면 우리가 아직 발견하지 못한 척력광선(斥力光線, repelling beam)을 사용했을 것이다.

태양의 빛이나 은하의 빛이나 모든 빛(광선)은 전자기파(Electromagentic wave)로 이루어져 있다. 우리가 지금까지 발견한 것은 파장이 가장 긴 라디오 전파를 비롯해 극초단파, 적외선, 가시광선, 자외선, X-선, 감마선, 베타선 등이다. 이 중 가시광선은 음영과 색의 스펙트럼으로 인간만이 볼 수 있다. 개는 가시광선 중 색이 빠진 음영만 볼 수 있으며, 뱀은 적외선을 볼 수 있고, 나비는 자외선을 본다. 인간은 가시광선만 볼 수 있으므로 나머지 빛의 파장들은 도구, 즉 감지 카메라나 망원경을 통해 감지해내고 그것을 다시 색으로 구분해서 볼 수 있다. 예를 들어 병원에 가서 X-선 촬영기로 척추나 뼈를 찍으면 음영으로 구별해 어느 척추가 잘못되었는지, 어느 뼈가 부러졌는지를 판별한다. 요즈음의 스마트폰에는 가시광선 카메라뿐만 아니라 X-선과 적외선 카메라가 같은 층으로 탑재되어 있어 누구나 찍어, 그것을 어플(App)로 구동시키면 사진이나 영상을 볼 수 있다. 그렇다면 우리가 지금까지 찾아낸 이들 전자기파가 전부일까? 빛의 4.6%에 불과한 이들 전자기파가 다일까?

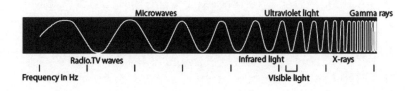

그렇다. 우주선에 탑승하신 야훼께서 우주선에서 척력광선을 쏜다는 것은 아무것도 아닐 것이다. 그러면 척력광선을 맞은 바닷물들은 갈라지기 시작할 것이고, 엄청난 척력광선에 의해 갑자기 생긴 공간에는 기압의 압력차에 따라 바람이 휘몰아쳐 들어갈 것이다. 한 번에 바다가 쫙 갈라진 것이 아니라 밤새도록 척력광선을 쏘아 갈라지게 하시고 동풍이 휘몰아쳐 들어가 마른 땅이 되도록 한 것이다. 밤새도록이란 말은 물리적인 시간이 필요했을 것이다. 필자가 『바이블 매트릭스』 시리즈 1권『우주 창조의 비밀』에서 밝혔듯이, 마르둑(Marduk) 행성의 바람들이 바닷물의 깊은 물을 말리고 건조시켜 땅과 길을 만들듯이, 휘몰아쳐 들어간 바람이 바다를 말려 마른 땅으로 변하게 한 것이다.

「출애굽기」 14:21 – 모세가 바다 위로 손을 내어민대 여호와께서 큰 동풍으로 밤새도록 바닷물을 물러가게 하시니 물이 갈라져 바다가 마른 땅이 된지라(Then Moses stretched out his hand over the sea, and all that night the LORD drove the sea back with a strong east wind and turned it into dry land. The waters were divided)(NIV)

이것은 우리 나라 전라남도 진도의 바다가 갈라지는 '신비한 바닷길'하고는 거리가 먼 것이다. 진도의 바다가 갈라지는 것은 달과 지구의 끌어당기는 인력, 즉 중력 때문인데, 지구는 왼쪽으로 자전하고 달은 오른쪽으로 자전하면서 그 인력에 의해 바다가 갈라지는 것이다.

이 상황의 이미지가 인터넷에 있는지 구글에서 검색을 해보았다. 그랬더니 누군가 이미지를 그린 사진이 한 장이 발견되었다. 100% 정확하게 상황을 그려내지는 못했어도 이 상황을 이해하는 데 도움이 되어 소개한다.

Image Credit : Nate의 지식 Q&A에 올라온, 아이디 'whjhh2988' 님의 "모세가 진짜로 홍해를 갈랐나요?(25 Jul 2008)"라는 질문에, '비공개님의 답변'(28 Jul 2006)에 올라온 이미지, http://ask.nate.com/qna/view.html?n=8420420

4. 야훼의 원자파괴 레이저

셋째, 병거(전차, 마차), 즉 수레(chariot)이다. 바퀴가 두 개 혹은 네 개가 달린 수레를 말한다. 오늘날 같으면 총으로 정확히 자동차의 타이어를 쏴서 펑크가 나게 하여 막을 수 있다. 그러나 바퀴가 달린 수레에서 야훼께서 무언가를 던져 혹은 쏘아 바퀴를 벗겨냈다는 것은 보통의 과학기술이 아니다. 바퀴는 고정된 축에 끼어 있다. 수레의 바퀴가 빠지지 않도록 축에 꽂는 핀이 있는데 그게 오늘날의 린치핀(linchpin)이다. 하지만 이 당시에는 보통 철(Fe)로 린치핀을 만들어 고정시켰을 것이다. 최고의 수레 600대와 애굽의 모든 병거들이 참여했다고 했으니 그 수는 이루 말할 수 없을 정도로 많은 숫자일 것이다.

야훼께서 우주선에서 애굽 군대를 내려보셨다 했으니 핀이 무엇으로 만들어져 있는지 구체적으로 관찰하셨을 것이다. 그리고 그걸 준비하셔서 애굽 군대에 던지거나 쏘니 바퀴들이 모두 벗겨졌다. 무엇을 쏘았을까?

필자가 보기에는 원자파괴 레이저를 쏘지 않았나 생각된다. 원자파괴란 철(Fe)의 원자를 파괴하는 무기이다. 일반물질인 철의 원자를 파괴하려면 일반물질보다 에너지가 월등히 높은 반물질 이상의 에너지를 사용하여 레이저를 쏘아야 한다. 고정핀만을 타깃(target)으로 하여 원자파괴 레이저를 쏘면 고정핀만 파괴되어 바퀴가 모두 축에서 벗겨지게 하거나 제거시킬 수 있다. 이러한 원자파괴 무기는 지금 과학자들이 개발 중이다. 원자파괴 레이저 무기가 개발되면 특정 핵심 부품이나 특정 마크(Mark)만을 공격하여 파괴할 수 있다. 또한 특정 마크가 없는 대상들만 공격하여 파괴할 수도 있다.

예를 들어 「요한계시록」 9장 4절에는 "저희에게 이르시되 땅의 풀이나 푸른 것이나 각종 수목은 해하지 말고 오직 이마에 하나님의 인 맞지 아니한 사람들만(only those people who did not have the seal of God on their foreheads) 해하라"라는 구절이 나오는데, 이 경우는 특정 마크를 구별하여 공격하는 장면이다. 보다 자세한 것은 『바이블 매트릭스』 시리즈 5권 『예수님의 재림과 새 하늘과 새 땅의 창조』에서 소개하기로 한다.

2절 엘리야/엘리사가 옷으로 요단 강을 갈라? 야훼께서 척력 광선으로

「열왕기하」 2장에는 엘리사(Elisha)가 보는 앞에서 엘리야(Elijah, 엘리야의 예언활동, BC 875-BC 848, 북이스라엘에서 활동)의 승천 장면(Elijah Taken Up to Heaven)이 나온다. 여호와께서 소형 우주선으로 엘리야를 데려가는 장면이 나온다. 자세한 것은 『바이블 매트릭스』 시리즈 5권 『예수님의 재림과 새 하늘과 새 땅의 창조』의 "하늘로 올라간 사람들,

핀으로 고정된 수레바퀴

부활과 휴거란?"을 참조하고, 본 절에서는 엘리야와 엘리사가 어떻게 요단 강을 갈랐는지 살펴보도록 한다.

「열왕기하」 2:7 - 선지자의 생도 오십 인이 가서 멀리 서서 바라보매 그 두 사람이 요단 가에 섰더니(Fifty men of the company of the prophets went and stood at a distance, facing the place where Elijah and Elisha had stopped at the Jordan)(NIV)

2:8 - 엘리야가 겉옷을 취하여 말아 물을 치매 물이 이리저리 갈라지고 두 사람이 육지 위로 건너더라(Elijah took his cloak, rolled it up and struck the water with it. The water divided to the right and to the left, and the two of them crossed over on dry ground.)

2:14 - 엘리야의 몸에서 떨어진 그 겉옷을 가지고 물을 치며 가로되 엘리야의 하나님 여호와는 어디 계시니이까 하고 저도 물을 치매 물이 이리저리 갈라지고 엘리사가 건너니라(Then he took the cloak that had fallen from him and struck the water with it. "Where now is the LORD, the God of Elijah?" he asked. When he struck the water, it divided to the right and to the left, and he crossed over.)

먼저 엘리야와 엘리사가 요단 강 강가(서쪽)에 서서, 엘리야가 겉옷을 벗어 말아 물을 치매 요단 강의 물이 좌우로 갈라지고 물이 말라 땅이 되고 둘이 건넜다는 내용이다. 엘리야는 믿음이 아주 좋은 예언자였다는 것을 생각하면, 겉옷도 상징적인 믿음의 의미일 것이다. 바로 공중에는 야훼와 야훼의 사자들이 소형 우주선을 타고 대기했다는 배경을 이해하면 이것도 야훼께서, 엘리야가 겉옷으로 물을 치는 순간, 척력광선을 쏘아 요단 강이 갈라지게 한 것이다.

그 다음 엘리사의 경우는 좀 다르다. 이미 야훼의 우주선이 엘리야를 태우고 사라진 후에 벌어진 사건이기 때문이다. 그런데 엘리사가 엘리야가 떨어뜨린 겉옷을 가지고 물을 치기 전에 '주술' 같은 말을 하고 있었다는 것이 중요하다. 그 주술이란 "엘리야의 하나님 여호와는 어디 계시니이까"라고 아주 큰 소리로 말을 했다는 것이 중요하다. 야훼의 우주선에는 모든 말을 다 들을 수 있는 '뿔들(horns)', 즉 오늘날의 무전기나 송수신기 통신 시스템이 갖추어져 있다는 사실을 이해하면, 그 다음에 어떤 일이 벌어졌는지 짐작할 수 있다. 엘리야의 믿음의 소리를 야훼께서 들은 것이다. 그 다음 야훼께서 공중의 우주선에서 척력광선을 쏜 것이다.

9장

애굽에 내린 10개의 재앙, 인간(신)과 동물/곤충의 인터페이스(BBI)

1절 애굽에 내린 10개의 재앙

「출애굽기」 7장부터 11장에는 모세와 아론을 통해 여호와(야훼)께서 애굽 (이집트)에 10개의 재앙(plagues)을 내리는 사건이 일어난다. 이 사건을 그 냥 신화라고 해야 할까, 아니면 기적이라고 해야 할까? 이 역사적 사건은 신이집트 왕국(New Kingdom of Egypt, c.BC 1690-c.BC 1069)의 18왕조(the 18th dynasty)의 제6 파라오(바로, Pharaoh)인 투트모세 3세(Thutmose III, 통치 BC 1479-BC 1425) 때에 일어난 일로, 때는 BC 1446년이다.

강팍해진 이집트의 왕인 투트모세 3세는 이스라엘 백성들이 이집 트를 떠나는 것을 염려하여, 이것을 막고 이스라엘 백성들을 죽이고자 한다. 이에 대해 여호와는 모세와 아론에게 다음과 같이 명하신다. "내 가 너로 바로에게 신이 되게 하였은즉 네 형 아론은 네 대언자가 되리 니, 내가 네게 명한 바를 너는 네 형 아론에게 말하고 그는 바로에게 말하여 그로 이스라엘 자손을 그 땅에서 보내게 할찌니라. 내가 바로 의 마음을 강팍케 하고 나의 표징과 나의 이적을 애굽 땅에 많이 행하리라마는, 바로가 너희를 듣지 아니할 터인즉, 내가 내 손을 애굽에 더하여 여러 큰 재앙을 내리고 내 군대, 내 백성 이스라엘 자손을 그 땅에서 인도하여 낼찌라"(「출애굽기」 7:1-4).

여기서 중요한 것은 "볼찌어다. 내가 너로 바로에게 신이 되게 하였은즉 네 형 아론은 네 대언자가 되리니(See, I have made you like God to Pharaoh, and your brother Aaron will be your prophet)"라는 구절이다. 여호와께서 모세를 'God'의 능력으로 만드신다는 것이다. 그러나 다음 구절을 보면, "'내가 네게 명한 바를 너는 네 형 아론에게 말하고 그는 바로에게 말하여(You are to say everything I command you, and your brother Aaron is to tell Pharaoh)"와 같이 그저 여호와께서 명령하신대로 하면 된다는 것이다. 여기서도 각본은 야훼께서 다 짜시고 모세와 아론은 시킨대로 그저 따를 뿐이라는 것을 알 수 있다. 「출애굽기」 3장과 4장을 읽어보면 여호와께서 다 각본을 짜시고 모세와 아론보고 시키는대로 하라고 하신 내용들을 확인해 볼 수 있다.

이집트에게 내린 10개의 재앙은 다음과 같다.

첫째 재앙 – 물이 피가 되다(The Plague of Blood)
둘째 재앙 – 개구리가 올라오다(The Plague of Frogs)
셋째 재앙 – 티끌이 이가 되다(The Plagues of Gnats)
넷째 재앙 – 파리가 가득하다(The Plague of Flies)
다섯째 재앙 – 생축들이 죽다(The Plague of Livestock)
여섯째 재앙 – 독종이 발하다(The Plague of Boils)
일곱째 재앙 – 우박이 내리다((The Plague of Hail)
여덟째 재장 – 메뚜기가 올라오다(The Plague of Locusts)

아홉째 재앙 – 흑암이 임하다(The Plague of Darkness)

열째 재앙 – 처음 난 것의 죽음((The Plague of Firstborn)

2절 과학자들이 말하는 10개의 재앙 해설

2010년에 구약성서의 「출애굽기」에 나오는 10가지 재앙(ten plagues)이 실제로 일어났다는 주장이 제기됐다고 영국 일간지인 『텔레그래프』가 보도했다(Telegraph, 27 Mar 2010). 복수의 과학자들은 「출애굽기」에 등장하는 모세가 이스라엘 백성들을 해방시키기 위해 이집트에 내리게 했던 10가지 재앙이 기후변화(weather changes)와 화산폭발(a volcanic eruption)에 의한 것일 가능성이 크다고 연구결과를 발표했다. 연구에 따르면 10가지 재앙은 기원전 1279~1213년에 실제로 집권한 바로(파라오) 람세스 2세(Pharaoh Rameses, II) 재임 당시 고대 이집트의 수도에서 일어났다고 한다.

재앙의 주요 원인은 급격한 기후변화였다. 당시 기온이 급격하게 올라가면서 나일 강이 마르고 유속이 느려지고 흙더미가 흘렀다. 이는 독성이 있는 수초(a toxic fresh water algae)가 번성할 수 있는 환경을 만들었다. 이 수초들은 죽을 때 붉은색으로 변해 나일 강이 마치 핏빛으로 물드는(the Nile turning to blood) 것처럼 보였다. 이것이 「출애굽기」의 첫 번째 재앙으로 보는 것이다.

독성이 있는 수초는 2~4번째 재앙인 개구리와 이, 파리떼의 등장 배경이 됐다. 포식자인 개구리들이 죽어버리면서 급격히 번식하게 된 모기와 파리 등 곤충들은 말라리아(malaria) 등 다양한 질병을 옮겼다.

이는 가축이 죽고 사람들이 전염병에 걸리는 5, 6번째 재앙으로 이어졌음을 의미한다.

400마일 떨어진 지중해의 크레타(Crete) 섬 북쪽에 위치한 산토리니 섬(islands of Santorini)에서 일어난 거대한 화산 폭발은 폭우 및 화산재 등의 재앙을 초래했다. 당시 화산이 폭발하면서 수십억 톤의 화산재가 대기 중으로 쏟아져 나왔으며, 일부 연구자들은 화산재가 「출애굽기」의 7번째 재앙인 우박을 동반한 폭우를 만들어낼 수 있다고 보고 있다. 대기 중의 화산재는 강수량을 늘리고 습도를 높이면서 8번째 재앙인 메뚜기떼가 번성할 수 있는 환경을 조성했다. 9번째 재앙인 칠흑 같은 어둠 역시 대기 중에 뿌려진 화산재와 연관이 있다는 분석이다. 10번째 재앙인 장자(Firstbord)의 죽음은 곡물에 달라붙어 있던 곰팡이류에 의해, 곡물을 먹을 때 장자가 우선 먹는 관습에 따라 희생양이 된 것이라고 연구자들은 설명했다.

그러나 일부 과학자들과 성경학자들은 이러한 자연과학적 해석에 동의하지 않는다고 『텔레그래프』는 덧붙여 보도했다.

필자가 보기엔 이러한 자연과학적 시도도 충분한 의미가 있다고 본다. 바로(파라오) 람세스 2세(Pharaoh Rameses, II)의 이름과 고센(Goshen) 지방의 라암셋(Rameses)도 어느 정도 일치한다. 그러나 정확한 연대를 말하면 모세가 출애굽한 연도가 BC 1446년이라는 점을 감안하면 역사적인 증거가 더 필요하다고 본다. 그리고 개구리, 파리, 메뚜기의 기적을 해석하려면 구약성경에 등장하는 까마귀와 왕벌 등과 같은 맥락으로 보아야 한다. 또한 앞 장들에서 여호와의 능력들을 살펴 보아서 알 수 있듯이, 그저 시대의 자연과학적 해석은 여호와의 능력을 과소평가했다는 이견을 낳을 수 있다.

그럼에도 불구하고 『텔레그래프』의 자연과학적 보도는 「출애굽기」의 10개 재앙을 이해하는 데 많은 도움을 준다. 그것은 10개의 재앙이 신화나 기적이 아니라 실제 일어난 역사적 사건이며 과학이라는 것이다.

3절 지팡이→뱀, 물→피, 티끌→이가 되다, 원자자유전환

그럼 앞서 살펴본 10개의 재앙들을 과학적으로 살펴보기 전에, 분야를 나누어 볼 필요가 있다. '물이 피가 되다'와 '티끌이 이가 되다'는 물체의 형체가 변한 것으로 나누어 볼 수 있고, '개구리'와 '파리'와 '메뚜기'는 동물(양서류)과 곤충들로 나누어 볼 수 있다. 이 두 가지를 과학으로 살펴보고자 한다. 나머지 재앙들은 여호와의 능력을 볼진대 과학적으로 설명을 하지 않아도 다 이해할 수 있는 대목이다. 예를 들어 일곱째 재앙인 우박(Hail)은 오늘날 인공강우 기술로도 가능하다.

「출애굽기」 4장에는 모세의 지팡이가 뱀이 되고(Moses' Staff Becomes a Snake), 모세의 손이 문둥병이 되며(Moses's Hand Becomes Leprous like Snow), 나일 강의 물이 육지에서 피가될 것(Some Water will Becomes Blood on the Ground)이라는 내용이 나온다. 또한 「출애굽기」 7장 8절~13절에는 '아론의 지팡이가 뱀이 되다(Aaron's Staff Becomes a Snake)'라는 기적이 나온다. 어떻게 모세와 아론의 지팡이가 뱀이 되었을까? 멀쩡한 손이 어떻게 문둥병이 되었으며, 나일 강의 물이 어떻게 피가 되었을까?

여기서 과학적으로 보면 분명한 것은 모두 물체/생물체(지팡이→뱀,

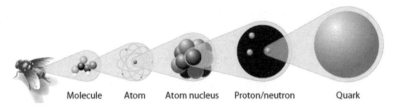

Molecule   Atom   Atom nucleus   Proton/neutron   Quark

파리 생명의 기원 : 쿼크 → 양성자/중성자 → 원자핵 → 원자 → 분자 → 파리. 사진 : 노벨상위원회 (2008)[23]

손→ 문둥병) 혹은 분자로 이루어진 물질(물→피)의 형태가 변형되었다는 것을 알 수 있다. 이것은 입자물리학(Particle Physics)으로 쉽게 설명할 수 있다. 필자가 『바이블 매트릭스』 시리즈 1권 『우주 창조의 비밀』에서 소개한 입자물리학, 즉 물리학 표준모델을 다시 한번 살펴보자.

물리학 표준모델로 보면 모든 물체는 원자들로 이루어져 있는데, 원자 내의 전자기력-강력-약력의 상호작용으로 이루어져 있다. 그런데 원자는 전자(electron)와 원자핵(nucleus)으로, 핵은 양성자(protons)와 중성자(neutrons)로, 양성자와 중성자는 쿼크(quarks)로 이루어져 있다. 이 중 강력(Strong Force)은 원자핵이 존재할 수 있게 하는 것으로 이 힘이 없으면 우주 만물의 형상도 만들어질 수 없다. 밀가루가 물이 없으면 뭉쳐질 수 없듯이, 물질의 최소 입자 중의 하나인 쿼크들(Quarks)이 없으면 최후의 물질과 물체들을 만들 수 없기 때문이다.

파리를 예를 들어 보자. 6개의 쿼크들은 양성자와 중성자를 이루고 이는 원자핵을 이루며, 이는 원자를 이루고, 원자는 분자, 즉 각종 세포들과 세포들의 집합체를 이루고, 그것은 물질(단백질 등)과 조직을 이루

---

4   2008년 노벨 물리학상 수상 - http://nobelprize.org/nobel_prizes/physics/laureates/2008/,

어, 마침내 파리라는 생명체가 된다. 우리 몸은 대략 22개의 원자들로 구성되어 있으며, 대략 218개의 조직, 즉 장기로 이루어져 있다.

이는 무엇을 말하는가 하면, 아직도 우리가 발견하지 못한 (1) 쿼크를 마음대로 전환하는 기술, (2) 양성자와 중성자를 자유로이 전환하는 기술, 그리고 (3) 원자를 원하는 대로 전환하는 기술로 가능한 것이다. 원자자유전환기술을 발견하면 물체의 형체를 바꿀 수도 있고, 물체를 생명체로 마음대로 바꿀 수 있다. 고체를 액체로, 액체를 기체로, 기체를 융체(플라즈마)로, 물을 피로, 지팡이를 뱀으로, 티끌(dust)을 이로, 멀쩡한 손을 문둥병이 걸린 손으로 바꿀 수 있다.

한 가지 예를 들면 오늘날 인기 있는 3차원 프린팅(3D Printing) 기술로 보면 쉽게 이해할 수 있다. 현재 많은 기업들이 3차원 프린팅 기술로 플라스틱, 세라믹, 금속물질을 이용해 장난감이나 스마트폰 케이스나 그릇을 찍어낸다. 바이오 분야에서는 분자, 즉 세포를 이용해 장기나 혈관을 찍어내는 데 도전하고 있다(Youtube, 12 Sep 2006; 조선일보, 01 Dec 2011).

따라서 언젠가는 지금까지 발견한 모든 118개[5]나 앞으로 발견하게 될 원자들을 이용해 원하는 원자로 자유롭게 전환 변형하고, 그 원자들을 3차원이나 4차원의 프린터로 빌딩블록(Building-Block)해서 원하는 분자를 만들고, 분자를 빌딩블록해서 물질을 만들고, 물질을 빌딩블록해서 원하는 물체나 생명체를 만드는 시대로 진입할 것이다. 즉 여호와께서 모세와 아론에게 보인 기적들이 과학적으로 이루어지는

---

5 118개 원자 - http://www.webelements.com/

시대가 올 것이다. 물을 피로, 지팡이를 뱀으로… 이것은 아무것도 아니다. 그 이상의 변형도 가능할 것이다.

4절 구약에 등장하는 개구리, 파리, 메뚜기, 메추라기, 왕벌, 까마귀

개구리 – 「출애굽기」 8장에는 둘째 재앙인 개구리들이 나일 강에 무수히 생기고 올라와서, 바로의 궁과 침실과 침상 위와, 바로 신하의 집과 백성과 부엌의 오븐과 반죽 그릇까지 가득 차는 내용이 나온다. 그저 자연적 현상이 아니라 부엌의 오븐과 떡 반죽 그릇까지 가득찬다. 그리고 이를 두려워하는 바로 왕이 모세와 아론을 불러 이르되, 여호와께 구하여 개구리를 나와 내 백성에게서 떠나 나일 강에만 서식하게 해달라고 간청한다. 이를 여호와께서 허락하신 결과 개구리들은 왕과 왕국에서, 집에서, 마당에서, 밭에서 나와서 다 죽고, 나일 강에만 서식하게 된다.

파리떼 – 「출애굽기」 8장에는 넷째 재앙인 파리떼들(swarms of flies)을 애굽에 보내 애굽 사람의 집과 거주하는 땅에 가득 차고 그 결과 애굽의 땅을 파괴한다. 여기서 중요한 것은 '보내(I will send)'라는 대목이다. 어디에선가 애굽으로 보낸다는 뜻이다. 또한 이스라엘 백성들이 거주하는 고센 땅에는 파리떼가 가지 않도록 여호와께서 구별하신다. 이것이 중요한 과학적 대목이다. 이것은 자연현상으로는 설명할 수 없고 과학적 기술로만 설명이 가능하다. 힌트를 드린다면 영화 〈스웜 (The Swarm, 1978)〉을 떠올려 보라. 그 수많은 벌떼들이 어떻게 이동하고 통신 센터의 직원들이 어떻게 몰살당하는지를 곰곰이 생각해 보라.

메뚜기 – 「출애굽기」 10장에는 여호와께서 여덟째인 메뚜기 재앙을 내리는데, 여기에서 중요한 것은 어디에선가 메뚜기를 데려와(I will bring) 애굽의 땅으로 가게했다는 것이다. 또한 여호와께서 동풍(an east wind)을 일으켜 온 낮과 온 밤에 불게 하고, 아침에 이르러 동풍이 메뚜기를 데려왔다(the wind had brought the locusts)는 것이 중요하다. 결국 메뚜기가 지면을 덮어서, 사람이 땅을 볼 수 없었고, 메뚜기가 우박에 상하지 않은 밭의 채소와 나무 열매와 나무까지 다 먹어버려 푸른 것은 남지 않았다는 내용이다.

메추라기(닭목 꿩과의 조류) – 「민수기」 11장에는 여호와께서 이스라엘 백성들에게 메추라기롤 보내(Quail From the LORD), 만나(manna)[6] 대신 메추라기 고기를 배불리 먹게 하는 장면이 등장한다. 여기서도 바다의 어디에선가 메추라기를 보냈다고 기록하고 있다. 이때의 상황을 보자. 이스라엘 백성 중에 섞여 사는 무리가 탐욕을 품으매, 이스라엘 자손도 다시 울며 가로되, 누가 우리에게 고기를 주어 먹게 할고, 우리가 애굽에 있을 때에는 값없이 생선과 오이와 수박과 부추와 파와 마늘들을 먹은 것이 생각나거늘, 이제는 우리 정력이 쇠약하되 이 만나 외에는 보이는 것이 아무것도 없도다 하고 불평을 한 것이다.

이에 여호와께서 바람을 일으켜 바다에 있던 메추라기를 몰아 이스라엘 진영으로 보낸다. 그리고 이스라엘 백성들이 일어나 메추라기를 모으고, 메추라기 고기가 아직 이 사이에 있어 씹히기 전에 여호와의 진노의 재앙을 받는다.

---

6 만나에 대해서는 2부 12장 2절인 "만나((Manna)는 분말 합성제(화학식품)"를 참조하라.

「민수기」 11:31 - 바람이 여호와에게로서 나와 바다에서부터 메추라기를 몰아 진 곁 이편 저편 곧 진 사방으로 각기 하룻길 되는 지면 위 두 규빗쯤에 내리게 한지라(Now a wind went out from the LORD and drove quail in from the sea. It brought them down all around the camp to about three feet above the ground, as far as a day's walk in any direction.)(NIV)

11:32 - 백성이 일어나 종일 종야와 그 이튿날 종일토록 메추라기를 모으니 적게 모은 자도 십 호멜이라 그들이 자기를 위하여 진 사면에 펴 두었더라(All that day and night and all the next day the people went out and gathered quail. No one gathered less than ten homers. Then they spread them out all around the camp.)

왕벌 - 출애굽한 지 40년(BC 1406) 10월에 아모리(Amorites) 왕 시혼(Sihon)을 쳐서 파하고, 모압의 아르(Ar of Moab)에서 아르논(Arnon), 디본(Dibon), 메드바(Medeba), 그리고 아모리인의 성읍 헤스본(Heshbon)까지 점령하여, 남녀와 유아를 모두 진멸한다(「신명기」 2:34). 또한 요단 강(Jordan River) 동쪽, 여리고(Jericho) 위의 북쪽에 위치한, 야셀(Jazer)까지 정탐한다. 그러나 암몬 족속(Ammon, Ammonites, 조상은 롯 자손인 벤암미=Ben-Ammi, 「창세기」 19:38)의 땅 얍복(Jabbok) 동쪽 강가와 산지의 성들은 야훼께서 금지하였으므로 가까이 하지 않고(「신명기」 2:37), 이어 갈릴리 호수 동북쪽에 위치한 아스다롯(Ashtaroth)을 지배하던 아모리 족속의 바산(Bashan) 왕인 옥(Og)을 에드레이(Edrei) 전투에서 대파하고(「여호수아」 9:10), 60개 성읍의 남녀와 유아를 모두 진멸함으로써 암몬 족속 경계까지 이르는 요단 강 동쪽 땅을 차지하게 된다. 위치로는 사해 동쪽 아르논 골짜기(Arnon Gorge)에서 갈릴리 호수 북쪽과 시리아의 다마스커스 사이에 있는 헤르몬 산까지 요단 강 동쪽을 장악하게 된다(「민수기」 21:21-35, 「신명기」 3:1-11).

여기에서 재미있는 상황을 발견하게 된다. 이 아모리 족속의 시혼 왕과 옥 왕을 쉽게 물리친 이유가 있다. 물론 여호와께서 시혼과 그 땅을 이스라엘 손에 붙이고(「신명기」 2:31), 옥과 그 땅을 이스라엘 손에 붙인 것이(「신명기」 3:3) 제일 큰 이유가 되겠지만[7] 또 다른 이유가 있다. 이스라엘 백성들은 자기네의 칼이나 활로 무찔렀다고 생각하겠지만, 야훼께서 왕벌(말벌, Hornet)을 보내신 것이다. 여기에서도 어딘가에 있던 왕벌을 보냈다고 분명 기록하고 있다. 여호와께서는 왕벌을 보내겠다고 누차 말씀하셨는데(「출애굽기」 23:28, 「신명기」 7:20), 진짜 왕벌을 보내 아모리 두 왕을 진멸한 것이다(「여호수아」 24:12). 어떻게 왕벌이 전투에 참가했을까?

까마귀 - 「열왕기상」 17장에는 '까마귀가 엘리야를 먹이는(Elijah Fed by Ravens)' 장면이 등장한다. 까마귀들이 아침과 저녁에 떡과 고기를 가져다 엘리야를 먹인다. 아니, 어떻게 이제는 까마귀가 떡과 고기를 물어다 엘리야를 먹였을까? 여기서 중요한 것은 여호와께서 까마귀들에게 명령을 내리셨다는(I have ordered the ravens to feed you) 것이다. 그것도 한 마리의 까마귀가 아니라 여러 까마귀들에게 명령을 내리신 것이다.

「열왕기상」 17:4 - 그 시냇물을 마시라 내가 까마귀들을 명하여 거기서 너를 먹이게 하리라(You will drink from the brook, and I have ordered the ravens to feed you there.")(NIV)
「열왕기상」 17:6 - 까마귀들이 아침에도 떡과 고기를, 저녁에도 떡과 고기를 가져왔고 저가 시내를 마셨더니(The ravens brought him bread and meat in the morning and bread and meat in the evening, and he

---

7   1부 3장의 "야훼께서 자리를 비우시다'와 '손에 붙이시다'의 의미"를 참조하라.

drank from the brook.)

5절 동물과 곤충을 유도하는 초음파기술, 인간(신)과 동물/곤충의 인터페이스

그러면 어떻게 여호와께서는 개구리, 파리, 메뚜기, 메추라기, 왕벌과 까마귀를 원하는 장소에 보내셨을까? 어떻게 의사소통을 했을까? 과학적으로는 전파유도기술 또는 초음파유도기술로 동물들과 새들과 곤충들과 의사소통을 하신 것이다.

이를 신(God)-동물(Animal) 간의 '두뇌-두뇌 인터페이스(Brain-Brain Interface)' 기술이라고 한다. 사람의 가청영역 주파수(진동수)는 16Hz~20kHz이다. 20,000Hz 이상의 주파수를 초음파(Supersonic wave)라고 하는데, 동물과 곤충들은 초음파를 듣기 때문에 동물과 소통하려면 초음파로 교신한다.

한국의 고려대, 미국의 하버드 대 및 보스턴 대 과학자들이 세계 최초로 '브레인-브레인 인터페이스(Brain-Brain Interface)' 기술 중 '사람-동물'과의 의사소통 실험에 성공했다(You et al., 3 Apr 2013). 사람의 뇌파를 무선으로 컴퓨터에 보내고, 컴퓨터는 뇌파를 초음파로 바꾸고, 컴퓨터 화면에 '쥐의 꼬리를 움직일 명령을 깜빡이는 점'으로 표시한 후, 그 사람이 그 점을 응시하면, 컴퓨터가 초음파를 쥐의 머리에 있는 운동중추로 보내서, 쥐의 꼬리를 움직이는 데 성공한 것이다. 결국 사람의 뇌에서 생각이나 메시지를 쥐의 뇌로 전달한 것이다. PLOS One 저널 사이트에 접속하여 실린 논문 하단의 추가 정보(Supporting

Information)에 소개된 동영상을 확인해 보라.[8]

단지 아쉬운 점은 아직은 '꼬리를 움직인다'는 생각 자체를 쥐의 뇌에 전달하지는 못했다는 점이다. 컴퓨터 화면에 깜빡이는 점을 볼 때 나오는 뇌파를 쥐가 꼬리를 움직이게 하는 스위치처럼 이용했을 뿐이다. 그러나 영화 〈아바타(Avatar, 2009)〉에서 주인공의 생각은 분신(分身)인 나비족(族) 전사의 몸을 통해 행동으로 옮겨지는 것처럼, 사람의 뇌파로 다른 동물을 움직이는 데 성공한 것이다. 생각으로 로봇 팔이나 휠체어를 움직인 연구는 이전에도 많이 있었지만 살아 있는 동물을 움직인 것은 처음이다. 과학계에서는 연구가 발전하면 화성 탐사에 나선 침팬지에게 무선으로 사람의 의도를 전달하는 일이 가능할 것으로 기대하고 있다. 또는 타이거 우즈의 뇌에 저장된 스윙 노하우를 초보 골퍼들의 뇌에 전달하는 상상도 해볼 수 있고, 고수의 지식을 하수의 두뇌에 전달할 수도 있다(조선일보, 4 Apr 2013).

특히 이 기술은 기존의 브라운 대학이나 피츠버그 대학의 이식(Invasive, 두뇌에 칩을 이식) 기술이 아니라 비이식(Non-invasive) 기술로 뇌파를 전달한 것이다. 따라서 여호와께서 개구리, 파리, 메뚜기, 메추라기, 왕벌, 까마귀(ravens)들을 어느 특정지역으로 보낼 수 있었던 것은 바로 이와 같이 여호와의 생각이나 메시지를 이들의 두뇌로 전달한 것이다. 따라서 좀더 기술이 발전되면 우리도 이런 방식으로 까마귀들과 소통할 수 있다. 이를 동물전파유도 또는 초음파유도 기술이라고 한다.

---

8 Non-Invasive Brain-to-Brain Interface (BBI): Establishing Functional Links between Two Brains(03 Apr 2013) - http://www.plosone.org/article/info:doi/10.1371/journal.pone.0060410

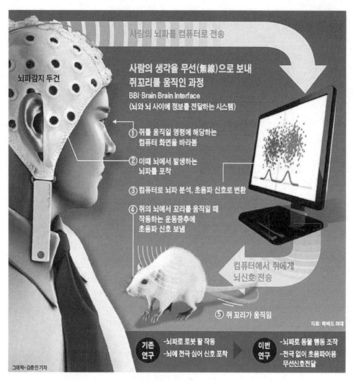

사람의 메시지를 동물에게 전달하는 과정(BBI). 사진 : 조선일보(4 Apr 2013).

6절 나노 접착제 분자 털과 양자동조(Quantum Sync) 기술

그런데 한 마리의 메뚜기가 아니라 수백만 마리의 메뚜기떼를 여호와
께서는 어떻게 움직였을까? 그것도 모두 똑같이 말이다. 똑같다는 것
은 목표와 방향이 같다는 것이다. 어떤 과학적 메커니즘을 이용했을
까? 과학적으로 말하자면 이것은 양자동조(Quantum Sync) 기술이다.

체조경기 중에 물에서 하는 체조를 싱크로나이제이션(Synchronization,
Sync)이라 한다. 참가하는 선수들 모두가 동시성을 가지고 같은 시간에 똑

같이 움직여야 한다. 요즈음은 스마트폰과 스마트탭에서 동시에 똑같은 영상을 본다. 이것이 가능한 것은 바로 동조기술을 이용하기 때문이다. 앞으로 스마트워크, 스마트안경, 스마트텔레비전, 스마트카, 스마트냉장고, 스마트에어컨 등이 다 이러한 동조기술을 이용하여 간단히 제어할 수 있는 시대가 온다.

필자는 『매트릭스 비즈니스』(2006)에서 성경에 등장하는 메뚜기떼나 파리떼의 과학적 메커니즘에 대해 다음과 같이 썼다. (1) 가장 강력한 접착제 역할의 접촉 메커니즘(Contact Mechanism)을 하는 나노 크기의 분자털을 가지고 있어야 가축이나 곡물이나 사람에 들러 붙어 먹거나 공격할 수 있다. (2) 두 번째는 이들 생물 또는 곤충 집단이 집단으로 행동해야 하는데 다 같이 행동하려면, 전파유도나 초음파 같은 소리 즉 나팔소리에 양자동조(Synchronization, Sync)가 일어나야 한다.

독일의 막스 플랑크 연구소(MPI)의 스폴낙(Ralph Spolenak) 박사팀은 『마이크로 크기에서 나노 크기의 생물체에서 나타나는 접촉 분자털(From micro to nano contacts in biological attachment devices)』이라는 논문에서(Arzt & Spolenak et al., PNAS, 2003), 거꾸로 매달리는 생물이나 곤충들은 모두 발에 미세한 분자 털이 나 있으며, 몸무게가 늘어날수록 털의 크기가 더 작아져 결과적으로 더욱 많은 털이 있다는 사실을 밝혔는데, 실제로 딱정벌레는 지름이 10마이크로인 털이 나 있지만, 도마뱀의 경우 몸무게가 많이 나가므로 이를 지탱하기 위해 수십 나노미터 크기의 미세한 분자 털이 십억 개나 있다는 것을 발견하였다. 따라서 도마뱀은 이들 나노분자 털을 이용해 벽을 기어 오르고 천정을 기어 다니는 것이다. 이러한 도마뱀의 생체지능을 이용해 손장갑이나 옷을 만드는 과학자들이 있는데, 언젠가는 우리 모두가 벽을 기어 오르는 스파이더 맨(Spider man)이 되는 날이 올 것으로 기대한다.

스폴낙 박사팀은 계속해서 『생물 접착력 규모에 나타나는 접착형태의 효과(Effects of contact shape on the scaling of biological attachments)』라는 논문(Spolenak et al., 2005)을 통해 미세한 털 가운데 끝이 평평한 메뚜기의 털이 가장 접착력이 뛰어나다는 연구결과를 발표했다. 접착력이 뛰어나다는 것은 곡물에 착 달라붙어 액을 빨아먹고 모든 곡식을 한 순간에 먹어치울 수 있다는 뜻이다.

영국 옥스포드 대의 동물학과 교수인 데스플랜드(Emma Despland)는 『정보 배분시 메뚜기 그룹에서 나타난 물리적 리듬의 양자동조에 관한 고찰(Resource distribution mediates synchronization of physiological rhythms in locust groups)』이라는 논문(Desland & Simpson, 2006)에서, 생물들에게는 양자동조(Sync)가 흔히 일어나는데, 예를 들면 개미들은 이웃들을 자극하여 같이 행동한다는 것이다. 이들은 메뚜기 그룹을 연구했는데 먹이를 찾았을 때 메뚜기들은 양자동조화되어 같이 행동을 함으로써 시간과 노력을 아끼고 있다면서 메뚜기 한 마리가 수십억 마리의 행동을 유발시킬 수 있는 최적의 양자동조 시스템을 갖고 있는 곤충이라고 밝혔다.

그렇다. 여호와께서 메뚜기를 비롯해 동물과 곤충들을 움직일 수 있었던 것은 앞에서 보았던 전파 혹은 초음파유도 기술에 의해 이들이 양자동조를 일으켜 같이 행동을 한 것이다. 그러므로 여러 곳에 흩어져 살던 동물과 곤충들이 한 곳으로 모여, 수백만 마리의 개구리, 파리떼, 메뚜기떼를 이루고 이집트를 향해 날아간 것이다. 파리떼가 이스라엘 백성들이 머물던 고센 땅에는 구별하여 안 날아갔다는 것은 여호와의 메시지가 전파 혹은 초음파로 전달된 것이다. 또한 여호와께서 여기에 동풍을 일으키시어 메뚜기들이 빠른 시간에 빠른 이동통로를 열어 이집트에 도달하게 한 것임을 알 수 있다.

7절 항법 시스템인 자기장을 이용하는 메추라기와 까마귀

그런데 한 가지 질문이 있다. 파리와 메뚜기 등은 낮게 날아 다소 넓은 지역에 보내졌지만, 메추라기와 까마귀는 높게 날아 다소 좁은 지역으로 보내졌다는 것이다. 높게 난다는 것은 그만큼 정확한 위치를 찾을 수 있다는 뜻이다. 「민수기」 11장 31절을 보면 메추라기들이 바다로부터 나와 이스라엘 진영의 "사방으로 각기 하룻길 되는 지면 위 두 규빗쯤에" 내렸다는 것이다. 각기 하루에 걸을 수 있는 거리의 땅 지면에 높이 3피트(90센티미터) 정도까지 내려 쌓였다는 것이다. 「열왕기상」 17장에 등장하는 까마귀들은 더욱 놀랍다. 왜냐하면 목표물이 엘리야 한 사람이기 때문이다. 정확히 엘리야의 위치를 찾아내 떡과 고기를 날라다 준 것이다. 오늘날의 과학기술로 말하자면 위치추적 시스템(GPS)인데 오차가 2미터나 나니 까마귀는 이보다 더 정확한 것이다. 그렇다면 새들은 특수 항법 시스템을 가지고 있는 것이 아닐까?

문서를 전달하는 전서(傳書) 비둘기(Homing Pigeons or Homer)들은 그리도 먼 거리 비행을 한 후 어떻게 집으로 정확히 찾아올 수 있을까? 그간의 정설은 비둘기들은 냄새 맡는 후신경(olfactory nerve)이 발달한 훌륭한 후각감지 시스템에 의해 위치를 파악하는 것으로 알려져 있었다. 그러나 2004년에 뉴질랜드의 과학자들은 후각감지시스템이 아니라, 비둘기 부리에 자기(磁氣 또는 자성, magnets)가 있어 지구의 자기장(planet's magnetic field)을 감지함으로써 위치를 파악한다는 연구 결과를 『네이처(Nature)』지에 발표하였다(Mora et al., 25 Nov 2004).

비둘기들은 그들의 부리에 있는 아주 작은 자석 입자(tiny magnetic particles)들을 사용하여 지구의 자기장들을 감지한다. 그러므로 새들은 일반적으로 공중에서 이들 지구의 자기장들의 전체 지도(Map)를 그릴 수 있다. 그리고 이를 비행 항법에 이용하여 그들의 비둘기 집으로 돌아올 수 있다. 그 동안 과학자들은 새들은 냄새를 이용하여 항해를 한다는 이론을 믿고 있었는데, 이번 연구결과로 이러한 정설을 뒤집는 결과가 되었다(BBC, 24 Nov 2004).

연구의 주인공들은 뉴질랜드의 오클랜드 대학의 모라(Cordula Mora) 교수와 그의 동료들인데, 이들은 여러 개의 나무로 만든 터널을 만들고 각 터널의 끝에는 먹이통을 놓아 이들 터널들을 지나갈 수 있도록 비둘기를 위치시켰다. 그리고 터널의 외부에는 자기 코일(magnetic coils)들을 부착시켰다. 그리고 비둘기들은 훈련을 받았는데, 자기 코일에 전류가 꺼지면 한 먹이통으로 지나가고, 자기 코일에 전류가 들어오면 다른 먹이통으로 지나가는 것이었다. 그 다음 이들 연구원들은 훈련받은 비둘기들로 하여금 자기장을 감지할 수 없도록 비둘기들의 감지 능력을 무력화시키는 테스트를 진행했다.

첫째 실험 - 과학자들은 비둘기의 부리에 자석을 부착시켰다. 그랬더니 비둘기들은 자기 코일에 전류가 들어오고 꺼질 때 그것을 감지할 수 없었다. 부착된 자석 때문에 그들의 원래 자기감지능력이 손상되었기 때문이다(National Geographic, 24 Nov 2004).

둘째 실험 - 과학자들은 비
둘기들의 부리 영역 위쪽을 마
비시켰다. 그랬더니 자기 코일
들이 만드는 자기성의 변칙들
을 감지하는 능력이 급격히 떨
어졌다. 부리 영역의 위쪽이 마
비되었기 때문이다.

셋째 실험 - 이번에는 비둘기의 3차 신경을 잘라 버렸다. 이 3차 신
경은 광신호나 다른 신호들을 두뇌에 전달하는 커다란 신경인데, 이
신경이 없으므로 비둘기들의 자기 감지능력은 손상될 수밖에 없는 것
이다.

넷째 실험 - 이번에는 냄새 신호를 두뇌에 전달하는 비둘기들의
후신경을 잘라내고 실험을 했더니 아무런 반응이 없었다. 이는 그간
정설로 인정되어 왔던 냄새를 이용해 항해한다는 것을 정면으로 반박
하는 것이다.

이들 실험을 종합해 보면 비둘기들은 그들의 부리에 있는 자기 입자
들을 이용하여 지구의 자기장을 감지하는 것이다. 비둘기들의 부리에 자
기 입자들이 있다는 것은 1970년대부터 알려진 사실이다. "우리는 이번
연구결과가 비둘기나 철새들의 항법시스템 및 자기장 감지 연구에 기본
을 제공할 것이라 믿습니다"라고 연구원들은 결론을 맺고 있다.

그런데 의문이 하나 있다. 인간이나 새나 무엇이든 감각기관에서
감지하면 두뇌에서 해석하고 처리한다. 어떻게 부리의 자기가 지구

의 자기장을 감지한 것을 두뇌에서 알아차릴까? 우리나라에 오는 오리, 황새 등의 철새들은 매년경로를 따라 움직인다. 바로 오스트리아와 독일의 과학자들이 이 비밀을 풀었다. 바로 새들은 머리의 감지 뉴런(sensory neurons)에 '철 공들(iron balls)'이 있다는 것을 발견하였다 (Lauwers et al., 25 April 2013). 이 뉴런 세포들은 '머리카락 세포(hair cells)'라 불리는데, 바로 귀(ear)에 위치하고 있어, 이들이 부리가 감지한 자기장과 중력(gravity)을 최종 해석하고 결정을 내린다는 것이다. 놀랍게도 각각의 세포들은 하나의 '철 공'을 갖고 있고, 모든 새들은 이와 같은 '철 공'을 갖고 있다는 것이다.

그러니 수천만 킬로미터를 자기장을 따라 날아가는 것이며 정확한 위치를 찾아 내려앉는 것이다. 그러니 새들은 최첨단 항로검색 시스템 (Bird Navigation)을 갖고 있는 셈이다(Science Daily, 25 Apr 2013).

8절 새들 중 까마귀의 지능(IQ)이 가장 높아, 침팬지와 비슷

마지막 질문이다. 그렇다면 까마귀들이 어떻게 엘리야에게 떡과 고기

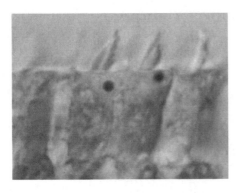

비둘기들은 그들의 귀 안쪽에 자기장을 감지할 수 있는 철공들을 갖고 있다. Image Credit : IMP at Science Daily(Science Daily, 25 Apr 2013)

를 날라다 주었을까? 아무리 여러 마리가 양자동조를 한다 해도 떡과 고기는? 좀 그런가 아닌가 싶다.

그러나 여기 과학적 해답이 있다. 새들 중 가장 IQ가 높은 새는 바로 까마귀라는 것이 밝혀졌다. 캐나다 맥길 대의 루이 드페브르(Louis Lefebvre) 박사는 지난 75년간 발표된 조류 관련 보고서 2000여 편을 분석해 새의 지능지수(IQ)를 만들어 발표했다(BBC, 22 Feb 2005). 르페브르 박사는 "까마귀(crows), 어치(jays)가 최고의 지능을 나타냈으며 송골매(falcons)가 두번째, 그리고 매(hawks), 왜가리(herons), 딱따구리(woodpeckers) 등도 상당히 높은 지능을 보였다"고 말했다. 반면 사람들의 말을 따라 해 머리가 좋은 것으로 알려진 앵무새는(parrots) IQ가 낮았다. 새들의 IQ는 그들의 독창적인 먹이조달 방법에 대한 2000개의 보고서에 근거한 것이다. 이 보고서는 과거 조류학 잡지에 실린 보고서나 야생 관측을 토대로 작성된 것들이다.

또한 2004년에 영국 케임브리지 대의 동물행동실험 심리학과의 니콜라 클레이튼(Nicola S. Clayton) 교수팀은 까마귀과(Corvids)에 속하는 새들의 지능이 침팬지(chimpanzees) 같은 영장류(primates)에 필적한다는 사실을 연구해 논문을 발표했다(Emery & Clayton et al., 10 Dec 2004). 침팬지는 흰개미 집을 파헤치는 대신 나뭇가지를 구멍에 넣었다 빼내 달라붙어 있는 흰개미를 훑어 먹는다. 남태평양에 서식하는 뉴칼레도니아 까마귀도 도구(tool kit) 사용에 있어 침팬지와 막상막하다. 이 까마귀들은 부리(beaks)로 나뭇가지를 물고 줄기의 구멍 속에 집어넣어 애벌레(grubs)를 꺼내 먹는다. 마땅한 도구가 없을 때는 직접 도구를 만들기도 한다.

기억력도 보통이 아니다. 스크럽 제이라는 까마귀는 은닉 장소뿐 아니라 은닉 시간과 먹이 종류까지 기억한다. 애벌레와 땅콩을 숨기게 한 뒤 4시간이 지났을 때 다시 찾게 하면 더 좋아하는 먹이인 애벌레를 찾아 먹는다. 니콜라 클레이튼 교수는 "먹이를 다시 찾을 때 시간 경과에 따른 부패 정도까지 고려한다는 점이 놀랍다"며 "까마귀과 새들은 다른 조류보다 몸에 비해 뇌가 훨씬 크고 그 비율이 침팬지와 비슷하다"고 말했다(National Geographic, 09 Dec 2004).

이보다 앞선 2002년에 영국 옥스포드 대학 연구원들은 뉴칼레도니아 까마귀가 먹이를 찾을 때 지능적으로 도구를 사용한다는 연구결과를 내놓았다. 특히 베티(Betty)라고 이름 붙여진 까마귀는 철사(wire)를 구부려 갈고리를 만들어 통 속에 들어 있는 먹이를 꺼내 먹어 사람들을 놀라게 했다(Weir, Chappell & Kacelnik, 09 Aug 2002). 이 연구결과는 까마귀가 툴을 사용하는 인지능력이 인간 이외의 영장류와 필적한다는 것을 시사하는 것이다(National Geographic, 08 Aug 2002).

2013년 리스트 25(List 25)가 발표한 지구상에서 가장 지능적인 25개의 동물들을 보면(List 25, 03 June 2013), 첫째는 침팬지이고, 둘째는 돼지이며, 셋째는 돌고래(Dolphins), 그리고 까마귀는 양의 뒤를 이어 18번째로 달리고 있다.

철사를 이용해 먹이를 낚아 올리는 까마귀. Image Credit : Weir, Chappell & Kacelnik, 09 Aug 2002

10장
언약궤/속죄소는 오늘날의 무전기
이상의 원자로 송수신기

1절 언약궤는 송신기, 속죄소는 수신기

「출애굽기」 25장 10절~22절과 37장 1절~9절에는 언약궤(言約櫃, 또는 증거궤, 또는 법궤, The ark of the covenant of the LORD, the ark of the Testimony, Ark of God)의 설계도면이 나온다. 길이가 2규빗(큐빗)과 반이니 계산해 보면, 1규빗이 45cm이니까 90cm + 25cm = 115cm이고, 폭이 일 규빗 반이니 70cm이며, 높이가 일 규빗 반이니 70cm의 크기이다. 마치 한 명의 신부가 타고 다닐 수 있는 꽃가마 크기이다. 이것을 정금(pure gold)으로 안과 밖으로 싸고 주위를 돌아가며 금테(gold molding)를 둘렀다. 정금은 최고의 전도체라는 점을 이해하자. 오늘날 스마트폰을 포함하여 모든 전자기기에는 반드시 금이 들어간다. 전자가 잘 흘러야 최고의 전자기기가 된다는 점을 이해하자.

금고리(gold rings) 넷을 부어(cast) 만들고, 그것을 네 발에 달았다. 아래 네 모퉁이의 발에 고리를 달았다. 조각목, 즉 아카시아(acacia wood) 나무로 채, 즉 기둥들(poles)을 만들고, 금으로 쌌다. 그리고 이

기둥들을 금고리들로 꿰어 궤를 메게 하였다. 이 기둥들은 반드시 금고리들에 항상 있어야 하며, 반드시 빼내거나 제거해서는 안 된다.

그 다음 그 언약궤 안에 증거판(The Testimoney)을 둔다. 이 증거판은 시내 산에서 여호와께서 돌판(stone)에 직접 쓰신(새긴) 두 개의 증거판(two tablets of the Testmony or the Ten Commandments)이나(『출애굽기』 31:18), 모세가 시내 산을 내려올 때에 이스라엘 백성들이 금송아지를(The Golden Calf) 만들어 섬김을 보고 모세가 대노하여 두판들을 산 아래로 던져 깨뜨린다(『출애굽기』 32장). 이에 여호와께서 두 번째 돌판을 다시 써서 주신다(『출애굽기』 34장).

그 다음 죄를 고하는 속죄소(an atonement)를 만드는데 길이가 언약궤와 같은 115cm이고 폭이 70cm이다. 높이는 특별히 안 나온 것으로 보아 언약궤 위에 덮개 정도로 생각하면 될 것 같다. 그리고 앞서 살펴보았던 하나님들을 보좌하는 로봇의 역할을 하는 두 개의 체루빔(그룹들, cherubim)을 정금으로 만들어 양쪽 두 끝에 연이어 단다. 그룹들은 날개를 높이 펴서 그 날개로 속죄소를 덮으며 그 얼굴을 서로 대하여 속죄소를 향하게 하고, 이 속죄소를 언약궤 위에 얹는다. 다시 말해 언약궤 위에는 속죄소가 있다.

이 언약궤와 속죄소는 어떻게 생겼을까? 이미지가 있는지 구글 검색을 해보았다. 그랬더니 다음 이미지가 검색되었는데, 필자가 보기엔 가장 정확하게 이미지를 그린 것 같아 소개한다.

자, 이제 다 만들었는데, 이 언약궤와 속죄소의 역할은 무엇일까? 구체적으로 무엇을 말하는 것일까? 바로 답이 나온다. 언약궤에서 모

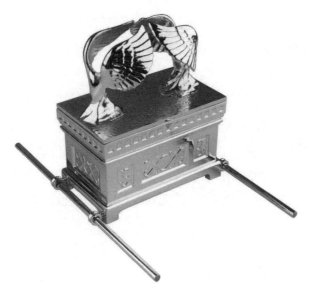

네이버 블로그의 아이디 'Kurtnam' 님의 "시바 여왕의 미스터리"(15 May 2011) http://blog.naver.com/kurtnam/150108907424

세와 만나고 속죄소, 즉 언약궤 위의 두 체루빔사이에서 모세에게 명령하신다는 것이다. 이게 무슨 말일까? 대충 언약궤는 모세의 말을 전달하는 송신기이고 속죄소는 상대방, 즉 여호와의 지시나 명령을 받는 수신기라는 것을 짐작할 수 있지만 아직 확실하지 않다.

「출애굽기」 25:22 - 거기서 내가 너와 만나고 속죄소 위 곧 증거궤 위에 있는 두 그룹 사이에서 내가 이스라엘 자손을 위하여 네게 명할 모든 일을 네게 이르리라(There, above the cover between the two cherubim that are over the ark of the Testimony, I will meet with you and give you all my commands for the Israelites.)(NIV)

「출애굽기」는 언약궤를 안치한 성막을 세우고 봉헌하는 것(Setting

Up the Tabernacle or the Tent of Meeting)으로 끝을 맺는다(「출애굽기」 40장). 따라서 어떻게 사용하는지는 다른 『모세오경』을 보아야 한다.

그런데 언약궤는 송신기이고 속죄소가 수신기라는 대목의 구절이 「민수기」에 나온다. 바로 "모세가 회막(성막)에 들어가서 야훼께 말씀하려 할 때에, 속죄소 위의 두 체루빔 사이에서 모세에게 말씀하는 목소리를 들었다"라는 대목이다. 이것은 야훼께서 직접 나타나시어 모세에게 말씀하신 것이 아니라 속죄소, 즉 수신기를 통해 말씀하셨다는 얘기이다.

「민수기」 7:89 - 모세가 회막에 들어가서 여호와께 말씀하려 할 때에 증거궤 위 속죄소 위의 두 그룹 사이에서 자기에게 말씀하시는 목소리를 들었으니 여호와께서 그에게 말씀하심이었더라(When Moses entered the Tent of Meeting to speak with the LORD, he heard the voice speaking to him from between the two cherubim above the atonement cover on the ark of the Testimony. And he spoke with him.)(NIV)

그렇다! 야훼께서는 특수 원자로장치가 된 야훼의 언약궤 속에 송신기를 설치하고 속죄소 안에 수신기를 설치한 것이다. 그리고 야훼께서는 원격에서 언약궤(송신기)를 통해 모세가 하는 말과 이스라엘 백성들이 하는 말을 다 듣고, 속죄소(수신기)를 통해 모세와 대화를 통해 이스라엘 백성들을 꾸짖기도 하고 벌을 주시기도 하면서 가나안 땅으로 인도한 것이다.

이를 두고 구약성경은 "그룹 사이에 계신 만군의 여호와(who is enthroned between the cherubim)"라고 표현하고 있다.

「사무엘상」 4:4 - 이에 백성이 실로에 보내어 <u>그룹 사이에 계신 만</u><u>군의 여호와의 언약궤</u>를 거기서 가져왔고 엘리의 두 아들 홉니와 비느하스는 하나님의 언약궤와 함께 거기 있었더라(So the people sent men to Shiloh, and they brought back the ark of the covenant of the LORD Almighty, who is enthroned between the cherubim. And Eli's two sons, Hophni and Phinehas, were there with the ark of the covenant of God.)(NIV)

「열왕기하」 19:15 - 그 앞에서 기도하여 가로되 <u>그룹들 위에 계</u><u>신 이스라엘의 하나님 여호와여</u> 주는 천하 만국에 홀로 하나님이시라 주께서 천지를 조성하셨나이다(And Hezekiah prayed to the LORD: "O LORD, God of Israel, enthroned between the cherubim, you alone are God over all the kingdoms of the earth. You have made heaven and earth.)

역대상 13:6 - 다윗이 온 이스라엘을 거느리고 바알라 곧 유다에 속한 기럇여아림에 올라가서 여호와 하나님의 궤를 메어 오려 하니 이는 <u>여호와께서 두 그룹 사이에 계시므로</u> 그 이름으로 일컫는 궤라(David and all the Israelites with him went to Baalah of Judah (Kiriath Jearim) to bring up from there the ark of God the LORD, who is enthroned between the cherubim--the ark that is called by the Name.)

2절 언약궤/속죄소를 사용하기 전, 우주선을 타고 직접 내려와 대화하시는 야훼

「출애굽기」 33장에는 모세와 여호와께서 언약궤/속죄소를 사용하기 전의 장면이 나온다. 언약궤/속죄소를 사용하기 전에는 회막(성막, The Tent of Meeting or The Tabernacle)에서 모세와 여호와께서 사람이 친구와 이야기 함과 같이 대면하여 말씀하신다. 이때 여호와께서 회막에 오실 때에도 역시 소형 우주선을 타고 오시거나 우주복을 입고 오신다. 모세가 회막에 들어갈 때에는 여호와의 구름 기둥이 내려와 회막문에 서고 그때 여호와께서 말씀하신다. 모든 백성이 회막문에 구름 기둥이 섰을 때는 보고 다 일어나 각기 경배를 드린다. 이때 구름 기둥이란 앞서 살펴보았듯이 소형 우주선의 연소가스에 뒤덮인 구름을 말하는 것이다.

「출애굽기」 33:9 - 모세가 회막에 들어갈 때에 <u>구름 기둥</u>이 내려 회막문에 서며 여호와께서 모세와 말씀하시니(As Moses went into the tent, <u>the pillar of cloud</u> would come down and stay at the entrance, while the LORD spoke with Moses.)(NIV)

33:10 - 모든 백성이 회막문에 구름 기둥이 섰음을 보고 다 일어나 각기 장막문에 서서 경배하며(Whenever the people saw the pillar of cloud standing at the entrance to the tent, they all stood and worshiped, each at the entrance to his tent.)

33:11 - 사람이 그 친구와 이야기함같이 여호와께서는 모세와 대면하여 말씀하시며 모세는 진으로 돌아오나 그 수종자 눈의 아들 청년 「여호수아」는 회막을 떠나지 아니하니라(The LORD would speak to Moses face to face, as a man speaks with his friend. Then Moses would return to the camp, but his young aide Joshua son of Nun did not leave the tent.)

3절 나를 보고 살 자가 없느니라의 의미

그런데 한 가지 짚고 가자. 야훼께서는 모세보고 시내 산을 떠나 아브라함과 이삭과 야곱에게 맹세한 가나안 땅으로 가라고 명령하신다(「출애굽기」33장). 이때 야훼께서 친히 가겠다고 말씀하신다. 야훼께서 친히 같이 가나안 땅에 들어갈 테니 걱정말고 올라가라는 것이다.

「출애굽기」 33:14 - 여호와께서 가라사대 내가 친히 가리라 내가 너로 편케 하리라(The LORD replied, "My Presence will go with you, and I will give you rest.")(NIV)

이때 느닷없이 모세가 "원컨데 주의 영광을 내게 보이소서"라고 말하면서 야훼의 얼굴을 보여달라고 떼를 쓴다. 이때의 영광이란 우주선이나 우주복의 빛나는 광채를 말하는데, 그 광채에 휩싸인 야훼의 얼굴을 보여 달라는 것이다. 이에 야훼께서는 다음과 같이 말씀하신다.

「출애굽기」 33:20 - 또 가라사대 네가 내 얼굴을 보지 못하리니 나를 보고 살 자가 없음이니라(But," he said, "you cannot see my face, for no one may see me and live.")(NIV)

33:21 - 여호와께서 가라사대 보라 내 곁에 한 곳이 있으니 너는 그 반석 위에 섰으라(Then the LORD said, "There is a place near me where you may stand on a rock.)

33:22 - 내 영광이 지날 때에 내가 너를 반석 틈에 두고 내가 지나도록 내 손으로 너를 덮었다가(When my glory passes by, I will put you in a cleft in the rock and cover you with my hand until I have passed by.)

33:23 - 손을 거두리니 네가 내 등을 볼 것이요 얼굴은 보지 못하리라(Then I will remove my hand and you will see my back; but my face must not be seen.")

야훼의 얼굴을 볼 수가 없다는 것이다. 설사 본다 한들 죽는다는 것이다. 「요한계시록」에 가면 두번째 우주 창조인 '새 하늘과 새 땅'에서는 "그의 얼굴을 볼 터이요 그의 이름도 저희 이마에 있으리라"라고 기록되어 있다(「요한계시록」 22:4). 그렇다면 이는 무슨 의미일까? 아마도 이럴 것이다. '새 하늘과 새 땅'은 새로운 세상이다. 그러나 첫 번째 창조된 우주는 여러가지 물리적 대기적 제약이 있을 것이다.

첫째, 왜 하나님들이 우주선이나 우주복을 입고 오셨는가를 생각하면 쉽게 이해할 수 있다. 하나님들의 고향 행성은 지구와는 대기와 물리적 환경이 다르다.

둘째, 우주선 안에 타고 계신 야훼를 생각해 보라. 설사 우주복을 입고 우주선에서 나오셔도 그 우주복은 엄청난 광채 혹은 발광(radiant)을 내뿜을 것이다. 우리와는 다른 물질, 예들들어 에너지가 엄청난 반물질이나 암흑물질 등의 에너지를 사용하기 때문에, 우리에게는 해로운 방사선이 나올 수도 있다. 그러니 야훼께서 나오셔도 모세는 야훼의 얼굴을 보는 순간 그 광채 혹은 방사선에 의해 즉사한다는 의미일 것이다.

셋째, 이 말은 이렇게도 해석할 수 있다. 야훼께서는 지구의 대기 환경 조건이 틀리니 우주선과 우주복을 벗어던지고 직접 얼굴을 보여줄 수 없다고도 해석할 수 있다.

넷째, 야훼의 얼굴을 보려면 야훼께서 사시는 고향 행성으로 가야한다. 그러나 거기의 대기가 지구의 대기가 다르기 때문에 지구의 인간들은 반드시 우주복을 입고 가야 한다.

그러니 야훼의 영광(Glory), 즉 우주선이 지나 갈 때에, 모세는 반석 틈에 있다가 나오라는 것이다. 그땐 이미 우주선이 지나갔으니 모세는 야훼의 등(back), 즉 우주선의 뒷면 궤적만을 볼 뿐이란 의미이다.

이 해석이 옳음을 증명하는 성경 한 구절이 있다. 모세가 여호와와 함께 사십 일 사십 야를 시내 산에 있으면서 떡도 먹지 아니하고 물도 마시지 않고 여호와께서 이르시는 언약의 말씀, 즉 십계명을 쓴다(「출애굽기」 34:27-28). 그리고 모세가 증거의 두 판을 자기 손에 들고 시내 산에서 내려오는데, 여호와와 대화를 나눔을 인하여, 모세의 얼굴에는 광채(radiant)가 나나 모세는 깨닫지 못한다. 이에 아론과 온 이스라엘 자손들이 모세를 볼 때에 모세의 얼굴에 광채 남을 보고 모세에게 가까이하기를 두려워한다. 결국 모세는 수건(veil)으로 얼굴을 가린다.

「출애굽기」 34:29 - 모세가 그 증거의 두 판을 자기 손에 들고 시내 산에서 내려오니 그 산에서 내려올 때에 모세는 자기가 여호와 말씀 하였음을 인하여 얼굴 꺼풀에 광채가 나나 깨닫지 못하였더라(When Moses came down from Mount Sinai with the two tablets of the Testimony in his hands, he was not aware that his face was radiant because he had spoken with the LORD.)(NIV)

34:30 - 아론과 온 이스라엘 자손이 모세를 볼 때에 모세의 얼굴 꺼풀에 광채 남을 보고 그에게 가까이 하기를 두려워하더니(When Aaron and all the Israelites saw Moses, his face was radiant, and they were afraid to come near him.)

4절 보통 때는 언약궤/속죄소로 송수신, 급할 때는 야훼께서 직접 강림, 텔레파시

이제 시내 산을 떠나 행진을 시작한다. 삼일(three days) 길을 행할 때에 언약궤/속죄소를 메고 야훼의 구름이 위에서 함께 행진하는데, 언약궤/속죄소가 앞서 나가 쉴 곳을 찾는다. 이것으로 보아 언약궤/속죄소는 송수신기 역할 이외에 군대로 말하면 첨병 또는 관측병 역할도 했다는 것을 알 수 있다. 적군이 어디있는지 쉴 곳은 어디인지를 파악한다. 그것은 공중에 떠 있는 우주선 안의 야훼가 미리 찾아 주고 속죄소(수신기)를 통해 알려주었을 것이다.

「민수기」 10:33 - 그들이 여호와의 산에서 떠나 삼 일 길을 행할 때에 여호와의 언약궤가 그 삼 일 길에 앞서 행하며 그들의 쉴 곳을 찾았고(So they set out from the mountain of the LORD and traveled for three days. The ark of the covenant of the LORD went before them during those three days to find them a place to rest.)(NIV)

그리고 언약궤/속죄소가 떠날(set out) 때, 즉 행진할 때는 모세가 언약궤에 대고 "여호와여 일어나사 주의 대적들을 흩으시고 주를 미워하는 자로 주의 앞에서 도망하게 하소서"라고 말하였고, 언약궤가 쉴 때, 즉 야훼께서 잠시 동안 우주선을 타고 다른 곳으로 갈 때에는 "여호와여 이스라엘 천만인에게로 돌아오소서"라고 말하였다는 구절을 보아도 분명 언약궤는 송신기이다.

「민수기」 10:35 - 궤가 떠날 때에는 모세가 가로되 여호와여 일어나사 주의 대적들을 흩으시고 주를 미워하는 자로 주의 앞에서 도망하게 하소서 하였고(Whenever the ark set out, Moses said, "Rise up, O LORD! May your enemies be scattered; may your foes flee before you.")

10:36 - 궤가 쉴 때에는 가로되 여호와여 이스라엘 천만인에게로 돌아오소서 하였더라(Whenever it came to rest, he said, "Return, O LORD, to the countless thousands of Israel.")

이렇게 언약궤가 쉴 때에, 즉 야훼께서 멀리 가셨을 때에 「민수기」 11장에는 두 가지 사건이 등장한다. 그 첫 번째 사건은 여호와로부터 불이 내려와(Fire From the LORD)와 이스라엘 진영의 끝(the ourskirts of the camp)을 불사르는 장면이다. 이때의 불은 오늘날의 불화살, 불이 붙게 하는 폭탄, 불이 들어 있는 대접이라고 생각하면 된다. 왜 여호와께서 불을 내리셨냐면, 이스라엘 백성들이 이집트를 출발해 가나안 땅으로 가는 여정이 하도 힘들어 악한 말로 원망하였기 때문이다. 그런데 중요한 점은 이런 원망을 야훼께서 들으셨다는 것이다. 어떻게 들었을까? 바로 언약궤(송신기)를 통해 다 들은 것이다. 이스라엘 백성들이 모세에게 부르짖으므로 모세가 언약궤 앞에서 기도하니 불이 꺼졌다는 내용이다. 모세가 언약궤, 즉 송신기를 이용해 기도를 드리자 야훼께서 이를 들으신 것이다.

「민수기」 11:1 – 백성이 여호와의 들으시기에 악한 말로 원망하매 여호와께서 들으시고 진노하사 여호와의 불로 그들 중에 붙어서 진 끝을 사르게 하시매(Now the people complained about their hardships in the hearing of the LORD, and when he heard them his anger was aroused. Then fire from the LORD burned among them and consumed some of the outskirts of the camp.)(NIV)

11:2 – 백성이 모세에게 부르짖으므로 모세가 여호와께 기도하니 불이 꺼졌더라(When the people cried out to Moses, he prayed to the LORD and the fire died down.)

11:3 – 그곳 이름을 다베라라 칭하였으니 이는 여호와의 불이 그들 중에 붙은 연고였더라(So that place was called Taberah, because fire from the LORD had burned among them.)

두 번째 사건은 여호와께서 이스라엘 백성들에게 메추라기를 보내는(Quail From the LORD) 장면이 등장한다. 이스라엘 백성 중에 섞여 사는 무리가 탐욕을 품으매, 이스라엘 자손도 다시 울며 가로되, 누가 우리에게 고기를 주어 먹게 할꼬, 우리가 애굽에 있을 때에는 값없이 생선과 오이와 수박과 부추와 파와 마늘들을 먹은 것이 생각나거늘, 이제는 우리 정력이 쇠약하되 만나(manna)[9] 외에는 보이는 것이 아무것도 없도다 하고 불평을 한 것이다. 이것을 멀리 계시는 야훼께서 언약궤(송신기)를 통해 들으시고 진노를 하신다. 이에 모세가 언약궤 앞에서 고기를 달라는 이스라엘 백성을 혼자서는 감당할 수 없다고 기도한다.

이때 야훼께서는 언약궤 위의 속죄소를 통해 다음과 같이 모세에게 이르신다. 이스라엘 장로 중 70인을 뽑아 모세와 함께 회막(성막) 앞에 서서 기다리면, 야훼께서 직접 우주선을 타고 강림하셔서 그 시급한 문제를 해결할 것이라는 내용이다. 첫째는 모세에게 임한 야훼의 신(영, the Spirit)을 70인에게도 내려 백성의 짐을 모세 혼자 지지 않게 하겠다는 것이다. 이때의 영이란 야훼의 마음, 생각, 지식, 지혜, 특히 가나안으로 가는 계획 등을 말하는 것이다.[10]

「민수기」 11:16 - 여호와께서 모세에게 이르시되 이스라엘 노인 중 백성의 장로와 유사 되는 줄을 네가 아는 자 칠십 인을 모아 데리고 회막 내 앞에 이르러 거기서 너와 함께 서게 하라(The LORD said to Moses: "Bring me seventy of Israel's elders who are known to you as leaders

---

9 만나에 대해서는 2부 12장 2절인 "만나((Manna)는 분말 합성제(화학식품)"를 참조하라.
10 2부 3장 6절의 "성경에서 말하는 영(Spirits)이란?"을 참조하라.

and officials among the people. Have them come to the Tent of Meeting, that they may stand there with you.)(NIV)

11:17 - 내가 강림하여 거기서 너와 말하고 네게 임한 신을 그들에게도 임하게 하리니 그들이 너와 함께 백성의 짐을 담당하고 너 혼자 지지 아니하리라(I will come down and speak with you there, and I will take of the Spirit that is on you and put the Spirit on them. They will help you carry the burden of the people so that you will not have to carry it alone.)

그리고 여호와께서 직접 강림하시어 모세에게 말씀하시고, 모세에게 임한 신(영)을 70장로들에게도 임하게 하시니, 그들이 예언을 하다가 다시는 아니한다. 이게 무슨말인가? 이 당시 모세가 이끄는 이스라엘 백성은 60만 명이다(「민수기」 11:21). 60만 명을 모세 혼자서는 이끌 수 없다. 그래서 여호와께서 자신의 생각과 계획을, 오늘날의 과학기술로 말하자면, 집단 텔레파시로 70인 장로의 두뇌에 전달한 것이다. 즉 오늘날의 브레인-브레인-인터페이스(Brain-Brain Interface)의 텔레파시 기술을 이용한 것이다.[11] 그러자 70인 장로들이 그들의 눈과 귀와 입을 통해 동시에 예언을 한다. 회막에 없던 엘닷(Eldad)과 메닷(Medad)도 예언을 한다. 예언을 했다는 것은 여호와의 생각과 계획을 두뇌에 각인시켰다는 것이다. 그래서 그후로 다시는 예언을 하지 않았다고 한 것이다. 앞으로 여정은 70장로들이 알았으니 훨씬 쉬워질 것이다.

「민수기」 11:25 - 여호와께서 구름 가운데 강림하사 모세에게 말씀

---

11 자세한 것은 3부 1장 4절의 4-13의 "뇌파/생각을 이용하는 텔레파시/텔레키네시스, EEG, BCI, BMI, BBI"을 참조하라.

하시고 그에게 임한 신을 칠십 장로에게도 임하게 하시니 신이 임하신 때에 그들이 예언을 하다가 다시는 아니하였더라(Then the LORD came down in the cloud and spoke with him, and he took of the Spirit that was on him and put the Spirit on the seventy elders. When the Spirit rested on them, they prophesied, but they did not do so again.)(NIV)

그 다음 여호와께서 메추라기(quail)를 바다에서 보내 주는 장면이 등장하는데, 이는 2부 9장 4절의 "구약에 등장하는 개구리, 파리, 메뚜기, 메추라기, 왕벌, 까마귀"와 5절의 "동물과 곤충을 유도하는 초음파 기술, 인간(신)과 동물의 인터페이스(BBI)"를 참조하라.

그 이후 여호수아(Joshua, 지도자 재위, BC 1406-BC 1390)가 모세의 뒤를 잇는다. 야훼가 모세를 모압 평지의 아바림 산(Mt. Abarim) 또는 느보산(Mt. Nebo)의 비스가(Pisgah) 꼭대기에 오르게 하여, 이스라엘 자손에게 줄 땅을 확인케 한 후, 모세의 형인 아론(Aaron)이 먼저 죽은 것 같이(나이 123세, 「민수기」 20:22-29, 「신명기」 10:6), 모세도 죽어 열조로 돌아갈 것을 명한 후, 후계자로 눈의 아들(Son of Nun)인 여호수아를 임명하고 안수토록 한다(「민수기」 27:12-23, 「신명기」 3:23-29, 「신명기」 34장). 결국 모세는 40년의 광야생활이란 벌의 대가와, 두 번의 반석에서 물이 나게 하는 므리바 물(Waters of Meribah)의 기적 때 야훼의 명령을 거역한 대가로, 가나안 땅이란 목전을 앞두고, 요단 강을 건너지 못하고, 모압(Moab) 땅에서 120세에 죽게 된다(BC 1406).

여호수아도 언약궤를 이용해 야훼와 통신을 한다. 『바이블 매트릭스』 시리즈 1권 『우주 창조의 비밀』의 "금을 수집하는 야훼"에 소개했던 「여호수아」의 내용을 다시 한 번 보자. 「여호수아」 7장에는 야훼께

반드시 바쳐져야 할 금은을 유다(Judah) 족속의 아간(Achan)이란 자가 훔치는 사건이 발생하고, 이에 대해 야훼께서 이스라엘 자손들에게 진노하시고, 금은을 훔쳤다고 하나씩 불러내어 인민 재판하는 장면이 나온다. 그것도 모자라 야훼 하나님은 여호수아 군대가 벧엘(Bethel) 동편에 있는 아이(Ai) 점령에 실패하도록 한다.

「여호수아」 7:1 - 이스라엘 자손들이 바친 물건을 인하여 범죄하였으니 이는 유다 지파 세라의 증손 삽디의 손자 갈미의 아들 아간이 바친 물건을 취하였음이라 여호와께서 이스라엘 자손들에게 진노하시니라(But the Israelites acted unfaithfully in regard to the devoted things; Achan son of Carmi, the son of Zimri, the son of Zerah, of the tribe of Judah, took some of them. So the LORD'S anger burned against Israel)(NIV)

아이 사람들이 이스라엘 자손들의 삼십 육인쯤 죽이고 성문 앞에서부터 채석장까지 쫓아와서 내려가는 비탈에서 쳤으므로 이스라엘 백성들의 마음이 녹아 물같이 된지라, 이에 여호수아가 옷을 찢고 이스라엘 장로들과 함께 여호와의 궤 앞에 엎드려 머리에 티끌을 무릅쓰고 저물도록 있다가, 야훼께 어찌하여 아이 점령에 실패하게 했느냐고 간청을 한다. 궤 앞에 엎드려 간청을 했다는 것은 언약궤, 즉 송신기에 대고 말을 했다는 것이다.

「여호수아」 7: 6 - 여호수아가 옷을 찢고 이스라엘 장로들과 함께 여호와의 궤 앞에서 땅에 엎드려 머리에 티끌을 무릅쓰고 저물도록 있다가(Then Joshua tore his clothes and fell facedown to the ground before the ark of the LORD, remaining there till evening. The elders of Israel did the same, and sprinkled dust on their heads.)(NIV)

이에 대해 야훼께서는 다음과 같이 대답하신다. 이는 실제 야훼께서 강림하시어 여호수아에게 대답하신 것이 아니라 언약궤 위의 속죄소, 즉 수신기를 통해 말씀하신 것이다. 누군가 야훼 하나님의 금을 훔쳐갔다는 것이다. 그런 이유로 아이에 대적하지 못했고, 너희 중에 야훼께 바친 물건을 훔쳐간 자가 있으니 그것을 제거하기 전에는 너희 대적을 당치 못한다는 것이다. 또한 그것을 제거하지 않는 한 야훼께서는 이스라엘 백성들과 함께하지 않는다는 것이다. 그만큼 금은 야훼께 중요했던 것이다.

「여호수아」 7:10 - 여호와께서 여호수아에게 이르시되 일어나라 어찌하여 이렇게 엎드렸느냐(The LORD said to Joshua, "Stand up! What are you doing down on your face?)(NIV)

7:11 - 이스라엘이 범죄하여 내가 그들에게 명한 나의 언약을 어기었나니 곧 그들이 바친 물건을 취하고 도적하고 사기하여 자기 기구 가운데 두었느니라(Israel has sinned; they have violated my covenant, which I commanded them to keep. They have taken some of the devoted things; they have stolen, they have lied, they have put them with their own possessions.)

그리고 「여호수아」 7장 14절부터 인민재판이 시작된다. 이 재판도 야훼께서 직접 강림하시어 한 것이 아니라 속죄소, 즉 수신기를 통해 이루어진 것이다. 아침에 12지파가 다 가까이 나오고, 야훼 하나님께서 뽑는 지파는 그 다음 족속대로(clan by clan) 가까이 나오고, 다시 야훼 하나님께서 뽑는 족속은 가족대로(family by family) 가까이 나오고, 다시 야훼 하나님께서 뽑는 가족은 남자대로(man by man) 가까이 나오라는 것이다. 15절에는 인민재판을 통해 야훼께 바친 물건을 훔친 자가 나오면 그 자를 불살라 죽이고 그 자와 그 모든 소유를 불사르라고 야훼 하나님은 명령한다. 16절에는 유다(Judah) 지파가 뽑히고, 17절에는 세라 족속(Zerahites)이 뽑히고, 그 다음 삽디(Zimri) 가족이 뽑히고, 18절에는 드디어 남자를 다 나오게 하여 갈미(Carmi)의 아들인 아간(Achan)이 뽑힌다.

19절에는 여호수아가 다음과 같이 아간에게 말한다. "여호수아가 아간에게 이르되 내 아들아 청하노라 이스라엘의 하나님 여호와께 영광을 돌려 그 앞에 자복하고 네 행한 일을 내게 고하라 그 일을 내게 숨기지 말라." 이에 대해 아간은 다음과 같이 대답한다. "내가 노략한 물건 중에 시날 산(Babylonia)의 아름다운 외투 한 벌(a beautiful robe)과 은 이백 세겔과 오십 세겔 중의 금덩이 하나를 보고 탐내어 취하였나이다 보소서 이제 그 물건들을 내 장막 가운데 땅 속에 감추었는데 은은 그 밑에 있나이다(21절)."

그 다음은 뻔한 이야기다. "여호수아가 이스라엘 모든 사람으로 더불어 세라의 아들 아간을 잡고 그 은과 외투와 금덩이와 그 아들들과 딸들과 소들과 나귀들과 양들과 장막과 무릇 그에게 속한 모든 것을 이끌고 아골 골짜기로 가서, 온 이스라엘이 그를 돌로 치고 그것들도 돌로 치고 불사르고, 그 위에 돌무더기를 크게 쌓았더니 오늘날까지 있더라 여호와께서 그 극렬한 분노를 그치시니 그러므로 그곳 이름을 오늘날까지 아골 골짜기(Valley of Achor)라 부르더라."

5절 웃사(Uzzah)가 언약궤에 감전되어 죽다

「사무엘하」 6장에는 여호와(야훼) 하나님의 궤를 다윗 성, 즉 예루살렘으로 옮기는(The Ark Brought to Jerusalem) 장면이 등장한다. 여기에서도 "그룹들 사이에 좌정하신 만군의 여호와"라고 표현하고 있다. 즉 속죄소를 통해 여호와께서 말씀하시고 명령하시고 지시하시므로 이렇게 표현한 것이다.

「사무엘하」 6:2 - 일어나서 그 함께 있는 모든 사람으로 더불어 바알레유다로 가서 거기서 하나님의 궤를 메어 오려 하니 그 궤는 <u>그룹들 사이에 좌정하신 만군의 여호와</u>의 이름으로 이름하는 것이라(He and all his men set out from Baalah of Judah to bring up from there the ark of God, which is called by the Name, the name of the LORD Almighty, who is enthroned between the cherubim that are on the ark.)(NIV)

저희가 여호와 하나님의 궤를 새 수레(a new cart)에 싣고 산에 있는 아비나답(Abinadab)의 집에서 나오는데, 아비나답의 아들 웃사(Uzzaah)와 아효(Ahio)가 그 새 수레를 몬다. 저희가 산에 있는 아비나답의 집에서 하나님의 궤를 싣고 나올 때에 아효는 궤 앞에서 행하고, 다윗과 이스라엘 온 족속이 잣나무로 만든 여러 가지 악기와 수금과 비파와 소고와 양금과 제금으로 여호와 앞에서 주악을 울리고 노래를 부른다. 저희가 나곤(Nacon)의 타작 마당(the threshing floor)에 이르러서는 소들이 뛰므로 웃사가 손을 들어 하나님의 궤를 붙들었더니, 여호와 하나님이 웃사의 잘못함(irreverent act)을 인하여 진노하사 저를 그 곳에서 치시니 저가 거기 하나님의 궤 곁에서 죽는다. 왜 죽었을까? 정말 여호와 하나님께서 진노하시고 죽였을까?

「사무엘하」 6:6 - 저희가 나곤의 타작 마당에 이르러서는 소들이 뛰므로 <u>웃사가 손을 들어 하나님의 궤를 붙들었더니</u>(When they came to the threshing floor of Nacon, Uzzah reached out and took hold of the ark of God, because the oxen stumbled.)(NIV)

6:7 – 여호와 하나님이 웃사의 잘못함을 인하여 진노하사 저를 그 곳에서 치시니 저가 거기 하나님의 궤 곁에서 죽으니라(The LORD'S anger burned against Uzzah because of his irreverent act; therefore God struck him down and he died there beside the ark of God.)

이는 언약궤를 다루는 데 주의하지 않았던 웃사의 죽음이라고 보아야 할 것이다. 사전에 주의를 주었다는 내용은 없다. 따라서 언약궤가 거꾸로 떨어지려 하자 엉겁결에 손을 뻗친 웃사는 언약궤 장치의 위험한 부분에 손을 댄 결과 감전되어 즉사한 것이다. 또는 방사능 물질로 된 원자로장치에서 방사선이 나와 즉사했다고 볼 수도 있다.

6절 언약궤 안에 있었던 것들

그럼 언약궤에는 무엇이 들어 있었을까? 우선 십계명 돌판, 즉 증거판(the Testimony)이 들어갔고(「출애굽기」 40:20), 아론의 싹 난 지팡이가 들어갔고(「민수기」 17:10), 만나(manna)를 기억하고 기리기 위해 만나 항아리(a jar)도 들어갔다(「출애굽기」 16:31-36). 이 세 가지가 언약궤 안에 있었다.

그리고 언약궤 위에는 속죄소가 있었는데, 두 체루빔(그룹)이 양쪽에 위치하여 날개를 위로 펴서 그 날개로 속죄소를 덮고 있었다. 「히브리서」 9장에는 언약궤 등 장막 안의 위치에 대해 소상히 밝히고 있는데, 언약궤 앞의 둘째 휘장(curtain) 앞에는 분향단(Altar of Incense), 즉 금향로가 자리잡고 있었다(「출애굽기」 30장 & 37장).

「히브리서」 9:4 - 금향로와 사면을 금으로 싼 언약궤가 있고 그 안에 만나를 담은 금항아리와 아론의 싹난 지팡이와 언약의 비석들이 있고(which had the golden altar of incense and the gold-covered ark of the covenant. This ark contained the gold jar of manna, Aaron's staff that had budded, and the stone tablets of the covenant.)(NIV)

9:5 - 그 위에 속죄소를 덮는 영광의 그룹들이 있으니 이것들에 관하여는 이제 낱낱이 말할 수 없노라(Above the ark were the cherubim of the Glory, overshadowing the atonement cover. But we cannot discuss these things in detail now.)

11장
여리고 성이 나팔과 함성
(초음파와 군집 음파)에 무너지다

1절 시대적 배경과 정황

여리고 성의 함락 이전에 그 성의 배경을 살펴보자. BC 13020년경에
노아의 대홍수가 일어난 후 메소포타미아 서쪽, 즉 가나안 지역의 우
주공항시설들을 위해 새로운 보급로와 보호를 위한 주둔기지가 필요
했다. 그렇게 해서 건설된 도시가 지금의 사해(Dead Sea) 바로 위의 여
리고(Jericho) 주둔기지였다. 여리고는 히브리어로 예리호(Yeriho)인데,
난나(Nannar, Sin) 신과 난나 신의 상징인 달(Moon)에 바쳐진 도시였다.
이 여리고는 BC 8500년경에 알 수 없는 사람들, 즉 신들이 터를 잡고
건설한 도시 유적지이다(시친, III, p. 297). 이것은 여호수아(Joshua, 지도
자 재위 BC 1406-BC 1390)가 여리고성을 함락시킨 BC 1405년보다 수천
년 앞선 시대의 여리고이다. 여리고는 예루살렘의 우주비행통제센터
로 가는 도하(渡河) 지점이었으며, 인간들이 여리고에 들어와 살기 전
에 이곳은 아눈나키, 즉 신들의 주둔기지였다.

그리고 수천 년이 흐른 후 이스라엘 백성들은 지도자 여호수아와

함께 여리고 성을 점령한다. 「여호수아」 6장에는 여호수아가 드디어 요단(Jordan) 강을 건너 여리고 성을 점령하는 장면이 나온다. 여리고 성을 6일 동안 언약궤를 앞세워 나팔을 불며 매일 한 번 돌고, 그리고 7일에는 일곱 번 돌며 마지막 일곱 번째 돌 때에 나팔과 함께 소리를 지르자 여리고 성은 무너진다. 어떻게 성벽이 무너졌을까? 우선 내용을 잘 살펴보자.

이때도 여호와(야훼)와 여호수아와의 대화도 여호와께서 직접 강림하셔서 대화 하는 것이 아니라, 언약궤와 속죄소의 원자로 송수신기를 통해 대화하신 것이다.

여호와께서 여호수아에게 이르시되 "보라 내가 여리고와 그 왕과 용사들을 네 손에 붙였으니, 너희 모든 군사는 성을 둘러 성 주위를 매일 한 번씩 돌되 엿새 동안을 그리하라, 제사장 일곱은 일곱 양각나팔을 잡고 언약궤 앞에서 행할 것이요 제 칠 일에는 성을 일곱 번 돌며 제사장들은 나팔을 불 것이며, 제사장들이 양각나팔을 길게 울려 불어서 그 나팔 소리가 너희에게 들릴 때에는 백성은 다 큰 소리로 외쳐 부를것이라, 그리하면 그 성벽이 무너져 내리리니 백성은 각기 앞으로 올라갈찌니라" 하고 지시하신다. 마찬가지로 시나리오 각본은 여호와께서 직접 쓰시고 여호수아와 제사장들과 이스라엘 백성들은 무대의 배우로 등장한다.

여기서 중요한 것은 일곱 제사장이 일곱 양각나팔(seven trumpets of ram's horns)을 불고 언약궤는 그 뒤를 따랐다는 것이다. 6일 동안 매일 나팔을 불며 성을 한 바퀴 돈다. 제 칠 일 새벽에 그들이 일찍이 일어나서 여전한 방식으로 성을 일곱 번 도니, 성을 일곱 번 돌기는 그날뿐이었다. 일곱 번째 돌 때에 제사장들이 나팔을 부니 이와 동시에 백성들이 소리질러 외치니 성벽이 무너져내린다.

「여호수아」 6:16 - 일곱 번째에 제사장들이 나팔을 불 때에 여호수아가 백성에게 이르되 외치라 여호와께서 너희에게 이 성을 주셨느니라(The seventh time around, when the priests sounded the trumpet blast, Joshua commanded the people, "Shout! For the LORD has given you the city!)(NIV)

6:20 - 이에 백성은 외치고 제사장들은 나팔을 불매 백성이 나팔 소리를 듣는 동시에 크게 소리질러 외치니 성벽이 무너져 내린지라 백성이 각기 앞으로 나아가 성에 들어가서 그 성을 취하고(When the trumpets sounded, the people shouted, and at the sound of the trumpet, when the people gave a loud shout, the wall collapsed; so every man charged straight in, and they took the city.)

2절 고주파/테라헤르츠파의 초음파 기술

우리의 귀(Ear)가 들을 수 있는 가청영역이 있다. 인간의 귀는 16Hz~20kHz의 소리만 감지한다. 20kHz 이상의 소리를 모두 고주파 또는 테라헤르츠파(THz)의 초음파(supersonic wave)라고 한다. 박쥐는 10만 Hz의 초음파를 감지해 깜깜한 동굴에서도 잘 날아 다닌다. 이러한 초음파를 유리잔에 쏘면 유리잔은 깨진다. 소프라노 가수가 최고 높은 음의 소리를 내면 근처의 유리잔이 깨지는 것과 같다.

원리는 이렇다. 모든 물체와 우리 몸의 218개 장기들은 각각 고유의 진동수, 즉 주파수를 갖고 있다. 그래서 유리잔의 고유 진동수와 같은 주파수를 외부에서 쏘면 유리잔은 공명한다. 같은 원리로 성벽도 고유의 주파수를 갖고 있다. 공명한다는 것은 떨린다는 것이다. 장시간 공명하면 금이 가기 시작한다. 그런데 고유의 주파수보다 높은 주파수를 쏘이면 다 깨지거나 무너져내린다.

일곱명의 제사장들이 모두 나팔을 불었다. 그리고 제7일의 일곱 번째에는 나팔과 함께 행진하던 백성들이 고함을 질렀다. 이것은 여호와의 각본에 의해 여호수아, 제사장들, 이스라엘 백성들이 그저 지시대로 한 것으로 해석할 수 있다. 분명 멀리 계시던 여호와께서는 테라헤르츠파의 초음파를 쏘았을 것이다.

3절 빛보다 빠른 군집(群集) 음파가 발견되다

이렇게도 해석할 수 있다. 예를 들어 군인들이 발을 맞추어 다리를 건널 때 다리가 붕괴될 수 있다. 새로 만든 다리가 산들바람에 의해 붕괴될 수가 있다. 따라서 제사장들의 나팔과 백성들의 고함소리가 정말로 성벽을 무너뜨릴 수 있다. 그렇다면 어떻게 붕괴되고 무너졌을까?

미국의 미들 테네시 주립대의 윌리엄 로버트슨(William Robertson) 물리학 박사, 테네시 주의 한 명의 고등학교 교사, 두 명의 대학생, 그리고 두 명의 고등학생들로 구성된 연구팀이 빛의 이동속도(light travel)보다 빠른 속도로 진행하는 음파(sound pulses)를 발견하였다(Robertson et al., 2007). 물론 아인슈타인의 일반상대성이론(Einstein's theory of relativity)에 따라 실제로 빛보다 빠른 음파 엔진(sound-propelled)이 장착된 빛보다 빠른 우주선 (spaceships)이 조만간 나오지는 않겠지만, 이번 실험 결과는 장차 전기신호(electrical signals)나 소리신호의 속도를 높일 수 있는 단서를 제공하고 있다(Livescience.com, 12 Jan 2007).

광속(speed of light)에 관한 표준 정의(standard metric)는 빛이 진공상태(in vacuum)에서 진행하는(light traveling) 속도를 가리키는데, 'c'로 알려진 이 상수(constant)는 초속 30만km(186,000마일)로 또는 공기 중의 음속(speed of sound in air, 초속 340미터)에 비해 100만 배 가량 빠른 것으로 알려져 있다.

아인슈타인의 상대성 이론에 따르면, 어떤 물질이나 신호도 'c'보다 빠르게 이동할 수는 없지만, 연구팀은 플라스틱 수직 파이프(plastic plumbing pipe)와 컴퓨터 사운드 카드를 이용해 고리(loop)를 만들고, 사운드 카드로부터 음파를 내보내 고리를 통과시키는 실험으로, 고리가 소리 파동(pulse) 하나하나를 구성하는 작은 파장들(tiny waves)을 잘게 쪼개고(split up) 재조합하도록(recombined) 함으로써, 하나의 소리 파동을 구성하는 작은 파장 하나하나의 속도(velocities)를 모두 합할 경우 그 군(群)속도(group velocity)가 'c'를 능가한다는 것을 발견하였다.

로버트슨 박사는 이는 "군집 소리가 빛보다 빨리 가는 것을 입증한 최초의 실험일 것"이라면서 "이런 빛보다 빠른 음향효과 현상(faster-than-light acoustic effect)은 일상생활에서 자주 일어나지만 시차가 워낙 미미하기 때문에 느끼지 못하는

How Light Traveled Backward

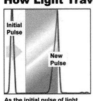

Initial Pulse

New Pulse

As the initial pulse of light approaches the glass, a new pulse forms at the far end.

Backward Pulse

Exiting Pulse

The new pulse splits in two, one traveling backward in the glass, the other exiting.

The backward pulse meets and cancels out the initial pulse.

Only the final pulse remains.

LiveScience.com / Text and images courtesy the University of Rochester

2006년 본 연구와 상관없는 실험에서 미국 로체스터 대학의 보이드(Robert Boyd)가 본 연구와 비슷한 원리를 이용해 빛의 파동이 뒤로도 진행되고 이때 속도는 'c'를 능가함을 보여 주고 있다. Image Credit : Gehring & Boyd et al., 2006; Livescience.com, 18 May 2006

것"이라고 말했다. 연구진은 또 음파를 구성하는 하나하나의 파장은 결코 'c'를 능가하지 못해 상대성 이론과 일치하는 것으로 밝혀졌다면서, 사람이 빛보다 빠른 속도로 정보를 전달하는 것은 불가능하지만, 전기회로의 광신호 속도나 소리 신호를 높이는 데 응용될 수 있을 것이라고 말했다.

과거 미국 로체스터 대학의 다른 연구진들 또한 전기 파동이나 빛의 파동이 그룹 속도를 이룰 때 'c'보다 빠를 수 있다는 가능성을 제시한 바 있다(Gehring & Boyd et al., 2006; Livescience.com, 18 May 2006).

그렇다. 여리고 성벽이 무너져내린 까닭은, 제사장들의 나팔 소리와 백성들의 고함소리가 합쳐저 군집 파동을 이루고, 이 군집 소리 파동이 빛의 속도보다 빠르게 증폭되어 엄청난 초음파를 이루어 성벽에 부딪침으로써 성벽이 무너져내린 것이다.

12장
하나님들의 생명공학기술

1절 배아복제기술 이상으로 신과 원숭이의 유전자를 융합해
    인간을 창조

1. 신과 원숭이의 유전자를 융합해(배아복제기술) 인간을 창조

아담과 이브, 즉 인간의 창조과정과 이에 필요한 하나님들의 생명공학기술은 필자의 『바이블 매트릭스』 시리즈 2권 『인간 창조와 노아 홍수의 비밀』의 2부 "인간 창조의 비밀 – 고고학적 증명"의 3장인 "신과 원숭이의 유전자 조작으로 젊은 신들의 노동을 대체할 인간을 창조하다"에서 이미 밝힌 바 있다. 따라서 여기서는 인간을 어떻게 창조했는지 그 창조과정만을 간단히 살펴보기로 한다.

지금으로부터 301,000년 전에 젊은 신들의 노동을 대체하기 위해 마미(Mami) 또는 탄생의 여신인 닌투(Nintu, 닌루르쌍) 여신은 젊은 신의 육체와 피와 인간의 요소를 진흙(clay)에 섞었다. 오늘날의 과학으로 말하자면 젊은 신의 육체와 피는 바로 젊은 신의 정자나 세포에 들어있는 유전자이다. 신들은 영생하기 때문에 젊은 신의 유전자에 반드

시 죽어야만 하는 인간의 요소, 즉 구리 등 인간을 구성하는 22개의 원자를 섞어서 진흙, 즉 원숭이(호모 에렉투스=직립인간=Homo Erectus)의 난자 혹은 세포의 유전자와 융합시켜 배아를 만들고, 이것을 여신의 자궁에 이식해 인간을 창조한 것이다. 그래서 인간의 조상은 원숭이라고 과학적으로 밝혀졌다.[12] 따라서 진흙이란 신의 유전자와 인간의 요소가 섞인 혼합된 원숭이의 유전자를 말한다. 오늘날의 과학기술로 말하면 배아복제기술이다. 하지만 종이 다른 신과 원숭이의 배아를 만들어 인간을 창조한다는 것은, 우리가 알고 있는 생명공학기술보다 분명 몇 수 위의 과학기술이다.

지금으로부터 445,000년 전에 이미 우주여행을 할 수 있었던 아눈나키들은 오늘날 우리가 이룩한 과학기술보다 월등히 높은 지식의 생명과학 기술을 갖고 있었다고 보아야 할 것이다. 그것이 복제이든 세포융합이든 유전자 이식이든 혹은 우리가 알지 못하는 다른 기술이든 간에, 그런 기술들을 실제 살아 있는 원인(猿人)에게 적용하는 것도 가능했을 것이다.

그리고 몇 차례의 시행착오를 거쳐 마침내 「창세기」 1장 26절과 27절에 나오듯이 하나님(엘로힘, Elohim)의 '형상(image=selem=영= spirit)'과 '모양(likeness=dmut=육체=육신=flesh)'대로, 즉 하나님과 똑같이 생기고 영을 가진 아담을 창조하는 데 성공했다. 이 말의 뜻은 하나님의 형상과 모양이 절대로 없어지지 않도록 피로 엮인 혈연을 통해 인간에게 찍혀진다는 것이다. 이것은 대단히 중요한 내용이다. 많은 분들이 신

---

12 인간의 조상인 원숭이에 대해서는 『바이블 매트릭스』 시리즈 2권 『인간 창조와 노아 홍수의 비밀』의 3부인 "인간 창조의 비밀 : 현대인류학적/과학적 증빙"을 참조하라.

은 형상이나 모양이 없는 영적인 존재라고 생각하지만, 사실은 신들도 인간처럼 육체와 영적인 존재이다. 인간이 신처럼 보이고 행동하도록 창조되었기 때문이다. 단지 주의할 것은 하나님들의 육체는 지구의 육체와는 전혀 다른 환경이나 대기의 행성에서 오셨으므로 우리와 같이 밥을 먹고 배추를 먹고 하는 식의 식사를 하는 것이 아니라 다른 방법으로 식사를 하신다는 것이다. 이것은 차차 설명하기로 한다.

「창세기」 1:26 - 하나님이 가라사대 우리의 형상(image＝영＝spirit)을 따라 우리의 모양(likeness＝육체＝육신＝flesh)대로 우리가 사람을 만들고…(Then God said, "Let us make man in our image, in our likeness…")(NIV)

1:27 - 하나님이 자기 형상 곧 하나님의 형상대로 사람을 창조하시되 남자와 여자를 창조하시고(So God created man in his own image, in the image of God he created him; male and female he created them.)

이는 결과를 보여 주는 내용이고, 「창세기」 2장 7절은 아담을 창조하는 과정과 2장 21절에는 이브를 창조하는 과정을 보여 주고 있는데 한번 살펴보자.

「창세기」 2:7 - 여호와 하나님이 흙으로 사람을 지으시고 생기를 그 코에 불어넣으시니 사람이 생령이 된지라(the LORD God formed the man from the dust of the ground and breathed into his nostrils the breath of life, and the man became a living being)(NIV)

2:21 - 여호와 하나님이 아담을 깊이 잠들게 하시니 잠들매 그가 그 갈빗대 하나를 취하고 살로 대신 채우시고(So the LORD God caused the man to fall into a deep sleep; and while he was sleeping, he took one of the man's ribs and closed up the place with flesh.)

2:22 - 여호와 하나님이 아담에게서 취하신 그 갈빗대로 여자를 만드시고 그를 아담에게로 이끌어 오시니(Then the LORD God made a woman from the rib he had taken out of the man, and he brought her to the man.)

여기서 '흙(dust of ground)'이란 바로 원인(猿人)인 호모 에렉투스(Homo Erectus)의 난자(유전자)에 신의 정자(유전자)와 죽어야 할 22개의 원자를 융합한 혼합물을 의미한다. 이 혼합물을 통해 시험관 배아를 만든 후 닌후르쌍 여신의 자궁에 이식해 주형(mold), 즉 모델인 아담을 만들어낸 것이다.

자, 이제 아담의 모델, 즉 주형을 이용해 복제품을 만들어낸다. 다시 말해 아담을 주형으로 사용해 남자와 여자를 만들어낸다. 「창세기」 2장 21절에 나오는 아담의 '갈비뼈(rib)'는 수메르어로 티(TI)에서 나온 것이다. 그런데 이 단어는 갈비뼈라는 뜻과 함께 '생명(life)'이라는 뜻도 지니고 있다. 따라서 이브(Eve)는 아담의 '생명', 즉 '생명의 정수(life's essence)', 즉 유전자를 복제하여 만들어진 것이다. 단어 그대로 해석하면 갈비뼈라 했으니 뼛속에 있는 골수세포(bone marrow cell)에서 유전자를 채취했을 것이다. "깊이 잠들게 하시니(a deep sleep)"는 마취(anesthetize)를 시켰다는 것이다.

원시적인 인간의 창조는 과학자이며 지식의 신인 엔키와 마미(닌후르쌍) 여신에 의해 주도된다. 실험실에 엔키 신, 모신인 마미 그리고 14명의 대리모, 즉 자궁의 여신들이 모였다. 이제 복제인간의 대량생산이 시작된다.

댈리(Dalley, 1998)의 『아트라하시스 서사시(Epic of Atrahasis)』의 〈점

아시리아에서 발견된 원통형 인장에 새겨진 그림. 엔키 신과 마미 여신이 인간을 복제하고 있는 모습. 가운데 나팔관은 탯줄을 자르는 칼의 상징. Credit : 시친, I, 2009, p 488, © Z, Sitchin, Reprinted with permission.

토판 1(Tablet I)〉의 내용을 살펴보자. 여기에는 복제인간의 대량생산이 자세히 기록되어 있다.

> 엔키와 마미 신은
> 운명의 실험실로 갔다.
> 대리모인 자궁의 여신들이 소집되었다.
> 엔키 신은 마미 앞에서 진흙을 밟아 만들었다;
> 마미는 하나의 주문을 반복했다.
> 엔키는 마미와 같이 있으면서 마미가 그것을 반복하도록 도왔다
> 마미가 주문을 끝내자
> 그녀는 진흙 속에서 14개의 융합된 덩어리를 떼어냈다.
> 그리고 7개는 오른쪽에,
> 7개는 왼쪽으로 놓았다.
> 그들 사이는 진흙으로 만든 벽돌, 즉 주형(鑄型, 모델)을 놓았다.

마미는 갈대(칼)를 이용해 그것들을 열고 제대(탯줄, 臍帶)를 잘랐다.

현명하고 지적이라 불리는 대리모인

자궁의 여신들은, 7명과 7명이었다.

7명은 7의 남자아이를,

7명은 7명의 여자아이를 낳았다,

자궁의 여신들은 운명의 창조자이다.

엔키는… 그들을 둘씩 쌍으로, 남자와 여자를 쌍으로,

… 쌍으로 나누었다.

마미는 인간들을 위해 규칙을 만들었다:.

생명을 탄생시키는 여자의 집에,

주형을 7일간 놓는다.

벨레트-일리(Belet-Ili), 즉 현명한 마미는 반드시 존경받아야 한다.

여자가 아이를 출산할 때,

산파는 즐거움을 얻고,

그 아이의 엄마는 스스로 출산 휴가를 가질 것이다.

남자는 한 여자에게,

… 그녀의 가슴에

젊은 남자의 얼굴에

수염이 보일 것이다.

정원과 노변에서

아내와 남편이 짝을 맺을 것이다.

자궁의 여신들이 소집되었고,

닌투가 거기에 있었다.

그들은 달(月)을 셌다.

운명의 열 달째가 다가왔다.

(Far sighted Enki and wise Mami

Went into the room of fate.

The womb-goddesses were assembled.

He trod the clay in her presence;

She kept reciting an incantation,

For Enki, staying in her presence, made her recite it

When she had finished her incantation,

She pinched off fourteen pieces of clay,

And set seven pieces on the right,

Seven on the left.

Between them she put down a mud brick.

She made use of a reed, opened it to cut the umbilical cord,

Called up the wise and knowledgeable

Womb goddesses, seven and seven.

Seven created males,

Seven created females,

For the womb goddess is creator of fate.

He··· them two by two,

··· them two by two in her presence.

Mami made these rules for people:

In the house of a woman who is giving birth

The mud brick shall be put down for seven days.

Belet-ili, wise Mami shall be honored.

The midwife shall rejoice in the house of the woman who gives birth

And when the woman gives birth to the baby,

The mother of the baby shall sever herself.

A man to a girl···

… her bosom

A beard can be seen

On a young man's cheek.

In gardens and waysides

A wife and her husband choose each other.

The womb goddesses were assembled

And Nintu was present. They counted the months,

Called up the Tenth month as the term of fates.)(Dalley, 『Epic of Atra-Hasis』, Tablet I, 1998)

기록으로 보아 14명의 자궁의 여신은 두 집단으로 나뉘었다. 엔키 신과 모신은 그들의 자궁에 혼합된 진흙을 이식했다. 또한 수술 도구인 칼을 준비한 것을 보면 인간의 복제과정에 산파 수술이 포함되었음을 짐작할 수 있다. 여기서 중요한 것은 주형(鑄型, 모델)을 만들었다는 데 있다. 수메르의 기록들을 보면 인간의 모델, 즉 주형이라고 부르는 새로운 존재가 탄생했다. 그 모델이 「창세기」의 아담(Adam)이 될 수도 있고, 그 이후의 아다파(Adapa)가 될 수 있다. 아니 그 이전의 어떤 모델이 될 수도 있다. 또 신들이 그것과 같은 것을 더 만들어 달라고 아우성친 것으로 보아 그 주형은 신들이 원하는 대로 만들어졌음이 확실하다. 주형을 먼저 만들고 그 다음에 복제품을 만들었다는 것은 별것 아닌 것 같지만 아주 중요한 사실이다. 이를 통해 인간이 창조된 과정을 보다 구체적으로 알 수 있을 뿐만 아니라 「창세기」 1장 27절에 나오는 "하나님(엘로힘)이 자기 형상 곧 하나님의 형상대로 사람을 창조하시되 남자와 여자를 창조하시고"라는 말씀도 정확하게 이해할 수 있다.

남부 엘람(Elam, 페르시아, Persia) 산맥지대의 바위에서 발견된 암각 부조의 한 장면. 엔키 신과 마미 신이 오른쪽 가운데에서 작업을 하고, 14명의 대리모 여신들로 추정되는 여신들이 둘러싸여 있다. 왼쪽에는 길게 늘어선 인간들이 자신들을 창조한 주인을 바라보고 있다. 이것은 찍어낸 듯 똑같은 복제인간들이다. Credit : 시친, I, 2009, p 512, © Z. Sitchin, Reprinted with permission.

2. 처음엔 벌거벗고 다녀, 섹스를 해도 임신이 안 되는 한 가닥의 염색체 인간

여기서 한 가지 중요한 사실이 있다. 초기 수메르의 그림에 자주 등장하는 원시적 노동자였던 인간은 벌거벗은 상태에서 노동을 했으며 신에게 봉사했다는 점이다. 신에게 음식이나 음료수를 바칠 때는 물론이고 들판이나 공사장에서 일을 할 때도 인간들은 벌거벗고 있었다. 그렇다고 이들이 섹스(성교)를 안한 것은 아니다. 섹스를 해도 임신이 안되는 상태였다. 그렇게 엔키 신과 닌후르쌍 여신이 임신이 안 되는 인간을 만들었다.

그런데 나중에 보면 아담과 이브가 선악과를 따 먹고 임신을 하게 된다. 이것은 「창세기」 3장에 등장하는 선(good)과 악(evil)을 알게 한 지식의 나무(Tree of Knowledge)와 연관이 있다. 자세한 것은 『바이블 매트릭스』 시리즈 2권 『인간 창조와 노아 홍수의 비밀』의 4부인 "엔키

수메르의 초기 그림. 벌거벗은 상태로 일을 하는 인간들. 이는 섹스를 해도 임신이 안 되는 상태를 의미함. Credit : 시친, I, 2009, p 508. © Z. Sitchin, Reprinted with permission.

신과 선악과란 무엇인가"를 참조하시라.

이를 증빙하듯 「창세기」 2장 25절에는 "아담과 그 아내 두 사람이 벌거벗었으나 부끄러워 아니하니라"라고 기록하고 있다. 이는 섹스를 해도 임신이 안되었다는 것으로, 이때의 인간들은 단 한 가닥의 염색체로 창조되었다는 것을 의미한다.

3. 엔키 신께서 두 가닥의 염색체로 인간이 임신을 하다(선악과의 두 번째 비밀)

그런데 「창세기」 3장에는 선악과의 3가지 비밀 중 두 번째인 임신하는 법을 터득한다. 「창세기」 3장 6절의 '먹다(eat)'라는 말은 '알다(know)'라는 말로 지식의 재능을 터득했다는 것뿐만이 아니라 성교를 뜻하며, 특히 이 단어는 남자와 그의 아내가 '아기를 낳기 위해 하는 성교'를 지칭할 때 사용되었다. 「창세기」의 아담과 이브 이야기는 인간의 발전에서 아주 중요한 단계에 대한 기록이다. 그것은 신의 유전자와 원인(猿人)의 유전자의 잡종(hybrid) 산물인 인간이, 처음으로 생식을 할 수 있는 능력을 얻게 된 과정에 대한 이야기이다. 이때부터 인간들은 선악과의 두 번째 비밀을 터득하게 되어 자식을 낳게 된다.

최초의 아담과 이브도 신과 원인의 유전자를 융합해 만든 잡종이었다. 말(a mare)과 당나귀(a donkey)를 교배해 만든 노새(a mule)처럼, 아담과 이브도 처음엔 자식을 낳을 수 없었다. 종이 다른 신과 원숭이와의 잡종이기 때문이었다. 오늘날은 인공수정이나 더 발달된 다른 생물공학적 방법을 이용해 말과 당나귀를 실제 교미시키지 않고도 수없이 많은 노새를 만들어낼 수 있지만, 노새끼리는 같은 종의 새끼를 낳을 수 없다. 이처럼 인간을 만들되 잡종을 만들어 임신을 못하게 했던 선악과의 두 번째 비밀을 하나님(God), 즉 엘로힘(Elohim)께서 인간에게 능력을 준 것이다. 이것은 엄청난 생명공학기술이었다.

잡종 인간이 생식을 할 수 없는 것은 남자의 정자와 여자의 난자 즉 생식세포 내의 결함 때문이다. 모든 세포에는 단지 한 줄기의 염색체(chromosome)만 있는 데 반해, 인간과 다른 포유류의 생식세포에는 두 줄기, 즉 두 쌍의 염색체[32]가 있기 때문에 생식이 가능하다. 그러나 처음 아담과 이브는 이러한 생식세포를 갖고 있지 않았었다. 지금은 유전공학을 통해 잡종 동물의 생식세포에 두 쌍의 염색체를 만들어 생식기능이 가능한 정상적인 잡종을 만드는 시도가 진행되고 있다.

아담과 이브가 에덴 동산에서 살았을 때는 자식이 없었다. 그러나 선악과를 따 먹자(「창세기」 3:6) 이브는 아이를 임신하고 낳을 수 있는 능력이 생기고, 그 결과 야훼께서 출산의 고통을 벌로 준다(「창세기」 3:16).

「창세기」 3:16 - 또 여자에게 이르시되 내가 네게 잉태하는 고통을 크게 더하리니 네가 수고하고 자식을 낳을 것이며 너는 남편을 사모하고 남편은 너를 다스릴 것이니라 하시고(To the woman he said, 'I will greatly increase your pains in childbearing; with pain you will give birth to children. Your desire will be for your husband, and he will rule over you)(NIV)

히브리어의 구약에 쓰인 '뱀'이라는 단어는 나하시(nahash)이며 뱀으로 번역되었지만, 문자 그대로의 의미는 '해석하다(to decipher)' 혹은 '발견하다(to find out)'라는 뜻의 나시(NHSH)에서 파생했다. 따라서 나하시는 '해석하거나 발견할 수 있는 자(he who can decipher, he who

---

13 염색체(chromosome) - 식물과 동물의 세포 내부에서 발견되는 그 정보의 운반자는 염색체이다. 이 염색체는 세포의 핵이 두 개로 나뉘기 전에 실가닥 같은 모양을 드러낸다. 염색체(chromosome)란 단어는 'colored body'란 뜻으로, 과학자들은 현미경으로 세포를 쉽게 관찰하기 위해 염료를 사용했는데, 이것이 염료를 잘 흡수하는 까닭에 염색체라 이름 지어졌다. 모든 세포에는 단지 한 줄기의 염색체만 있는데 반해, 인간과 다른 포유류의 생식세포에는 두 줄기, 즉 두 쌍의 염색체가 있기 때문에 생식이 가능하다. 인간의 정자와 난자에는 1번에서 22번 염색체와 남자와 여자의 성을 구별하게 해주는 X와 Y의 23개로 이루어진 두 줄기, 즉 두 쌍의 염색체가 있다.

수메르에서 발견된 엔키 신의 상징인 뒤얽힌 두 마리의 뱀. 두 마리의 뱀은 생식세포, 즉 세포에 들어 있는 두 쌍의 염색체를 의미함. 이는 오늘날의 이중나선형(Double Helix)을 의미. Credit : 시친, II, 2009, p 189, © Z. Sitchin, Reprinted with permission.

finds things out)'라는 뜻이다. 또는 '비밀을 푸는 신(God Who Solves Secrets)'이나 '깊은 광산의 갱도의 신(God of the Deep Mines)'이나 '금속에 해박한 자(He Who Knows Metals)'란 뜻이다. 아눈나키의 지식의 신이며 최고의 과학자였던 엔키 신에게 적절한 형용사다(시친, I, 2009, p. 515; 시친, III, 2009, p. 181-182). 실제로 엔키 신은 물의 신(Water of God)으로 뱀이라 불렸다.

아시리아(지금의 시리아)의 고대 도시였던 마리(Mari, 지금의 Tell Hariri)에서 발견된 한 원통형 인장에 새겨진 그림은 구약 「창세기」의 메소포타미아 원본에 해당하는 내용을 묘사한 것으로 보인다. 거기에는 흐르는 물결 위에 높이 세워진 옥좌에 앉은 신이 등장하는데, 분명이 엔키 신을 묘사한 것이다. 그리고 옥좌의 양쪽 아래에는 물을 뿜어

성(性) 지식을 전하는 엔키 신(중앙)과 화가 난 엔릴 신(왼쪽 끝). Credit : 시친, I, 2009, p 518, © Z. Sitchin, Reprinted with permission.

내는 뱀 두 마리가 보인다. 엔키 신의 양 옆에는 나무 모양을 한 두 명의 신이 있다. 오른쪽에 음경(陰莖) 같은 모양의 나뭇가지가 달려 있는 신은 생명의 열매로 추정되는 것이 담긴 그릇을 들고 서 있다. 왼쪽의 질(膣) 같은 모양의 나뭇가지가 달려 있는 신은 열매가 달린 나무를 들고 있는데, '지식'의 나무를 상징하는 것으로 보인다. 그리고 맨 왼쪽에는 또 다른 위대한 신이 서 있는데 엔릴 신으로 추정된다. 그가 화가나 있다는 것은 그림에서도 확인할 수 있다(시친, I, 2009, p 517).

우리는 에덴 동산(Garden of Eden)에서 이런 갈등이 일어난 정확한 사정을 알 수 없다. 그러나 엔키 신은 그 동기가 무엇이었든지 간에 그는 원하는 원시적 노동자를 신들과 같은 형상과 모습으로 만드는 데 성공했고, 또 자식을 낳을 수 있는 아담 또는 아다파를 만들어냈다.

인간이 성 지식을 얻은 후에 「창세기」는 그를 더 이상 인간(man)이라 부르지 않고 특정한 인간 개체를 부르는 아담(Adam)이라는 이름으로 부른다. 영문성경(NIV)을 보면, 「창세기」 1장부터 2장 18절까지 처음엔 아담(Adam)과 이브(Eve)라 지칭하지 않고 여자(woman)와 남자(man) 또는 남편(husband)이라 지칭한다. 그러다가 「창세기」 2장 19절부터는 아담이라고 지칭한다. 「창세기」 3장도 마찬가지이다. 1절부터 16절까지는 여자와 남자라 지칭하다가 성 지식을 얻은 후인 17절부터는 아담과 이브라는 이름으로 부르게 된다.

텔링거(Tellinger)의 저서 『신의 노예 종들(Slave Species of God)』에 의하면 이브의 원래의 이름은 티아마트(Ti-Amat)로 이는 '생명의 어머니(Mother of Life)'라는 뜻이며, 엷은 갈색 피부(a light brown skin)에 금발 머리(a sandy-blonde)을 가졌다고 한다(Tellinger, 2009, p. 452). 티아마트(Tiamat)는 『바이블 매트릭스』 시리즈 1권 『우주 창조의 비밀』에 등장하는 지구(Earth)의 전신인데, 여기서도 '생명의 어머니'로 등장한다. 이로써 아담은 흑인이고 이브는 갈색 피부라는 사실을 알 수 있으며, 황인종이 어떻게 탄생되었는지를 짐작할 수 있다.

티아마트의 난자에 유전자 조작을 한 분이 엔키 신이시다. 작고하신 시친(Sitchin)은 그의 저서 『잃어버린 엔키 신의 책(The Lost Book of Enki)』에서 다음과 같이 쓰고 있다. 엔키 신의 또 다른 아들인 닝기쉬지다(Ningshizidda), 즉 아프리카에서 토트(Thoth) 신으로 불리는 신은 엔키 신과 닌후르쌍 여신, 그리고 아다무(Adamu)와 티아마트를 마취시킨다. 그는 엔키 신으로부터 유전자를 채취하여 아다무의 유전자에 주입하고, 닌후르쌍 여신으로부터 유전자를 채취하여 티아마트에 주입한다. 닝기쉬지다는 소리 높여 선언한다. "이제 아이를 생산하게 되는 생명의 정수, 즉 유전자가 두 쌍으로 융합되어, 두 줄기의 가지들이 생명의 나무에 추가되었다(To their Tree of Life two branches have been added, with procreating powers their life essences are now

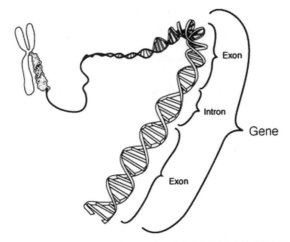

세포(정자/난자)에는 1~22번 그리고 X, Y라는 23개로 이루어진 두 쌍의 염색체가 실타래처럼 이중 나선형으로 꼬여 있다. 유전자(Gene)는 이 염색체 안에 있는데, 유전정보를 가진 엑손(Exon)과 아무 런 정보를 갖지 않은 인트론(Intron)으로 구성된다. Credit : 미국게놈연구소[33]

entwined)"(Sitchin, 『The Lost Book of Enki』, 2004, p. 148).

　　여기에서 두 줄기의 가지들이란 세포 안에 있는 두 쌍의 염색체, 즉 이중 나선형(Double Helix)을 말하는 것이다. 이제야 비로서 아담과 이 브는 두 쌍의 염색체를 가진다. 그것은 생식을 할 수 있는 능력을 얻었 다는 뜻이다.

　　이런 과정을 거쳐 아다무와 티아마트는 성교 후 임신하게 된다. 그 래서 「창세기」 3장 1절에서 16절까지는 여자(woman)와 남자(man)라고 표현하다가 「창세기」 3장 17절부터(NIV) 아담과 이브라 칭한 것이다. 엔키가 한 일을 알고 엔릴 신은 격노했다. 인간은 신처럼 생식을 할 수 있도록 아눈나키 그룹에서 결정한 것이 아니기 때문이다. 이에 대

---

14 http://www.genome.gov/glossary/?id=61

해 엔키 신은 생식을 하는 지식을 주었으나 장수(Long living)하는 유전자는 주입하지 않았다고 설명한다. 격노한 엔릴은 아담과 이브를 에덴 동산에서 추방시킨다(「창세기」 3:23).

2절 만나(Manna)는 분말 합성제(화학식품)

만나(Manna)는 무엇일까? 만나가 무엇인지는 「출애굽기」 16장 13절에서 36절에 자세히 기록되어 있어 이것을 과학적인 관점을 가지고 잘 읽어 보면 그게 무엇인지를 파악할 수 있다. "아침에는 이슬(a layer of dew)이 진 사면에 있더니, 그 이슬이 마른 후(when the dew was gone)에 광야 지면에 작고 둥글며 서리같이 세미한 것(thin flakes like frost)이 있는지라, 이스라엘 자손이 보고 그것이 무엇인지 알지 못하여 서로 이르되 이것이 무엇이냐 하니 모세가 그들에게 이르되 이는 여호와께서 너희에게 주어 먹게 하신 양식(It is the bread the LORD has given you to eat)이라"는 구절을 보자.

밤이나 새벽녘에 야훼 하나님은 하나님의 우주선에서 만나를 지표면에 뿌린다. 이 만나는 아침에는 이슬을 만나, 즉 물을 만나 부풀어오르고, 해가 떠서 이슬이 사라지면, 서리나 눈과 같은 얇고 둥근 조각이 생겨난다. 그것은 현재 우리가 아침에 우유에 타먹는 시리얼(cereal)의 콘 플레이크(Corn flakes)와 같은 것이다. 그것은 한마디로 화학식품인 분말 합성제이다.

그러나 오늘날의 콘플레이크보다 훨씬 우수한 제품이었을 것이다. 19절에는 "모세가 그들에게 이르기를 아무든지 아침까지 그것을 남겨 두지 말라 하였으나", 20절에는 "그들이 모세의 말을 청종치 아니하고 더러는 아침까지 두었더니 벌레가 생기고 냄새가 난지라 모세가 그들에게 노하니라"에서 보듯이 <u>유통기한</u>이 있었다는 것이다. 즉 하루중 아침에만 유효한 식품이었다. 욕심이 많아 아침에 많이 거두어 다음날 아침까지 쌓아두면 부패하였던 것이다. 또한 21절에 "무리가 아침마다 각기 식량대로 거두었고 해가 뜨겁게 쪼이면 그것이 스러졌더라(Each morning everyone gathered as much as he needed, and when the sun grew hot, it melted away)"에서 보듯이 태양이 뜨겁게 쪼이면 그것은 녹아버려 먹지 못하는 음식이었던 것이다.

더욱 놀라운 것은 제육일에는 갑절을 거두라고 야훼는 말씀하시는데, 제7일은 안식일이었기 때문이었다. 제칠일은 야훼께서 쉬시기 때문에 만나를 뿌릴 수가 없었던 것이다. 그런데 제육일에 거둔 만나는 다음날 아침까지 간수하여도 냄새도 나지 아니하고 벌레도 생기지도 아니하였다. 그러니까 제육일에 야훼께서 뿌린 만나는 유통기한이 아침에서 다음날 아침까지 12시간용이었다.

이것이 오늘날 화학식품의 시리얼 같은 것이라는 것을 떠올리는 구절은 31절의 만나의 속성을 보면 알 수 있다. 그것은 깟씨 같고도 희고 맛은 꿀 섞은 과자였던 것이었다. 또한 「민수기」에는 "만나를 맷돌에 갈기도 하며 절구에 찧기도 하고 가마에 삶기도 하여 과자를 만들었으니 그 맛이 기름 섞은 과자 맛 같더라"라고 표현하고 있다. 따라서 유통기한 내에서 만나라는 분말 합성제를 재료로 하여 여러 종류의 과자를 만들어 먹었다는 얘기이다.

「출애굽기」 16:31 - 이스라엘 족속이 그 이름을 만나라 하였으며 깟씨 같고도 희고 맛은 꿀 섞은 과자 같았더라(The people of Israel called the bread manna. It was white like coriander seed and tasted like wafers made with honey.)(NIV)

「민수기」 11:7 - 만나는 깟씨와 같고 모양은 진주와 같은 것이라 (The manna was like coriander seed and looked like resin.)(NIV)

11: 8 - 백성이 두루 다니며 그것을 거두어 맷돌에 갈기도 하며 절구에 찧기도 하고 가마에 삶기도 하여 과자를 만들었으니 그 맛이 기름 섞은 과자 맛 같았더라(The people went around gathering it, and then ground it in a handmill or crushed it in a mortar. They cooked it in a pot or made it into cakes. And it tasted like something made with olive oil.)

이스라엘 자손은 출애굽하여 사람 사는 땅에 이르기까지, 즉 가나안 땅에 이르기까지 무려 사십 년 동안을 만나만 먹는다(「출애굽기」 16:35). 그러다가 요단 강을 건너고 길갈(Gilgal)에서 처음으로 그 땅(가나안 땅)의 소산(food)을 먹은 다음날부터 만나(Manna)가 그친다(「여호수아」 5:12).

3절 하나님들의 식사법, 번제, 소제, 향기로 에너지를 마시다

1. 번제, 소제의 향기를 흠향(歆饗) 하시다

이 땅에 오신 하나님들은 식사를 어떻게 하셨을까? 지구와 대기와 환경이 다른 행성에서 오신 하나님들이라 생각해 보라. 또한 우주복을 항상 입고 계실 하나님들을 생각해 보라. 차후에 오실 하나님들은 하나님들의 과학기술이 진보되어 우리가 입는 몸에 착 달라붙는 우주복을 입고 오신다고 가정해 보라. 우리와는 다른 시스템의 육체를 가졌다고 생각해 보라.

이에 대한 실마리는 「창세기」 8장 20절~21절에서 찾을 수 있다. c.BC 13020년경 노아의 홍수가 끝나고 방주가 아라라트 산(Mt. Ararat)에 머물고, 노아가 야훼 하나님을 위하여 단(an altar)을 쌓고 모든 정결한 짐승 중에서와 모든 정결한 새 중에서 취하여 번제(burnt offerings)로 단에 드린다. 직접 야훼 하나님께 번제를 드린 것이 아니라, 단에다 짐승과 새들을 놓고 불을 지폈다는 것이 중요하다. 그러자 야훼 하나님께서 그 향기를 음향(飮饗)하신다. 이게 무슨 말인가? 짐승과 새들의 단백질이 타는 향기를 마셨다는 것이 아닌가? 왜 향기를 맡으셨을까? 이게 하나님들의 식사법이 아닐까? 그렇다면 향기에는 무엇이 들어 있을까? 좀 더 나아가 보자.

「창세기」 8:20 - 노아가 여호와를 위하여 단을 쌓고 모든 정결한 짐승 중에서와 모든 정결한 새 중에서 취하여 번제로 단에 드렸더니 (Then Noah built an altar to the LORD and, taking some of all the clean animals and clean birds, he sacrificed burnt offerings on it.)(NIV)

8:21 - 여호와께서 그 향기를 흠향하시고 그 중심에 이르시되 내가 다시는 사람으로 인하여 땅을 저주하지 아니하리니 이는 사람의 마음의 계획하는 바가 어려서부터 악함이라 내가 전에 행한 것같이 모든 생물을 멸하지 아니하리니(The LORD smelled the pleasing aroma and said in his heart: "Never again will I curse the ground because of man, even though every inclination of his heart is evil from childhood. And never again will I destroy all living creatures, as I have done.)

그 다음 비슷한 내용이 「창세기」 15장의 '하나님이 아브람과 언약을 세우시다(God's Covenant With Abram)'에 등장하는데, 많은 사람들이 이 내용을 놓치는 경우가 많다. 여호와께서 아브람에게 "나를 위하여 삼 년 된 암소와 삼 년 된 암염소와 삼 년 된 수양과 산비둘기와 집비둘기 새끼를 취할찌니라"라고 이르신다. 여호와께서 드실 음식을 준비하라고 이르신 것이다. 이에 아브람은 여호와께서 말씀하신대로 그 모든 것을 취하여 그 중간을 반으로 쪼개고 그 쪼갠 것을 마주 대하여 놓고 그 새는 쪼개지 아니하고 여호와를 기다린다. 그 와중에 솔개가 그 사체 위에 내릴 때에는 아브람이 쫓아보낸다. 해질 무렵에 여호와께서 나타나시어 아브람 자손들이 이집트에 400년 동안 노예생활을 하다가 4대 만에 이 땅으로 돌아올 것이라 말한다. 그리고 해가 져서 어두울 때에 "연기 나는 풀무(a smoking)가 보이며 타는 횃불이 쪼갠 고기 사이로 지나더라"라는 구절이 나온다. 쪼갠 고기 사이로 불빛과 함께 연기가 피워 올랐다는 것이다. 이는 여호와께서 무엇인가로 불을 지펴 연기를 흠향하셨다는 것으로 음식을 드신 것이다.

「창세기」 15:9 - 여호와께서 그에게 이르시되 나를 위하여 삼 년 된 암소와 삼 년 된 암염소와 삼 년 된 수양과 산비둘기와 집비둘기 새끼를 취할찌니라(So the LORD said to him, "Bring me a heifer, a goat and a ram, each three years old, along with a dove and a young pigeon.")(NIV)

15:10 - 아브람이 그 모든 것을 취하여 그 중간을 쪼개고 그 쪼갠 것을 마주 대하여 놓고 그 새는 쪼개지 아니하였으며(Abram brought all these to him, cut them in two and arranged the halves opposite each other; the birds, however, he did not cut in half.)

15:17 - 해가 져서 어둘 때에 연기 나는 풀무가 보이며 타는 횃불이 쪼갠 고기 사이로 지나더라(When the sun had set and darkness had fallen, a smoking firepot with a blazing torch appeared and passed between the pieces)

그 이후로 번제(burnt offerings)라는 말은 「창세기」 22장에 등장한다. 하나님(엘로힘)이 아브라함(Abram, Abraham, BC 2166-BC 1991)을 시험하시려고 그를 부르시되 "아브라함아 하시니" 그가 가로되 "내가 여기 있나이다", 하나님께서 가라사대 "네 아들 네 사랑하는 독자 이삭(Isaac)을 데리고 모리아(Moriah) 땅으로 가서 내가 네게 지시하는 한 산 거기서 그를 번제로 드리라"라는 내용이 나온다. 그리고 번제라는 말은 「출애굽기」 10장으로 이어진다. 모세(Moses, BC 1526-BC 1406)가 출애굽을 하기 위해 이집트의 왕(파라오, Pharaoh)인 투트모세 3세(Thutmose III, 통치 BC 1479-BC 1425)에게 허락을 요청하나 투트모세 3세는 허락하지 않는다. 이에 야훼 하나님의 아홉 번째 재앙인 흑암(The Plague of Darkenss)이 임하는 장면에서, 모세가 파라오에게 "우리 하나님 여호와께 드릴 희생과 번제물을 우리에게 주어야 하겠고(You must allow us to have sacrifices and burnt offerings to present to the LORD our God)"(「출애굽기」 10:25)에서의 번제이다. 그 후 번제라는 용어는 수없이 많이 등장한다.

그러다가 「출애굽기」 20장 24절에는 야훼 하나님께서 모세에게 제단(Altars)에 관한 법을 말씀하신다. 토단(단, 제단)을 쌓고 그 위에 너의 양과 소로 번제와 화목제를 드리라는 것이다. 그러면 야훼 하나님께서 강림하시어 흠향을 하시고 복을 준다는 것이다. 그런데 돌로 단을 쌓되 정(tool)으로 다듬으면 부정하게 된다는 것이다. 이게 무슨 말인가? 돌도 원자로 이루어져 있다. 정으로 돌을 쪼고 다듬으면 돌 속에 있는 원자들의 구조가 바뀐다. 그렇다면 번제, 즉 양과 소를 태우면 향기 또는 연기 속에 있는 고유의 원자들이 정으로 다듬은 돌 속의 변환된 원자들과 상호작용하여 그 원래의 원자 구조가 바뀐다는 것이 아닌가? 그 다음 "너는 층계로 내 단에 오르지 말라 네 하체가 그 위에서 드러날까 함이니라"는 무슨 말일까? 단을 걸어서 넘지 말라는 것이다. 왜냐하면 야훼 하나님께서 드시는 번제물에 하체의 오물이 떨어지면 품질관리 측면에서 치명타가 될 수 있기 때문이다.

「출애굽기」 20:24 - 내게 토단을 쌓고 그 위에 너의 양과 소로 너의 번제와 화목제를 드리라 내가 무릇 내 이름을 기념하게 하는 곳에서 네게 강림하여 복을 주리라(Make an altar of earth for me and sacrifice on it your burnt offerings and fellowship offerings, your sheep and goats and your cattle. Wherever I cause my name to be honored, I will come to you and bless you.)(NIV)

20: 25 - 네가 내게 돌로 단을 쌓거든 다듬은 돌로 쌓지 말라 네가 정으로 그것을 쪼면 부정하게 함이니라(If you make an altar of stones for me, do not build it with dressed stones, for you will defile it if you use a tool on it.)

20:26 - 너는 층계로 내 단에 오르지 말라 네 하체가 그 위에서 드러날까 함이니라(And do not go up to my altar on steps, lest your nakedness be exposed on it.)

「출애굽기」 29장 18절에는 번제물을 불사르고 그때의 냄새가 바로 야훼 하나님께서 드시는 향기라고 기록되어 있으며, 38절에서 43절에는 매일 드릴 번제에 대해 기록하고 있다(「민수기」 28:1~8).

「출애굽기」 29:18 - 그 수양의 전부를 단 위에 불사르라 이는 여호

와께 드리는 번제요 이는 향기로운 냄새니 여호와께 드리는 화제니라
(Then burn the entire ram on the altar. It is a burnt offering to the LORD, a
pleasing aroma, an offering made to the LORD by fire.)(NIV)

29:25 - 너는 그것을 그들의 손에서 취하여 단 위에서 번제물을 더
하여 불사르라 이는 여호와 앞에 향기로운 냄새니 곧 여호와께 드리
는 화제니라(Then take them from their hands and burn them on the altar
along with the burnt offering for a pleasing aroma to the LORD, an offering
made to the LORD by fire.)

자 이번에는 「레위기」 1장에서 4장에 등장하는 네 가지의 제들
(Offerings)을 살펴보고 결론을 내려보자. 소, 양, 염소, 그리고 비둘기
를 잡아 피를 단(제단) 사면에 뿌리고 불을 살라 향기를 야훼 하나님께
드리는 번제(The Burnt Offering), 곡물 중에 충실하고 아름다운 것을 찧
어 고운 가루로 만들고 그것에 기름(oil)을 붓고, 그 위에 유향(incense)
을 놓아 단 위에 불을 살라 야훼 하나님께 향기를 드리는 소제(The
Grain Offering), 화목에 대한 감사로 소, 양, 염소를 단 위에 불살라 향
기를 드리는 화목제(The Fellowship Offering) 혹은 구원의 은혜에 대한
감사의 감사제(Thanks Offering) 혹은 야훼 하나님께 헌신을 맹서하는
서원제시(Vow offering) 혹은 스스로 원하여 드리는 자원제(Free Will-
Offering), 그리고 마지막으로 야훼 하나님의 금령 중 하나라도 인간이
잘못했을 때, 소, 양, 염소를 단 위에 불살라 향기를 드리는 속죄제(The
Sin Offering)가 그것들이다.

결론적으로 동물이든 식물이든 다 불살라 향기를 야훼 하나님께
드렸던 것이다. 단 식물의 열매, 즉 소제를 드릴 때에는 모든 소제물에
는 소금(salt)을 넣되, 누룩(Yeast)과 꿀(horney)을 넣지 말라고 하셨는
데, 누룩은 소제물에 포함된 당(sugar)을 먹고 알코올과 이산화탄소를

내서 소제물들을 빨리 발효하게 만드는 역할을 하기 때문이다. 그런데 여기다 꿀을 넣어 보라. 꿀은 그 자체가 당인 것이다. 불난 데 부채질 하는 꼴이 되어 발효가 더 빨라진다. 소금은 상온에서 극히 안정적인 물질이며 썩지 않기 때문에 변하지 않아 소금 제품에 유효기한을 설정 하지 않는다. 따라서 소금을 치면 모든 소제물들이 깨끗해지고 성결해 진다(「출애굽기」 30:35).

「레위기」 2장 13절에는 "네 모든 소제물에 소금을 치라 네 하나님의 언약의 소금을(the salt of the covenant of your God) 네 소제에 빼지 못 할찌니 네 모든 예물에 소금을 드릴찌니라"라는 구절과, 「민수기」 18장 19절에는 "이스라엘 자손이 여호와께 거제로 드리는 모든 성물은 내 가 영영한 응식으로 너와 네 자녀에게 주노니 이는 여호와 앞에 너와 네 후손에게 변하지 않는 소금 언약(an everlasting covenant of salt)이니 라"라는 구절과, 그리고 「역대하」 13장 5절에는 "이스라엘 하나님 여호 와께서 소금 언약(a covenant of salt)으로 이스라엘 나라를 영원히 다윗 과 그 자손에게 주신 것을 너희가 알 것이 아니냐"라는 구절에는 '소금 언약'이라는 단어가 나온다. 이것은 소금의 속성처럼 하나님의 언약은 변하지 않고 부패하지 않을 것이라는 하나님과 제사장 사이에 체결한 영원한 언약을 강조한 것이다. 예를 들어 지금도 유대인들은 하나님과 사람들 간의 서약을 보존하기 위해 안식일 빵에 소금을 더한다.

2. 튜브로 레이저를 쏘아 음식을 불살라 향기를 마시는 하나님들과 천 사들

위의 사례들은 대부분 인간들이 번제물이나 소제물을 단에 올려놓고 불 살라 향기를 하나님들에게 드린 것에 한한 것이다. 그러면 하나님들은 향 기, 즉 연기를 코로 빨아 드신 것이다. 그렇다면 인간들이 그저 번제물이

나 소제물을 불사르지 않고 직접 하나님들께 드리면 하나님들은 어떻게 드셨을까? 위에서 소개한 「창세기」 15장의 아브람이 준비한 음식의 경우이다. 즉 시급하거나 위급한 상황에서는 어떻게 드셨을까?

결정적인 단서가 「사사기」 6장에 등장한다. 이스라엘 자손이 또 여호와의 목전에 악을 행하였으므로 여호와께서 칠 년 동안 그들을 미디안(Median)의 손에 붙이시니, 미디안의 손이 이스라엘을 이긴지라, 이스라엘 자손이 미디안으로 인하여 산에서 구멍(clefts)과 굴(caves)과 산성(strongholds)을 만들었으며, 이스라엘이 파종한 때면 미디안 사람, 아말렉 사람, 동방 사람이 치러 올라와서 진을 치고 가사에 이르도록 토지 소산을 멸하여, 이스라엘 가운데 식물을 남겨 두지 아니하며 양이나 소나 나귀도 남기지 아니하니 이스라엘 백성들이 살기가 힘들어진다. 이에 이스라엘 자손들이 미디안을 인하여 여호와께 부르짖은 고로, 여호와께서 사자(angel)를 보내신다. 여호와의 사자가 아비에셀(Abiezrite) 사람 요아스(Hoash)에게 속한 오브라(Ophrah)에 이르러 상수리나무(the oak) 아래 앉는다. 마침 요아스의 아들 기드온(Gideon)이 미디안 사람에게 알리지 아니하려 하여, 밀을 포도주 틀에서 타작하더니, 여호와의 사자가 기드온에게 나타나 이르되 큰 용사(mighty warrior)여 여호와께서 너와 함께 계시도다라고 말씀하신다.

그리고 천사가 함께할 테니 기드온에게 이스라엘을 미디안의 손에서 구원하라고 하신다. 이에 기든온은 천사에게 징표를 보여달라고 말하면서, 내가 예물을 가지고 올테니 그때까지 이곳을 떠나지 말라고 말한다. 이에 천사는 기드온이 돌아올 때까지 기다리겠노라고 답한다. 기드온이 가서 염소 새끼 하나를 준비하고 밀가루 한 에바로 무교전병(bread without yeast)을 만들고 고기(meat)를 소쿠리에 담고 국(broth)을 양푼에 담아서 상수리나무 아래 천사에게로 가져다가 드린다. 하나님의 사자가 기드온에게 이르되 고기와 무교전병을 가져와 이 반석 위에 두고(on this rock) 그 위에 국을 쏟으라 하매 기드온이 그대로 한다. 그러자 여호와의 사자가 손에 잡은 지팡이 끝을 내밀어 고기와 무교전병에 대매 불이 반석에서 나와 고기와 무교전병을 불사른다.

「사사기」 6:19 -기드온이 가서 염소 새끼 하나를 준비하고 가루 한 에바로 무교전병을 만들고 고기를 소쿠리에 담고 국을 양푼에 담아서 상수리나무 아래 그에게로 가져다가 드리매(Gideon went in, prepared a young goat, and from an ephah of flour he made bread without yeast. Putting the meat in a basket and its broth in a pot, he brought them out and offered them to him under the oak.)(NIV)

20 - 하나님의 사자가 그에게 이르되 고기와 무교전병을 가져 이 반석 위에 두고 그 위에 국을 쏟으라 기드온이 그대로 하니(The angel of God said to him, "Take the meat and the unleavened bread, place them on this rock, and pour out the broth." And Gideon did so.)

21 - 여호와의 사자가 손에 잡은 지팡이 끝을 내밀어 고기와 무교전병에 대매 불이 반석에서 나와 고기와 무교전병을 살랐고 여호와의 사자는 떠나서 보이지 아니한지라(With the tip of the staff that was in his hand, the angel of the LORD touched the meat and the unleavened bread. Fire flared from the rock, consuming the meat and the bread. And the angel of the LORD disappeared)

그렇다. 하나님들과 천사들은 지팡이 끝(the tip of the staff), 즉 튜브(Tube)를 이용해 기드온이 반석 위에 놓은 무교전병과 고기와 국을 오늘날 레이저(Laser)와 비슷한 광선을 이용해 불살라 향기(연기)를 내어 코로 마신 것이다.

자, 이번에는 동물을 직접 드릴 때 하나님의 사자들과 하나님들은 어떻게 드시는지 살펴보자. 「사사기」 13장(삼손이 태어나다)의 15절부터 20절까지는 마노아(Manoah)가 염소 새끼 하나(a young goat)를 여호와의 사자에게 드리고자 간청한다. 이에 여호와의 사자는 소제는 아니 먹겠다고 하면서, 번제를 준비하려거든 여호와께 드리라고 한다. 이에 마노아가 염소 새끼 하나와 함께 소제물(the grain offering)을 취하여 반석 위에서(on a rock) 여호와께 드린다. 그러자 갑자기 사자가 이적을 행하는데(an amazing thing), <u>불꽃이 단(altar)에서부터 하늘로 올라가는 동시에 여호와의 사자가 단 불꽃 가운데로 좇아 올라간다.</u>

그렇다. 단의 반석 위에 있는 염소 새끼를 튜브를 이용하여 레이저 광선을 쏘아 불사르고, 그 불꽃, 즉 향기가 하늘에 계시는 여호와께 닿게 하기 위하여 여호와의 사자가 그 불꽃을 몰고 올라간 것이다. 그리고 하늘의 우주선에 계시는 여호와께서 그 향기를 흠향하신 것이다.

「사사기」 13:15 - 마노아가 여호와의 사자에게 말씀하되 구하옵나니 당신은 우리에게 머물러서 우리가 당신을 위하여 염소 새끼 하나를 준비하게 하소서(Manoah said to the angel of the LORD, "We would like you to stay until we prepare a young goat for you.")(NIV)

16 - 여호와의 사자가 마노아에게 이르시되 네가 비록 나를 머물리나 내가 너의 식물을 먹지 아니하리라 번제를 준비하려거든 마땅히 여호와께 드릴찌니라 하니 이는 마노아가 여호와의 사자인 줄 알지 못함을 인함이었더라(The angel of the LORD replied, "Even though you detain me, I will not eat any of your food. But if you prepare a burnt

offering, offer it to the LORD."(Manoah did not realize that it was the angel of the LORD.)

17 - 마노아가 또 여호와의 사자에게 말씀하되 당신의 이름이 무엇이니이까 당신의 말씀이 이룰 때에 우리가 당신을 존숭하리이다 (Then Manoah inquired of the angel of the LORD, "What is your name, so that we may honor you when your word comes true?")

18 - 여호와의 사자가 그에게 이르시되 어찌하여 이를 묻느냐 내 이름은 기묘니라(He replied, "Why do you ask my name? It is beyond understanding.")(NIV)

19 - 이에 마노아가 염소 새끼 하나와 소제물을 취하여 반석 위에서 여호와께 드리매 사자가 이적을 행한지라 마노아와 그 아내가 본즉(Then Manoah took a young goat, together with the grain offering, and sacrificed it on a rock to the LORD. And the LORD did an amazing thing while Manoah and his wife watched:)

20 - 불꽃이 단에서부터 하늘로 올라가는 동시에 여호와의 사자가 단 불꽃 가운데로 좇아 올라간지라 마노아와 그 아내가 이것을 보고 얼굴을 땅에 대고 엎드리니라(As the flame blazed up from the altar toward heaven, the angel of the LORD ascended in the flame. Seeing this, Manoah and his wife fell with their faces to the ground.)

「사사기」13장 21절에서 24절의 내용도 한 번 살펴보자. 마노아와 그의 아내는 이 사실을 보고 하나님을 보았다고 생각해 반드시 죽을 것이라고 생각한다. 그런데 이들이 본 것은 여호와 하나님이 아니라 여호와의 사자를 본 것이다. 그것도 사자의 얼굴을 직접 본 것이 아니라 우주복을 입고 있는 사자를 본 것이다. 마노아의 아내가 아들을 낳으니 그가 이스라엘의 마지막 열두 번째 사사인 삼손(Samson)이다. 이때의 이스라엘

압제자는 블레셋(팔레스타인, Philistines)으로, 이스라엘 자손이 다시 여호와의 목전에 악을 행하였으므로, 여호와께서 그들을 사십 년 동안 블레셋 사람의 손에 붙이신 결과였다. 이때가 어느 때인가? 가나안 정착 후 이스라엘 12지파 출신들의 12명의 사사들(士師, the Judges)의 통치 시대는 BC 1375-BC 1049년이다. 마지막 사사인 삼손은 블레셋으로부터 40년간을 핍박받았다고 했으니 BC 1009년에 일어난 사건이다.

결론적으로 말해 하나님들과 천사들은 우주복을 입고 있었기 때문에 대기 중에서 식사를 할 수 없었지만, 필요한 때는 그 환경에 맞는 과학적인 방법으로 바쳐진 음식물을 불을 살라 향기로 영양분을 섭취했던 것이다. 이때 임의로 구부러질 수 있는 튜브, 즉 지팡이를 사용했는데, 이것을 레이저로 조작을 할 때 불꽃이 생겼기 때문에 당시 사람들은 그것을 하나님께 바치는 제사라고 생각했던 것이다.

3. 에너지인 미네랄(Mineral)을 코로 마시다

그럼 향기(연기) 속에 들어 있는 무엇을 코로 마신 것일까? 육체가 다르다고 했다. 대기와 환경 등 시스템이 서로 다른 우주공간들에 사는 생명체가 있다면 그 또한 육체(flesh) 또는 형체(body)가 다 다를 것이다. 이것을 바울(Paul, AD 5-68) 사도는 「고린도전서」 15장에서 '하늘에 속한 몸(heavenly bodies)'도 있고 '땅에 속한 몸(earthly bodies)'도 있다고 했다. 땅에 속한 몸을 '육의 몸(a natural body)'이라 하였고, 하늘에 속한 몸을 '영적인 몸(a spiritual body)'이라 했다.[15]

---

15 자세한 것은 『바이블 매트릭스』 시리즈 5권 『예수님의 재림과 새 하늘과 새 땅의 창조』를 참조하라.

우리 인간은 지구의 육체이기 때문에 고기를 날로도 먹고 삶아서도 먹고 배추나 고추를 날로도 먹고 삶아서도 먹는다. 하나님들은 하늘의 어느 우주공간에 속한 몸이기 때문에 이 땅에 오시면 우리 인간과 같이 직접 먹는 것이 아니라 모든 고기와 음식을 불살라 향기를 들이마시는 것이다. 인간과 하나님의 음식 드는 방법이 달라도 공통점이 하나가 있다. 그것은 영양분, 즉 에너지를 먹고 마시고 흡입한다는 것이다. 그럼 이때의 에너지란 무엇일까? 인간은 영양분, 즉 다양한 단백질을 포함한 고기가 필요하고, 포도당을 포함한 탄수화물이 필요하며, 각종 비타민을 포함한 야채가 필요하다. 이것은 우리 육체가 살아가기 위한 것이다. 이들 속에 들어있는 더 근본적인 에너지는 무엇일까? 하나님들과 인간들이 필요로 하는 근본적인 에너지는 무엇일까?

필자는 이에 대한 답을 찾기 위하여 그간 수십 년을 사고하고 연구해왔다. 그리고 마침내 2010년에 근접한 답을 찾았다. 그것은 테라헤르츠파(THz)였다. 그리고 2013년 6월에 답을 거의 찾았는데, 그곳은 바로 일본이었다. 물리학과 바이오의 대가이며 테라헤르츠파를 3대째 연구하고 있는 일본의 후루사키 코이치 박사가 2010년에 한국을 방문했는데, 그 당시 테라헤르츠파 광원 기술을 한국에 들여오고자 노력한 송재하 박사의 소개로 역사적인 만남이 이루어졌고, 드디어 2013년 6월에 일본을 방문하여 그 답을 찾은 것이다.

3일간, 후루사키 코이치 박사의 강의를 듣고 연구실과 공장을 직접 방문하면서 그 실마리를 찾았다. 그 답은 테라헤르츠파의 광원기술인 바로 미네랄(mineral)이었다. 이제서야 밝히

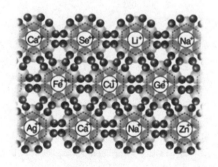

자면, 하나님들이 향기를 마셨는데, 향기에 들어 있는 무엇을 마셨겠냐고 후루사키 박사에게 질문을 했는데, 이 질문은 공부가 끝나고 식사시간에 하면서 의견을 나누는 과정에서 스스로 답을 찾았던 것이다.

지구의 70%가 물(H_2O)이고 우리 몸의 대략 70%가 물이다. 따라서 우리 몸의 세포는 계란의 얇은 막처럼 세포막 내부에 물이 가득 차 있고, 중앙에는 유전자(DNA)를 담은 핵(核)이 있다. 핵이 외부 충격에 흔들려 깨지면 생체기능에 심각한 장애가 초래되므로 가장 튼튼한 구조인 육각수(六角水, Hexagonal water, 육각형 고리 구조를 이루는 물)[16]가 빽빽이 들어차서 핵을 꼭 잡아 고정시키고 있다.

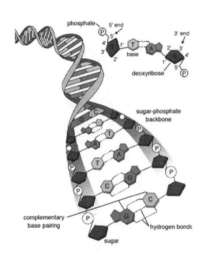

그런데 여기서 중요한 것은 육각수가 형성되기 위해서는 반드시 칼슘(Ca), 게르마늄(Ge), 철(Fe), 구리(Cu), 나트륨(Na), 셀레늄(Se), 아연(Zb), 마그네슘(Mg), 칼륨(K) 등의 미네랄(mineral)이 풍부하게 녹아 있어야 한다. 건강한 세포 주변을 보면 육각구조를 형성하는 무기 이온들(미네랄 이온들)을 중심으로 구조적으로 잘 짜여진 육각수를 형성하고 있다.

---

16 Hexagonal water - http://en.wikipedia.org/wiki/Hexagonal_water
   Water cluster - http://en.wikipedia.org/wiki/Water_cluster

그런데 일본의 과학자들은 여기서 더 나아가 우리가 죽더라도 미네랄들은 처음에 갖고 있던 고유의 에너지, 즉 전기 및 테라헤르츠파(THz)를 그대로 유지하고 있을 뿐만 아니라, 그 생명의 흔적을 갖고 있다는 것을 발견하였다(후루사키 코이치, 2011).

세포 안에는 유전자(정보)를 이루는 네 개의 염기들(Bases), 즉 아데닌(A), 티민(T), 구아닌(G), 시토신(C)이 있는데 이들은 수소결합으로 이루어져 있다. 이들 유전자는 인간에게 필요한 단백질을 생산한다. 그러나 그 단백질들은 우리 육체가 필요한 피와 살과 뼈를 만드는 것인데, 우리가 죽으면 이들도 모두 죽어 사라진다는 사실이다. 즉 유전자도 사라진다는 것이다. 그러나 일본의 과학자들은 이들 네 개의 염기에 미네랄이 결합되어 있다는 사실을 발견하였다. 이들 미네랄들은 우리가 죽어도 절대 사라지지 않고 토양이나 식물이나 강물이나 바다에 남아 있는 것이다. 그것도 생명의 흔적, 즉 네 개의 염기의 흔적을 갖고 말이다.

결론적으로 지금까지 밝혀진 근원적인 에너지는 미네랄이다. 따라서 미네랄은 식물이나 동물에 풍부하게 존재하는 것이다. 번제이건 소제인건 화목제이건 속죄제이건 천사들과 하나님들은 불을 살라 향기를 만들어 향기 속에 영원히 존재하는 미네랄(에너지)을 코로 흡입하신 것은 아닐까? 이것은 나중에 알겠지만 부활(Resurrection)과 휴거(Rapture)와 관계가 있는 매우 중요한 발견이다.[17]

---

17 자세한 것은 『바이블 매트릭스』 시리즈 5권 『예수님의 재림과 새 하늘과 새 땅의 창조』를 참조하라.

4절 할례와 불임수술

1. 할례 – 언약의 표징(The Covenant of Circumcision)의 의미

「창세기」 17장에는 '할례 – 언약의 표징(The Covenant of Circumcision)'에 대하여 나온다. 그런데 이 대목이 이해하기가 상당히 어렵다. 과학적으로 할례가 무엇인지는 대충 이해가 가지만, 언약의 표징, 즉 할례의 언약이란 무엇을 말하는 것일까? 왜 할례가 여호와와 이스라엘 민족의 언약일까? 왜 낳은 지 8일 만에 남자들은 무조건 할례를 해야 할 까?

할례란 포경수술을 말하는 것이다. 의학적으로 환상 절제술로 불리며 적당한 길이의 음경피부와 포피(귀두 주변을 둘러싼 피부조직, Foreskin)를 잘라내 음경의 귀두를 노출시키는 수술법이다. 남성 성기의 귀두를 포피가 싸고 감아 있어, 포피를 제거시켜 귀두만 나오도록 하는 것이다. 서구에서는 출생시에 시행하는 신생아 포경수술이 흔하지만, 우리나라에서는 초등학교 이후부터 사춘기에 이르는 시기에 흔히 시행된다.

그러면 여러 가지 생물학적 이점이 있다. 우선 여러 병원균이나 바이러스가 살 공간이 없어진다. 그만큼 위생적이며 자식을 낳는 데 유리하다. 또한 팬티의 자극에 그 만큼 귀두의 민감도가 무뎌져 섹스할 때 조루성이 없어지고 30분을 지속할 수 있으며 사정할 때 충분한 정자를 쏟아낼 수 있다. 충분한 정자가 쏟아져야 임신할 확률이 높다. 지금 젊은 이들은 결혼 전에 병원에 가서 정액 검사(Semen analysis)를 받는 비율이 늘어나고 있는 추세인데, 정액 1mℓ당 정자가 2000만 개 이상이어야 정상이다. 한 번 사정에 3억~5억 마리의 정자가 쏟아져 나와야 대(代)를 이을 수 있다. 따라서 포경수술의 목적은 더 나은 대를 잇는 것이다. 훌륭한 자식을 낳아야 대가 번창하는 것이다.

여호와는 아브람에게 이렇게 말씀하셨다(「창세기」 17:10-14). "너희 중 남자는 다 할례를 받으라 이것이 나와 너희와 너희 후손 사이에 지킬 내 언약이니라, 너희는 양피를 베어라 이것이 나와 너희 사이의 언약의 표징(the sign of the covenant between me and you)이니라, 대대로 남자는 집에서 난 자나 혹 너희 자손이 아니요 이방 사람에게서 돈으로 산 자를 무론하고 난 지 팔 일 만에 할례를 받을 것이라, 너희 집에서 난 자든지 너희 돈으로 산 자든지 할례를 받아야 하리니 이에 내 언약이 너희 살(flesh)에 있어 영원한 언약(My covenant in your flesh is to be an everlasing covenant)이 되려니와, 할례를 받지 아니한 남자 곧 그 양피를 베지 아니한 자는 백성 중에서 끊어지리니 그가 내 언약을 배반하였음이니라."

할례를 안하면 대가 끊어지고 여호와의 언약을 배반한다? 물론 대가 끊어 질 수도 있다. 그렇다면 대를 잇는 것이 '언약의 표징'이란 말인가? 그것은 아닐 것이다. 자세히 영문성경을 들여다보면 여기에 중요한 구절을 발견하게 된다. 바로 "언약의 표징(the sign of the covenant between me and you)"과 "내 언약이 너희 살에 있어 영원한 언약(My covenant in your flesh is to be an everlasing covenant)"이라는 구절이다. 특히 살(flesh)에 표시(sign)하는 영원한 약속이라는 것이다. 이게 무슨 말인가? 여기에 숨어 있는 비밀을 알고자 한다면 관련 문헌을 찾아보아야 한다.

텔링거(Tellinger)는 그의 저서 『신의 노예 종들(Slave Species of God)』(2006, p.251)에서, 아담이 창조되었을 때, 그 모습과 형상이 하나님들과 똑같이 생겼으나 딱 하나가 틀렸다고 지적한다. 그게 무엇인가 하면 바로 아담의 음경(Penis)이었다. 하나님들과는 달리 아담의 음경은 포피가 음경을 싸고 있었다는 것이다. 또한 작고하신 시친(Sitchin)의 저서인 『잃어버린 엔키 신의 책(The Lost Book of Enki)』(2004, p.139) 2004을 보자. 엔키 신과 닌마 여신과 닝기쉬다 신이 최초의 인간을 창조했을 때, 이들 신들은 태어난 아이를 쳐다봤다. 다 똑같이 생겼으나 음경이 포피로 감싸 있는 것을 보았다. 엔키 신은 다음과 같이 말했다. "지구의 인간들은 아눈나키와 차별화하도록 내버려두자, 음경으로 다르다는 것을 증표로 삼자." 그렇다! 아담은 신들과는 다른 모습인 음경을 가지고 창조되었던 것이다. 여기서 중요한 것은 엔키 신의 결정이다. 그대로 두라고 명령했다는 것이다.

아… 그렇다!! 아브라함에게 할례, 즉 여호와와 같은 음경을 가질 것을 명령한 이유가 여기에 있다. 분명 여호와는 엔키 신과는 반대의 입장을 가진 신이시다. 의로운 신이시다. 그래서 여호와가 엔릴 신이 될 가능성이 높다고 한 것이다. 여호와는 충성된 신하 아브라함을 택하시고, 할례를 통해 여호와와 아브라함 족속은 같다고 언약하신 것이었다. 그것도 집에서 난 자나 혹 너희 자손이 아니요 이방 사람에게서 돈으로 산 자를 무론하고 난 지 팔 일 만에 할례를 받을 것을 명령한 것이었다. 따라서 이때의 할례란 음경(penis), 즉 살(flesh)에 표시(Mark, Sign)를 하는 것, 너와 내가 똑같다라는 것, 그것이 여호와가 아브람함에게 한 약속이었다.

아브람의 경우를 보자. 아브람은 후실인 하갈(Hagar)로부터 86세에 이스마엘(Ishmael)을 얻는다(『창세기』 16:16). 그리고 99세에 여호와께서 이름을 아브라함이라 부른다(『창세기』 17:5). 아브라함은 99세에 직접 할례를 하고 그의 아들 이스마엘도 13세에 할례를 받는다(「창세기」 17:24-25). 이때 정식 부인인 사래(사라, Sarai, Sarah)(「창세기」 17:15)의 나이가 89세이다(「창세기」 17:17 & 24절 참조하여 계산). 이때 아브라함이 나이가 많아 늙었고 아내 사라의 경우는 끊긴 상태(Sarah was past the age of childbearing)이다. 경수가 끊겼다는 것은 오늘날의 폐경을 말하는 것으로, 더 이상 자식을 낳을 수 없는 상태를 말한다.

그런데 이번엔 여호와가 아니라 한 하나님(엘로힘, God, 여호와 보다 낮은 계급의 하나님)이 아브람에게 "네 아내 사래는 이름을 사래라 하지 말고 그 이름을 사라라 하라, 내가 그에게 복을 주어 그로 네게 아들을 낳아 주게 하며 내가 그에게 복을 주어 그로 열국의 어미가 되게 하리니 민족의 열왕이 그에게서 나리라"라고 말씀하신다. 이에 대해 아브라함이 엎드리어 크게 웃으며 "심중에 이르되 백 세 된 사람이 어찌 자식을 낳을까 사라는 구십 세니 어찌 생산하리요"라고 혼자 말한다. 이에 하나님은 "네 아내 사라가 정녕 네게 아들을 낳으리니 너는 그 이름을 이삭(Issac, 뜻은 그가 웃었다)이라 하라 내가 그와 내 언약을 세우리니 그의 후손에게 영원한 언약이 되리라"라고 말씀하신다(「창세기」 17:15-19).

여하튼 사라는 90세에 아브라함은 100세에 정말 아들인 이삭을 낳는다. 어떻게 낳았을까? 과학적으로 아브라함이 할례를 해서 사라가 임신이 되었을까? 내용상으로 보면 사라는 폐경 상태인데 어떻게 가능했을까?

2. 사라의 불임수술과 사라의 생각을 읽는 여호와
「창세기」 18장을 보자. 여호와를 비롯해 세 분의 하나님들이 아브라함 앞에 나타나신다. 그리고 여호와께서 가라사대 "기한이 이를 때에 내가 정녕 네게로 돌아오리니 네 아내 사라에게 아들이 있으리라" 말씀하신다. 기한이라? 이삭을 낳는 데 필요한 10개월을 말하는 것이다. 이를 사라가 그 뒤 장막문에서 듣고 속으로 웃고 "내가 노쇠하였고 내 주인도 늙었으니 내게 어찌 낙이 있으리요"라고 생각한다.

이때 사라의 생각을 여호와께서 읽으신다. 사라의 마인드 패턴(Mind patterns)을 읽으신 것이었다. 오늘날 뇌파기록장치(EEG)나 자기공명영상기기(MRI)나 기능성자기공명영상기기(fMRI)[18]를 이용하면 뇌파나 두뇌의 혈류의 움직임을 감지해 상대방이 무슨 생각을 하는지를 알아낼 수 있다. 예를 들어 미국 코넬 대를 중심으로 하는 일련의 신경과학자들이 기능성자기공명영상기기를 이용해, 누가 어떤 이미지들(images)을 어떻게 분석하고 그 이미지들에 대해 무슨 생각을 하고 있는지를 알아내는 방법을 발견하였다(Hassabis et al., 2013). 한마디로 지금 여러분이 뇌에서 무슨 생각을 하고 무슨 분석을 하고 있는지를 훤히 들여다볼 수 있는 방법을 발견한 것이다. 그러나 여호와께서는 이보다 훨씬 앞선 기술을 이용했을 것이다.

그리고 여호와께서 다음과 같이 말씀하신다. "여호와께 능치 못한 일이 있겠느냐 기한이 이를 때에 내가 네게로 돌아오리니 사라에게 아들이 있으리라(Is anything too hard for the LORD? I will return to you at the appointed time next year and Sarah will have a son)."(NIV) 그리고 사

---

18 fMRI - 기능성자기공명영상은 물리적 감각이나 신체 활동의 유형에 따라 각각 다르게 활성화되는 뇌의 부위를 알아내는 영상기술로, MRI보다 진보된 영상장비임. 활성화된 뇌의 영역에서 혈류(blood flow)의 변화, 즉 증가와 감소로 활성화된 부위를 감지한다.

라는 임신되어 「창세기」 21장에는 10개월이 지나자 여호와의 말씀대로 이삭을 낳는다.

여기서 중요한 대목이 "여호와께 능치 못한 일이 있겠느냐"이다. 무엇을 하셨을까? 바로 오늘날의 불임(不妊)수술을 최첨단 과학기술로 하신 것이다. 그것은 레이저 광선기술로 하셨다고 하면 이해가 갈 것이다. 유전자도 바꾸는 여호와께서 불임수술 정도야!! 다음 삼손이 태어나는 과정을 보면 불임수술이 확실하다.

3. 삼손(Samson)이 불임수술로 태어나다

자, 이번에는 가나안 입성 후 여호수아가 죽자(BC 1390), 이스라엘 12지파 출신들의 12명의 사사들(士師, the Judges)의 통치시대(BC 1375-BC 1049)가 시작되는데, 마지막 사사인 삼손(Samson)이 태어나는(BC 1009) 과정을 살펴보자.

「사사기」 13장을 보자. 소라(Zorah) 땅에 단 지파(Danites)의 가족 중 마노아(Manoah)라 이름하는 자가 있었다. 그 아내가 불임이어서 임신하지 못하므로 아이를 낳지 못했다. 이때 여호와의 사자가(The angel of the LORD) 그 여인에게 나타나시어 여인에게 이르시되 "보라 네가 본래 잉태하지 못하므로 생산치 못하였으나 이제 잉태하여 아들을 낳으리니, 그러므로 너는 삼가서 포도주와 독주를 마시지 말찌며 무릇 부정한 것을 먹지 말찌니라, 보라 네가 잉태하여 아들을 낳으리니 그 머리에 삭도를 대지 말라, 이 아이는 태에서 나옴으로부터 하나님께 바치운 나실인(Nazirite)이 됨이라, 그가 블레셋(팔레스타인, 팔레스티나, Philistines) 사람의 손에서 이스라엘을 구원하기 시작하리라"라고 말씀하신다.

이에 아내가 남편 마노아에게 이를 알리니, 마노아가 여호와(the LORD)께 기도하여 가로되 "주여 구하옵나니 주의 보내셨던 하나님의 사람을 우리에게 다시 임하게 하사 그로 우리가 그 낳을 아이에게 어떻게 행할 것을 우리에게 가르치게 하소서"라고 기도한다. 이에 하나님(God)이 마노아의 목소리를 들으시고, 여인이 밭에 앉았을 때에 (while she was out in the field), 하나님의 사자(The angel of the LORD)가 다시 그의 아내에게 임하셨으나 그 남편 마노아는 함께 있지 아니하였다(but her husband Manoah was not with her).

여기서 중요한 것은 하나님의 사자가 "그의 아내에게 임하셨으나 그 남편 마노아는 함께 있지 아니하였다"라는 것이다. 남편이 없는 동안 여호와의 사자(천사)는 무엇을 하였을까? 혹자는 하나님의 사자가 마노아의 아내와 섹스를 했다고 생각하지만, 이것은 틀린 말이다. 「마태복음」 22장 30절에는 예수님께서 "부활 때에는 장가도 아니 가고 시집도 아니 가고 하늘에 있는 천사들과 같으니라(For in the resurrection they neither marry, nor are given in marriage, but are as the angels of God in heaven.)"(KJV)고 분명히 말씀하셨다. 그러니 그렇게 생각하는 것은 정말 틀린 것이다.

그럼 무엇을 하였을까? 그것은 불임수술이었다. 천사(사자)는 그녀의 불임을 간단히 치료하고, 그녀가 매우 비범한 아이를 낳는다는 것을 충분히 이해시킨 다음 아이를 잘 돌보라고 명한 것이었다.

5절 마른 뼈들이 살아나다(죽은 자의 재생, 부활은 아님)

1. 「에스겔」 37장의 마른 뼈들이 살아나다

제사장(Priest)인 에스겔(예언활동, BC 593-BC 571)의 「에스겔」 37장에는 죽은 자들의 '마른 뼈들이 살아나다(The Valley of Dry Bones)'라는 정말 기적 같은 장면이 등장한다. 이것을 과학적으로 어떻게 설명할 수 있을까? 우선 내용을 보자. 야훼께서 신으로(the Spirit), 즉 야훼의 우주선으로 에스겔을 골짜기로 데려가 마른 뼈들을 보여 주신다. 그리고 야훼께서 "이 뼈들이 능히 살아나겠느냐?"고 에스겔에게 묻는다. 그 다음부터는 야훼께서 오늘날의 재쟁의학(Regeneration) 기술로 마른 뼈들이 서로 붙어 힘줄이 생기고 살이 돋아나고 피부가 생겨나고 생기가 들어가 죽은 자들이 살아난다.

「에스겔」 37: 1 - 여호와께서 권능으로 내게 임하시고 그 신으로 나를 데리고 가서 골짜기 가운데 두셨는데 거기 뼈가 가득하더라(The hand of the LORD was upon me, and he brought me out by the Spirit of the LORD and set me in the middle of a valley; it was full of bones.)(NIV)

2 - 나를 그 뼈 사방으로 지나게 하시기로 본즉 그 골짜기 지면에 뼈가 심히 많고 아주 말랐더라(He led me back and forth among them, and I saw a great many bones on the floor of the valley, bones that were very dry.)

3 - 그가 내게 이르시되 인자야 이 뼈들이 능히 살겠느냐 하시기로 내가 대답하되 주 여호와여 주께서 아시나이다(He asked me, "Son of man, can these bones live?" I said, "O Sovereign LORD, you alone know.")

4 - 또 내게 이르시되 너는 이 모든 뼈에게 대언하여 이르기를 너희 마른 뼈들아 여호와의 말씀을 들을찌어다(Then he said to me,

"Prophesy to these bones and say to them, 'Dry bones, hear the word of the LORD!)

5 - 주 여호와께서 이 뼈들에게 말씀하시기를 내가 생기로 너희에게 들어가게 하리니 너희가 살리라(This is what the Sovereign LORD says to these bones: I will make breath enter you, and you will come to life.)

6 - 너희 위에 힘줄을 두고 살을 입히고 가죽으로 덮고 너희 속에 생기를 두리니 너희가 살리라 또 나를 여호와인 줄 알리라 하셨다 하라(I will attach tendons to you and make flesh come upon you and cover you with skin; I will put breath in you, and you will come to life. Then you will know that I am the LORD.'")

7 - 이에 내가 명을 좇아 대언하니 대언할 때에 소리가 나고 움직이더니 이 뼈, 저 뼈가 들어 맞아서 뼈들이 서로 연락하더라(So I prophesied as I was commanded. And as I was prophesying, there was a noise, a rattling sound, and the bones came together, bone to bone.)

8 - 내가 또 보니 그 뼈에 힘줄이 생기고 살이 오르며 그 위에 가죽이 덮이나 그 속에 생기는 없더라(I looked, and tendons and flesh appeared on them and skin covered them, but there was no breath in them.)

9 - 또 내게 이르시되 인자야 너는 생기를 향하여 대언하라 생기에게 대언하여 이르기를 주 여호와의 말씀에 생기야 사방에서부터 와서 이 사망을 당한 자에게 불어서 살게 하라 하셨다 하라(Then he said to me, "Prophesy to the breath; prophesy, son of man, and say to it, 'This is what the Sovereign LORD says: Come from the four winds, O breath, and breathe into these slain, that they may live.'")

10 - 이에 내가 그 명대로 대언하였더니 생기가 그들에게 들어가매 그들이 곧 살아 일어나서 서는데 극히 큰 군대더라(So I prophesied as he commanded me, and breath entered them; they came to life and stood

up on their feet… a vast army.)

11 - 또 내게 이르시되 인자야 이 뼈들은 이스라엘 온 족속이라 그들이 이르기를 우리의 뼈들이 말랐고 우리의 소망이 없어졌으니 우리는 다 멸절되었다 하느니라(Then he said to me: "Son of man, these bones are the whole house of Israel. They say, 'Our bones are dried up and our hope is gone; we are cut off.')

12 - 그러므로 너는 대언하여 그들에게 이르기를 주 여호와의 말씀에 내 백성들아 <u>내가 너희 무덤을 열고 너희로 거기서 나오게 하고 이스라엘 땅으로 들어가게 하리라</u>(Therefore prophesy and say to them: 'This is what the Sovereign LORD says: O my people, I am going to open your graves and bring you up from them; I will bring you back to the land of Israel.)

13 - 내 백성들아 내가 너희 무덤을 열고 너희로 거기서 나오게 한즉 너희가 나를 여호와인 줄 알리라(Then you, my people, will know that I am the LORD, when I open your graves and bring you up from them.)

14 - 내가 또 내 신을 너희 속에 두어 너희로 살게 하고 내가 또 너희를 너희 고토에 거하게 하리니 나 여호와가 이 일을 말하고 이룬 줄을 너희가 알리라 나 여호와의 말이니라 하셨다 하라(I will put my Spirit in you and you will live, and I will settle you in your own land. Then you will know that I the LORD have spoken, and I have done it, declares the LORD.'")

다시 말해 야훼께서 뼈만 남은 인간의 유골들을 재생시킨다. 생물의 각 세포에는 그 생물을 완전히 재구성하는 데 필요한 모든 유전 정보가 들어 있다. 남은 뼛속에 남아 있는 세포 하나를 생명물질을 공급해 주는 장치 속에 넣으면 그 생물을 본래대로 재현시킬 수 있다. 기계는 물질을 공급하고 세포는 그것에 따라 생물이 구성되는 설계도의 정보를 제공한다. 이것은 쉽게 실현될 수 있는 일이며, 우리들도 머지않아 이러한 기술을 발견하게 되어, 죽은 자를 살리는, 즉 재생시킬 수 있다. 그러나 이것은 재생이지 부활(Resurredction)은 아니다. 부활의 과학적 개념에 대해서는『바이블 매트릭스』시리즈 마지막 권인『예수님의 재림과 새 하늘과 새 땅의 창조』를 참조하길 바란다.

2. 경건한 도전, 매머드 재생→ 죽은 자의 재생
이미 기술이 발견되기 시작했다. 영화 〈쥬라기 공원 3D(Jurassic Park, 1993)〉에는 공룡의 복원(재생) 이야기가 나온다. 공룡의 피를 빨고 난 뒤 호박 속에 굳은 채로 보관된 모기에서 공룡의 유전자를 추출해 이를 양서류에 넣어 재생시키는 방식을 보여 준다. 오랜 시간 손실된 유전자는 양서류의 유전자로 대체한다는 이론으로 과학적 근거를 갖춘 것이다.

실제로 2013년 5월에는 러시아 극동지역에서, 보존 상태가 매우 좋은 매머드(mammoth) 사체가 발견돼 매머드 복원 프로젝트가 현재 활기를 띠고 있다. 이제까지는 복제에 사용할 수 있을 만큼 제대로 된 샘플이 없어 연구에 난항을 겪어 왔다. 그러나 상태가 좋은 매머드 사체의 발견으로 러시아 과학자들의 매머드 복원 계획은 한층 빨라졌다. 매머드 사체에서 추출한 세포핵으로 배아세포를 만든 뒤 이를 코끼리 자궁에 착상시킬 예정이다(서울신문, 02 Jul 2013). 이 프로젝트에 한국의 황우석 교수가 함께 한다.

2013년 3월 15일 케이블 채널『내셔널 지오그래픽』은 1만 년 전 '멸종한 매머드를 복원하겠다(Mammoth: Back from the Dead)'는 과학자들의 이야기를 방영했다(National Geographic, 15 Mar 2013). 시베리아에

죽은 매머드를 복원(재생)시켜라(Mammoth: Back from the Dead). 아래 그림은 한 팀원이 메머드의 뼈를 찾아 동굴에서 나오는 모습. Image Crecit : National Geographic, 15 Mar 2013

서 촬영된 이 다큐멘터리 화면 속에서 시청자들은 낯익은 얼굴과 마주 쳤다. 2006년 논문조작사건으로 줄기세포 분야에서 퇴출당한 황우석 전 서울대 교수였다. 동토 속에 박힌 매머드의 살과 뼈를 캐내기 위해 얼음이 녹아 곧 무너질지도 모르는 동굴로 들어가는 화면 속의 그는 여전히 극적이었다.

2013년 10월, 미국 CNN 등 외신은 다시 한 번 그의 소식을 알렸다 (CNN, 02 Aug 2013). 그가 이끄는 한국의 수암생명공학연구원[19]과 러시아 공동연구진이 뉴시베리아섬 암컷 매머드의 사체에서 혈액을 발견했다는

---

19 수암생명공학연구원 - http://en.sooam.com/index.html

것이다. 이 기사에서 연구진은 "선사시대 동물의 혈액이 발견된 건 고생물학 사상 유례가 없는 일"이라며 "그 속에 단 한 개의 살아 있는 세포라도 있다면 매머드 복원 가능성이 열린다"고 주장했다. 호박에 갇혀 화석이 된 모기 속에서 공룡의 유전자를 추출해 공룡을 부활시킨 영화 〈쥬라기 공원〉을 연상시키는 발언이었다(조선일보, 29 Jun 2013).

결국 언젠가는 죽은 동물을 살려낼 것이고, 그 다음 죽은 자를 살려낼 것이다. 그러나 이것은 재생기술이기 때문에 영원한 부활은 아니다. 다시 말해 재생기술로 죽은 자를 살린다 해도 결국 또다시 죽음을 맞이하게 될 것이다. 그렇다 손치더라도 죽은 자를 살린다면 그것은 획기적인 과학의 발견이 될 것이다. 역사는 반복된다고 했다. 언젠가는 「에스겔」 37장에 나오는 하나님의 재생기술을 우리들은 찾아낼 것이다. 그리고 그 재생기술을 의로운 곳에 사용해야 하며, 그러한 재생기술을 우리들에게 준 하나님께 감사해야 한다. 죽은 자를 살린다고 하나님과 동등해지려는 미련하고 불경스러운 짓을 하지 말아야 한다.

3. 예수님의 부활 후에 죽은 많은 성도가 무덤에서 일어나다(재생)

「마태복음」 27장 50절에서 53절에는 예수님의 부활 후에 많은 성도들이 무덤에서 나오는 장면이 등장한다. 이를 과학적인 관점으로 들여다보자. 우선 예수님께서 십자가에 못 박혀 크게 소리 지르시고 영혼(spirit)이 떠나신다. 그때 예루살렘 성전의 성소 휘장(the curtain of the temple)이 위로부터 아래까지 찢어져 둘이 되고, 땅이 진동하며 바위가 터지고, 무덤들이 열리며 죽었던 많은 성도들의 몸이 일어나기 시작한다. 그리고 3일 후의 예수님의 부활 후에, 저희들이 무덤에서 나와 거룩한 예루살렘 성전에 들어가 많은 사람들 앞에 나타나 보인다.

필자는 이 내용이 무슨 의미인가 하고 그간 20년간을 고민해 왔다.

그리고 재생(Regeneration)이란? 부활(Resurrection)이란? 휴거(Rapture)란 무엇인가를 과학적으로 풀어내고서야 이 내용을 이해할 수 있었다. 이것은 앞에서 본 내용과 같은 재생이다. 뼈 속에 있던 세포의 유전자 속에 있던 프로그램 대로 피와 살이 되고 몸으로 재생되는 데 3일이나 걸렸다는 뜻이다. 그리고 예수님이 부활 후에 이들은 무덤에서 나온 것이다.

「마태복음」 27:50 - 예수께서 다시 크게 소리지르시고 영혼이 떠나시다(And when Jesus had cried out again in a loud voice, he gave up his spirit.)(NIV)

51 - 이에 성소 휘장이 위로부터 아래까지 찢어져 둘이 되고 땅이 진동하며 바위가 터지고(At that moment the curtain of the temple was torn in two from top to bottom. The earth shook and the rocks split.)

52 - 무덤들이 열리며 자던 성도의 몸이 많이 일어나되(The tombs broke open and the bodies of many holy people who had died were raised to life.)

53 - 예수의 부활 후에 저희가 무덤에서 나와서 거룩한 성에 들어가 많은 사람에게 보이니라(They came out of the tombs, and after Jesus' resurrection they went into the holy city and appeared to many people).

예수님이 이것을 우리에게 보여 주신 것은 우리보고 그렇게 하라는 것이다. 결국 우리들은 과학을 진보시켜 언젠가는 예수님이 이룬 기적 같은 일들을 현실로 가능하게 할 것이다. 과학과 의술이 진보되면 언젠가는 죽은 자들이 무덤에서 나올 때가 있을 것이다. 무덤이 아니라 화장(火葬)을 해서 세포의 유전자가 없어졌더라도 죽은 자가 갖고 있던 미네랄(Mineral)은 그대로 남는다. 이것을 이용하면 재생도 가능하게 될 것이다.

　부활과 휴거와 예수님의 과학기술에 대해서는『바이블 매트릭스』
시리즈 마지막 권인『예수님의 재림과 새 하늘과 새 땅의 창조』를 참
조하길 바란다.

3부

우리가 창조해야 할 미래의 과학기술과
우리의 사명인 두 번째 우주창조

질문과 관점들

파란 미래를 찾는 경건한 자와
붉은 미래를 찾는 불경한 자

내용 구성상 3부에서는 세차운동(歲差運動, Precession)으로 보는 세대 (Generation)의 상징과 미래 과학기술을 먼저 다루고 과학의 궁극적 목적 즉 우리의 사명을 다루고자 한다. 왜냐하면『바이블 매트릭스』시리즈 1권『우주 창조의 비밀』에서 밝혔듯이, 세차운동에 따라 대주기 (Grand Circle) 혹은 대년(Great Year)의 사이클은 25,920년이며, 이에 따라 변하는 12개 별자리가 매우 중요하기 때문이다. 어떠한 조건이 없는 이상 이 대년은 하나님들이 이 땅에 오셨던 445,000년 전부터 지속되었다. 그러나 이제 조건이 생길 때가 되었다고 필자는 생각한다. 지금 과학기술의 진보는 엄청 빠르다. 그래서 세대별 상징과 미래 과학기술을 먼저 다루어야, 우리가 앞으로 어떻게 과학기술을 진보시키고 어느 방향으로 나아갈 것이며, 우리의 미래는 긍정적인가 부정적인가를 먼저 고민해 보자는 것이다. 그렇게 함으로써 그 다음에 다룰『바이블 매트릭스』시리즈 5권『예수님의 재림과 새 하늘과 새 땅의 창조』도 이해할 수 있다.

필자가 보기엔 서기 2100년부터 시작되는 '물병자리'에서 우리는 엄청난 과학의 진보를 이룩할 것이다. 이 땅 위에서(날으는 자동차, 원자자유전환 등), 이 땅 안에서(지하왕국과 지하도시 등), 그리고 우주공간에서(우주여행, 원격이동, 테라/텔리포밍, 궤도수정 등) 전례 없는 과학적 진보를 이룩할 것이다. 전례 없는 과학적 진보란 지구와 우주가 갖고 있는 에너지를 확보하는 것이다. 그것도 모자라 서기 4260년부터 시작되는 '염소자리'부터는 바다자원을 이용하는 바다왕국과 바다도시를 건설하게 될 것이다. 『바이블 매트릭스』 시리즈 2권 『인간 창조와 노아 홍수의 비밀』에서 밝혔듯이, 신들이 지구에 오셔서 지하의 정금(pure gold)을 캤을 때, 신들의 노동을 대체할 인간을 창조했듯이, 지하왕국과 바다왕국을 건설하려면 분명 우리 인간들은 인간의 노동을 대체할 로봇뿐 아니라 인간복제를 할 가능성이 매우 높다. 아니면 죽은 자들을 재생시킬 가능성이 높다. 따라서 이때의 인간들의 과학기술은 거의 하나님들의 경지에 도달할 것이다.

하지만 서기 6420년부터 시작되는 '궁수자리'부터가 문제이다. 이때부터 인간은 신의 경지에 도달한 과학기술을 바탕으로 오만에 빠져 자기들이 신인 양 불법(wickedness, inequity, evil, sin)을 자행하게 되고, 많은 사람들이 사랑(love)이 식어(cold) 불경한 자(Ungodly man)가 되어, 하나님들을 무시하고 적대시할 가능성이 매우 크다. 또한 땅 위, 땅 속, 그리고 바다와 바다 속의 자원들인 에너지와 식량을 인간들이 다 소진한 결과, 지구의 환경이 바뀌면서, 그로 인해 민족이 민족을, 나라가 나라를 대적하여 전쟁이 일어날 것이고, 곳곳에 기근과 지진이 있을 것이다. 이것이 '재난의 징조(Signs of the End of the Age)'가 될 것이고, 그 뒤를 이어 '큰 환란(The Great Distress or The Tribulation)'이 올 가능성이 매우 크다. 물론 여기에는 하늘에서 이 땅으로 쫓겨 내려오는 불의의 하나님들이 가세할 것이다. 그러나 끝까지 견디는 자, 즉 경건한 자는 예수님께서 오셔서 구원할 것이다(『마태복음』 24장).

따라서 본 3부의 주제는 파란 미래(Blue pill)를 찾는 경건한 자(Godly man)와 붉은 미래(Red pill)를 찾는 불경한 자(Ungodly man)이다. 물론 경건한 자가 되어야 한다. 과학을 진보시키되 그 목적은 의로운 데 사용해야 한다. 경건한 자란 '의로운 자(Righteous men)'를 말하는데, 하나님 아버지(God the Father)를 아버지라 부를 수 있는 자, 즉 하나님을 사랑하는 자란 의미이며 동시에 예수님을 사랑하는 자란 의미이다.

1장
세차운동으로 보는
세대별 상징과 미래 과학기술

1절 대주기(대년), 물병자리→염소자리, 과학기술은 거의 신의 경지에 도달(인신조화)

왜 우리가 과학기술에 도전해야 하는가? 그것은 과학적 진보를 이루어 구약과 신약에서 하나님 아버지와 예수님이 말씀하신 모든 것들을 실현하고 이루기 위함이다. 달나라에 우주선을 쏘는 이유는 달의 역사를 밝히는 것도 중요하지만 달에 있는 자원(헬륨, 철 등)을 이용하기 위해서이고, 옛적에 하나님들이 달에 건설한 우주기지의 발자취를 찾기 위함이다. 미국의 항공우주국(NASA)이 화성에 보내 지금 활동하고 있는 큐리오시티(Curiosity)[1] 우주로봇도 달과 마찬가지이다. 지진이 일어나면 중동이나 아프리카의 국가들은 보통 수만 명이 죽어 나간다. 왜냐하면 집을 흙이나 벽돌로 지었기에 무너져 매몰당하기 때문이다. 그러나 과학으로 무장한 선진국들은 지진 7.0에서도 1~2명만 죽을 뿐이

---

1 NASA - Mars Science Laboratory
   http://www.nasa.gov/mission_pages/msl/index.html

다. 내진이 높은 건축자재와 설계로 지었기 때문이다. 이와 같이 과학은 시대(generations)가 지남에 따라 엄청난 속도로 진보하고 있다. 그것은 선지자 다니엘(Daniel)이 "많은 사람이 빨리 왕래하며 지식이 더하리라(Many will go here and there to increase knowledge)"(「다니엘」 12:4)와 같이 예언했듯이, 조만간 전 세계가 하루 생활권으로 좁혀져 하나님 아버지와 예수님을 아는 지식들이 늘어가기 때문이다.

좀 더 들어가기 전에, 『바이블 매트릭스』 시리즈 1권 『우주 창조의 비밀』에서 소개했던 매우 중요한 천문학의 별자리를 소개하고자 한다. 세차운동(歲差運動, Precession)에 의해 대주기(Grand Circle) 혹은 대년(Great Year)인 25,920년에 따라 변하는 시대별 춘분의 12개 별자리이다.

이 대년에 따라 지금이 2014년이니까 물고기자리(PISCES)의 끝자락에 와 있다. 다시 말해 물병자리로 진입하고 있다. 곧 AD 2100년부터는 물병자리(AQUARIUS)로 진입하게 되고, 그 다음의 AD 4260년부터는 염소자리(CAPRICORN), AD 6420년부터는 궁수자리(SAGITTARIUS), AD 8580년부터는 전갈자리(SCORPIO), AD 10740년부터는 천칭자리(LIBRA), 그 다음의 AD 12900년부터는 처녀자리(VIRGO)로 진입한다. 그리고 물병자리에 들어간 태양은 2,160년 동안 항상 새해를 알리는 춘분점에 물병자리에서 떠오르게 된다. 따라서 별자리는 그 시대의 상징으로 고고학 문서나 성경에도 등장한다.

지금 오른쪽으로 23.5도 기울어진 지구의 지축은 작은곰자리(Ursa Minor, Smaller Bear, Little Bear)의 북극성(폴라리스, Polaris)을 가리키고 있으나, 지축의 방향이 바뀌면 하늘의 북극(Celestial North Pole)도 바

시대별 세차운동(歲差運動, Precession)에 따라 바뀌는 '하늘의 북극과 북극성의 변화'. 참조 : Wikipedia.org/Pole_star

꿔고, 북극성(North Pole Star)[2] 역할을 하는 별도 바뀐다. 다시 말해 지축의 궤적에 따라 북극성도 바뀐다. 현재의 북극성(Polaris)이 북극성이 된 것은 불과 2,000년 정도 전이다. 5,000년 전의 이집트 시대의 북극성은 용자리(Draco)에 있었다. 4등성으로 눈에 띄지 않는 별인데도 불구하고, '투반(Thuban, 용이라는 뜻)'이라는 멋진 이름이 붙어 있는 별이 이집트 시대의 북극성이었다. 현재의 북극성은 하늘의 북극에서 1도 가까이 떨어져 있다. 앞으로 서서히 하늘의 북극에서 멀어져 간다. 그러다가 AD 6000년경에는 세페우스자리(Cepheus)의 에라이(Errai)가 북극성이 되고, AD 10000년경에는 백조자리(Cygnus)의 데네브(Deneb)

---

2 Pole Star - http://en.wikipedia.org/wiki/Pole_star

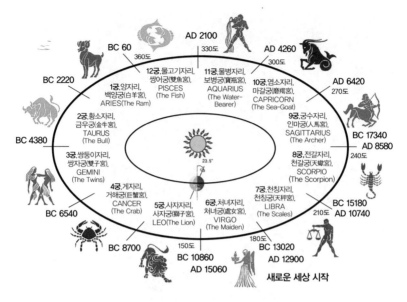

세차운동(歲差運動, Precession)에 의해 대주기(Grand Circle) 혹은 대년(Great Year)인 25,920년에
따라 변하는 시대별 춘분의 12개 별자리)[3]

가 북극성이 되고, 그리고 AD 12900년이 되면 지축은 왼쪽으로 23.5
도 기울어져 거문고자리(Lyra)의 직녀성(베가, Vega)이 북극의 별, 즉 북
극성이 된다. 한 바퀴 도는 대년의 주기인 AD 25920년이 되면—이 시
대가 올지는 확실하지 않지만—다시 지금의 북극성(Polaris)이 북극의
별이 된다.

물고기자리의 앞 세대인 양자리시대에는 한 마리의 잃어버린 양
을 찾아나섰지만, 물병자리 시대에는 과학만이 진실이며 인간이 중심

---

3 자세한 것은 1권인 『바이블 매트릭스』 시리즈 1권 『우주 창조의 비밀』의 1부 6장 3-4절
의 "세차운동, 12개 별자리와 대년(Great Year)"을 참조하고, 별자리가 주는 의미와 예수님
이 언제 오시는지에 대해서는 본 시리즈의 마지막 5권인 『예수님의 재림과 새 하늘과 새
땅의 창조』를 참조하라.

이 되어 발전할 것이다. 역사적으로는 창세기의 아담과 에덴 동산으로 돌아가고 있다. 창세기에 일어난 일들이 반복되고 있으나 수준이 다를 뿐이다. 예를 들어 우리는 지금 아담의 930살에 도전하고 있는 것이다. 이것이 1,000살을 영위하는 앞으로 올 '천년왕국'이다.

인간의 과학기술은 물병자리와 염소자리를 거치면서 거의 신의 경지에 도달할 것이다. 이것이 바로 인신조화(人神調和)이다.

2절 처녀자리(BC 13020년~)와 사자자리(BC 10860년~)의 상징

처녀자리는 '새로운 생명의 시작'을 의미하고, 사자자리의 상징은 말 그대로 '사자(Lion)'이다. 이미 『바이블 매트릭스』 시리즈 1권 『우주 창조의 비밀』의 1부 6장인 〈점토판 5〉의 내용 - 지구를 위해 별들과 미완성의 태양계의 궤도를 정하다"에서 밝혔듯이, 우리는 다음을 예측해 볼 수 있다.

우리는 대홍수 이후에 이집트의 기자(Giza)에 세워진 세 개의 피라미드(Pyramid)와 스핑크스(Sphinx, 사자인간, 사람머리와 사자의 동체)가 어떻게 구축되었는지 그 비밀을 알 수 있는데, 누가 거대한 돌들을 쌓아 올렸는가이다. 바로 「창세기」 6장 1절에서 5절에 나오는 거인(Great Man or Giant Man)들, 다시 말해 100미터 이상 키의 반신반인(半神半人, Demigod)들이 신들을 도와 이 작업을 했다는 것을 예측할 수 있다. 또한 스핑크스의 사자의 동체로 보아 피라미드와 스핑크스는 춘분의 12개 별자리 중 사자자리(사자궁, 獅子宮, Leo, 12궁의 제5궁)시대인 BC 10860-BC 8700년 사이에 건축되었음을 예측할 수 있다. 이는 노아의 대홍수 이후의 일이다. 이렇게 볼 때 대홍수는 그 앞의 처녀자리(처녀궁, 處女宮, Virgo, 12궁의 6궁)와 천칭자리(천칭궁, 天秤宮, Libra, 12궁의 제7궁) 사이인 BC 13020년경에 일어났음을 예측해 볼 수 있다. 자세한 것은 『바이블 매트릭스』 시리즈 2권 『인간 창조와 노아 홍수의 비밀』편을 참고하라.

3절 양자리(BC 2220년~)와 물고기자리(BC 60년~)의 상징

BC 2220-BC 59년은 양자리시대이다. 역사학적으로 볼 때 이는 아브라함(Abram, Abraham, BC 2166-BC 1991)의 시대로 「창세기」 11장 27절부터 등장하는 아브라함부터 예수님 탄생 전의 시대를 말하는데, 다시말하면 구약의 시대이다. 구약에 등장하는 양을 한 번 살펴보자.

「창세기」 12장에는 아브라함(Abram, Abraham, BC 2166-BC 1991)이 애굽(이집트)으로 가서 첫 번째 중간기 왕국(First Intermediate Period, c.BC 2181-c.BC 2055)의 제10왕조의 바로(Pharaoh)가 죽일 것을 염려해 그의 아내인 사래(Sarai)를 누이라고 속여 양(sheep)과 노비와 암수 나귀와 약대를 얻는 장면이 나온다(「창세기」 12:10-16).

「창세기」 22장에는 아브라함이 아들인 이삭(Isaac)을 번제(burnt offering)로 하나님께 바치는 장면이 나온다. 하나님께서 가라사대 "네 아들 네 사랑하는 독자 이삭을 데리고 모리아 땅(region of Moriah)으로 가서 내가 네게 지시하는 한 산 거기서 그를 번제로 드리라"는 명령에 따라 아브라함이 아침에 일찍이 일어나 나귀에 안장을 지우고 두 사환과 그 아들 이삭을 데리고 번제에 쓸 나무를 쪼개어 가지고 떠나 하나님께서 지시한 곳으로 간다. 이때 이삭이 가로되 "불과 나무는 있거니와 번제 할 어린 양

(the lamb)은 어디 있나이까" 묻는다. 이에 아브라함이 가로되 "아들아 번 제 할 어린 양(the lamb)은 하나님이 자기를 위하여 친히 준비하시리라" 대답하고 두 사람이 함께 나아가서, 하나님이 그에게 지시하신 곳에 이른 지라 이에 아브라함이 그곳에 단을 쌓고 나무를 벌여 놓고 그 아들 이삭 을 결박하여 단 나무 위에 놓고 손을 내밀어 칼을 잡고 그 아들을 잡으려 하더니, 여호와의 사자(angel of the LORD)가 하늘에서부터 그를 불러 가 라사대 "아브라함아 아브라함아" 하시는지라 아브라함이 가로되 "내가 여 기 있나이다" 하매 사자가 가라사대 "그 아이에게 네 손을 대지 말라 아무 일도 그에게 하지 말라 네가 네 아들 네 독자라도 내게 아끼지 아니하였 으니 내가 이제야 네가 하나님을 경외하는 줄을 아노라". 아브라함이 눈 을 들어 살펴본즉 한 수양(a ram)이 뒤에 있는데 뿔이 수풀에 걸렸는지라 아브라함이 가서 그 수양을 가져다가 아들을 대신하여 번제로 드렸더라 라는 내용이 나온다.

이 외에도 양자리의 상징인 어린 양(lamb)을 NIV의 구약성경에서 검색을 해보니 189개의 절에서 등장하고 수양(ram)은 146개의 절에서 등장한다.

BC 60-AD 2099년은 물고기자리시대이다. 예수님이 탄생한 시점 이 AD 1년 혹은 BC 6(B)년[4]이므로 예수님이 오신 시대가 물고기자리 의 시작이었다. 다시 말하면 마태(오)(Matthew)가 쓴 「마태복음(Gospel of Matthew AD 70-80년)」, 누가(Luke)가 쓴 「누가복음(Gospel of Luke, c.AD 63)」, 요한(John, AD 6-100)이 쓴 「요한복음(Gospel of John, AD 85-95)」, 그 리고 사도 바울(Paul, AD 5-68)이 썼고 연도가 제일 빠른 「데살로니가 전 후서(1 & 2 Thessalonians, AD 52)」 등 결국 신약성경은 c.AD 50-c.AD 100 년경에 쓰여진 것이다. 다시 말하면 물고기자리의 초기 시대에 쓰여진 것이다. 그렇다면 신약성경에서 물고기자리(쌍어궁, 雙魚宮, Fish gate)와 관련된 물고기(Fish) 또는 물고기와 유사한 단어가 나오지 않을까?

「마태복음」 4장 18절~22절에는 "갈릴리 해변(Sea of Galilee)을 다니시다가 두 형제 곧 베드로(Peter)라 하는 시몬(Simon)과 그 형제 안드레(Andrew)가 바다에 <u>그물(Net)</u> 던지는 것을 보시니 저희는 어부<u>(Fishermen)</u>라, 말씀 하시되 나를 따라오너라 내가 너희로 <u>사람을 낚는 어부(Fishers of men)</u>가 되게 하리라 하시니 저희가 곧 <u>그물(Net)</u>을 버려 두고 예수를 좇으니라. 거기서 더 가시다가 다른 두 형제 곧 세베대(Zebedee)의 아들 야고보(James)와 그 형제 요한(John)이 그 부친 세베대와 한가지로 <u>배(Boat)</u>에서 <u>그물(Nets)</u> 깁는 것을 보시고 부르시니 저

---

4 예수님의 탄생 연도 - 원래 예수 그리스도(Jesus Christ)가 탄생한 시점을 기준으로 A.D.(Anno Domini)로 표기하는 것이 원칙이지만, 후에 성서학자와 역사학자들은 예수님 탄생을 잘못 계산했다는 사실을 발견했다. 마태(오)(Matthew)가 AD 70-80년에 쓴 「마태복음」에는 로마제국[Roman Empire, 제정시대, BC 27-AD 476(서로마제국) & AD 1453(동로마제국/비잔티움제국)]이 유대를 간접 지배하기 위해 임명한 유대의 분봉왕(Tetrarch, 分奉王)인 헤롯왕(Herod I , Herod the Great, 헤로데, 헤로데스, 통치 BC 37-BC 4)이 유대를 지배할 때 예수님이 나셨다고 적고 있다(「마태복음」 2:1). 그리고 헤롯 왕이 살아 있을 때 두 살 아래 갓난 사내아이들을 다 죽였다라고 적고 있다(「마태복음」 2:16). 예수님은 애굽(이집트)으로 피하셨다가 헤롯 왕이 BC 4년에 죽은 후 갈릴리(Galilee)의 나사렛(Nazareth)으로 들어가신다(「마태복음」 2:19-23). 그렇다면 분명 BC 4년 이전에 탄생하셨음이 분명하다. 그러나 이방인 의사 출신인 누가(Luke)가 c.AD 63년에 쓴 「누가복음」에는 이스라엘을 지배하고 있던 로마 황제 아우구스투스(옥타비아누스, Augustus, AVGVSTVS, Gaius Julius Caesar Octavianus, 신약의 아구스도, 통치 BC 27-AD 14)가 로마제국의 전 지역에 인구조사를 할 것을 명령하는 칙령(Decree)을 내린다. 이에 로마가 임명한 시리아 총독인 구레뇨(Publius Sulpicius Quirarchs, BC 51-AD 21)가 첫 번째 구레뇨 인구조사(Census of Quirinius)를 실시할 때 예수님이 나셨다라고 적고 있다(「누가복음」 2:1-7). 그러면 예수님은 분명 AD 1년에 나셨음이 분명해 보인다. 어느 것이 맞을까? 나중에 성서 학자들과 역사학자들은 구레뇨의 인구조사는 BC 6년에 실제로 실시되었음을 확인했다. 그래서 예수님 탄생은 AD 1년이 아니라 BC 6년으로 수정되었다. 그러나 이미 예수님 탄생 기준 시점을 AD 1년으로 보고 그 이후 모든 역사가 기록되었으므로 이를 고칠 수는 없어, 성경연대기(Chronology of The Bible)만 예수님 탄생 시점을 BC 6(B)년으로 수정하였다(Good News English Bible, p. 1531). B.C.는 Before Christ의 약자임. http://en.wikipedia.org/wiki/Census_of_Quirinius

희가 곧 배(Boat)와 부친을 버려 두고 예수를 좇으니라"라는 내용이 나온다(「마태」 4:18~19, 「마가」 1:17~20, 「누가」 5:1~11).

여기서 해변-그물-어부-배는 물고기시대의 상징이다. 또한 예수님의 제자들인 베드로(시몬), 안드레, 야고보, 요한은 모두 갈릴리 해변 어부 출신이며, 빌립(Philip)은 베드로와 안드레와 한 동네인 갈릴리의 벳세다(Bethsaida of Galilee) 출신이다(「요한」 1:43-44, 「요한」 12:21). 보통 나다나엘(Nathanael)로 불리는 바(르)돌(톨)로매(오)(Bartholomew)는 갈릴리 가나(Cana in Galilee) 출신이자 빌립의 친구이다(「요한」 1:45-51 & 「요한」 21: 2). 또한 디두모(Didymus)라 불리는 도마(토마스)(Thomas)도 갈릴리 출신이다(「요한」 11:16 & 20:24).

이렇게 본다면 예수님의 12제자 중 종종 레위(Levi)라 불린 세리(Tax Collector) 출신의 마태(오)(Matthew)(「마태」 9:9, 「마가」 2:14, 「누가」 5:27), 알패오(Alphaeus)의 작은 야고보(James the Less)(「마태」10:3, 「마가」 3:18 & 15:40, 「누가」 6:15), 작은 야고보(James)의 아들인 다(타)대오(Jude, Thaddaeus or Lebbaeus)(「마태」 10:3, 「마가」 3:18, 「누가」 6:16, 「사도행전」 1:13), 가나안(Canaanite) 출신이며 유대 민족주의자(Jewish nationalists)의 한 파인 셀롯당(Zealot) 출신인 시몬(Simon)(「마태」 10:4; 「마가」 3:18, 「누가」 6:15, 「사도행전」 1:13), 그리고 유대 민족주의 시카리당(Sicarii), 즉 가롯당(Iscariot) 출신인, 예수님을 배반한 유다(Judas)를(「마태」 4:18 & 10:2-4, 「마가」 3:16-19, 「누가」 6:14-16, 「요한」 6:71) 제외하곤 7명이 갈릴리 어부 출신이다.

전체적으로 예수님의 12제자들은 거의 모두 팔레스타인에 사는 유대인들이었다. 열두 제자들은 가롯 유다만 남방 출신이었고, 다른 열한 제자는 다 북부의 갈릴리(Galilee) 출신이다.

「마태복음」 14장에는 오병이어의 기적인 물고기 두 마리가 나온다. 17절~21절에는 제자들이 "여기 우리에게 있는 것은 떡 다섯 개와 물고기 두 마리뿐이니이다(only five loaves of bread and two fish)"라고 가로되, 예수님이 그것을 내게 가져오라 하시고 무리를 명하여 잔디 위에 앉히시고 떡 다섯 개와 물고기 두 마리를 가지사 하늘을 우러러 축사하시고 떡을 떼어 제자들에게 주시매 제자들이 무리에게 주니, 먹은 사람이 여자들과 아이들 외에 오천 명의 남자들이 다 배불리 먹고 남은 조각을 거두니 열두 바구니라는 내용이 나온다(「마」 14:13-21, 「막」 6:30-44, 「눅」 9:10-17, 「요」 6:1-14).

「요한복음」 21장에는 일곱 제자들이 물고기 잡으러 나가나, 아무것도 잡지 못하고 날이 새어갈 때에, 죽은 자 가운데서 살아나신 예수님이 바닷가에 나타나셔서 그물을 배 오른편에 던지라 명하시니, 153마리의 많은 물고기가 잡혔다는 내용이 나온다(「요」 21:1-14).

4절 물병자리(AD 2100년~)의 상징과 미래 과학기술

물고기자리의 끝자락에 와 있는 지금은 과학기술에 불꽃이 붙었다고 해도 과언이 아니다. 영국의 과학저널 『네이처(Nature)』는 1869년부터 하나님들의 창조 지식을 재발견해 그 연구결과를 과학논문으로 발표하고 있으며, 미국의 『사이언스(Science)』는 1880년부터 발견한 지식을 논문으로 발표하고 있다. 그리고 그 유명한 앨프레드 노벨(1883-1896)은 노벨상을 제정해, 인류를 위해 창조지식을 발견한 과학자들에게

1901년부터 노벨상을 수여하고 있다. 이제 과학은 빠른 속도로 발전하여 어디로 가는 것인지조차 알 수 없을 정도이다. 분명 물병자리에 진입하면 이 속도는 빛의 속도를 능가하여 인간의 과학기술은 우주를 넘어 거의 신의 경지에 도달할 것임에 틀림이 없다.

1. 물병자리(보병궁, AQUARIUS, The Water-Bearer)의 의미

AD 2100년부터 시작하는 물병자리의 이미지는 물병을 든 사람(The Water Bearer)이란 뜻이다. '공기, 전기, 자기를 물병에 담는다' 또는 '담은 물을 쏟는다'는 뜻의 보병궁(寶瓶宮)이란 '인간 중심의 인간이 진실을 배울 수 있고, 스스로 생각할 수 있는 존재' 또는 그 이상의 의미로, 여러 종교철학에서 얘기하는 계시들이 실제로 이루어지는 신인조화(神人調和) 시대를 일컫는다. 다시 말해 거시적인 신의 계시나 말씀의 시대는 끝나고, 즉 신본(神本)시대는 끝나고, 우리 인간들이 스스로 신의 지식(비밀)과 진실, 즉 과학기술을 드러내어 신을 만남으로써 신인

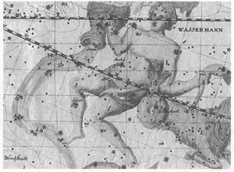

물병자리(The Water Bearer, The Water Carrier, Aquarius). Credit : Wikipedia.org[5]

---

5 http://en.wikipedia.org/wiki/Aquarius_(astrology), http://ko.wikipedia.org/wiki/%EB%AC%BC%EB%B3%91%EC%9E%90%EB%A6%AC

조화, 정확하게는 인신조화(人神調和)를 이루는 시대를 의미한다. 즉 인본(人本)시대가 시작되는 것이다. 이 물병자리시대에 등장할, 우리가 발견하여야 할 미래 과학기술들의 몇몇 특징을 간단히 살펴보자.

2. 나노→피코→펨토→아토→젭토→욕토→??로 진입

시대의 기술을 예측하는 가장 중요한 것이 바로 국제단위계(Int'l System of Units)[6]이다. 국제단위에는 융합(融合, Convergence)과 분화(分化, 分裂, Divergence)라는 두 가지가 있는데, 이 둘은 우주, 물리, 화학, 생물 관점에서 서로 연관성이 있는 상보성(Complementarity)이다. 우선 하나는 시간과 공간상에 정보나 물질을 쌓아 올리는(Building-Blocks) 융합 단위이다. 10의 0승인 1을 1세대 기준으로 10의 3승은 천(Thousand)을 의미하는 2세대의 킬로(kilo), 10의 6승은 백만(Million)을 의미하는 3세대의 메가(Mega), 그리고 10의 9승은 십억(Billion)을 의미하는 4세대인 기가(Giga) 등으로, 상향식(Bottoms-up, Upstream) 방법의 기술을 이용하여 쌓아 올린 집적된 정보나 물질의 개수나 양을 의미한다.

따라서 2014년 현재, 현존하는 컴퓨터들의 메모리 용량이나 정보 데이터를 처리해 주는 마이크로프로세서 기능들은 이미 4세대인 기가 단에 들어와 있고, 네트워킹 시스템들은 3.5세대의 메가 단에 진입하였다. 대략 2020년에는 5세대인 테라(tera) 단에 진입할 것이고, 30년 파동설에 의해 2050년에는 페타(peta), 그리고 2080년에는 엑사(exa)

---

6 국제단위계 - 원래는 엑사, 페타, 테라, 기가, 메가, 킬로, 헥토(hecto, 10의 2승, h), 데카(deca, 10의 1승, da), 데시(deci, 10의 마이너스 1승, d), 센티(centi, 10의 마이너스 2승, c), 밀리, 마이크로, 나노, 피코, 펨토, 아토 등 16가지였으나, 1991년 10월 4일에 프랑스 파리에서 열린 국제도량형총회(CGPM, 國際度量衡總會)에서 제타, 요타, 젭토, 욕토 4가지를 추가하기로 결의하여 모두 20가지가 되었다.
http://www.economicexpert.com/a/Yocto.htm,
http://www.bipm.org/en/si/si_brochure/chapter3/prefixes.html

단에 진입할 것이다. 그 다음부터 속도가 빨라져 20년 파동설에 의해 2100년에는 제타(zetta), 2120년에는 요타(yotta) 단에 진입할 것이고, 2140년에는 새로운 국제단위계가 필요할 것이다. 물병자리가 끝나는 4259년의 국제단위를 상상해 보라!! 이게 끝이 아니다. 다음 시대인 염소자리가 4260~8579년까지 기다리고 있다. 따라서 지금의 과학기술은 아무것도 아닐 것이다.

다른 하나는 시간과 공간상에 물질을 작게 나누고(Building-Downs) 분화(분열)시키고 빠르게 제어하는 공정 단위이다. 10의 0승인 1을 1세대 기준으로 10의 마이너스 3승은 천분의 1(Thousandth)을 의미하는 2세대의 밀리(milli), 10의 마이너스 6승은 백만 분의 1(Millionth)인 3세대의 마이크로(micro 또는 micron), 그리고 10의 마이너스 9승은 10억 분의 1(Billionth)을 의미하는 4세대의 나노(nano) 등으로, 하향식(Top-down, Downstream) 방법의 기술을 이용하여, 잘게 쪼개고 나누고 분리된 물질의 크기(길이, 넓이, 무게, 온도, 속도, 진동수, 반응, 상호작용 능력 등

국제단위계(國際單位系, System international d'unites, International system of units)

시공융합 (상향식 방법의 기술 및 집적된 정보나 물질의 량)	요타(yotta)	Y	10의 24승	자(秭, Septillion)
	제타(zetta)	Z	10의 21승	십해(垓, Sextillion)
	엑사(exa)	E	10의 18승	백경(Quintillion)
	페타(peta)	P	10의 15승	천조(Quadrillion)
	테라(tera)	T	10의 12승(5세대)	조(Trillion)
	기가(giga)	G	10의 9승(4세대)	십억(Billion)
	메가(mega)	M	10의 6승(3세대)	십억(Billion)
	킬로(kilo)	K	10의 3승(2세대)	십억(Billion)
			10의 0승(1세대)	1
시공분열 (하향식 방법의 기술, 분리된 물질의 크기 및 시간의 제어 단위)	밀리(milli)	m	10의 마이너스 3승	천분의 1(Thousandth)
	마이크로(micro, micron)	μ	10의 마이너스 6승	백만분의 1(Millionth)
	나노(nano)	n	10의 마이너스 9승	십억분의 1(Billionth)
	피코(pico)	p	10의 마이너스 12승	조분의 1(Trillionth)
	펨토(femto)	f	10의 마이너스 15승	천조분의 1(Quadrillionth)
	아토(atto)	a	10의 마이너스 18승	백경분의 1(Quintillionth)
	젭토(zepto)	z	10의 마이너스 21승	십해분의 1(Sextillionth)
	욕토(yocto)	y	10의 마이너스 24승	자(秭)분의 1(Septillionth)

등)와 분화된 물질을 제어하는 시간의 단위를 의미한다. 따라서 크기나 길이를 말할 때는 10억 분의 1미터인 나노미터(nm), 시간을 말할 때는 10억 분의 1초인 1나노초(ns), 그리고 화학에서 분자의 양을 말할 때는 10억 분의 1리터인 1나노리터(nl), 그리고 10억 분의 1그램인 1나노그램(ng)으로 사용한다.

따라서 2014년 현재 우리는 1나노기술에 진입하였다. 2020년에는 피코(pico), 그리고 2050년에는 펨토(femto)에 진입하여 천조 분의 1초를 제어함으로써 물을 수소와 산소로 분리하여 에너지로 사용하게 될 뿐만이 아니라 수소와 산소를 결합시켜 물을 직접 만들어 먹는 시대로 진입하게 될 것이다. 2080년에는 아토(atto), 2100년에는 젭토(zepto), 그리고 2120년에는 욕토(yocto)에 진입하게 될 것이다. 오늘날의 전자현미경과 광학현미경으로는 10나노의 미시세계인 유전자와 효소 등을 볼 수 있다. 2020년에는 원자(0.1나노)를 들여다볼 수 있고, 2050년에는 원자핵(1펨토)을 들여다볼 수 있으며, 2080년에는 양성자와 중성자를, 2100년에는 쿼크(Quarkes)와 렙톤(Leptons)의 기본입자들(elementary particles)인 페르미온(Fermions)와 매개입자들(messenger particles)인 보손들(Bosons)을 들여다볼 수 있을 것이다. 물론 들여다보려면 오늘날의 전자현미경이나 광학현미경으로는 안될 것이다. 지금의 가속기 (Accelerator, Collider, Synchrotron)를 들고 다니는 새로운 현미경을 개발해야 할 것이다. 그러니 상상해 보라!! 물병자리가 끝나는 4259년과 염소자리가 끝나는 8579년의 국제단위와 과학기술을!! 따라서 지금의 과학기술은 아무것도 아닐 것이다(차원용, 2006, 2009, 2013).

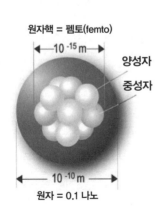

원자핵 = 펨토(femto)

10^{-15} m

양성자
중성자

10^{-10} m
원자 = 0.1 나노

3. 물병자리의 물, 물의 근원을 밝혀

지구의 70%가 물(H_2O)이고 우리 몸의 대략 70%가 물이다. 따라서 물은 생명의 근원이지만, 아직까지 그 근원을 밝혀내지 못했다. 근원을 밝힌다는 뜻은 물의 원리를 발견해 우리가 직접 물을 만들기도 하고 물을 수소와 산소로 분리해 연료자원으로 사용한다는 뜻이다. 그러면 물 부족이라는 한계에서 벗어날 수가 있다. 언젠가는 그 근원과 역할을 과학적으로 밝혀낼 것이지만, 물의 철학도 알아야 한다.

물의 기원은 우주이고 우주에서 만들어져 지구로 전달된 물질이다. 『바이블 매트릭스』 시리즈 1권 『우주 창조의 비밀』에서 살펴보았듯이 특이점-블랙홀-빅뱅을 통해 지금의 태양과 지구(원시지구인 티아마트)는 처음에 원시적인 우주의 물로 가득 차 있었다. 수성, 금성, 화성, 목성 등등도 티아마트에서 만들어졌으므로 마찬가지였다. 그래서 달과 화성에서 발견된 물이나, 수성에서 발견된 물이나 토성에서 발견된 물은 그 근원이 지구의 물과 같다는 것이 밝혀지고 있다. 따라서 태양계 내의 다른 행성에서도 물이 발견되어도 그 근원은 지구, 즉 티아마트일 것이다.

물은 파동, 즉 변화하면서 자유롭게 흐르는 성질과 변하지 않는 본질로 구성되어 있다. 그래서 물은 온도와 압력 등 상황에 따라 액체, 고체(얼음), 기체로 바뀌며 용기에 따라 자유롭게 모양을 바꾸어 적응하는 유연성을 갖고 있다. 또한 변하지 않는 물의 본질은 우주의 법칙 즉 우주와 생명을 창조한 하나님 아버지의 과학지식과 항상 공명한다. 따라서 물은 하나님 아버지의 과학지식 즉 우주법칙을 우주에 존재하는 만물에 전달한다. 요즈음 말로 표현하면 하나님 아버지의 정보(지식)를 파동의 형태로 우주의 만물에 실어 나른다. 이것이 곧 물이 생명을 탄생시키고 운영하는 핵심 역할이다(참조 : 성평건, 2012). 그러므로 물은 하나님 아버지의 영(Spirit)이다.

물의 기원을 주역(周易)에서 찾아보자. 주역은 우주의 법칙과 자연의 현상을 기초로 만들어졌으므로 물의 비밀이 주역 속에 담겨 있을 것이다. 주역에서 물의 심벌마크는 그림과 같이 차례로 변화하여 물을 의미하는 한자인 수(水)가 되었다. 물의 심벌은 주역의 8괘 중 하나인 물을 나타낸 것이다. 주역은 지금부터 3,000여 년 전에 중국의 주(周)나라에서 창제된 것으로 알려져 있다. 8괘는 물, 불, 하늘, 우뢰, 바람, 산, 땅과 못(澤)을 의미한다. 이들 8괘는 고대인들이 살아가면서 그 체험을 통하여 가장 위대한 힘을 가진 것으로 믿었던 것의 상징이라 할 수 있다. 8괘 중 하나인 물을 나타내는 심벌마크는 지구적인 것이 아니고 우주의 운영원리를 표현하고 있는 우주적인 심벌마크였다. 주역의 8괘를 창제한 사람은 우주와의 일체감이 아주 높아 우주의 법칙에 정통했던 사람으로 추정된다(성평건, 2012).

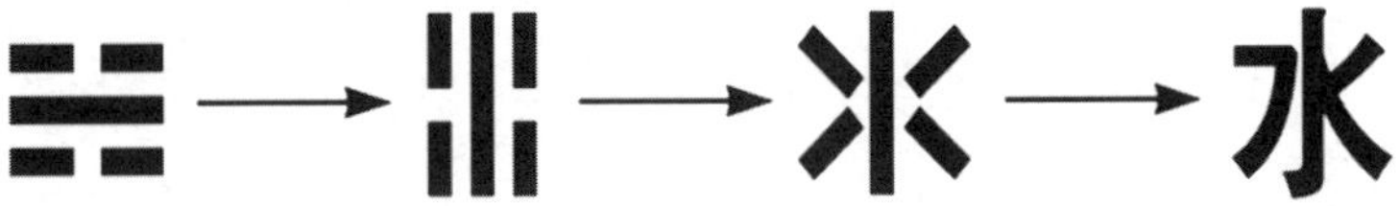

물의 심벌   물 : 수(水)

그리고 보다 과학적인 접근으로 보면 물이 우주의 생명정보를 수신하는 가장 적합한 형태는 육각구조로 벌집(honeycomb crystal lattice) 모양이다. 이것은 바로 나노 구조(nano structure)이다. 따라서 물의 원형은 육각수(六角水, Hexagonal water, 육각형 고리 구조를 이루는 물)[7]이다.

---

7 Hexagonal water - http://en.wikipedia.org/wiki/Hexagonal_water
    Water cluster - http://en.wikipedia.org/wiki/Water_cluster

물 분자 구조는 6각형 고리구조와 5각형 고리구조, 그리고 5각형 사슬구조의 세 가지 형태가 있는데, 인체의 세포는 6각형 고리구조의 물을 가장 좋아한다. 이것은 세포 속의 물 조성 비율에 있어 육각수가 62%로 가장 많고, 24%가 5각수이며, 14%가 사슬구조의 물로 이루어져 있

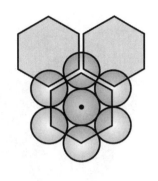

다. 그렇다면 왜 세포는 육각형 구조를 가장 좋아할까? 그것은 '육각 모양'이 서로 결합했을 때, 다른 모양에 비해 가장 치밀한 조직이 되어 어떠한 각도보다 튼튼하기 때문이다. 예컨대 육각 조직인 벌집은 밟아도 잘 부서지지 않으며, 비행기의 날개 내부구조나 인공위성의 외벽도 육각 모양의 벌집구조로 되어 있는데, 이것은 바로 육각형태가 가장 효율적이고 튼튼한 구조이기 때문이다. 따라서 우리 인체의 세포를 둘러싸서 외부의 자극이나 충격으로부터 안전하게 보호하기 위해서도 육각구조가 가장 적합한 것이다.

우리의 세포는 계란의 얇은 막처럼 세포막 내부에 물이 가득 차 있고, 중앙에는 유전자(DNA)를 담은 핵(核)이 있다. 핵이 외부 충격에 흔들려 깨지면, 생체기능에 심각한 장애가 초래되므로

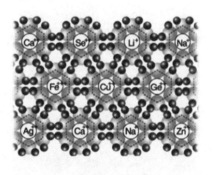

가장 튼튼한 구조인 육각수가 빽빽이 들어차서 핵을 꼭 잡아 고정시키고 있는 것이다. 또한 육각수는 우리 인체의 면역력을 높여 줌으로써 각종 질병의 치료와 예방에도 매우 효과적인데, 각종 영양분과 산소의 인체 흡수율을 높여 주기 때문이다. 한마디로, 육각수가 가진 이러한

뛰어난 효능들은 그 구조의 특징 상, 육각형태가 다른 어떤 각보다 가장 넓은 저장공간을 가지고 있기 때문이다(시장판, 2011).

일반적으로 차가운 물에 6각형 고리구조가 많이 들어 있다. 따라서 육각수의 비율은 온도가 낮을 수록 높아진다. 10도에서는 22%, 0 도에서는 26%, 영하 30~40도에서는 거의 100%가 육각수이다. 하지만 물이 차갑기만 해서는 육각수가 형성되지 않는다. 육각수가 형성되기 위해서는 반드시 칼슘(Ca)과 게르마늄(Ge) 등의 구조형성성(構造形成性) 또는 메조구조화(Mezoscopic Structures, 원자의 10의 3승~5승) 또는 의사수화결정체(擬似水和結晶體)의 미네랄(mineral)이 풍부하게 녹아 있어야 한다. 건강한 세포 주변을 보면 육각구조를 형성하는 무기 이온들(미네랄 이온들)을 중심으로 구조적으로 잘 짜여진 육각수를 형성하고 있다. 따라서 몸에 해로운 물질들이 끼어 들어갈 틈이 없음을 알 수 있다.

또한 스트레스를 받거나 욕을 하거나 하면 육각수가 깨진다. 물에 대고 '사랑해!!'라고 말하면 물들은 전부 육각수가 된다. 따라서 육각수를 마시면 당연히 건강해진다(중앙일보, 01 Sep 2008; 에모토 마사루, 2008).

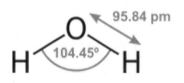

물은 수소와 산소로 이루어져 있고, 보통 물 분자는 H-O-H의 수소결합으로 이루어져 있으며, 산소는 마이너스이고 수소는 플러스로 그 거리는 95.84피코미터이다. 육각수가 109.28도인 반면 보

통 물 분자의 각도(둔각)는 104.5도이다.[8] 그러나 물의 운동인 회전, 팽창, 수축 등을 하면서 104.5에서 150도 사이를 왔다갔다 하면서 테라헤르츠파(THz)와 공명한다. 그리고 수소와 산소가 결합하여 물 분자를 이루고 또는 물 분자는 수소와 산소로 끊임없이 분리된다. 이러한 과정에 걸리는 시간은 200펨토초(십조분의 2초)이다.

이와 같은 물의 근원과 역할이 물병자리에서 다 밝혀질 것이고, 그 원리를 이용하여 우리는 무엇이든 다 만들어 먹고 어떤 병도 고칠 수 있는 세상으로 진입하게 될 것이다.

4. 미네랄 테라헤르츠파(THz)의 발견

최근 들어 이 물 분자와 공명하는 주파수를 발견하였다. 발견하였다는 것은 하나님 아버지께서 창조하신 주파수의 원리(비밀)를 밝혀 인간이 직접 그 광원을 만들었다는 뜻이다(후루사키 코이치, 2011). 그것이 바로 테라헤르츠파(THz)로 파장이 짧은 광파(빛)와 파장이 긴 전파 사이에 위치한다. 일본의 과학자들은 이를 물질파(matter wave)라고 부른다.

화석을 포함하는 암반, 식물, 그리고 물이나 토양에는 광물(Ca, Si, P, Cl, Na, S 등)과 금속(K, Fe, Cu, Mg, Zn, Ti 등)의 40종류의 미네랄이 포함되어 있다. 이 중 6개의 미네랄들인 칼슘, 인, 마그네슘, 나트륨, 칼륨, 염소, 황은 생명의 흔적을 갖고 있는 미네랄로서 물에 쉽게 녹기 때문에 구조화, 즉 의사수화결정체(擬似水和結晶體)가 된다. 이러한 6개의 미네랄 원자들을 추출하여, 미네랄 원자들을 사슬처럼 엮고 두드려서, 다시 말해 물리결합으로, 5나노~50나노 크기의 표면 플라즈몬(surface plasmon)의 메조구조화를 만든 후, 극성을 주면 자기(自己) 기전력(起

---

8 Properties of water – http://en.wikipedia.org/wiki/Water_(molecule)

電力), 즉 전자기장을 발생하게 된다. 그 다음 이 메조구조물을 물이 회전하는 통에 넣어 또 다른 미네랄을 첨가하면서 성장시키고, 동시에 외부에서 필요한 테라헤르츠파를 쏘아 메조구조물로 하여금 테라헤르츠파와 공명하는 파장을 방사토록 하는 것이다. 물에 녹아 있는 이러한 가공된 미네랄을 미네랄 워터(mineral water)라고 하며, 테라헤르츠파를 내는 광원인 표면 플라즈몬 메조구조체를 마이크로 크리스털(micro crystal)이라 한다. 스스로 기전력이 있으므로 아인슈타인(Albert Einstein)의 광전효과(photoelectric effect)에 따라 태양 빛이나 태양풍의 전자입자가 마이크로 크리스털에 닿으면 테라헤르츠파와 전기를 발생하게 된다. 또한 마이크로 크리스털은 물에 녹아 있지만, 물이 증발해도 같은 전기 및 테라헤르츠파를 발생시킨다. 그 존속기간은 650만 년이다. 다시 말해 650만 년이 지날 때까지 태양 빛만 받으면 지속적으로 같은 테라헤르츠파를 발생시킨다는 뜻이다. 이와 같은 플라즈몬 물질을 메타물질(Metamaterial)이라고 한다.

테라헤르츠파는 통신용뿐만 아니라 물에 흡수되어 공명하므로, 우리 몸을 이루는 70%의 물과 공명할 뿐만 아니라, 물을 포함하고 있는 218개의 장기, DNA, 단백질, 효소 등과도 공명한다. 공명한다는 것은 주파수가 같으므로 해롭지 않다는 뜻이다. 그러므로 오늘날의 인체에 해가 되는 X-선을 대체할 것이란 의미이다. 따라서 이 기술을 잘 활용하면 신약 개발은 물론 의약, 식물성장, 영상기술, 에너지, 환경, 건강 등에 획기적인 과학적 진보가 있을 것이다. 따라서 최적화된 테라헤르츠파를 외부에서 쏘아 주면 죽어가는 장기도 소생시킬 수 있는 차세대 기술이다. 또한 테라헤르츠파를 쏘이면 몸 속의 물 분자들이 모두 육각수로 바뀔 수도 있다. 깨어졌던 물 분자가 본래의 육각수로 환원되는 것이다.

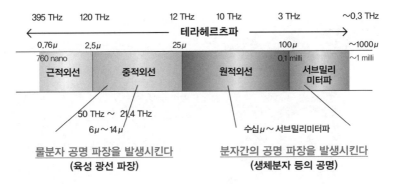

테라헤르츠파 유효파장의 발생. Credit : 후루사키 코이치, 2011.

5. 유전자는 사라져도 생명의 흔적을 남기는 미네랄의 발견

그런데 일본의 과학자들은 여기서 더 나아가 물이 증발되어 미네랄이 메조구조화에서 분해되어 부품들인 칼슘, 마그네슘, 실리콘 등으로 분해되어도, 각각의 미네랄들은 고유의 전기 및 테라헤르츠파를 유지할 뿐만 아니라, 다시 이들 분해된 미네랄들에 테라헤르츠파를 쏘이면 본래의 메조구조화로 복귀된다는 점을 발견한 것이다. 스스로 요동(fluctuation)치면서 생명력이 살아난다는 사실을 발견한 것이다(후루사키 코이치, 2011). 그이유는 미네랄은 생명의 흔적을 갖고 있기 때문이다.

더군다나 세포 안에는 유전자(정보)를 이루는 네 개의 염기들(Bases), 즉 아데닌(A), 티민(T), 구아닌(G), 시토신(C)이 있는데 이들도 수소결합으로 이루어져 있다. 이들 유전자는 인간에게 필요한 단백질을 생산한다. 그러나 그 단백질들은 우리 육체가 필요한 피와 살과 뼈를 만드는 것인데, 우리가 죽으면 이들도 모두 죽어 사라진다는 사실이다. 즉 유전자도 사라진다는 것이다. 그러나 일본의 과학자들은 이들 네 개의 염기에 미네랄이 결합되어 있다는 사실을 발견한 것이다.

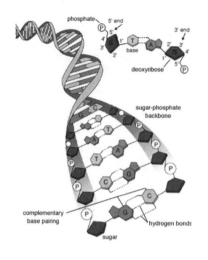

이들 미네랄들은 우리가 죽어도 절대 사라지지 않고 토양이나 식물이나 바다에 남아 있다는 것이다. 그래서 앞서 얘기했듯이 이들 미네랄들은 생명의 흔적을 갖고 있다고 한 것이다. 여기에 빛이나 초음파나 테라헤르츠파나 앞으로 발견할 또 다른 파를 쏘이면 스스로 생명력을 갖추어 죽은 자들이 살아나는 것은 아닐까? 실제로 유전자는 인간을 위해서 존재하는 것이지만, 죽으면 그만이어서, 이보다 더욱 중요한 영원한 에너지를 지니고 생명력을 가진 미네랄이 더 중요한 것은 아닐까? 앞서 2부 12장 3절의 "하나님들의 식사법, 번제, 소제, 향기로 에너지를 마시다"에서 하나님들은 이 미네랄을 코로 빨아 드셨다고 했다. 다시 말해 흠향(歆饗)하신 것이다. 지금의 생명과학 기술로는 4개의 염기들에 당(sugar)과 인산염(p)이 연결되어 있다.

이 발견은 매우 대단한 발견으로 나중에 알게 되겠지만 부활과 휴거와 관계가 있다고 필자는 생각한다. 이에 대해서는 마지막 시리즈인 『바이블 매트릭스』시리즈 5권 『예수님의 재림과 새 하늘과 새 땅의 창조』를 참조하라.

6. 수소(Hydrogen)→메탈(금속, Metal), 기체→고체가 되다, 원자자유전환

거의 수백 년 동안 물리학자들은 어떤 특수 상황에서 수소가 금속이 된다는 사실에 매료되어 왔다. 그러나 아무도 수소를 금속으로 전환하

수소 샘플을 두 개의 다이아몬드 사이에 넣고 레이저로 테스트. Credit to BEN SMITH & Amato, Ivan(13 Jun 2012) via Nature

지 못했다. 2011년에 막스-플랑크 연구소(Max-Planck Institute)의 에레메츠(Mikhail Eremets)와 트로얀(Ivan Troyan)은 고압(high pressure)과 상온(room temperature, 22도)에서 수소가 금속으로 전환한다는 사실을 발견하였다(Eremets, M. I. & I. A. Troyan, 2011). 이로써 과학자들이 열심히 찾고 있는 정의하기 어려운 초전도(elusive superconductor)와 원자자유 전환 기술을 개발하는 데 한 발 다가섰다.

문제는 금속의 정의인데, 많은 사전들은 전기와 열을 어느 정도까지 전달하는 전도체라고 정의하고 있다. 그리고 상식적으로는 어느 정도의 온도와 압력에서 고체로 존재하는 것을 말한다. 그래서 이번 연구결과가 과학세계에서 뜨거운 감자로 부상하고 있다. 이들은 수소 샘플을 알루미나(산화알루미늄)-에폭시의 개스킷(a alumina-epoxy gasket)에 넣고, 그것을 두 개의 다이아몬드 모루 셀(a diamond anvil cell) 사이에 넣어, 레이저와 전극으로 불투명성과 전기저항성을 테스트했다. 그 결과 열과 냉각 없이, 상온(295K, 22도)과 220GPa(gigapascals)[9]의 고압에서 수소는 금속으로 변화하여 금속 상태를 유지하며 전기를 전도할 수 있다는 것을 데모했다. 이는 다른 그룹에서 실험을 해도 똑같은 결과를 보였다.

7. 원자자유전환, 3D~4D프린터, 쌀과 사과와 원하는 장기도 찍어내

우스갯소리가 있다. 사과의 혁명이다. 사과는 세상을 변화하게 했다. 이브와 아담의 사과에서, 만유인력을 발견한 뉴턴의 사과, 폴 세잔의 정물화 속의 사과, 그리고 지금 잘 나가는 애플사의 사과 로고이다. 그러면 애플사의 사과 다음은 무엇일까? 정답은 사과를 직접 만드는 기업이 등장할 것이다. 지금 현재 자기복제(Self-replication)와 자기조립(Self-assembly)의 메커니즘을 찾아냈다. 이것이 바로 줄기세포(Stem Cell)다. 그러나 자기조직화(Self-organization)의 메커니즘은 아직 찾아내지 못했으나, 2030~2045년에 찾아내면 사과를 만드는 것은 아무것도 아니다. 쌀도 만들고 보리도 만들 것이다(차원용, 2013). 그러다가 물병자리에 진입하면 무엇이든 원하는 대로 개인 맞춤식대로 다 만들 것이다.

따라서 2100년부터는 지금까지 발견한 모든 118개[10]의 원자를 원하는 원자로 자유롭게 전환하고, 그 원자들을 빌딩블록(Building-Block)해서 원하는 분자를 만들어 메모리나 반도체에 담아 언제 어디서든 필요한 물건이나 음식을 만들 수 있는 새로운 분자과학(Molecular Science)의 시대로 진입한다. 지금은 메모리에 정보를 저장하지만, 물

---

9 Pascal (unit) - http://en.wikipedia.org/wiki/Pascal_(unit)
10 118개 원자 - http://www.webelements.com/

병자리시대에는 원하는 원자, 원하는 분자를 담아 저장하는 시대로 진입하게 될 것이다. 따라서 향기도 저장하고 냄새도 저장하고 느낌과 생각도 저장하여 송수신하는 시대가 열릴 것이다. 그리고 이를 프로그램 파일로 만들어 그것을 그저 다운 받아 3차원 프린터에 연결하면 무엇이든 다 만드는 시대가 열릴 것이다. 개인 맞춤식 시대가 열리는 것이다. 이를 바탕으로 218개 모든 장기도 3차원 또는 4차원 프린터로 찍어내는 재생의학(Regenerative medicine)이나 생체공학(Bionics)으로 발전할 것이다. 인간은 이러한 과학기술로 무장하여 전례없는 사이보그(Cyborg, Cybernetic Organism) → 프로벡터스(Provectus) → 엑스트로피언(Extropians)으로 진화함에 따라 굉장한 힘을 가질 것이고, 지식베이스의 풍족한 경제와 사회로 진입하게 될 것이다.

실제 사례를 들어 보자. 3D 프린터로 생물학(조직)과 전자공학(안테나)을 융합해 찍어낸, 인간의 귀를 대체할 '생체공학 귀(Bionic Ear)'가 탄생했다. 이를 플렉소닉(Flexonics)의 분자혁명이라고 하는데 바로 생체공학(Bionics) 기술이다. 미국 프린스턴 대학 과학자들이 3차원 프린터로 기능성의 귀를 개발했는데, 이 생체공학 귀는 인간이 들을 수 있는 전파 주파수 범위(16Hz~20kHz)를 훨씬 뛰어넘어 들을 수 있다. 연구팀은 3차원 프린터를 이용해 세포와 코일 안테나를 카트리지로 공급해 생체공학 귀를 개발했다. 인간의 능력을 증강(enhance)시키는 학문을 사이버네틱스(cybernetics)라 하는데, 최근에 이 분야에 관심이 집중되고 있으며, 이러한 생체공학 귀를 착용한 인간들을 사이보그(Cyborg)라 한다. 이러한 생체공학 눈/귀/코 등의 개발사례는 상당히 많으나 아직 상용화되기에는 이르다. 그 이유는 실제 기능(보고, 듣고, 냄새 맡고)을 해야 하는데, 이게 쉬운 일이 아니다. 그러나 언젠가는 인간 몸 부분을 이들 생체공학들이 대체할 것이며, 생물학적으로 인간

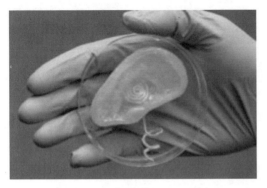

3D프린터로 조직과 안테나를 융합해 실제 들을 수 있는 생체공학 귀를 만듦. Credit: Photo by Frank Wojciechowski; Mannoor(01 May 2013)

의 능력을 뛰어넘는 장기까지 만들어낼 것으로 과학자들은 보고 있다 (Mannoor, 01 May 2013; Science Daily, 01 May 2013).

또 다른 예를 보자. 미국 하버드 대학과 어바나-샴페인 소재 일리노이 대학 과학자들이 3D 프린터로 모래알 크기의 리튬-이온 배터리(size of a grain of sand)를 만들었다. 이 나노배터리는 추후 극소형의 메디컬 이식용이나 몸속의 나노봇에 사용될 수 있고 아주 컴팩트한 전자기기에 사용될 수 있다. 이들은 자체 개발한 3차원 프린터로 아주 작은 전극 배터리를 층으로 프린트했는데, 각각 전극의 지름은 30마이크론(30,000나노)이라 100,000나노인 머리카락보다 훨씬 가늘다(Sun et al., 17 Jun 2013). 이와 같이 3차원 프린터로 만드는 제품 사례는 무궁무진하다. 유튜브에서 3차원 프린터를 검색하면 많은 동영상을 볼 수 있다.[11]

---

11 Youtube - 3D printing tiny batteries by Harvard School of Engineering and Applied Sciences(19 Jun 2013). http://www.youtube.com/watch?v=olQn2iklQmw&feature=player_embedded

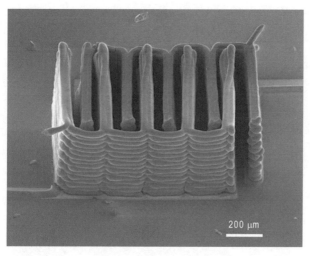

3차원 프린터로 전극을 층층이 인쇄해 마이크로배터리를 만든 모습. Image courtesy of Jennifer A. Lewis & Computer World(19 Jun 2013)

8. 태양계를 떠난, 인간이 쏘아 올린 우주탐사 로봇인 보이저 1호

1961년 미국 캘리포니아 공대의 제트추진연구소에서 인턴 직원으로 근무하던 수학과 대학원생 마이클 미노비치(Michael Minovitch)는 태양계 외곽행성을 탐사할 수 있는 획기적인 방식을 제안했다. 당시 우주선은 자체 추진력에만 의존하는 물체로, 연료 적재의 한계 때문에 목성(Jupiter) 너머로 탐사선을 보낼 수 없었다. 하지만 미노비치는 우주선의 궤도를 잘 설계하면 행성의 중력을 이용해 우주선을 더 먼 행성까지 쉽고 빠르게 보낼 수 있다는 사실을 이론적으로 밝혀냈다.

행성들은 매우 빠른 속도로 태양의 주위를 시계반대 방향으로 돌고 있다. 지구의 공전속도는 초속 29.8km에 달한다. 우주선이 그런 행성의 뒤쪽으로 접근하면 행성의 중력에 끌려들어가면서 속도가 빨라지게 된다. 이때 우주선의 고도를 잘 맞추면 가속도가 붙은 상태에서 미끄러지듯이 행성 궤도 바깥으로 튕겨져 나가 다른 행성으로 갈 수 있는 추진력을 얻을 수 있다. 미노비치가 제안한 이 방식을 '스윙 바이 (Swing-By)'라고 한다. 문제는 행성의 배열이 맞아야 한다는 것이다. '스윙 바이'를 이용해 목성, 토성, 천왕성, 해왕성을 탐사할 수 있는 최적의 행성 배열은 대략 175년 주기로 나타난다. 바로 1976~1978년이 그런 시기였다. 그렇게 해서 보이저(Voyager) 프로젝트가 탄생했다.[12]

1977년 8월 20일 보이저 2호가 먼저 발사됐고, 보이저 1호는 2차례 발사 연기 끝에 9월 5일 지구를 떠났다. 하지만 보이저 2호 발사에서 드러난 문제점을 보완한 덕분에 보이저 1호가 더 효율적인 궤도를 그리며 앞서 나가게 됐다. 쌍둥이 무인 탐사선 보이저 1, 2호는 최초 목성과 토성을 근접 관찰을 목적으로 발사됐고, 임무 수행 후 태양풍이 영향을 미치는 태양의 주변부, 즉 태양권 탐사라는 새로운 임무가 부여됐다. 거의 한 세대 동안 태양계를 비행하고도 여전히 지구와의 교신을 유지하면서 우주의 비밀에 관한 새로운 데이터들을 보내오고 있다니 그저 놀라울 뿐이다. 보이저 1호와 2호 때문에 우리 인간은 우주를 더 잘 알게 되었다.

보이저 1호에는 외계의 지적(知的) 생명체와 만날 가능성에 대비해 12인치 크기의 금이 도금된 구리 디스크가 탑재되어 있다. 여기에는 지구상에 존재하는 생명과 문화의 다양함을 우주에 알리는 목적으로, 인간의 탄생, 인간이 사용하는 기호, 인간이 발견한 과학, 인간이 보는 낮과 밤, 어린 아이가 우는 소리, 닭이 우는 소리 등의 115장의 사진 (Scenes from Earth), 여러 가지 소리(Sounds from Earth), 27곡의 각국 음

---

12 NASA – The twin Voyager 1 and 2 spacecraft – http://voyager.jpl.nasa.gov/

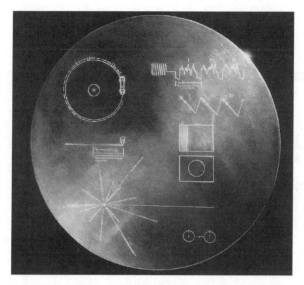

보이저 1호에 탑재된 금이 도금된 구리 디스크에 새겨진 태양계 지도(좌하), 태양계 시스템 파라미터 (좌상), 우리가 사용하는 물리 단위(우하), 우리가 사용하는 원과 직사각형, 수학기호와 전파기호(우상) 등. Image Credit : NASA[13]

악(Music from Earth), 55개 언어로 녹음한 인사말(Greetings from Earth) 등이 담겨 있다. '안녕하세요(How are you?)'라는 우리말 인사도 들어 있다. 혹시라도 외계인이 있어 우주공간을 떠도는 보이저 1호를 수거 하더라도 무슨 뜻인지 알아들을 리는 없겠지만 가능성을 상상해 보는 것만으로도 가슴 설레는 일이다.

보이저 1호가 마침내 태양계를 벗어났다. 미국항공우주국(NASA) 은 2013년 9월 12일자로 "보이저 1호가 태양계를 지나 성간 공간 (Interstellar Space)에 진입했다"고 공식 발표했다(NASA, 12 Sep 2013). 인

---

13 NASA – Voyager – THE GOLDEN RECORD, Messages from the Earth.
   http://voyager.jpl.nasa.gov/spacecraft/goldenrec.html

보이저 1호에 탑재된 금이 도금된 구리 디스크. 좌는 지구의 여러 가지 소리. 우는 여러 가지 과학기호. Image Credit : NASA Jet Propulsion Laboratory at Youtube(12 Sep 2013)

류가 만든 물체로는 처음으로 태양계를 벗어나 광활한 은하 속으로 들어간 셈이다. 보이저 1호가 1977년 9월 5일 미국에서 발사된 지 꼭 만 36년하고도 7일이 지난 셈이다. Youtube에 올려진 동영상은 태양계를

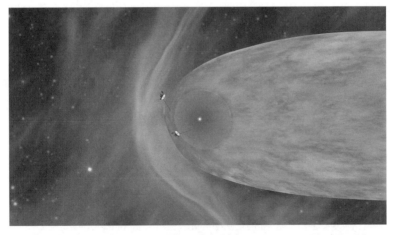

태양계를 벗어나 성간 공간으로 진입하고 있는 보이저 1호(위). Image Credit: NASA/JPL-Caltech

벗어난 보이저 1호의 축하 세리모니이다(Youtube, 12 Sep 2013).

2013년 9월 12일 현재 보이저 1호는 태양으로부터 약 190억 km(120억 마일) 떨어져 있다. 그 거리는 지구와 달 사이의 평균 거리인 38만km의 무려 5만 배에 이르고, 지구와 태양 사이의 거리인 1억 5천만km— 이를 1AU(Astronomical Unit)라 함—의 100배에 이른다. 또 2006년에 국제천문연맹(IAU)로부터 왜행성으로 격하됐지만(IAU, 16 Aug 2006), 한때 태양계의 최외곽 행성이었던 명왕성(Pluto)까지의 거리인 73억km보다도 2배 반 이상 더 멀리 떨어져 있는 셈이다. NASA는 보이저 1호가 최근 1년간 항성과 항성 사이에 존재하는 플라스마(Plasma) 속을 운항해 온 것으로 보인다고 설명했다. 사실 학계에서는 이미 몇 달 전부터 보이저 1호가 이미 태양계를 벗어난 것이 아니냐는 견해가 끊임없이 나오고 있었다. NASA 측은 확실한 데이터를 받을 때까지는 계속 침묵을 지키다 이번에 드디어 공식 선언을 한 것이다.

이제 보이저 1호는 태양 자기장의 영향으로부터 자유로워진 성간 공간에 들어섰다. 거의 모든 임무를 다 완수하고 무거운 짐을 훌훌 털어버렸지만, 보이저 1호는 끝없는 우주 공간을 항해하며 배터리와 통신부품이 제 기능을 다하는 날까지는 계속 관측 자료를 보내 올 전망이다. 현 위치에서 지구까지는 빛의 속도로도 17시간 이상이 걸린다. 따라서 보이저 1호가 관측한 자료가 지구로 전송되는데도 그만큼의 시간이 걸린다. 보이저 1호의 수명은 애초 20년으로 예상되었으나 플루토늄 배터리를 이용해 여행을 계속하고 있다. NASA 측은 오는 2015년에는 보이저 1호의 디지털 테이프 레코더가 작동을 중단해 초당 1.4킬로비트(kbit)만 전송할 수 있게 되고, 원자력 전지의 출력도 갈수록 떨어져 2020년쯤에는 관측 장비가 하나둘 멈춰 설 것으로 예측하고 있다. 이후 2025년에서 2030년 사이쯤에는 거의 완전히 전력이 바닥나 더 이상 지구로 자료를 보낼 수 없을 것으로 예상된다(SBS, 13 Sep 2013). 하지만 수명이 다 할 때까지 보이저 1호가 지구로 보내올 최초의 태양계 밖 탐사 자료에 대한 기대는 벌써 천문학계를 술렁이게 하고 있다.

마침내 보이저 1호가 성간 우주공간의 소리를 녹음해서 지구로 전송했다(Youtube, 6 Sep 2013). 들어보면 섬뜩한 소리인데, 멀리서 들리는 사람의 비명처럼 섬뜩한 느낌을 주는 이 음성신호는, 성간 우주공간에서의 플라스마 또는 이온가스(plasma, or ionized gas) 진동 때문에 발생한 것이라고 전해졌다. 미국항공우주국은 "이 녹음을 듣는다는 것은 역사적인 사건입니다. 항성간 공간의 소리를 녹음한 것은 이번이 최초"라고 밝혔다. 플라스마 진동이 보이저 1호에 기록된 것은 2012년 10월~11월, 2013년 4월~5월 두 차례다.

보이저 1호는 수명이 다해도 계속 끝없는 우주 공간을 항해한다. 지금과 같은 속도와 방향을 유지한다면 보이저 1호는 뱀주인자리(Ophiuchus)를 향해 나아가지만, 더 이상 어떤 별과도 마주치는 일 없이 영원한 우주의 미아가 될 것으로 보인다. 앞으로 약 4만 년 뒤에는 지구로부터 약 17.6광년 떨어진 기린자리의 항성 'AC+79 3888'에 근접할 것으로 예상된다.[14] 참고로 보이저 1호와 2호의 발사부터 2013년 9월 12일까지 들어간 비용은 무려 10억 달러(1조원)에 이른다.

한 가지 중요한 사실이 있다. 1990년 2월 14일에 지구로부터 64억

---

14 NASA - 보이저 1호의 여정 -
   http://www.nasa.gov/mission_pages/voyager/index.html

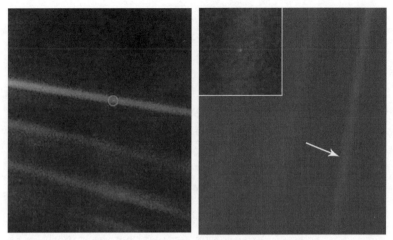

1990년에 보이저 1호가 뒤를 돌아보면서 찍어 유명한 '창백한 푸른 점', 그 점은 바로 우리가 사는 지구였다. Image Credit : NASA/JPL(NASA, 12 Sep 1996)

킬로미터 떨어진 곳에서 보이저 1호가 갑자기 카메라의 방향을 뒤로 돌려, 아주 작은 점 하나가 찍힌 한 장의 사진을 지구로 전송했다. 지구의 과학자들 눈에는 아무것도 안 보였다. 그러나 그 사진 중앙 하단에는 아주 작은 티끌만한 창백한 푸른 점(Pale Blue Dot)이 보였다. 그 것은 바로 보이저 1호의 고향인 지구였다(NASA, 12 Sep 1996; EBS, 20 Feb 2006; Wikipedia).

이 사진은 그 유명한 『코스모스(Cosmos, 2006)』의 저자인 칼 세이건(Carl Sagan)의 의도에서 촬영된 것이었다. 그는 보이저 1호의 카메라를 지구 쪽으로 돌릴 것을 지시했다. 많은 반대가 있었으나, 결국 지구를 포함한 6개 행성들을 찍을 수 있었고, 이 사진들은 가족 사진(Family Portrait) 또는 행성 사진(Portrait of the Planets)으로 이름붙여졌다. 다만 수성은 너무 밝은 태양 빛에 묻혀 버렸고, 화성은 카메라에 반사된 태양광 때문에 촬영할 수 없었다. 지구 사진은 이들 중 하나이다.

칼 세이건은 이 사진을 보고 감명을 받아 『창백한 푸른 점(Pale Blue Dot, 1994)』을 저술했다. 그는 이 책에서 사진에 대한 소감을 다음과 같이 기록했다.

여기 있다. 여기가 우리의 고향이다. 이곳이 우리다. 우리가 사랑하는 모든 이들, 우리가 알고 있는 모든 사람들, 당신이 들어 봤을 모든 사람들, 예전에 있었던 모든 사람들이 이곳에서 삶을 누렸다. 우리의 모든 즐거움과 고통들, 확신에 찬 수많은 종교, 이데올로기들, 경제 독트린들, 모든 사냥꾼과 약탈자, 모든 영웅과 비겁자, 문명의 창조자와 파괴자, 왕과 농부, 사랑에 빠진 젊은 연인들, 모든 아버지와 어머니들, 희망에 찬 아이들, 발명가와 탐험가, 모든 도덕 교사들, 모든 타락한 정치인들, 모든 슈퍼스타, 모든 최고 지도자들, 인간역사 속의 모든 성인과 죄인들이 여기 태양 빛 속에 부유하는 먼지의 티끌 위에서 살았던 것이다.

지구는 우주라는 광활한 곳에 있는 너무나 작은 무대이다. 승리와 영광이란 이름 아래, 이 작은 점의 극히 일부를 차지하려고 했던 역사 속의 수많은 정복자들이 보여 준 피의 역사를 생각해 보라. 이 작은 점의 한 모서리에 살던 사람들이, 거의 구분할 수 없는 다른 모서리에 살던 사람들에게 보여 주었던 잔혹함을 생각해 보라. 서로를 얼마나 자주 오해했는지, 서로를 죽이려고 얼마나 애를 써왔는지, 그 증오는 얼마나 깊었는지 모두 생각해 보라. 이 작은 점을 본다면 우리가 우주의 선택된 곳에 있다고 주장하는 자들을 의심할 수밖에 없다.

우리가 사는 이곳은 암흑 속 외로운 얼룩일 뿐이다. 이 광활한 어둠 속의 다른 어딘 가에 우리를 구해 줄 무언가가 과연 있을까. 사진을 보고도 그런 생각이 들까? 우리의 작은 세계를 찍은 이 사진보다, 우리의 오만함을 쉽게 보여 주는 것이 존재할까? 이 창백한 푸른 점보다, 우리가 아는 유일한 고향을 소중하게 다루고, 서로를 따뜻하게 대해야 한다는 책임을 적나라하게 보여 주는 것이 있을까?

작은 창백한 푸른 점에서 태양계를 넘어 광활한 우주로 무인 보이저 1호는 떠나갔다. 언젠가는 사람을 태운 유인 우주선이 태양계를 탈출하는 것을 기대해 본다. 태양계를 탈출한다는 것은 매우 큰 의미가 있을 것이다. 그 것은 우주에서의 절대적인 법칙을 발견하는 것이다. 바로 태양계를 탈출할 수 있는 능력을 갖추었다는 것은 바로 평화를 사랑하는 것이다. 서로 죽이고 죽이며 살아온 작은 점을 떠나고 행성들을 지나 태양계를 넘을 때 우리는 우리들의 공격성을 극복함으로써 항성간 문명에 도달하기 때문이다. 그래서 반드시 태양계를 벗어나야 한다. 그것도 빛보다 빠른 우주선을 발견해서…

9. 나는 자동차, 우주여행/거주, 오닐기지, 테라포밍, 인공동면

물병자리 시대에는 영화 〈제5원소(The Fifth Element, 1997)〉에 나오는 날으는 자동차가 등장할 것이고, 영화 〈마이너리티 리포트(Minority Report, 2002)〉에 나오는 자기부상(Magnetic Levitation) 3차원 전기자동차가 등장할 것이다. 이 자동차는 바이오나노 솔라셀코팅(Bio-Nano Solar Cell Coating)으로 코팅된 도로와 건물을 질주할 것이다. 3차원 전기 자동차들은 도로에서 건물로 기어 올라가 사람을 근무지인 50층에 내려놓고 자동차는 스스로 100층으로 올라가 자동 파킹 시스템(Location-based parking lot system)에 의

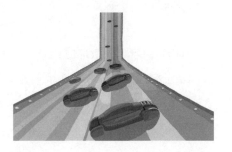

해 주차될 것이다. 퇴근시에는 엘리베이터로 퇴근하는 것이 아니라 그냥 근무 층수의 창문으로 나가면 자동차가 내려와 대기하고 여러분 가정의 정문까지 정확히 데려다 줄 것이다. 이뿐이 아니다. 한국에서 미국을 가는 비행기는 30분 만에 주파할 수 있는 초음파비행기로 바뀌어 전 세계가 하루 생활권으로 진입할 것이다.

또한 우주여행이 본격화되어 우주 엘리베이터를 이용해 달-화성의 여행이 가능하고, 우리은하와 다른 은하 여행도 가능할 것이다. 또한 우주 공간이동(원격이동, 순간이동)도 가능하여 우주선을 이용한 우주공간 거주 및 이동 등 모든 패러다임이 변화하고 우주적인 평화와 환희의 시대로 진입할 것이다.

우주여행뿐만 아니라 달이나 화성에서 거주하게 될 것이다. 달과 화성의 물과 토양은 지구와 똑같다고 『바이블 매트릭스』 시리즈 1권 『우주 창조의 비밀』에서 이미 밝힌 바 있다. 같다는 것은 필요한 채굴 장비를 3D 프린터로 뚝딱 만들기만 하면 그만이다. 또한 필요한 음식도 마음대로 만들 수 있다.

이때가 되면 오닐(Gerard K. O'neill)이 『고도의 선구자(The High Frontier, 1977)』에서 제안했던 오닐기지가 우주에 건설될 것이고 오닐기지로의 여행도 가능하게 될 것이다. 오닐은 지구와 태양계 내에 수만 명의 사람이 살 수 있는 기지를 구축하자고 제안했으며, 태양계 내의 수천 개의 소행성들의 물질을 잘 이용하고 이곳에서 재배방법을 개발하면 무한한 식량과 에너지를 얻을 수 있다고 제안했다. 이것이 영화 〈슈퍼맨(Man of Steel, 2013)〉에 등장하는 테라포밍 또는 텔레포밍(Teraforming or Teleforming) 기술이다. 자기가 사는 행성의 대기와 환경과 토양대로 다른 행성을 식민지화하는 기술이다. 오닐은 프린스턴 대학의 물리학 교수로 재직하고 그의 꿈을 실현시키기 위해 우주연구소(Space Studies Institutes)[15]를 설립했으며 1992년 4월 27일 백혈병으로 타계하였다. 실제로 우리 인간들은 2500년경에 200만 개의 오닐기지를 건설할 것으로 추측된다.

오닐이 제안한 오닐 실린더 혹은 식민지 우주 기지(O'Neill Cylinders or Colony) : 오닐 실린더는 가장 크고 비싼 우주 거주지이다. 이 거주지는 길이가 몇 십 킬로미터이고, 지름이 몇 킬로미터나 되는 거대한 원통 모양이며(혹은 나란히 정렬된 한 쌍의 원통 모양), 지구 상태의 중력을 제공하기 위해 회전하고 있다. 내부환경은 테라포밍에 의해 완벽하게 지구화되어 있으며, 도시와 공원이 있다. 하나의 오닐 실린더에는 몇 백만 명의 인원이 거주할 수 있다. 사진 : Wikipedia.org[16]

---

15 Space Studies Institutes - http://ssi.org/
16 O'Neill Cylinders or Colony) - http://en.wikipedia.org/wiki/O%27neill_cylinders

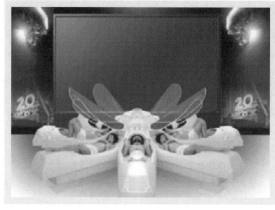

SF영화에는 우주감옥이나 인간의 인공동면 장면이 자주 등장한다.
현재 미국에서는 개구리의 인공동면 실험이 거의 성공 단계에 있다. 이로써 그 연구가 인간에게도 적용된다면 태양계 밖 우주로 떠난 보이저 1호 같은 우주 탐사선에도 인간이 탑승하게 될 것이다.

공상과학 영화를 보면 인간을 냉동인간으로 변환시키는 장면이 많이 나온다. 특히 죄인들을 냉동인간이라는 감옥소에 보내는데, 영화 〈마이너리티 리포트〉와 〈데몰루션 맨(Demolution Man, 1993)〉을 보면 죄인들은 75년-100년 동안 냉동인간으로 복역해야만 한다. 이 복역 기간이 지나야 이들은 다시 보통 인간으로 깨어나 풀려난다. 정말 우리 인간들은 개구리가 겨울에 동면하듯이, 아니 쥐가 인공동면 하듯이 그러한 날이 오게 될 것인가? 그러한 날이 오면 세상은 어떻게 바뀌겠는가? 미국의 과학자들이 쥐를 거의 인공동면상태(a state of near suspended animation)에 놓이게 함으로써 조만간 인간도 어느날 인공동면(hibernation)에 다다를 수 있다는 가능성이 제기되고 있다(Blackstone et al., 22 April 2005). 이 기술이 발전되다 보면 SF 영화 〈스페이스 오디세이(A Space Odyssey, 2001)〉나 〈에일리언(Alien)〉에 묘사된 장면처럼, 장기간의 우주비행 동안 우주비행사들을 동면시키는 방법도 가능할 것이라고 예견하고 있다(BBC, 21 Apr 2005).

10. 양자/인공지능 컴퓨터, 말을 하는 컴퓨터

지금의 컴퓨터는 0과 1로 표시되는 2진법 논리 회로이다. 따라서 현재의 디지털 컴퓨터는 스위치를 켜거나(1) 끄는(0) 상태로서 전기가 흐르거나 흐르지 않는 형태로 0 또는 1이 1비트(Bit)를 구현한다. 그러나 양자컴퓨터는 양자물리학의 원리를 이용함으로 기존 컴퓨터와는 전혀 다르다. 양자역학의 불확정성 원리(Uncertainty principle)는 서로 다른 특징을 갖는 상태의 얽힘(entanglement), 예를 들어 (01)이나 (10)과 같이 0과 1이 얽힌 상태이거나, 또는 중첩(superposition), 예를 들어 (00)이나 (11)과 같이 중첩된 상태에 의해 측정값이 확률적으로 주어지게 되는데, 이를 응용한 양자컴퓨터에서는 이를 큐비트(Qubit or Qbits)라 부른다(고대 길이 척도인 Cubit과 혼동하면 안됨). 큐비트란 양자(Quantum)와 비트(bit)의 합성어로 양자비트라 하는데, 양자비트 하나에 0과 1의 두 상태를 동시에 표시할 수 있다. 따라서 데이터를 병렬적으로 동시에 처리할 수도 있고, 또한 큐비트의 수가 늘어날수록 처리 가능한 정보량도 기하급수적으로 늘어나게 된다. 1개의 큐비트가 (0,1)을 동시에 갖고 있으므로 2개의 큐비트라면 2의 2제곱인 모두 네 가지 상태(00, 01, 10, 11)를 얽힘과 중첩시키는 것이 가능하고, 3개의 큐비트라면 여덟 가지 상태가 되므로, n개의 큐비트는 2의 n제곱 만큼 가능하게 되어, 입력 정보량의 병렬 처리에 의해 연산 속도는 기존의 디지털 컴퓨터와 비교할 수 없을 만큼 빨라진다.

예를 들어, 수학에서 시간이 오래 걸리는 난문제로 유명한 소인수분해(素因數分解, factorization in prime factors)를 예로 들 경우, 지금의 컴퓨터로는 250디지트(digit)의 수를 소인수분해

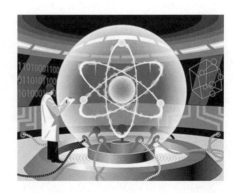

하려면 80만 시간이 걸릴 것이라고 예상된다. 만약 1000디지트 수라면 10의 25제곱시간이 필요한데, 이는 우주의 나이보다도 더 많은 시간이다. 그러나 양자컴퓨터로는 몇 십 분 정도면 충분할 것이다.

또한 현재의 컴퓨터로는 해독하는데 수백 년 이상 걸리는 암호체계도 양자컴퓨터를 이용하면 불과 4분 만에 풀어낼 수 있다. 그 이유는 0 또는 1의 기존의 2진법의 비트연산은 8비트일 경우 2의 8제곱 = 256의 연산을 한 번에 처리할 수 있지만, 양자 연산으로 2-큐비트의 네 가지 양자 상태(00, 01, 10, 11)가 있다고 하면 8비트일 경우 4의 8제곱 = 65,536의 연산을 한 번에 처리할 수 있기 때문이다. 그러니 5-Qubit 양자컴퓨터 아니 7-Qubit의 양자컴퓨터의 위력이 얼마나 큰지 대략 짐작할 수 있다. 따라서 이론적으로 수백 개의 큐비트-양자컴퓨터만 만들 수 있다면 오늘날의 슈퍼 컴퓨터 500대를 모두 대체할 수 있다.

말로만 듣던 양자 컴퓨터(Quantum Computer)가 세계 최초로 탄생했다. 2013년 6월에 미국의 남가주 대학(USC)의 대니얼 라이더(Daniel A. Lidar) 교수가 이끄는 연구팀은 세계 최초로 양자컴퓨터를 개발해 그 연구 논문을 발표했다(Boixo & Lidar et al., 2013). 『네이처 커뮤니케이션(Nature Communications)』지가 라이더 교수의 논문을 게재함으로써 세계 최초의 양자컴퓨터를 공인한 것이다. 라이더 교수가 개발한 양자컴퓨터 원리를 이용해 캐나다 회사인 디-웨이브(D-Wave)사가 양자컴퓨터 '디-웨이브(D-Wave)'를 만들어 2013년 5월에 공개했다. 디-웨이브의 양자컴퓨터는 512큐빗의 초전도회로를 가지고 있다. 512개의 초전도회로에는 넘치는 전류를 흘리는 작은 구멍이 있다. 이들이 거의 절대온도 영도까지 냉각되어 양자상태로 들어가는데 전류는 시계방향과 반시계방향으로 동시에 흐른다. 컴퓨터는 일련의 알고리즘을 사용해 큐빗 계산을 수행하게 된다. D-웨이브는 '조합최적화 문제'로 알려진 문제를 푸는 데 있어서 유용하다.

최초로 이 양자컴퓨터를 구매한 기업은 미국의 록히드 마틴 (Lockheed Martin) 사이다. 이 회사는 2013년 초에 1,000만 달러의 비용을 들여 디-웨이브를 구입한다고 밝힌 바 있다. 그 목적은 새로운 항공기 개발, 레이더 개발 및 우주 시스템을 개발할 목적으로 구입한다.

두 번째 기업이 바로 구글이다. 구글은 '디-웨이브 2'를 구매하였다. 구글의 양자컴퓨터 '디-웨이브 2'는 조만간 미국항공우주국(NASA)의 에임즈연구센터(Ames Research Center)에 설치된다. 나사와 구글은 이 양자컴퓨터를 이용해 외계인 연구와 사실상의 인공지능 역할을

구글이 구매한 양자컴퓨터 디-웨이브. 외계인 연구, 인공지능 수준의 검색엔진연구, 기계학습 등에 사용된다. Image Credit : dwavesys.com

할 거대한 검색엔진 연구에 나서게 된다. 이미 구글은 이같은 복잡한 수학적 문제 해결에 양자 컴퓨터를 활용하고 있는 것으로 알려지고 있다. 하트머트 네벤(Hartmut Neven) 구글 엔지니어링 비주얼 서치 담당 이사는 자신의 블로그에서 "우리는 양자 컴퓨팅이 컴퓨터과학상 가장 어려운 문제, 특히 기계학습 문제를 해결해 줄 것이라고 믿는다. 이는 더 정확한 예측을 가능하게 해 세상을 더 좋게 만든다"고 말했다.

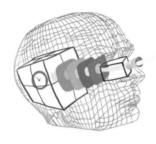

이번에는 사람의 두뇌를 뛰어넘는 컴퓨터에 도전하는 사례를 보자. 컴퓨터는 궁극적으로는 인간의 두뇌를 모방하는 것이다. 2020년에는 오감에 반응하는 컴퓨터, 2025년에는 인간의 감성과 감정에 반응하는 컴퓨터, 2030~2040년에는 두뇌와 반응하여 생각하는 대로 작동되는 컴퓨터, 그러다가 2100년이 넘어가면 인공지능(AI)이 탑재된 컴퓨터가 등장할 것이다. 그러면 컴퓨터가 인간처럼 말을 하고 인간과 컴퓨터는 쌍방향으로 의사소통하게 될 것이다.

이미 2012년에 미국의 IBM은 'IBM 5 in 5'를 발표했는데, 인간의 오감 능력을 뛰어넘는 오감 컴퓨터를 2017년까지 개발한다는 계획이다(IBM, 17 Dec 2012). IBM은 센서 및 소프트웨어 프로그램의 발달로 5년 안에 컴퓨터가 인간과 같거나 월등히 높은 오감 능력을 갖게 될 것이라 예측하고 있는데, 이를 '컴퓨터 휴먼 인터페이스(Computer Human Interface)' 기술이라고 한다. 인간의 오감능력을 뛰어넘는 컴퓨터가 인간의 오감을 지원하는 것인데, 이를 요약하면 다음과 같다.

IBM이 전망한 5년 후의 우리의 생활을 바꿀 컴퓨터의 오감 혁신(IBM, 2012)

오감	컴퓨터의 능력	컴퓨터의 진화 및 인간 지원 활동
시각 (87%)	인간의 시각 감지 능력을 넘음	인간의 눈은 가시광선(Visible Light)만 감지, 향후 컴퓨터는 라디오(Radio), 극초단파(Microwave), 적외선(IR), 극자외선(UV), X-선, 알파선, 감마선, 베타선까지 감지하여, 인간이 감지할 수 없는 시각정보(이미지), 예술(artwork) 정보, X-선 이미지, MRI 이미지를 분석하여 인간에게 제공
청각 (7%)	인간의 청각 감지 능력을 넘음	인간의 귀는 16Hz~20kHz의 소리만 감지, 향후 컴퓨터는 20,000Hz 이상의 초음파를 모두 감지하여, 인간이 감지할 수 없는 소리나 진동을 감지, 어린아이의 우는 소리를 인식 분석하여 건강상태나 분위기 파악하여 치료법 제공, 미세한 소리까지 감지하여 산 사태(avalanches)나 다리의 붕괴를 예측하여 인간에게 제공
촉각 (3%)	인간의 촉각 감지 능력을 넘음	인간의 손/피부는 사물의 표면만을 감지하고 미묘한 촉감을 감지할 수 없으나, 향후 컴퓨터는 인간이 감지할 수 없는 사물의 표면과 속의 촉감을 감지하여 스마트 화면에서 물체의 질감을 느낄 수 있도록 해줌. 스마트폰의 진동장치를 이용해 원거리에 있는 사물의 고유한 진동패턴(빠르고 짧은 진동, 길고 강한 진동)을 재현하여 촉감도 인간에게 전달
후각 (2%)	인간의 후각 감지 능력을 넘음	인간의 코는 10,000개의 냄새분자(화학분자)만 감지, 향후 컴퓨터는 개의 100,000개 냄새분자를 감지할 수 있는 능력을 가져, 인간이 감지할 수 없는 냄새를 감지하여 인간에게 위험 정도를 제공, 인간의 호흡(날숨, respiration)으로 건강상태를 분석하고 실내의 병원균이나 바이러스를 감지하여 인간에게 제공. 호흡에 아세톤 분자(가스)가 2배 이상 포함되면 당뇨병, 톨루엔은 폐암, 일산화질소는 천식, 암모니아는 신장병
미각 (1%)	인간의 미각 감지 능력을 넘음	인간이 감지할 수 없는 미각을 감지하여 개인의 건강상태와 미각 선호도를 고려해 식단을 구성해 줌. 인간의 맛을 결정하는 것은 시각이 87%임, 보는 것으로 이미 침이 나오고 먹고 싶다는 생각이 나게 하는 것임

11. 생각을 읽는 두뇌 칩의 이식, 생각하는 대로 뇌-컴퓨터 간의 다운/업로드

조그마한 마이크로 또는 나노 크기의 두뇌 칩(Brain Chip)들이 인간의 두뇌나 두뇌의 감각중추기관에 이식하여 각종 퇴행성 뇌질환(Degenerative Brain Diseases)이나 신경퇴행성 질환(Neurodegenerative

Diseases) 치료가 가능해지고, 두뇌의 생각을 읽어 장애자들이나 중풍
(마비) 환자들이 정상인과 똑같이 일을 하게 될 것이다. 이를 '브레인
머신 인터페이스(Brain Machine Interface)' 기술이라고 한다.

미국 남가주대학(USC)의 버거(Theodore Berger) 박사는 두뇌 칩을 해
마에 이식하는 연구를 진행하고 있고, 미국 듀크(Duke) 대학 의대는 2003
년 원숭이의 운동중추기관에 칩을 이식하여 생각하는 대로 950킬로미터
거리의 로봇 팔을 움직이는 기술을 선보였다(Carmena et al., 2003).

2005년에 미국 브라운(Brown) 대학의 도
노휴(John Donoghue) 신경과학자와 사이버
키네틱스(Cyberkinetics)사는 머리카락 굵기의
전극 100개(100 Hair-Thin Electrodes)로 구성
된 두뇌 칩과 소프트웨어 장치인 브레인게이
트(Braingate)를 팔을 사용할 수 없는 남자 두
뇌의 운동피질(Motor Cortex)에 1mm 깊이로
이식하여 생각하는 대로 컴퓨터를 조정하는 기술을 선보였다(Hochberg
et al., 2006). 주인공은 지난 2001년 목을 칼에 찔려(a knife attack) 휠체어
(wheelchair)에 의존해 살아가고 있는 미국인 매튜 네이글(Matthew Nagle,
당시 25세)이었다(BBC, 31 Mar 2005; Youtube, 14 Aug 2008). 전극을 통해 얻
어진 정보는 뇌의 신호(Brain signals)를 분석하는 컴퓨터로 연결되어 뇌
신호들이 해석되고 번역돼 커서를 움직임으로써 사용자가 생각으로 컴
퓨터와 같은 장치를 다룰 수 있게 만든 것이다.

생각만으로 사물을 움직이는(Mind over matter) 시대로 진입하는 것
이다. 이 두뇌 칩 기술과 그의 집에 있는 소프트웨어가 연결된 디바이

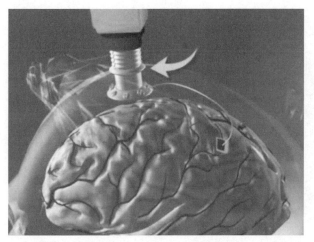

운동피질에 1mm 깊이로 이식된 두뇌 칩(센서)에서 포착된 뇌의 신호가 뇌 근육 피부의 장치로 전송.
Credit : cyberkineticsinc.com

스 장치 덕분에 네이글은 집에서 생각만으로 TV를 켜고 끌 수 있으며, 채널을 바꾸거나 볼륨을 조절할 수 있고, 컴퓨터 게임도 하며 검색도 할 수 있다.

2008년 5월에는 미국 피츠버그 대학의 신경과학자인 앤드루 슈워츠(Andrew Schwartz) 교수가 원숭이 뇌에 두뇌 칩을 이식하여 원숭이로 하여금 그의 두뇌 신호를 이용해 옆에 있는 로봇 팔을 직접 움직여 마시멜로 과자를 스스로 먹게 하는 데 성공했다(Velliste et al., 2008). 이번 연구는 세계 최초로 두뇌의 신호를 실제 운동으로 전환시키는 인터페이스 기술을 이용해 원숭이가 실제로 과자를 먹었다는 사실로 보철 팔(Prosthetic Arms)이 사실상 기능화되었다는 점에서 조만간 이 기술이 인간에 적용할 수 있는 발판을 마련했다는 평가이다. 이들은 현재 간질병 환자(Epilepsy patient)를 대상으로 실험 중에 있다.

두뇌 파워(Brain Power). 두뇌에 전극 어레이가 이식된 원숭이가 생각하는 대로 로봇 팔을 움직여 마시멜로 과자를 먹고 있다. 궁극적으로 과학자들은 이와 같은 두뇌-기계 인터페이스(BMI, Brain Machine Interface) 기술을 중풍 환자 등에 적용해 스스로 컴퓨터를 이용하고 스스로 밥을 먹으며 스스로 머리를 감을 수 있는 시대를 여는 데 집중하고 있다. Credit: Velliste et al(2008)

2012년에 미국 미국 피츠버그 대학의 앤드루 슈워츠 박사가 이끄는 연구팀은 뇌졸중(중풍, 마비, tetraplegia) 환자 여성인 슈흐르만(Jan Scheuermann)의 뇌에 센서인 브레인 칩(Brain Chip)을 대뇌피질 1cm 아래에 이식하고, 컴퓨터에서 뉴런의 신호를 전기신호로 바꾼 뒤, 유무선 통신으로 로봇 팔(robot arms)을 조작하는 데 성공하였다(Collinger et al., 2013). 이로써 보철(prosthetic) 의학이 조만간 상용화 될 것으로 기대하고 있다(The Washington Post, 31 December 2012; Cnet, 17 Dec 2012; Youtube, 17 Dec 2012).

이러한 두뇌 칩들은 언젠가는 인간 개조에 사용하게 될 것인데, 인간의 본성이나 개성에 정통한 영국의 옥스포드 대학의 교수이자 철학자인 윌리엄스(Bernard Williams, 1929-2003) 박사는 조만간 두뇌 칩을 이식하여 인간의 본성이나 개성을 변화시킬 것이라 전망했다. 2005

년 5월 23일 미국의 CNN은 브리티시 텔레콤(British Telecom)사의 미래기획단(Futurology Unit)의 단장이며 미래학자(Futurologist)인 피어슨(Ian Pearson)[17]의 말을 인용하여 2050년경엔 두뇌(Brain)를 컴퓨터로 다운하고 컴퓨터의 프로그램을 두뇌로 다운받는 사이버-불멸(Cyber-Immortality)의 시대로 진입할 것으로 보도했다(CNN, 23 May 2005).

이때가 되면 두뇌를 다운받는 기술(Brain-Downloading Technology)은 전적으로 부유층의 전유물이 될 것이지만, 가난한 사람들도 대략 2075~2080년경에 누구나 사용할 수 있는 보편적인 기술이 될 것으로 예견하고 있다. 그러다가 2200년경에는 영화 〈매트릭스(Matrix, 1999)〉가 현실이 되어 헬리콥터(B212) 조정법을 두뇌로 다운받고 전두엽(frontal lobe, 前頭葉)에서 시뮬레이션으로 학습하여 5초 만에 실제 헬리콥터를 조정하는 시대로 진입할 것이다(차원용, 2006).

12. 죽은 자를 살리는 심부뇌자극술(뇌심부자극술)→ 광유전자극기술

2005년 대만 언론 매체들에 따르면 중산(中山) 의대 뇌신경외과에서 전자칩 이식수술을 통한 전류자극 치료로 지난 1년간 식물인간 6명이 의식을 되찾았다고 한다(세계일보, 30 Mar 2005). 중산 의대 류룽둥(劉榮東) 뇌신경외과 과장은 전자칩 치료로 깨어난 환자 3명과 함께 기자회견을 열고 치료 방법 등을 소개했다. 이 치료법은 전자칩을 환자의 두개골과 뒷 목이 연결된 부위에 이식하고 이와 연결된 전자칩 전류 조절기와 생물연료전지를 흉부 피하조직에 삽입해 뇌 중추신경을 자극하는 것이다.

---

17 Ian Pearson은 2005-2050, 2006-2051 등 향후 50년의 미래기술을 예측하고 있다. 다음 사이트에서 확인해 보라. http://www.btplc.com/Innovation/News/timeline/

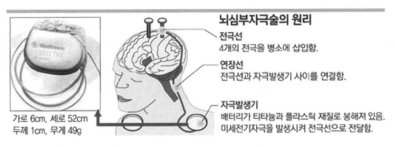

서울대병원의 '뇌심부자극술'(동아일보, 12 Mar 2007 & 27 Sep 2009)

2007년에는 미국 클리블랜드 임상실험센터와 코넬 대학교 의대의 신경 과학자들이 6년 동안 식물인간 상태에 있던 남자의 두뇌에 전극을 이식하여 전기 파동으로 뇌를 제어하는 심부뇌자극술(Deep Brain Electrical Stimulation, DBS)로, 이식한 지 48시간 만에 의식도 찾고 눈도 떴으며 밥도 먹고 물도 마셨다는 연구결과를 보고했다(Schiff et al, 2007).

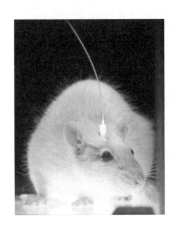

이러한 기술들은 두뇌의 신경세포를 전극으로 자극하여 불꽃이 연결되도록 하는 것이다. 지금은 전극을 이식해서 식물인간을 살리지만, 광파와 전파, 즉 빛의 여러가지 스펙트럼들인 라디오파, 마이크로파, 테라헤르츠파, 적외선, 가시광선, 자외선, X-선, 감마선으로 자극을 주어 병든자를 고치는 기술로 발전할 것이다. 예를 들자면 최근에는 빛(Light)을 신경에 쏘아 특정 신경세포를 자극하는 광유전자극기술(Optogenetic Stimulation)로 발전하고 있다. 빛을 특정 뉴런에 쏘이면 켜지고 빛을 안 쏘이면 꺼지는 스위치(Switch)의 원리를 이용하는

것이다.

MIT 공대 신경과학자들(neuroscientists)이 강압적인 행동(compulsive behavior)을 조절하는 두뇌의 회로(a brain circuit)에 빛을 쏘어, 쥐로 하여금 강압적인 행동을 못하게 하는 데 성공했다. 따라서 조만간 인간에도 적용하여 강박 신경증(obsessive-compulsive disorder, OCD)을 치료할 수 있는 새로운 치료법이 개발될 것으로 기대하고 있다(Burguiere et al., 2013; Rauch et al., 2013). MIT 공대는 빛을 이용하는 광학유전자극기술을 이용하여, 빛에 민감한 뉴런을 만들어 쥐에 주입하고, 빛을 쏘여 이 뉴런을 자극하여 발현시키는 데 성공한 것이다. 그 결과 하루에 세 번의 약을 먹는 것이 아니라, 빛을 제 시간에(precisely time) 쏘아 특정 뉴런을 활성화시키면 그만인 것이다. 또는 특정 뉴런의 스위치를 끄면 그만인 것이다. 문제는 빛을 쏘는 레이저 총이나 광섬유(optical fiber, 光纖維)를 두뇌에 이식해야 하는데, 2013년 「미래창조과학 스터디」에서 발표한 가천의대 길병원의 이언 부원장의 자료에 의하면 길병원은 현재 1mm의 광섬유를 개발하고 있다고 한다.

13. 뇌파/생각을 이용하는 텔레파시/텔레키네시스, EEG, BCI, BMI, BBI

앞의 기술들은 두뇌의 신경세포를 자극하여 죽은 자를 살리는 기술이다. 이번에는 우리 두뇌의 뇌파와 생각을 이용하는 기술을 보자. 대뇌피질(이성), 대뇌변연계(감성), 시상(감각), 시상하부(본능), 해마(기억), 편도핵(선호도), 뇌교(꿈), 연수(정신) 등의 두뇌의 구조와 기능과 뉴런과 시냅스(기억/의식 작용)들의 복합적인 상호작용에 의해 인간은 두뇌에서 생각하고 마음을 표현한다.

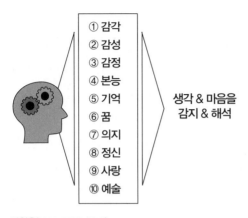

① 감각
② 감성
③ 감정
④ 본능
⑤ 기억
⑥ 꿈
⑦ 의지
⑧ 정신
⑨ 사랑
⑩ 예술

생각 & 마음을
감지 & 해석

차원용(2006, 2009, 2013)

이러한 마음과 생각은 독특한 다섯 개의 뇌파로 발현한다. 깊은 잠
을 잘 때의 델타파, 꿈을 꿀 때의 세타파, 명상할 때의 알파파, 활동할
때의 베타파, 그리고 공부할 때의 감마파가 그것들이다.

뇌파는 뇌의 상태에 따라 바뀐다(차원용, 2006)

명칭	파장	뇌의 상태
델타파(δ)	0.5~3.5Hz	깊은 수면 중 거의 의식이 없는 상태(비렘수면)
세타파(θ)	4~7Hz	꿈을 꾸는 졸고 있는 상태(얕은 잠, 렘수면)
알파파(α)	8~13Hz	안정, 편안한 상태, 명상할 때
베타파(β)	14~34Hz	긴장하고 집중하고 있는 상태, 사람이 눈을 뜨고 활동할 때
감마파(γ)	25~100㎐	과거의 기억과 현재의 인식 정보를 효율적으로 운반한다는 사실이 밝혀짐. 해마(Hippocampus)에 과거의 기억과 새로 인식한 사실을 전달해, 뇌가 이 두 정보를 비교·처리할 수 있게 함. 기억과 회상, 인식 작용에서 '운송자' 역할을 맡는 셈임. 연구팀은 쥐의 뇌파를 분석하는 실험으로 감마리듬 중 주파수가 낮은(slow) 대역이 기억 정보를, 높은(fast) 대역이 인식 정보를 옮긴다는 점을 밝혀냄(Colgin et al., 2009).

이들 뇌파와 생각에 따라 뇌파가 변화하는 것을 감지하는 기술을 발견한다면 생각하는 대로 기계를 조작할 수 있고, 마음 먹은대로 사물을 움직일 수 있다. 그것이 바로 텔레파시(Telepathy) 통신이자 텔레키네시스(Telekinesis)이다. 텔레키네시스는 염력(念力)이라고 하는데, 이론적으로는 생각하는 대로 앞의 산도 움직일 수

가 있다. 또한 두뇌와 두뇌 사이에 생각이나 정보를 전달할 수 있는데, 이것을 '브레인-브레인 인터페이스(Brain-Brain Interface)' 기술이라고 한다. 이 BBI 기술로 나의 생각 나의 지식을 다른 사람의 두뇌로 전달할 수 있다. 인간의 두뇌와 컴퓨터 간의 쌍방향 인터페이스를 넘어 사람과 사람 간의 정보전달이 가능한 것이다. 앞으로 보게 되듯이 사람의 두뇌에서 동물의 두뇌로 생각이나 메시지를 전달할 수도 있다.

또한 불면증 환자들에게 델타파를 쏘아 주면 잠을 잘 잘 수가 있고, 알파파를 쏘아 주면 명상에 도움이 되며, 감마파를 쏘아주면 기억력을 높일 수도 있다. 일본의 장난감 기업인 타카라(Takara)는 2004년에 오감제

공베이스로 원하는 꿈을 꾸게 하는 35인치 크기의 꿈꾸는 기계(Dream Machine)인 유메미 코보(Yumemi Kobo)를 개발해 시판중이다. 사람들이 영화 스타와 데이트 하기, 올림픽에서 금메달을 따기, 로또 1등에 당첨되기 등 원하는 꿈을 완전하게 꾸거나 악몽을 제거할 수 있는 새로운 기

계를 만든 것이다. 이 유메미 코보에는 음성기록(a voice recorder), 일련의 빛(array of lights), 그림 프레임(picture frame), 향기 분배기(fragrance dispenser), 저장된 백그라운드 음악을 선택하기, 두 개의 스피커와 시계가 장착되어 있다. 이들을 잘 조합하여 원하는 향기, 음악, 빛을 조절하여 잠자는 동안 오감을 작동시켜 원하는 꿈을 본인이 디자인하게 하는 것이다. 잠자기 전에 그저 몇 분 동안 설정만 하면 된다(Wired, 23 Jan 2004).

지금의 기술은 뇌파와 생각을 잡아내기 위해 뇌파기록장치(EEG)가 탑재된 모자들이 개발되어, 자동차 경주, 게임용, 두뇌 훈련용, 컴퓨터 조작용으로 개발중이다. 이를 '브레인 컴퓨터 인터페이스(Brain Computer Interface)' 기술이라고 한다.

삼성전자의 이머징 기술 랩(Emerging Technology Lab)은 드라이 뇌파기록장치가(Dry EEG) 달린 모자를 쓰고 뇌파(brainwaves)를 감지해 갤럭시 노트 10.1를 조작하는 연구를 미국의 댈러스 소재 텍사스 대와 공동으로 연구를 시작하고 있다(Technology Review, 18 Apr 2013). 이메일, 친구에게 전화 걸기, 음악 고르기, 어플 동작, 전원을 켜고 끄기 등 우선 장애인들을 위한 프로젝트이지만, 언젠가는 정상인들도 모자

를 쓰고 스마트 디바이스를 조작할 것으로 기대된다. 결국 모든 삼성전자 스마트 디바이스에 이 BCI 기술을 적용하고자 하는 것이다. 원래 뇌파는 약하고 노이즈(소리)가 심한 시그널이다. 이런 시그널로부터 디바이스를 제어할 수 있는 정확한 정보를 추출하는 것이

목표이다. 더욱이 일반 뇌파기록장치는 젤이나 젖은(gel or wet) 상태의 전극들을 갖추고 있어 셋업하는 데만 45분 걸리나, 이번 연구는 드라이 전극으로 셋업하는 데 10초 밖에 안 걸린다. Dry EEG의 약점은 신호수신이나, 품질을 높여 5초 만에 디바이스를 조작하는 선택을 실험한 결과 신뢰도가 80~95%에 달하는 것으로 나타났다.

14. 꿈을 해석하고 타인의 생각을 읽어

일본 과학자들이 잠자는 동안 꿈속에서 본 시각 이미지를 해독(Neural Decoding of Visual Imagery During Sleep)하는 데 성공했다(Horikawa et al., 2013). 따라서 2010년 개봉된, 타인의 꿈에 접속해 정보를 훔치는 내용을 담은 영화인 〈인셉션(Inception)〉의 시대가 곧 도래할 것으로 보인다.

일본 국제전기통신기초기술연구소(ATR)와 나라(Nara) 등의 과학자들은 사람이 수면 중 꾸는 꿈의 내용을 뇌 활동 패턴을 통해 추정하는 데 성공하였다. 연구팀은 먼저 27~39세의 피실험자 남성 3명에게, 깨어있는 동안 책과 컴퓨터 등 70가지 사물(objects)을 볼 때 나타나는 뇌파 변화의 특징을 데이터베이스에 기록했다. 그 다음 뇌파기록장치(EEG)를 장착한 남성 3명에게 낮잠을 자게 하고, 꿈을 꿀 때 기능성자기공명영상장치(fMRI)로 뇌파를 분석해, 앞서 70가지 사물을 볼 때 나타난 뇌파와 비슷한 유형이 보이면, 실험자를 깨워 꿈의 내용을 확인했다. 이 작업을 1인당 200~250회 반복시킨 결과, 연구진은 같은 사물을 실제 눈으로 볼 때나 꿈에서 볼 때나 뇌파 변화는 똑같다는 사실을 알아냈다. 그 결과 꿈에 어떤 사물(여자, 문자, 책 등)이 나왔는지 70% 가량을 정확히 적중시켰다.

일본의 과학자들이 꿈속에서 본 시각 이미지를 해독하는 과정을 설명하고 있다. Image Credit : KBS 보도화면(6 Apr 2013)[18]

　이번 연구결과는 꿈의 내용을 영상으로 재현한 것이 아니라 어떤 물체가 나왔느냐 정도를 알아낸 것이다. 하지만 이번 연구결과는 처음으로 꿈을 해독한 것이고, 꿈의 이미지와 현실의 이미지가 같다는 것을 알아낸 것이다. 다시 말해 꿈과 현실이 같다는 것이다. 영화 〈매트릭스〉의 내용과 똑같다. 따라서 이는 향후 가상현실(VR)을 어떻게 구축할 지 그 방법론을 주는 것이고, 정신질환 진단 등에 응용할 수 있을 것이다. 언젠가는 꿈의 영상화가 가능하게 되어, 꿈속에서 애인 만나기, 꿈속에서 일하기 등이 가능할 것으로 보인다. 아예 잠을 자면서 공부를 할 수 있다.

　지금은 뇌파기록장치와 기능성자기공명장치를 이용했지만 과학기술이 더욱 진보되다 보면 더욱 간편한 고도의 장치로, 예를 들어 안경을 쓰면 누가 무슨 꿈을 꾸었는지 알아낼 수 있을 것이다. 그러다가 그러한 장치가 우리 눈에 이식되면 눈을 봄으로써 무슨 꿈을 꾸었는지 알 수 있을 것이다. 더 나아가 무슨 생각을 하고 있는지도 알 수 있을 것이다.

18 KBS - 日 뇌파 분석…꿈 일부 해독(6 Apr 2013)
　http://news.kbs.co.kr/news/NewsView.do?SEARCH_NEWS_CODE=2638844

미국 코넬 대를 중심으로 하는 일련의 신경과학자들이 기능성자기공명영상장치를 이용해, 누가 어떤 이미지들 (images)을 어떻게 분석하고 그 이미지들에 대해 무슨 생 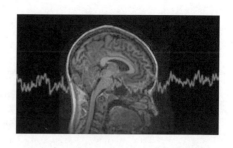 각을 하고 있는지를 알아내는 방법을 발견하였다(Hassabis et al., 2013). 한마디로 지금 여러분이 뇌에서 무슨 생각을 하고 무슨 분석을 하고 있는지를 훤히 들여다볼 수 있는 방법을 발견한 것이다.

사람들은 각자 생각할 때, 즉 뇌를 활성(brain activation)화시킬 때, 시간영역과 공간영역 등에서 사람마다 고유의 패턴, 즉 독특한 패턴 (unique patterns)을 갖고 있다. 이것이 우리 뇌의 내측전전두엽피질(the medial prefrontal cortex, mPFC)이 갖고 있는 멘탈 모델(Mental Models)이다. 그러므로 이 독특한 패턴을 감지하여 디코딩(해석, Decoding)하면 무슨 생각을 하고 있는지 알게 되는 것이다. 이 기술을 이용하면 어떤 특정 상황에서 어떤 사람이 무슨 행동을 할 것인지를 알아낼 수 있다.

2002년에 개봉된 2054년을 배경으로 하는 영화 〈마이너리티 리포트〉에 등장하는 뉴런을 연결하는 시냅스(Synapse) 메커니즘을 이용한 사전범죄예방 시스템(Pre-Crime Prevention System)을 만들 수도 있다. 생각하는 대로 이루어지는 세상이 올 수도 있고, 이 장치가 소형화되고 고도화되어 우리 눈으로 이식될 경우 눈으로 보고 다른 사람들이 무슨 생각을 하고 있는지 쉽게 파악할 수 있다(Science Daily, 5 Mar 2013).

15. 사람의 생각/메시지를 동물/곤충에 전달하는 동물 전파(초음파)유도

이 내용에 대해서는 2부 9장 "애굽에 내린 10개의 재앙, 인간(신)과 동물/곤충의 인터페이스(BBI)"의 5절인 "동물과 곤충을 유도하는 초음파 기술, 인간(신)과 동물의 인터페이스(BBI)"와 6절의 "나노 접착제 분자털과 양자동조(Quantum Sync) 기술"을 참조하라.

16. 사람의 생각을 타인에 전달하고 타인을 움직이기(쌍방향)

인터넷 이용해 A의 뇌파로 B의 손가락을 움직이다 - 한 사람의 뇌파를 이용해 다른 사람의 손가락을 움직이게 하는 최초의 사람 간 뇌 인터페이스(human-to-human brain interface) 실험이 성공했다. 미국 워싱턴대(UW) 과학자들은 인터넷을 통해 한 사람의 뇌파를 다른 사람에게 보내 그의 손을 움직이게 하는 데 성공한 것이다(University of Washington, Science Daily, Youtube, 27 Aug 2013). 이들은 뇌파기록장치와 일종의 자기자극(magnetic stimulation)을 이용해 캠퍼스 내 한 실험실에 있는 라제시 라오(Rajesh Rao) 교수의 뇌파를 다른 실험실에 있는 안드레아 스토코(Andrea Stocco) 교수에게 인터넷으로 보내 스토코의 손가락을 컴퓨터 키보드 위에서 움직이게 했다.

연구진은 이전에도 미국 듀크(Duke) 대의 생쥐-생쥐(brain-to-brain communication between two rats), 그리고 앞에서 보았던 하버드 대와 고려대의 사람-생쥐(a human and a rat) 간의 뇌파 교류가 가능하다는 것을 보여주는 실험이 있었지만, 사람과 사람의 뇌 인터페이스 실험은 이것이 처음이며, 인터넷이 컴퓨터들을 연결하는 방식으로 두 사람의 뇌를 연결했다고 밝혔다.

라오 교수는 뇌파기록장치(EEG)와 연결된 전극 부착 모자를 썼다.

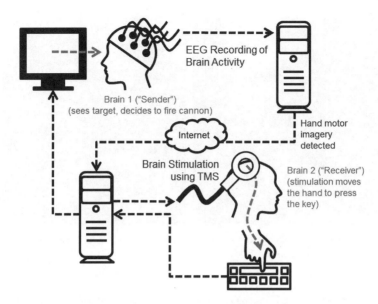

보내는 사람의 라오 교수와 받는 사람의 스토코 교수의 뇌파연결실험. Image Credit : University of
Washington(27 Aug 2013)

스토코 교수는 오른손의 움직임을 관장하는 좌뇌 운동피질 위에 자기
자극점 연결 장치(TMS, transcranial magnetic stimulation)가 부착된 모자
를 썼다. 라와 교수와 스토코 교수의 뇌파는 스카이프(Skype)로 연결
됐다. 라오 교수는 컴퓨터 스크린을 보며 머리 속에서 간단한 비디오
게임을 했는데, 목표물에 대포를 쏠 때(fire a cannon at a target)가 되자,
그는 실제로 손을 움직이지 않도록 주의하면서 상상 속에서 오른손을
움직여 발사 버튼(fire button)을 누르는 동작을 했다. 이와 거의 동시에
소음 차단 귀마개(noise-canceling earbuds)를 쓴 채 화면을 보지 않고
있던 스토코 교수는 자신의 의지와 상관없이 오른쪽 검지를 움직여 마
치 대포알을 발사하는 것처럼 키보드의 스페이스 바를 눌렀다. 이때의
움직임을 스토코는 자신도 모르게 움찔하는 신경성 경련(nervous tic)
같았다고 표현했다.

왼쪽의 뇌파를 보내는 사람이 라오 교수, 오른쪽은 다른 캠퍼스에 있는 뇌파를 받는 스토코 교수.
University of Washington(27 Aug 2013)

라오 교수는 "나의 뇌에서 나온 상상의 행동이 실제로 다른 사람의 뇌에 의해 행동으로 옮겨지는 것을 보는 기분은 짜릿하지만 동시에 기이한 것이었다"면서 "이번 실험은 나의 뇌에서 스토코의 뇌로 가는 일방적인 정보의 흐름이었지만, 다음 단계 실험은 두 뇌 사이의 쌍방향 교류가 될 것"이라고 말했다. 이 실험에 사용된 기술은 모두 잘 알려진 것들로 뇌파기록장치는 두피를 통해 비침습적(non-invasive)으로 뇌 활동을 기록하는 방식이고 TMS는 반응을 일으키기 위해 뇌에 자극을 전달하는 기술이다.

연구진은 그러나 이런 기술은 뇌의 단순한 신호를 읽을 수 있을 뿐 사람의 생각까지 읽는 것은 아니라면서 이런 식으로 사람에게 자신의 의사에 거슬러 어떤 행동을 하게 만들 수는 없다고 강조했다. 이들은 그러나 장차 이런 기술을 이용해 조종사가 비행기를 조종할 수 없는 위급 상황에서 승무원이나 승객이 대신 비행기를 착륙시키도록 지상에서 지원하거나 장애인이 원하는 것을 다른 사람에게 전달할 수 있

을 것이며, 서로 다른 언어 사용자 간에도 의사소통이 가능할 것이라
고 말했다.

17. 지구내부의 지하왕국과 지하도시 건설, 생물체 로봇과 인간복제

1880년 7월 3일 미국의 발명왕 토머스 에디슨이 창간한 유서 깊은 과
학전문지 『사이언스』는 2005년 7월 1일 창간 125주년 기념호에서 '인
류가 여전히 풀지 못한 수수께끼 125개'를 선정하여 이 중 앞으로 25
년 안에 인간이 풀어낼 '과학적 수수께끼 25개(25 Big Questions)'를 선
정 제시했다(Science, 1 Jul 2005). 『사이언스』는 "이 수수께끼들은 과학
이 얼마나 진전을 이뤘는지 보여 주는 동시에 미래의 발견에 대한 동
력이 되고 있다"면서 "25년 안에 풀어낼 가능성이 있거나 그 해법에
대한 접근법을 제시할 수 있을 것"이라고 내다봤다. 그 중 열 번째 수
수께끼는 '지구 내부에서는 어떤 작용이 일어나나?(How Does Earth's
Interior Work?)'로 지구내부의 작동 메커니즘인 지구 행성의 열 엔진(a
planetary engine)의 에너지와 파장의 발견이다.

지난 50년간 지구 내부를 아주 정교한 지진 이미징으로 관찰한 결
과, 이 지구 내부의 복잡한 엔진을 들여다볼 수 있다는 것을 부추겼으
나, 그러나 그것만으로 도대체 지구 내부가 어떻게 작동하는지에 대
한 논쟁을 잠식시키지는 못했다. 하지만 앞으로 많은 연구를 통해 이
복잡한 지구행성이라는 기계를 해부할 수 있을 것이며 지구가 어떻게
움직이고 있는지 밝혀낼 수 있을 것이다. 또한 판지각구조혁명(Plate
tectonics revolution) 기술이 지구 깊이까지 내려갔다. 그러나 아직도 지
구의 표면만을 이해할 뿐이다. 도대체 이 지구 내부에서 무엇이 일어
나고 있으며 어떤 작용을 하고 있는지 아직 연구하고 이해해야 할 부
분이 많다. 지구의 경우 이 지각구조판 밑으로 돌과 철로 구성된 6,300

영화 〈매트릭스〉의 지하도시인 시온(Zion). 매트릭스의 인공생명체인 감지 기계들(sentient Machines)과 인간과의 핵전쟁 후, 시온은 진짜 인간들(Real Humans)과 복제인간들(Cloned Humans)의 마지막 남은 지하도시이다. 사진 : www.qtwow.com

킬로미터가 있다. 이곳은 바로 지구 행성의 열 엔진(a planetary engine) 이 작동되는 곳이다.

하지만 공교롭게도 영화 〈매트릭스〉에서는 지구의 핵은 평온지대(시온의 동산)로 묘사되고 있다. 정말 그럴까? 토네이도의 중심부는 무풍지대와 같이 지구의 핵도 가장 안전한 곳일 지도 모른다.

분명 물병자리에 진입하면 우리 인간들은 지하자원을 이용해 지하왕국과 지하도시를 건설하고 필요한 노동자로 로봇이나 생물체 로봇을 개발해 사용할 것임에 틀림없다. 생물체 로봇이란 바다가재 로봇, 전갈 로봇, 뱀 로봇, 두더지 로봇 등을 말한다. 이러한 생물체 로봇들이 투입되어야 지하자원을 캐고 지하왕국과 지하도시를 건설할 수 있을 것이다. 이것은 매우 중요한 대목인데, 왜냐하면 지하왕국과 지하도시는 「요한계시록」에 등장하는 '무저갱(Abyss)'과 '무저갱으로부터 올라오는 짐승(the beast that comes up from the Abyss)'(『요한계시록』 11장 7절 & 17장 8절)과 밀접한 관계가 있다고 필자는 생각하기 때문이다. 이 부분에 대해서는 『바이블 매트릭스』 시리즈 5권 『예수님의 재림과 새 하늘과 새 땅의 창조』에서 자세히 다루기로 한다.

또한 『바이블 매트릭스』 시리즈 2권 『인간 창조와 노아 홍수의 비밀』에서 밝혔듯이, 하나님(신)들께서 이 땅에 오신 이유는 지구의 금(gold)을 캐기 위해서인데, 처음에는 젊은 신들인 이기기(Igigi) 신들이 갱도에 투입되었다. 이기기 신들은 니비루(Nibiru) 행성이 다음에 지구에 근접하는 3,600년 동안 갱도에서 엄청난 고생을 했다. 그래서 폭동을 일으키고 그 결과 이기기 신들의 노동을 대체할 인간을 창조하게 된다. 이러한 이유로 지구 깊숙한 곳에 지하왕국과 지하도시를 건설하기 위해서는 인간의 노동을 대체할 인간복제의 가능성이 높다. 아니면 하나님들의 과거 인간 창조 행위를 반복해 지구내부에 최적화된 또 다른 유형의 인간을 창조할 수도 있다.

5절 염소자리(AD 6420년~)의 상징과 미래 과학기술

물병자리시대가 끝나는 서기 4259년 다음에는 염소자리시대(서기 4260~6419)로 진입한다. 지구 위의 우주와 땅과 내부에 있는 자원과 원자들을 다 캐서 사용하고 먹었으니 이제부터는 바다로 진입하여 바다 자원을 이용하는 것이다. 물병자리의 과학기술이 바다기술로 향하는 것이다. 이는 너무 먼 미래라 정확히 예측할 수는 없지만, 간단한 염소자리의 의미와 염소자리에 진입하는 몇 가지 특징적인 과학기술만을 살펴보기로 한다.

1. 염소자리(마갈궁, CAPRICORN, The Sea-Goat)의 의미

별자리의 근원은 고대 수메르시대(c.BC 5000)로 거슬러 올라간다. 그러나 수메르의 천문학 관련 고고학 문서가 발견되지 않아, 별자리는 그리스 신화(Greek mythology, c.BC 900-c.BC 800)를 의지할 수밖에 없다. 그리스 신화에 따르면 이 염소자리의 주인공은 가축의 신이자 목동들의 수호자인 판(Pan)이다. 목신(牧神) 판은 제우스(Zeus)가 여신 마이아(Maia)로부터 얻은 아들이자 전령 신(使者)인 헤르메스(Hermes)의 아들로, 태어날 때부터 다리와 얼굴에 염소처럼 수염이 나 있었다. 헤르메스도 목동들의 수호자이자 양떼와 소떼의 보호자였다. 그리스 신화에서는 신들은 모두 거인들이었는데, 거인들을 티탄(Titan)이라 불렀다.

어느 날 판이 나일 강변에서 열린 신들의 잔치에서 흥겹게 놀고 있을 때였다. 당시 제우스 신은 다른 신들을 거느리고 반대파 신들인 티탄들을 물리친 것을 축하하고 있었다. 막 연회가 끝나고 판이 풀피리(시링크스, Syrinx, 갈대의 줄기를 접어 붙여 만든 피리)를 불려고 하는 순간, 갑자기 뱀 모양을 한 티폰(Typhon, 제우스 신의 반대파 신들은 모두 뱀 모양의 티폰으로 표현)이 쳐들어와 그들을 공격하기 시작했다. 신들은 티폰의 엄청난 덩치에 놀라, 위험을 모면하기 위하여 제각기 짐승으로 변해 도망가기 시작했고, 판도 주문을 외우며 염소로 변신을 시도하며 강물로 뛰어들었다. 하지만 너무 서두르는 바람에 주문이 섞여 버렸다. 그래서 그는 상반신은 염소로 하반신은 물고기의 모습으로 변하고 말았다. 판이 주문을 바꾸려는 순간 제우스 신의 비명소리가 들려왔다. 판은 주문을 바꿀 시간도 없이 급히 풀피리를 불어 살을 에는 듯한 처절한 소리로 티폰을 달아나게 만들었다. 판의 도움으로 살아난 제우스는 그에 대한 보답으로 하늘의 별들 속에 '반양반어(半羊半魚)'인 바다염소자리를 만들어 그의 도움을 영원히 기억하게 하였다.

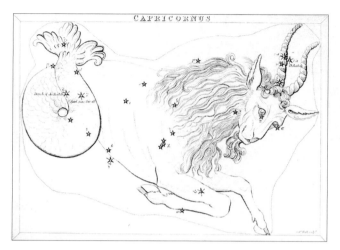

머리는 염소이고 꼬리는 물고기인 반양반어(半羊半魚)인 바다 염소로 변신한 가축의 신인 판(Pan).
Image Credit : Wikipedia.org/wiki/Capricornus

또 다른 그리스 신화에 따르면 염소자리는 염소인 아말테아
(Amalthea) 여신으로 알려져 있는데, 바로 어린 제우스 신을 양육시킨 여
신이다. 제우스 신의 아버지가 크로노스(Cronus, Cronos) 신이다. 크로노
스의 아버지는 우라노스(Uranus, Uranos, 하늘)이다. 우라노스는 배우자인
가이아(Gaea, 지구)와의 사이에서 남자 여섯 그리고 여자 여섯의 12명의
티탄들을 낳았다. 그런데 막내인 크로노스가 쿠데타(coup d'etat or coup)
를 일으켜 아버지인 우라노스의 성기를 자르고 신권권을 찬탈한다. 그 후
크로노스는 다른 티탄들의 복수가 두려워 그들을 가두거나 없애 버린다.
그런 행동 때문에 크로노스는 어머니인 가이아의 저주를 받게 된다. 아버
지인 우라노스와 똑 같이 자기 자식의 손에 의해 왕좌에서 밀려날 것이라
는 저주였다.

크로노스는 누이인 레아(Rhea)를 아내로 삼아 아들과 딸을 각각 셋

프랑스 루브르 박물관에 소장된 1630년 초에 조르댕(Jacob Jordaens)이란 화가가 그린 '젖을 먹는 어린 제우스'. Image Credit : Wikipedia.org19

씩 낳는다. 하데스(Hades), 포세이돈(Poseidon), 제우스가 아들이고, 헤스티아(Hestia), 데메테르(Demeter), 헤라(Hera)가 딸이다. 크로노스가 받은 저주는 가장 어린 아들에 의해 왕위에서 쫓겨날 것이라는 내용이었는데, 그래서 제우스의 어머니인 레아는 크로노스가 제우스를 죽일까봐 제우스를 낳자마자 아무도 몰래 제우스를 미노아 문명(Minoans, c.BC 2700-c.BC 1400)의 발생지인 크레타(Crete) 섬의 염소 산(Goat Mountain or Cretan Mount Aigaion)의 한 동굴로 피신시켜, 아말테아 여신으로 하여금 어린 제우스를 양육하도록 하였던 것이다. 양육했다는 것은 제우스에게 젖을 먹였다는 것을 뜻한다.

염소자리의 모양은 역삼각형이다. 오른쪽 꼭지점은 염소의 뿔이고, 왼쪽 꼭지점은 물고기의 꼬리이다. 염소의 뿔은 제우스에게 젖을 먹인 염소의 뿔로 풍요의 뿔을 의미한다. 또한 크레타 섬을 의미하는데 이는 생명의 물이 풍부한 바다를 의미하기도 한다.

---

19 아말테아(Amalthea) - http://en.wikipedia.org/wiki/Amalthea_(mythology)

그리스 신화는 수메르시대(c.BC 5000-c.BC 2023)의 수메르 신화를 편집한 것이다. 현재 수메르의 고대문서가 발견되지 않아 확실한 것은 아니지만, 이 별자리에 최초로 염소의 이름을 붙인 것은 천문학의 발상지라고 알려진 수메르의 갈대아(Chaldea) 사람들일 것이다. 당시에는 동쪽 지점에 염소자리가 있어 남쪽까지 내려온 태양이 다시 북쪽으로 돌아가는 것을 바위산을 오르는 염소에 비유했던 것으로 알려져 있다.

2. 남북극의 개발, 심해잠수정/해저로봇/수중음파탐지기/해저정거장

지구의 온난화 영향(Greenhouse effect) 때문에 북극(The Arctic)의 빙하가 매년 1/4씩 녹아 바다 수면이 매년 높아지고 있다(BBC, 28 Sep 2005). 남극(The Antarctic)도 예외는 아니다. 남극의 244개 빙하의 87%가 녹아 작아졌으며(동아일보, 22 Apr 2005), 이로 인해 초대형 빙산이 충돌함으로 남극 지도가 달라졌다는 내용이다(동아일보, 20 Apr 2005). 남북극의 빙하가 녹는다는 것은 분명 인간에 대한 대재앙으로 보고 그냥 넘어 갈 수 있지만, 사실 이는 새로운 시장을 의미하는 것이다. 특히 환경(Environment)과 에너지(Energy) 측면에서 이는 엄청난 판도를 빠꿀 획기적인 미래이다. 환경 측면에서 빙하가 녹아내리지 않도록 하는 기술을 개발한다면 이 영향을 받는 수많은 나라들은 그에 대한 엄청난 대가를 치러야 한다. 이는 앞으로 오존층의 파괴 방지 기술로 확대될 것이다. 이들 환경오염이나 온실가스를 줄이는 기술을 개발하여 활용하면 그렇지 못한 나라들은 그에 상응하는 비용을 지불해야 하는 것이다. 그래서 염소자리시대에는 남극과 북극을 지배하는 왕국이나 도시가 나올 가능성이 매우 크다.

에너지 측면으로 보면 녹는 만큼의 빙하 지역은 정말 말 그대로의 우리의 미래다. 그 바다 밑에는 아무도 건드리지 않은 풍부한 바다 자

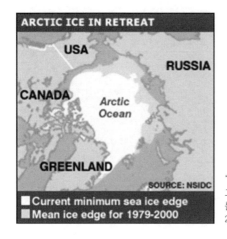

ARCTIC ICE IN RETREAT

USA
RUSSIA
CANADA   Arctic
          Ocean
GREENLAND
SOURCE: NSIDC
■ Current minimum sea ice edge
■ Mean ice edge for 1979-2000

"우리가 보고 있는 것은 온실가스가 증가하고 있다는 것이다. 그러나 저는 여기에 미래를 건다." by Mark Serreze, NSIDC(BBC, 28 Sep 2005)

원들이 기다리고 있다. 그런데 누가 먼저 이 푸른 바다 자원을 차지할 것인가? 기존의 기술을 바탕으로 남북극의 녹아내리는 빙하 밑에 있는 푸른 자원들을 차지할 수 있겠는가?

이미 미국, 러시아, 프랑스, 일본 등은 이들 푸른 바다 자원들을 차지하기 위해 가장 빠른 배와 유무인 심해잠수정(Deep submersible vehicle or bathyscaphe, 深海潛水艇), 해저 로봇 등을 개발하여, 수심 수만 킬로미터 이상을 탐사할 수 있는 해저 탐사기를 개발하고, 남북극에 사는 어류와 자원들을 추적하고 있다. 우리 한국도 한국해양연구원(지금은 한국해양과학기술원) 부설 극지연구소(Korean Polar Research Institute, polar.re.kr)에서 1988년에 전세계에서 33번째로 남극에 세종과학기지(King Sejong Station)를 세웠고, 2002년에 북극(The Arctic)에 다산기지(DASAN Station)를 세우고 해저지형 및 지층탐사, 저서생물 및 해양생물 채취, 육상지질 및 암석표본 채취, 그리고 육상 동식물 분포조사를 하고 있다.

한국해양연구원은 2005년 11월 2일 아시아에서는 일본에 이어 두 번째로 첨단 해양탐사기술을 개발하여 해저 1,200미터에서 솟아오르는 해저열수 분출구를 발견하였으며, 해양수산부는 2005년 12월 7일 심해 6천 미터에서도 해저탐사와 시료채취 작업이 가능한 무인잠수정 '해미래(HEMIRE)'를 개발하여 미국과 프랑스, 일본에 이어 세계에서 네 번째로 6천 미터급 심해 무인잠수정 개발 기술 보유국이 됐다고 밝혔다(조선일보, 7 Dec 2005).

이제 21세기 북극 대전이 시작됐다(동아일보, 10 Oct 2005)고 미국 뉴욕타임즈가 보도한 내용을 『동아일보』는 전하고 있다. 지구온난화로 금세기 안에 여름이면 북극해에서 얼음을 찾아볼 수 없을 것이라는 전망이 나오면서 북극 지역에 수조 달러의 부(富)를 노린 대기업과 국가들이 몰려들고 있다는 것이다.

19세기 중앙아시아 지역을 차지하기 위한 영국과 러시아의 거대한 승부(Great Game)에 비견될 정도라는 말까지 나오고 있다. 석유와 가스 등 막대한 천연자원은 물론 새로운 해상 운송로와 유람선 코스, 황금어장 개척을 위한 거대한 시장이 되고 있는 것이다. 미국 국립지질연구소는 북극해에 전 세계 석유와 가스 매장량의 4분의 1이 묻혀 있는 것으로 추정하고 있다. 바렌츠 해(Barents Sea)의 석유를 둘러싼 노르웨이와 러시아 간에 총성 없는 전쟁에 최근 미국까지 거들고 나서면서 석유전쟁이 복잡한 양상으로 전개되고 있다. 중국까지 노르웨이에 탐사 기지를 건설했다. 이에 뒤질세라 캐나다, 덴마크, 노르웨이, 미국도 수중음파탐지기를 탑재한 쇄빙선과 잠수함을 동원해 해저탐사를 벌이고 있다.

중국이 해양강국 프로젝트의 하나로 2013년 6월 가동한 유인 자오

일본 해양연구개발기구(JAMSTEC)의 신카이 6500. 신카이란 '심해'라는 뜻의 일본어. 현재 존재하는 유인 해저탐사선 중 가장 뛰어난 성능을 자랑한다. Image Credit : 네이버캐스트, 지식백과의 '심해잠수정'

룽(蛟龍)호보다 심해 잠수 능력이 우수한 차세대 유인 잠수정 개발을 추진하고 있다. 심해 잠수정 사업을 주도하는 추이웨이청(崔維成) 중국 선박과학연구센터 부소장은 현지 언론 인터뷰에서 차세대 유인 잠수정은 설계상 최대 잠수 깊이가 1만 1천 미터라고 소개했다. 최근 남중국해 탐사에 투입된 자오룽호는 설계 최대 잠수 깊이가 7천 미터다. 자오룽호는 2012년 6월에 태평양 마리아나 해구에서 해저 7,062미터 잠수에 성공한 바 있다. 추이 부소장은 차세대 잠수정이 개발되면 세계 최고 심해 탐사에 도전할 것이라고 밝혔다. 차세대 잠수정은 군사 분야에도 적극 활용될 수 있다고 추이 부소장은 설명했다. 심해 잠수정이 기본적으로 해저 지형과 광물자원 등을 조사하는 것이 목적이지만 중국이 운용하는 핵 잠수함 등에 잠수 깊이 및 소음 정보 등을 제공할 수 있다는 것이다. 중국은 장기적으로 우주정거장과 같은 역할을 하는 해저정거장 건설도 검토하고 있는 것으로 전해졌다. 해저정거장은 심해 잠수정 탑승 요원 등이 먹고 자고 휴식하는 공간을 제공하는 목적이다(연합뉴스, 30 Jun 2013).

3. 가스 하이드레이트(Gas Hydrate)의 수확, 물을 수소와 산소로 분리

얼지 않는 미스터리(Unfrozen Mystery)!! 물이 새로운 비밀을 나타냈다(H2O Reveals a New Secret). 바다 아래에는 얼음 덩어리에 LNG 등의 천연가스 에너지가 갇혀 있는데, 이를 가스 하이드레이트(Gas Hydrates)라 한다. 왜 이들 가스 에너지가 얼음 덩어리에 갇혀 있는지 그 비밀이 풀렸다. 바다 밑에는 엄청난 양의 가스 하이드레이트가 매장되어 있는데, 지금까지 어느 나라도 이를 캐내지 못했다. 그 이유는 왜 갇혀 있는지 원리를 알아야 캐는 방법을 알아내기 때문이다.

미국 워싱턴 DC 소재 카네기 연구소(Carnegie Institution of Washington)와 테네시 주 소재 오크리지국립연구소(Oak Ridge National Laboratory)의 물리학자들이 새로운 혁신적인 기술로 고압(high pressure)을 만들고, 이때 얼음이 어떻게 행동하는지를 관찰했는데, 일반 기압(atmospheric pressure)보다 500,000배 높은 고압에서는 얼음의 물 분자에서 수소와 산소가 분리되고, 수소가 분리된 산소의 다면체 텅 빈 공간(polyhedral voids, octahedral, interstitial voids)에 저장된다는 사실을 발견하였다(Guthrie et al., 11 June 2013; Science Daily, 10 June 2013). 따라서 이는 바다와 바다 아래 지구 내부의 새로운 에너지 과학을 여는 데 지대한 공헌을 할 것으로 기대하고 있다.

물은 H_2O로, H-O-H로 결합하는데 이때 O를 중심으로 보면 104.5도이다. 물이 얼 때 물 분자들은 수소결합(hydrogen bonds)에 의해 하나의 결정체 격자(a crystalline lattice) 안에 함께 결합해 얼음이 된다. 이때 수소결합은 아주 다재다능(highly versatile)해서 결정체 얼음은

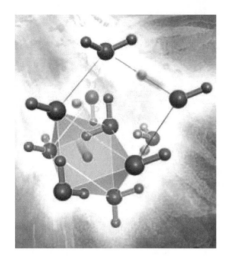

그림 상의 검은색 큰 분자는 산소, 검은색 큰 분자에 달라붙어 있는 두 개의 작은 분자는 수소, 수소가 물 분자에서 분리되어 (떨어져 나온 하나의 분자) 산소의 다면체 텅 빈 공간에 저장됨(왼쪽 아래 다면체). Credit: Image is provided courtesy of Oak Ridge National Laboratory via Science Daily(10 Jun 2013)

16개의 서로 다른 구조로 놀라울 만한 다양성을 나타낸다. 1964년에 어떤 충분한 압력 아래에서는, 수소결합은 물 분자를 분리시킬 수 있다는 가설이 제기되었다. 수소와 산소로 나눈다는 것이다. 그래서 과학자들은 지난 50년간 얼음 속에서 분리된 물 분자를 관찰하기 위해 광범위한 연구에 매료되었다. 그러던 중 1990년도 중반에 카네기 연구팀을 비롯한 여러 연구팀들이 분광기술(spectroscopic techniques)을 이용해 이러한 변화(transition)를 관찰했으나, 이 분광기술은 비간접적이

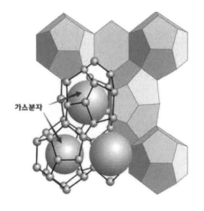

고 오로지 그림의 일부분만 보는 것이 고작이었다.

2006년에 오크리지국립연구소의 핵파쇄중성자원(Spallation Neutron Source)이 일반 연구자들에게 공개되자, 밝고 풍부한 중성자를 이용하여 카네기 연구

팀은 중성자 회절 측정방법(neutron-diffraction measurements)과 일반기압보다 500,000배나 높은 기압을 이용해, 얼음 속에 있는 물 분자에서 수소원자와 산소원자들을 분리해냈다. 그 결과 수소원자들은 산소원자의 격자 층 안에 형성된 다면체 텅 빈 공간에 저장된다는 사실을 발견했다.

또한 물 분자의 분리는 두 가지 메커니즘이 필요하다는 것을 알아냈다. 한 가지는 고압에 의해 분리되는 것이고, 다른 한 가지는 1964년도의 논문에서 예측한 것과는 달리 몇 물 분자들은 저압에서도 분리가 시작된다는 사실을 알아냈다. H_2O의 결합과 분리의 방법을 발견했다는 것도 중요하지만, 지구 내부 또는 바다 깊은 곳에 있는 얼음 안에 존재하는 수소들은, 얼음이 고체임에도 불구하고 유동적, 즉 이동성이라는 사실이다. 이것은 무엇을 의미하는가 하면, 에너지 수확을 의미하는 것이다. 하이드레이트가 어떻게 생성되었는가를 아는 것은 바다의 에너지 수확이 가능하다는 것을 의미하며, 분리된 이동성의 수소를 저장해 자동차의 수소연료로 사용할 수 있다는 것을 의미한다. 또한 하이드레이트뿐만 아니라 심해 지구 내부에 존재하는 고집적 물질(dense matter)에 대한 에너지 접근의 연구에 발판을 열었다는 의미이다.

참고로 수소와 산소가 공기 중에서 만나면 10조 분의 1초(1/10조, 0.1 피코초)로 결합한다. 이 논문이 발표되기 전까지, 우리의 현 기술은 나노초, 즉 10억 분의 1초를 제어하기 때문에, 물에서 수소와 산소를 분리한다는 것이 불가능했다. 기체 다음의 플라스마(융체)로 고온(1500도~3500도)의 열을 가해 분리해낼 수 있지만, 비용이 워낙 많이 들어가 생산성이 없다. 아마도 20~30년 후에 피코(pico, 조 분의 1초) 시대로 진입하면, 지금의 중고생~대학생들은 물에서 수소와 산소를 분리시켜 각종 에너지로 사용할 수 있고, 또한 수소와 산소를 결합시켜 물을 만드는 시대를 열 것이다. 그래서 지금은 식물의 광합성 작용의 원리를 이용한다. 식물들의 엽록소는 태양에너지를 전기에너지로 전환하는데, 이를 모방한 것이 태양전지이다. 또한 식물의 엽록소는 상온(22도)에서도 뿌리에서 끌어올린 물을 그 전 단계에서 생산한 태양전기로 아주 쉽게 전기분해를 하여 수소와 산소로 분리한다. 이를 모방한 것이 인공엽록소 촉매로 물로 가는 자동차 기술이다.

우리나라 동해의 독도 아래에는 LNG 하이드레이트가 매장되어 있다. 일본이 그토록 독도를 자기네 땅이라고 우기는 이유가 바로 여기에 있다. 우리 한국 사람들이 그저 태극기를 들고 독도에 올라 "독도는 한국 땅, 대한민국 만세!"를 외치며 일본에 대해 감정적으로 대응하고 있을 때 일본이나 러시아는 그 아래에 묻혀 있는 얼음 덩어리에 저장된 가스 하이드레이트를 잠수함기술과 해저 탐사기 기술로 찾아낸 것이다. 바다 밑 독도는 울릉도 면적의 6배나 되고 이들은 3개 해산(海山)으로 연결되어 있으며 여기에는 한국이 30년 동안 사용할 6억 톤(지금은 이보다 훨씬 많은 양으로 추정)의 가스 드레이트가 매장되어 있다는 사실이다. 독도의 주인인 우리는 일부만 물위로 돌출된 독도를 우리 땅이라고 외치고 있을 때 일본과 러시아는 해저 탐사를 통해 자기네 땅과 연결된 3개 해산을 발견하고 추적하여 이 엄청난 에너지를 찾아낸 것이다. 이 에너지의 주인은 누구인가? 이 에너지를 지배할 국가는 어느 국가인가? 과연 한국이라고 주장할 수 있는가? 이제 전쟁이 시작된 것이다. 이 전쟁에서 이기는 방법은 우리 한국이 먼저 이 에너지를 채굴하는 기술을 발견 개발하여 100%는 아니지만 50% 이상의 에너지를 차지하는 것밖에는 없다.

가스 하이드레이트는 저온고압에서 천연가스가 얼음처럼 고체화된 상태로 시베리아 동토나 동해 깊은 바닷속에 매장돼 있는 것으로 알려진 미래의 에너지원이다. 일본측은 이미 지난 1984년 일본 전역에서 가스 하이드레이트 매장량 조사를 시작했으며 동해 일원에서도 이미 상당량의 매장 가능성을 확인한 것으로 알려져 있다. 일본이 집요하게 독도의 영유권을 주장하는 이유는 무엇보다 독도 인근에 대량 매장된 지하자원에 대한 욕심 때문이라고 SBS TV '백만불 미스터리'는 2005년 3월 21일 오후 7시 5분 방송에서 주장했다. 프로그램은 경상대 백우현 교수의 말을 빌려 "가스 하이드레이트가 독도 분쟁의 불씨다"라는 주장을 전했다. 백 교수가 독도 부근에 가스 하이드레이트가 대량 매장돼 있다는 사실을 알게 된 것은 1997년 러시아의 과학원을 방문했을 때였다. 당시 그 같은 사실은 국내에는 생소한 소식이었다. 하지만 이미 오래 전에 이런 사실을 파악하고 있던 일본은 독도의 영유권 문제를 지하자원 확보와 연결시켜 인식하고 있었다고 한다. 실제로 가스 하이드레이트가 매장돼 있는 독도 남서 해역은 일본이 독도와 함께 일본 해역이라고 주장하는 곳과 상당 부분 겹쳐 있다. 또 일본은 가스 하이드레이트 개발을 위해 한 해 수십억 달러를 들이고 있는 실정이다.

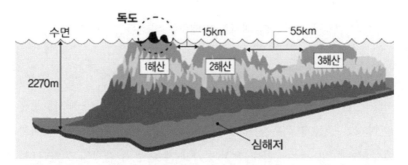

바다 밑 독도는 울릉도 면적의 6배, 3개 해산(海山)으로 연결… 일부만 물위로 돌출. 사진 : 세계일보 (18 Mar 2005)

이에 대해 뒤늦게나마 우리 정부도 지난 2000년부터 2004년 12월까지 동해 전 해역에 걸쳐 광역 기초탐사를 벌인 결과 동해 울릉분지와 독도의 광범위한 해역 수십 곳에 LNG 환산으로 6억 톤 가량의 가스 하이드레이트가 매장돼 있는 것으로 조사됐다고 2005년 3월 17일 한국가스공사와 지질자원연구원이 밝혔다. 산업자원부는 이번 기초탐사로 드러난 가스 하이드레이트에 대한 시추작업과 상업생산을 위해 2007년까지 667억 원을 투입했고, 지질자원연구원, 석유공사, 가스공사 등으로 전담사업단을 구성, 동해 일원에 대한 정밀조사를 벌이고 있다. 정부는 중장기 계획을 성공적으로 수행할 경우 오는 2014년에는 가스 하이드레이트에 대한 시험생산 및 상업생산기술이 완성될 수 있을 것으로 보고 있다(동아일보, 18 Mar 2005; 조선일보, 17 Mar 2005).

4. 바다왕국과 바다도시 – 해저도시, 심해 지하도시, 생물체 로봇, 인간복제

분명 염소자리시대에는 바다와 해저를 지배하는 왕국들이나 나라들이 탄생할 것이다. 남극과 북극을 중심으로 재편될 것으로 필자는 예측하고 있다. 북극보다는 남극을 지배하는 왕국이 힘이 더 셀 것으로 보고 있다. 왜냐하면 노아의 홍수를 보더라도 그 근원지는 남극이기 때문이다. 따라서 이때가 되면 땅 위를 지배하는 나라들, 지구 내부를 지배하는 나라들, 그리고 바다와 해저를 지배하는 나라들로 재편될 것이다.

앞서 물병자리에서 언급했듯이 바다왕국, 해저왕국, 그리고 바다도시를 건설하려면 인간의 노동력을 대체할 무인잠수정이나 해저로봇뿐만 아니라 생물체 로봇을 개발해 투입할 것은 뻔한 일이다. 현재 바다에서 수색하고 채굴작업을 할 바닷가재 로봇 등이 개발되고 있다. 물병자리에서 언급했듯이, 같은 이유로 인간의 노동을 대체할 인간복제의 가능성이 높다. 아니면 하나님들의 과거 인간 창조 행위를 반복해 바다 또는 해저에 최적화된 인간복제 혹은 또 다른 유형의 인간을 창조할 수도 있다.

우리나라가 개발한 게 모양의 6족 로봇이 화제다. 씨넷은 한국해양과학기술원(KIOST)이 개발한 게 모양의 6족 로봇이 해저탐사 잠수정의 미래가 될 전망이라고 보도했다(Cnet, 30 Jul 2013). 크랩스터 CR200(Crabster CR200)으로 명명된 이 게 로봇은 거친 바닷속 환경에서 움직임에 제약을 받지 않는 최적의 설계로 꼽히고 있다. 한국해양과학기술원은 2013년 7월에 해양수산부의 지원을 받아 5개 대학과 공동으로 개발한 탐사는 물론 얕은 바닷속 거친 물살 속에서도 다이버들이 하던 작업을 수행할 크랩스터 CR2000 로봇 시험과정을 공개했다(Youtube, 19 Jul 2013).

다이버들이 수중에 잠수해 작업할 수 있는 바닷속 유속환경은 초속

한국해양기술원이 개발한 게 모양 로봇. 4명이 조종하며 다이버들의 작업한계인 유속이 초속 1.5미터 이상인 거친 환경에서도 수일간 작업할 수 있다. 사진=한국해양기술원 via Zdnet(31 Jul 2013)

1.5미터가 한계다. 이를 해결하기 위해 한국해양과학기술원은 바닷속을 걸어다닐 수 있는 갑각류를 본뜬 6족 게 로봇을 설계 제작했다. 게 로봇의 다리는 30개의 관절로 형성돼 있다. 이 잠수정 로봇은 한번 잠수하면 수일간 바닷속에 머물면서 수중음파로 탐지된 데이터를 수집하고, 두 앞발로 수중 샘플을 수집할 수 있다. 로봇의 외부 등껍질 부분은 강한 해류에 견딜 수 있도록 설계됐다. 0.6톤짜리 로봇은 컨테이너와 크레인으로 바닷속으로 내려진다. 이 로봇은 네 명의 승무원이 모든 작동과정을 동시에 모니터하면서 작동시키도록 돼 있다. 주조종사는 게 로봇을 조종한다. 조수는 게 로봇의 라이트, 카메라 및 앞다리를 살피게 된다. 또 다른 승무원은 운전계획을 세우며, 네 번째 승무원은 센서장치를 담당한다. 컨테이너 속에 든 원격기지가 로봇과 함께 움직인다.

이러한 예측 또한 매우 중요한데, 이들 바다왕국 또는 해저왕국은「요한계시록」에 등장하는 '바다에서 한 짐승이 나오는데(a best coming out of the sea)'(「요한계시록」13장 1절)와 밀접한 관계가 있다고 필자는 생각하기 때문이다. 이 부분에 대해서는『바이블 매트릭스』시리즈 5권『예수님의 재림과 새 하늘과 새 땅의 창조』에서 자세히 다루기로 한다.

6절 불경한 자들의 파멸, 궁수자리(AD 6420~)와 전갈자리(AD 8580~)의 상징과 의미

1. 궁수자리(AD 6420~), 기근과 전쟁의 시작?

그리스 신화에 따르면, 상반신이 사람이고 하반신이 말인 반인반마(半人半馬)의 켄타우로스(Centaur, Centaurs, Centaurus) 종족들은 활을 가지고 야산을 돌아다니는 거칠고 야만적인 종족인데, 켄타우로스 종족이지만 유독 케이론(Chiron, Cheiron or Kheiron)만은 달랐다. 케이론은 크로노스(Cronus) 신의 피를 이어받고, 불사의 신체에 켄타우로스족답게 활도 아주 잘 쐈다. 그는 기품이 있고 착하고 현명하여, 아폴론(Apollo)과 아르테미스(Artemis)로부터 음악과 의술, 수렵, 예언 술을 전수받은 후 페리온 산(Mount Pelion)의 동굴에 살면서, 전수받은 지식을 그리스의 신들과 영웅들에게 가르쳤다. 헤라클레스(Heracles)는 그에게서 천문학을 배우고, 트로이 전쟁(Trojan War)의 영웅 아킬레우스(Achilles)는 케이론에게 무술을 배웠다고 한다.

영웅 헤라클레스는 자신이 마신 술 향기를 따라온 켄타우로스족과 싸운 일이 있었다. 헤라클레스는 히드라(Hydra)의 독을 칠한 화살로 그들을 물리치고, 페리온 산속까지 도망자들을 쫓아갔다. 도망친 세 명의 켄타우로스는 급하게 케이론의 동굴로 뛰어들어갔다. 동굴까지 뒤쫓아온 헤라클레스는 깊이 생각하지 않고 동굴 안을 향해 화살을 쏘았다. 그런데 그 화살이 그만 케이론의 무릎에 맞고 말았다. 화살에 칠해진 히드라의 독에 닿은 자는 죽을 때까지 고통 속에 살아야만 했기 때문에, 불사의 케이론은 죽지도 못하고 영원히 괴로워해야만 했다. 마침내 괴로움을 견딜 수 없었던 케이론은 프로메테우스(Prometheus)에게 불사를 양보하고 죽음 속에서 안식을 구했다. 제우스(Zeus)는 많은 영웅을 키운 케이론의 공적을 높이 사 천상으로 올려 보내 궁수자리로 만들었다고 한다.

궁수자리의 활은 그리스 신화에서는 반인반마인 케이론이 전갈자리의 알파별인 안타레스(Antares)를 향해 활시위를 힘껏 당긴 모습으로 그려져 있는데, 이것은 제우스의 명령으로 옆에 위치한 전갈자리가 난폭해지지 않도록, 전갈의 심장인 빨갛게 빛나는 1등성 안타레스를 조준하고 있는 것이라고 한다

궁수자리의 상징인 반인반마인 케이론이 활을 전갈자리의 심장인 안타레스를 향해 조준하고 있는 모습. 사진: 네이버캐스트/궁수자리(왼쪽); wikipedia.org/wiki/Sagittarius_(constellation)(오른쪽)

반인반마가 활을 당기고 있다는 것은 무슨 의미일까? 성경에는 병거 (전차, 마차) 즉 수레(chariot), 말, 마병, 군대 등의 단어가 나온다. 땅의 군대 는 주로 인간으로 구성된 이스라엘 백성들과 적군들이 주도하는데, 이때 의 군대를 보면, 말들(horses)이 수레들을 끌고, 말들 위에는 말을 모는 마 병들(horsemen)이 앉았으며, 그리고 군대(troop)가 그 뒤를 따른다(「출애굽 기」14:10 등 다수). 반인반마란 말을 탄 마병이다. 마병이 활통에서 활을 뽑 아 시위를 당긴다는 것은 무엇을 의미하는 것일까?

필자가 보기에 이때부터 기근과 전쟁이 일어 난다는 것은 아닐까? 물병자리(AD 2100~)에서 인간은 신의 경지에 다다른 과학기술을 이용 해 모든 땅 위의 자원과 땅 내부의 자원들을 다 소진시키고, 염소자리 (AD 4260~)에서 바다의 자원과 바다 내부의 자원을 다 소진시킬 것임 에 틀림이 없다. 이때 왕국들과 나라들은 (1) 땅 위의 왕국들과 나라들, (2) 땅 내부의 지하왕국들과 지하 나라들, 그리고 (3) 바다와 바다 내부의 왕국들과 나라들로 나뉘어질 것이다.

이때부터 인간은 신의 경지에 도달한 과학기술을 바탕으로 오만에 빠져 자기들이 신인 양 불법(wickedness, inequity, evil, sin)을 자행하게 되고, 많은 사람들이 사랑(love)이 식어(cold) 불경한 자(Ungodly man)가 되어, 하나님들을 무시하고 적대시하게 될 것이다. 그리고 설상가상으로 땅 위나 땅 내부나 바다의 자원이 고갈될 것이다. 따라서 땅 위의, 땅 내부의, 바다의 각 민족과 각 나라들은 고갈된 자원을 쟁취하고자, 엄청난 과학기술을 이용하여, 핵전쟁 이상의 전쟁으로, 민족이 민족을, 나라가 나라를 대적하여 전쟁을 일으킬 것이고, 처처에 기근과 지진이 있을 것이다. 이것이 바로 '재난의 징조(Signs of the End of the Age)'가 될 것이고, 그 뒤를 이어 '큰 환란(The Great Distress or Tribulation)'이 올 것이다(「마태복음」 24장). 이때 재난의 징조란, 『바이블 매트릭스』 시리즈 2권 『인간 창조와 노아 홍수의 비밀』에서 밝혔듯이 '노아의 때(the days of Noah)'와 같이 홍수가 일어나기 전의 여섯 번의 기근이 있을 것이다. 그렇지만 그 여섯 번의 기근은 노아의 때와는 전혀 다른 차원의 기근이 될 것이며, 여섯 번의 기근을 포함한 재난과 그 후의 큰 환란의 날도 택한 자들을 위해 감하게 될 것이다(for the sake of the elect those days will be shortened)(「마태복음」 24:22, NIV).

필자가 보기에는 이 여섯 번의 전쟁과 기근이란 「요한계시록」 6장에 등장하는 '일곱 봉인에 담긴 심판(The Seals)' 중 첫째 봉인부터 여섯째 봉인까지의 심판, 즉 전쟁과 기근을 말하는 것이라 생각된다. 자세한 것은 『바이블 매트릭스』 시리즈 5권 『예수님의 재림과 새 하늘과 새 땅의 창조』를 참조하라.

2. 전갈자리(AD 8580~), 큰 환란의 시작? 황충/전갈의 생물체 로봇/ 무기

전갈자리(Scorpio, Scorpius)의 탄생은 이렇다. 그리스 신화에 따르면 사냥꾼(huntsman)인 오리온(Orion)의 자만심이 하늘을 찌를 듯 높아 "이 세상에서 자기보다 강한 자는 없다"고 하고 지구상의 모든 동물들을 죽이겠다고 하며, 올림포스 신들, 특히 여신인 아르테미스(Artemis)와 그녀의 어머니인 레토(Leto) 혹은 헤라(Hera) 여신에게 자랑하고 다녔다고 한다. 이 말을 듣고 화가 난, 스스로도 사냥꾼인 아르테미스와 레토 여신 혹은 헤라 여신이 동물들을 보호하고 오리온을 죽이고자 전갈을 풀어놓았다고 한다. 사실 전갈도 오리온을 죽이지 못했고, 오리온은 자신의 동료인 아르테미스가 쏜 화살에 맞아 죽었다. 그럼에도 불구하고, 오리온과 전갈의 싸움은 제우스 신의 눈길을 끌었고, 아르테미스의 간청으로, 전갈은 오리온을 죽인 공로로 하늘의 별자리가 되었다고 한다.

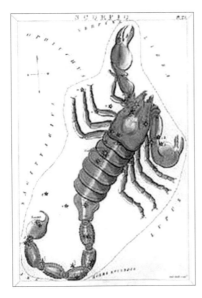

c.1825년경에 런던에서 출판된 별자리 카드에 새겨진 전갈자리. Credit: wikipedia.org/wiki/ Scorpius

독침을 휘두르며 오리온에게 다가가는 신화 속의 전갈이 전갈자리가 되었지만, 전갈은 영원히 오리온을 죽일 수 없다. 그 이유인즉, 밤하늘에서 전갈자리가 떠오를 때면 오리온자리가 서쪽 하늘로 달아나 져버리고 전갈이 하늘을 가로질러 지하로 쫓아 내려가면 오리온은 동쪽에서 올라오기 때문이다.

전갈(Scorpion)은 포식성의 절지동물로 앞에는 두 개의 집게(Pincers or Chelae)를 가지고 있으며, 길고 마디의 뾰족한 꼬리(Tail or Metasoma)에는 독(venom)을 분비하는 침(stinger)이 있다. 사람을 물 수 있고 꼬리의 침은 독성이 매우 강하여 1등급의 전갈에 쏘이면 2시간 내에 사망한다. 전갈의 독은 뉴로독소(neurotoxins), 효소(enzyme), 억제제(inhibitors) 등의 복합물로 이루어져 있다. 알려진 전갈 종의 1,000개 이상 중 오로지 25%만이 인간을 죽일 수 있는 독액을 가지고 있다. 그렇지만 나머지 전갈들의 독침은 인간을 바로 죽일 수는 없지만, 일단 쏘이면, 따갑고 아프고 괴로우며, 쏘인 자리가 붉게 변한다. 전갈의 크기는 9밀리에서 20센티미터에 이른다.

궁수자리의 활은 반인반마인 케이론이 활 통을 메고 전갈자리의 알파별인 안타레스를 향해 활시위를 한껏 당긴 모습이라고 했다. 그것은 민족이 민족을, 나라가 나라를 대적하여 전쟁이 일어나며, 처처에 기근과 지진이 있을 것이라고 했다. 이것이 '재난의 징조(Signs of the End of the Age)'라고 했다(「마태복음」 24장). 재난의 징조는 궁수자리(AD 6420~AD 8579)에서 시작된다.

그렇다면 전갈자리의 상징적 의미는 무엇일까? 그 것은 '재난의 징조' 다음에 오는 '큰 환란(The Great Distress or Tribulation)'일 가능성이 크다. 필자가 보기에는 큰 환란이란「요한계시록」8장~11장에 등장하는 '일곱 천사의 나팔(The Trumpets)' 중 첫 번째부터 여섯 번째 천사의 나팔의 첫째(「요한계시록」9:12)와 둘째(「요한계시록」11:14) 화(Woe)를 말하는 것이라고 생각한다. 이 중 전갈은 다섯 번째 천사의 나팔에 등장한다.

다섯째 천사가 나팔을 부니 하늘에서 땅으로 별 하나가 떨어져 무저갱 즉 아래세계의 문을 연다. 그러자 무저갱으로부터 연기가 올라와 해와 달을 가려 보이지 않는다. 영화〈매트릭스〉의 시나리오처럼 지구 내부의 지하세계인 '시온(Zion)'의 문이 열리는 것이다. '시온'의 문을 열자면 핵 이상의 무기가 필요한데, 바로 하늘에서 별이 하나 떨어져 엄청난 폭발로 인해 문이 열리고, 그 폭발의 구름으로 인해 해와 달이 보이지 않는다는 것이다.

영화〈매트릭스〉의 시나리오처럼, 매트릭스와 인간의 전쟁이 일어난다. 이 시나리오의 배경은 2,199년이다. 인간은〈매트릭스〉를 파괴할 목적으로 핵을 터뜨려 그 폭발의 검은 구름으로 해를 가리는데,〈매트릭스〉에 에너지를 공급하는 것이 바로 태양이기 때문이다. 그러나〈매트릭스〉에서는 해가 보이지 않지만, 인공지능(AI) 베이스의〈매트릭스〉는 인간을 거의 다 죽이고 인공자궁을 만들어 인간을 복제해서 인간으로부터 나오는 에너지를 이용해〈매트릭스〉를 운영한다. 영화〈매트릭스〉의 시나리오로「요한계시록」9장 1절~2절을 짐작할 수 있지만, 이 사건은 전갈자리에서 일어난다고 가정할 때, 별이 하늘에서 떨어졌다고 생각해 보라. 소행성이나 혜성이 지구에 떨어져도 그 위력은 엄청날 텐데, 그것도 별이 떨어진다? 그 위력은 상상도 못할 것이다.

「요한계시록」9:1 - 다섯째 천사가 나팔을 불매 내가 보니 하늘에서 땅에 떨어진 별 하나가 있는데 저가 무저갱의 열쇠를 받았더라(The fifth angel sounded his trumpet, and I saw a star that had fallen from the sky to the earth. The star was given the key to the shaft of the Abyss)(NIV); Then the fifth angel blew his trumpet, and I saw a star that had fallen to earth from the sky, and he was given the key to the shaft of the bottomless pit(1). / (1)Or the abyss, or the underworld; also in 9.11)(New Living)

9:2 - 저가 무저갱을 여니 그 구멍에서 큰 풀무의 연기 같은 연기가 올라오매 해와 공기가 그 구멍의 연기로 인하여 어두워지며(When he opened the Abyss, smoke rose from it like the smoke from a gigantic furnace. The sun and sky were darkened by the smoke from the Abyss)

무저갱의 문이 열리자 황충(메뚜기, locusts)이 나오는데 그 권세가 전갈의 권세를 받는다. 그리고 황충은 천사의 메시지를 받는다. 이미 2부 9장 "애굽에 내린 10개의 재앙, 인간(신)과 동물/곤충의 인터페이스(BBI)"의 5절인 "동물과 곤충을 유도하는 초음파기술, 인간(신)과 동물의 인터페이스(BBI)"와 6절의 "나노 접착제 분자 털과 양자동조(Quantum Sync) 기술"에서 언급했듯이 동물유도전파 기술로 메시지를 황충에게 전달 할 수 있다. 황충들은 오직 이마에 하나님의 인 맞지 아니한 사람들만 해하라는 명령을 받는다. 전갈 꼬리로 독을 쏘되 바로 사람을 죽이는 전갈의 독성 아니라 쏘이면 아프고 괴롭고 따갑고 쓰린 독성을 쏘아 다섯 달 동안 불경한 자들(Ungodly men)을 괴롭힌다.

9:3 - 또 황충이 연기 가운데로부터 땅 위에 나오매 저희가 땅에 있는 전갈의 권세와 같은 권세를 받았더라(And out of the smoke locusts came down upon the earth and were given power like that of scorpions of the earth)

9:4 - 저희에게 이르시되 땅의 풀이나 푸른 것이나 각종 수목은 해하지 말고 오직 이마에 하나님의 인 맞지 아니한 사람들만 해하라 하시더라(They were told not to harm the grass of the earth or any plant or tree, but only those people who did not have the seal of God on their foreheads)

9:5 - 그러나 그들을 죽이지는 못하게 하시고 다섯 달 동안 괴롭게만 하게 하시는데 그 괴롭게 함은 전갈이 사람을 쏠 때에 괴롭게 함과 같더라(They were not given power to kill them, but only to torture them for five months. And the agony they suffered was like that of the sting of a scorpion when it strikes a man)

9:6 - 그 날에는 사람들이 죽기를 구하여도 얻지 못하고 죽고 싶으나 죽음이 저희를 피하리로다(During those days men will seek death, but will not find it; they will long to die, but death will elude them)

그런데 다음 구절을 보면 황충은 그냥 곤충의 황충이 아님을 알 수 있다. 황충은 전쟁을 위한 말들 같고, 그 머리에는 보호장치의 면류관을 썼으며, 그 얼굴은 사람 같고라는 것은 바로 생물체 로봇에 탑승해 조정하는 이는 천사들(사자들)이라는 것이다. 정확히 말하면 황충의 장점과 전갈의 독침, 즉 생물체의 특성, 구조 및 원리를 모방하는 생체모방학(Biomimetics or Biomimicry) 기술을 이용한 생체 로봇임을 알 수 있다. 다시 말하면 영화 〈매트릭스 레볼루션(Matrix Revolution, 2003)〉의 시나리오처럼, 〈매트릭스〉의 감지/파수동물로봇들(Sentinel Animals)이 지구내부의 '시온'을 공격하자, '시온'에 있던 생체를 닮은 로봇들인 무장개인로봇(Armoured Personnal Unit, APU)이 이에 맞서 공격하는 장면과 흡사하다. 이러한 인간탑승형 로봇군단인 APU와 같은 로봇을 파워보조수트(Power Assist Suite), 줄여서 파워수트(PAS)라고 한다. 이 파워수트 안에는 당연히 시온의 진짜 인간들이 탑승해 로봇을 조정한다.

그러나 황충과 전갈을 융합해 만든 생체 로봇은 〈매트릭스 레볼루션〉의 파워수트와는 게임이 다른 엄청난 파워가 있을 것이다.

9:7 - 황충들의 모양은 전쟁을 위하여 예비한 말들 같고 그 머리에 금 같은 면류관 비슷한 것을 썼으며 그 얼굴은 사람의 얼굴 같고(The locusts looked like horses prepared for battle. On their heads they wore something like crowns of gold, and their faces resembled human faces)

9:8 - 또 여자의 머리털 같은 머리털이 있고 그 이는 사자의 이 같으며(Their hair was like women's hair, and their teeth were like lions' teeth)

9:9 - 또 철흉갑 같은 흉갑이 있고 그 날개들의 소리는 병거와 많은 말들이 전장으로 달려들어가는 소리 같으며(They had breastplates like breastplates of iron, and the sound of their wings was like the thundering of many horses and chariots rushing into battle)

9:10 - 또 전갈과 같은 꼬리와 쏘는 살이 있어 그 꼬리에는 다섯 달 동안 사람들을 해하는 권세가 있더라(They had tails and stings like scorpions, and in their tails they had power to torment people for five months)

9:11 - 저희에게 임금이 있으니 무저갱의 사자라 히브리 음으로 이름은 아바돈이요 헬라 음으로 이름은 아볼루온이더라(They had as king over them the angel of the Abyss, whose name in Hebrew is Abaddon, and in Greek, Apollyon)(NIV); They have a king ruling over them, who is the angel in charge of the abyss. His name in Hebrew is Abaddon; in Greek the name is Apollyon (meaning "The Destroyer")(Good News); Their king is the angel from the bottomless pit; his name in Hebrew is Abaddon, and in Greek, Apollyon - the Destroyer(New Living)

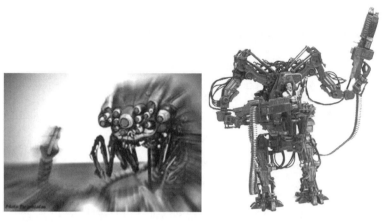

〈매트릭스 레볼루션, 2003〉에 등장하는 파수동물로봇(왼쪽)과 이에 대항하는 시온의 저항군 로봇인 무장개인로봇(APU, 오른쪽). Image Credit : TheMatrix.com

그런데 질문이 떠오른다. 황충과 전갈이 융합된 생체 로봇들을 다스리는 자가 있다. 저희에게 임금(왕)이 있으니 무저갱의 사자(the angel)이다. 히브리어로는 '아바돈(Abaddon)'이요 그리스 헬라어로는 '아볼루온(Apollyon)'이요, 그 의미는 파괴자(The Destroyer)라는 뜻이다. 이들은 도대체 누구란 말인가? 또한 전갈의 꼬리를 가진 황충 로봇들은 누가 개발한 것일까? 지구내부 왕국이나 나라들이 개발한 것일까? 아니면 하나님들이 개발하여 사전에 준비시킨 것일까? 보다 자세한 것은 『바이블 매트릭스』 시리즈 5권 『예수님의 재림과 새 하늘과 새 땅의 창조』를 참조하라.

7절 심판과 새로운 창조, 천칭자리(AD 10740~)와 처녀자리(AD 12900~)의 상징과 의미

1. 천칭자리(AD 10740~), 정의의 저울대, 예수님의 재림?

그리스 신화에 따르면 천칭자리는 제우스와 법의 여신 테미스(Themis)

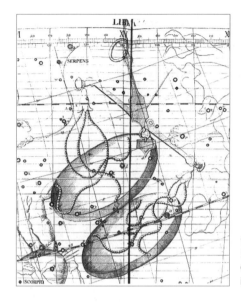

1729년에 플램스티드(John Flamsteed)가 그린 별자리의 천칭자리. Image Credit : Ian Ridpath at http://www.ianridpath.com/startales/libra.htm

의 딸이며 정의의 여신인 아스트라에아(Astraea)가 가지고 다니던 정의의 저울대로 알려져 있다. 이 저울대는 인간의 선악을 재어 운명을 결정하는데 쓰여지던 것으로 정의와 공평을 위해 봉사한 아스트라에아의 공적을 기리기 위하여 하늘에 올려졌다고 한다. 유독 천칭자리는 다른 별자리와는 달리 동물의 상징이 없다. 천칭자리는 전갈자리의 집게발(Claw of the Scorpion)이라고도 한다. 천칭자리로 독립한 것은 기원전 1세기경이라고 하는데, 그 후로도 잠시 전갈자리와 동일시되는 과도기가 있었던 듯하다.

그리스 신화에 따르면 신과 인간들은 제우스의 아버지인 크로노스(Cronus)가 세상을 지배하고 있을 때를 황금시대(Golden Age)라고 불렀다.[20] 왜냐하면 모든 생물은 늙지 않고, 지상에 있는 모든 혜택을 받으며, 어떤 고통이나 번민도 없이 행복하게 살 수 있었기 때문이었다.

그런데 초목이 살기 힘든 겨울이 생기고, 은의 시대(Silver Age)로 들어서자 사람들은 먹을 것을 얻기 위해 땀을 흘리며 열심히 일을 해야만 했다. 그리고 필연적으로 사람들 사이에 추악한 싸움이 일어나기 시작했다. 그때까지 신들은 지상에서 인간과 함께 살았지만 싸움이 도처에서 일어나자 신들은 하나 둘씩 모두 천상계로 올라가 버렸다. 그러나 사람들이 싸우긴 했지만 결코 살인은 하지 않았기 때문에 정의의 여신 아스트라에아는 지상에 남아 사람들에게 계속해서 정의를 설파했다. 아스트라에아는 손에 천칭을 들고 있다가 싸움이 일어나면 그 당사자들을 천칭에 올려놓고 옳고 그름을 쟀다. 바른 인간을 태운 접시는 올라가고, 부정한 인간을 태운 접시는 내려갔다고 한다. 이 천칭을 갖고 아스트라에아는 아주 공정하게 재판을 했던 것이다. 그러나 은의 시대가 끝나고, 청동의 시대(Bronze Age)가 되자 사람들은 한층 더 야만적으로 변해 친형제조차도 죽이기 시작했다. 청동의 시대에는 서로를 죽이며 스스로 멸망의 길을 걷고 말았다. 이어지는 영웅의 시대(Heroic Age)는 신들을 존경하는 영웅들이 나타나 이전보다는 나은 시대가 되었다. 그러나 그것을 지나 철의 시대(Iron Age)에 들어서자 사람들은 완전히 타락하고, 집단으로 무기를 들고 전쟁을 하기에 이르렀다. 인간들의 세상이 여기에까지 이르자 마침내 아스트라에아도 인간을 포기하고 천상계로 가버렸다. 이렇게 해서 아스트라에아는 처녀자리가 되고, 아스트라에아가 들고 있던 천칭은 천칭자리가 되었다고 한다.

그러나 아스트라에아는 언젠가 지구로 다시 온다고 한다. 다시 돌아와 인간들을 저울에 달고 심판을 한다고 한다. 그리고는 그 전의 황

---

20 Five Ages of Man – http://en.wikipedia.org/wiki/Ages_of_Man, http://en.wikipedia.org/wiki/Astraea_(mythology)

금시대에 그녀가 했던 대사(ambassador)의 역할을 다시해 지상에 유토피아적인 황금시대(utopian Golden Age)를 건설한다고 한다.

그렇다면 천칭자리(AD 10740-AD 12899)에 예수님이 재림하신다는 것은 아닌가? 저울을 가지고 심판하러 오신다는 것이 아닌가? 마지막 수확을 하러 오신다는 것이 아닌가?(「요한계시록」 14장 14절~20절). 보다 자세한 것은 『바이블 매트릭스』 시리즈 5권 『예수님의 재림과 새 하늘과 새 땅의 창조』를 참조하라.

2. 처녀자리(AD 12900~), 새로운 생명의 탄생, 새 하늘과 새 땅?

앞절에서 살펴보았듯이 아스트라에아는 처녀자리가 되고, 아스트라에아가 들고 있던 천칭은 천칭자리가 되었다. 그러나 페르세포네(Persephone) 또는 데메테르(Demeter) 여신이라는 설도 있다. 보통 서양에서는 정의의 여신이 칼과 천칭을 들고 있으나, 옛 별자리 그림의 처녀자리는 보리 이삭을 든 여신의 모습으로 그려져 있다. 여기서 이 여신은 식물의 싹틈과 곡물의 수확을 맡아보는 대지의 여신 데메테르라고도 하고, 그의 딸 페르세포네라기도 한다. 처녀자리는 봄이 왔음을 알리는 대표적인 별자리이다.

대지의 여신 데메테르와 제우스의 딸인 페르세포네에 관한 이야기는 다음과 같다. 페르세포네는 지하세계의 왕인 하데스(Hades)의 마음을 사로잡을 정도로 아름다운 여인이었다. 페르세포네의 아름다움에 반한 하데스는 그녀를 납치하여 자신의 아내로 삼았다. 페르세포네는 지하세계에서 부족할 것 없는 생활을 하였지만 가끔씩 땅 위의 풍경들을 생각할 때면 깊은 슬픔에 잠기곤 하였다. 한편 페르세포네가 지하세계로 납치된 후 딸을 잃은 데메테르는 비탄에 빠졌고, 토지의 여신

처녀자리의 모습. Image Credit : 네이버케스트/처녀자리

새로운 생명의 탄생을 상징하는 처녀자리. Image Credit : http://commons.wikimedia.org/wiki/
Category:Virgo_(astrology)

이 슬퍼하자 대지는 황폐해져, 사람과 동물들이 살 수 없는 지경에 이르게 되었다. 신들의 왕인 제우스는 이를 방관할 수 없어 지하세계의 왕이자 자신의 형인 하데스를 설득하였다. 결국 제우스의 도움으로 페르세포네는 일 년의 반 동안만 지하세계에 있고 나머지 반은 지상에서 어머니와 함께 지낼 수 있게 되었다. 딸을 만나게 되어 데메테르의 슬픔이 가시게 되면 땅은 다시 활기를 찾게 된다. 봄이 되면 동쪽 하늘로 떠오르는 처녀자리는 지하세계에서 지상으로 올라오는 페르세포네의 모습인 것이다.

처녀자리의 상징은 처녀(Virgin maiden)를 의미하는데, 새로운 생명을 탄생시킨다는 뜻이다. 이를 확대 해석하면 AD 12900년부터 새로운 세상이 열린다는 뜻이다. 그렇다면 새로운 세상이란 「요한계시록」 21장에 명시되어있는 '새 하늘과 새 땅(The New Jerusalem)'인 두 번째 우주창조가 아닐까? 보다 자세한 것은 『바이블 매트릭스』 시리즈 5권 『예수님의 재림과 새 하늘과 새 땅의 창조』를 참조하라.

2장
우리의 사명, 두 번째 우주창조,
시작과 끝의 의미

필자는 『바이블 매트릭스』 시리즈 1권 『우주 창조의 비밀』에서, 고고학 문서인 c.BC 18세기에 쓰여진 『창조의 서사시』(King, 1902; Budge, 1921)의 내용과 현대우주물리학이 밝힌 사실을 들어, 하나님들이 이 우주를 창조했다고 했다. 그리고 「창세기」에서 말하는 첫 번째 창조된 우주는 다 사라지거나 특이점(Singularity)-블랙홀(Black hole)로 빨려 들어가, 새로운 빅뱅(Big Bang)을 통해 「요한계시록」의 '새로운 하늘과 땅'의(「요한계시록」 21장~22장) 새로운 우주가 창조된다고 밝혔다. 그러나 두 번째 창조되는 우주는 첫 번째 우주와는 차원이 다른 우주일 것이라는 점을 밝혔다. 어떻게 우리가 두 번째 창조에 참여할 수 있을까? 어떤 우주창조기술을 발견해야 할까?

단, 두 번째 우주창조는 너무 거시적이어서, 구체적인 기술들을 나열할 수 없다. 새로운 하늘과 새로운 땅은 대략 서기 12900년경에 일어날 일이기 때문에 필자도 자세히 쓸 수가 없는 한계로 인하여 대략적인 의미만을 알아보도록 한다. 본 내용은 『바이블 매트릭스』 시리즈 1권 『우주 창조의 비밀』의 3부 3장의 내용을 본 4권에 맞추어 반복해서 인용하거나 추가한 것이다.

1절 우주팽창, 특이점-블랙홀로 빨려 들어가는 「창세기」의 첫 번째 우주

「이사야」(이사야의 예언활동, BC 740-BC 681) 13장 10절에는 우주팽창으로 멀어져간 별들과 성좌들이 더 이상 빛을 내지 않는다고 분명하게 설명하고 있다. 끝날에는 하늘에서 별을 볼 수가 없다는 것이다. 허블(Edwin Hubble)의 우주팽창을 설명하고 있음을 알 수 있다. 태양은 어두워 질 것이며 달도 빛을 내지 않는다는 것은, 대략 50억 년 뒤엔 태양도 생명을 다하고 소멸하기 때문에 달도 빛을 내지 않는다는 의미이다. 지금의 태양은 8개 행성들에 에너지를 공급하는 황색거성(Yellow Giant)이지만, 생명이 다하면 에너지를 잃어 적색거성(Red Giant) → 백색왜성(White Dwarf)으로 변해 마지막으로 폭발해 그 생명을 마감할 것으로 보인다. 그러나 필자가 보기엔 50억 년 뒤가 아니라 이것이 서기 12900년경으로 당겨질 수도 있다. 이에 대해서는 『바이블 매트릭스』 시리즈 5권 『예수님의 재림과 새 하늘과 새 땅의 창조』에서 자세히 논하기로 한다.

　「이사야」 13:10 - 하늘의 별들과 별 떨기가 그 빛을 내지 아니하며 해가 돋아도 어두우며 달이 그 빛을 비취지 아니할 것이로다(The stars of heaven and their constellations will not show their light. The rising sun

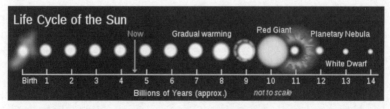

태양의 생명주기(Life-cycle of the Sun), Credit : wikipedia.org/wiki/Sun

will be darkened and the moon will not give its light.)(NIV)

「이사야」 13장 13절에는 하늘이 진동하고 땅을 흔들어 처음 있는 곳에서 사라지게 한다는 내용이 나온다. 이는 특이점이 형성되어서 사건의 지평선 영역에 위치한 하늘과 땅이 블랙홀로 빨려 들어간다는 의미일 것이다.

「이사야」 13:13 - 나 만군의 여호와가 분하여 맹렬히 노하는 날에 <u>하늘을 진동시키며 땅을 흔들어 그 자리에서 떠나게 하리니</u>(Therefore I will make the heavens tremble; and the earth will shake from its place at the wrath of the LORD Almighty, in the day of his burning anger.)(NIV)

「이사야」 34장 4절에는 하늘의 만상, 즉 별들이 용해(溶解, dissolved)되고 하늘이 두루마리처럼 말린다는 내용이 나온다. 이는 분명 특이점을 통해 블랙홀로 빨려들어가는 별들과 하늘을 설명하는 것이다. 또 「이사야」 51장 6절에는 하늘이 연기같이(like smoke) 사라지고 땅이 옷 같이(like a garment) 닳아 없어진다는 내용이 나오는데 이것도 블랙홀로 빨려들어가는 하늘과 땅을 표현한 것이 분명하다.

「이사야」 34:4 - <u>하늘의 만상이 사라지고 하늘들이 두루마리같이 말리되</u> 그 만상의 쇠잔함이 포도나무 잎이 마름 같고 무화과나무 잎이 마름 같으리라(All the stars of the heavens will be <u>dissolved</u> and <u>the sky rolled up like a scroll</u>; all the starry host will fall like withered leaves from the vine, like shriveled figs from the fig tree.)(NIV).

「이사야」 51:6 - 너희는 하늘로 눈을 들며 그 아래의 땅을 살펴라 하늘이 연기같이 사라지고 땅이 옷같이 해어지며 거기 거한 자들이 하루살이같이 죽으려니와 나의 구원은 영원히 있고 나의 의는 폐하여지지 아니하리라(Lift up your eyes to the heavens, look at the earth beneath; the heavens will vanish like smoke, the earth will wear out like a garment and its inhabitants die like flies. But my salvation will last forever, my righteousness will never fail.)(NIV)

「예레미야」(예레미야의 예언활동, BC 626-BC 585) 4장 23절과 28절에도 땅이 혼돈하고 즉 형태가 없어지고(formless) 텅 비었으며(empty), 하늘은 빛을 내지 않는 흑암할 것이라(grow dark) 기록하고 있다. 별들이 우주팽창으로 다 사라지고, 땅도 블랙홀로 빨려들어가 사라진다는 것이 분명하다.

「예레미야」 4:23 - 내가 땅을 본즉 혼돈하고 공허하며 하늘들을 우러른즉 거기 빛이 없으며(I looked at the earth, and it was formless and empty; and at the heavens, and their light was gone.)(NIV)

「예레미야」 4:28 - 이로 인하여 땅이 슬퍼할 것이며 위의 하늘이 흑암할 것이라 내가 이미 말하였으며 작정하였고 후회하지 아니하였은즉 또한 돌이키지 아니하리라 하셨음이로다(Therefore the earth will mourn and the heavens above grow dark, because I have spoken and will not relent, I have decided and will not turn back.)(NIV)

2절 두 번째 우주, 새 하늘과 새 땅의 창조

앞 절에서 특이점을 통해 블랙홀로 빨려들어간 별들과 태양과 지구는 빅뱅을 통해 새로운 하늘과 땅을 창조하게 되는데, 이것이 두 번째 새 하늘과 새 땅, 즉 새로운 두 번째 우주이다. 첫 번째 하늘과 땅은 블랙홀로 모두 사라지고 두 번째 하늘과 땅이 다시 창조된다. 「창세기」에서 말하는 첫 번째 창조된 우주는 다 사라지거나 특이점-블랙홀로 빨려들어가, 새로운 빅뱅을 통해 새로운 하늘과 땅의 새로운 우주가 창조된다는 것이다.

「이사야」 65장 17절과 66장 22절에는 분명 새 하늘(new heavens)과 새 땅(the new earth)을 창조할 것이라 기록하고 있다. 첫 번째 하늘과 땅은 기억조차 마음에 조차 생각나지 않을 것이라 기록하고 있다. 새로운 두 번째 우주가 창조되는 것이다.

「이사야」 65:17 - 보라 내가 새 하늘과 새 땅을 창조하나니 이전 것은 기억되거나 마음에 생각나지 아니할 것이라("Behold, I will create new heavens and a new earth. The former things will not be remembered, nor will they come to mind.)(NIV)

「이사야」 66:22 - 나 여호와가 말하노라 나의 지을 새 하늘과 새 땅이 내 앞에 항상 있을 것같이 너희 자손과 너희 이름이 항상 있으리라 (As the new heavens and the new earth that I make will endure before me," declares the LORD, "so will your name and descendants endure.)(NIV)

현재 관측 가능한 은하는 약 1,000억 개인데, 137억 년 후에는 이

숫자가 수천 개로 줄어들 것이다. 그 후 시간이 더 흐르면 은하수 근방에 있는 12개의 은하들만이 관측 사정거리에 남을 것이고, 나머지는 우주팽창에 의해 지평선 너머로 사라질 것이다. 아니 지금은 우주팽창이 가속화되고 있으므로 137억 년이 아니라 이보다 더 빨리 종말을 맞이할 것이다. 국소적으로 뭉쳐 있는 은하들 사이의 중력은 팽창을 저지할 정도로 강하기 때문에 시야에서 사라지지 않는다. 만일 이 시기에도 하늘을 관측하는 천문학자가 있다면 그는 우주가 팽창하고 있다는 사실을 전혀 눈치 채지 못할 것이다. 국소적으로 뭉쳐있는 은하들은 서로 멀어지지 않기 때문이다. 아득한 미래의 천문학자들은 이 우주가 12개의 우리은하로 이루어져 있으며 정적인 상태를 영원히 유지한다고 믿을 것이다.

아니나 다를까 「베드로후서」 3장을 살펴보자. 4절에는 끝 날의 사람들은 국소적인 우주만을 보기 때문에 우주가 정적이라고 생각하여, "가로되 주의 강림하신다는 약속이 어디 있느뇨 조상들이 잔 후로부터 만물이 처음 창조할 때와 같이 그냥 있다 하니"라는 내용이 기록되어 있다. 그 결과 5절에는 끝 날의 사람들은 첫 번째 우주가 어떻게 창조되었는지 「창세기」 1장의 내용을 망각하고, 6절에는 노아의 홍수도 다 잊어버린다는 내용이 나온다. 그리고 7절에는 하늘과 땅이 불(fire)로 변할 것, 즉 블랙홀로 빨려들어갈 것임을 시사하는 내용이 나온다. 이때 불경한 자들(ungodly men)도 불타는 하늘과 땅과 함께 사라진다고 기록되어 있다.

이 뜻은 첫 번째 심판은 물, 즉 노아의 홍수이고, 이제 두 번째 심판은 불(fire)이라는 것이다. 이때의 불이란 바로 특이점→블랙홀을 의미하는 것이다. 블랙홀이 만들어지려면 무수히 많은 별들과 행성들의 에너지가 필요하다. 우리 태양과 지구도 블랙홀로 빨려들어간다. 여러분이 블랙홀로 빨려들어간다고 생각해 보라.

「베드로후서」3:3 - 먼저 이것을 알찌니 말세에 기롱하는 자들이 와서 자기의 정욕을 좇아 행하며 기롱하여(First of all, you must understand that in the last days scoffers will come, scoffing and following their own evil desires.)(NIV)

3:4 - 가로되 주의 강림하신다는 약속이 어디 있느뇨 조상들이 잔 후로부터 만물이 처음 창조할 때와 같이 그냥 있다 하니(They will say, "Where is this 'coming' he promised? Ever since our fathers died, everything goes on as it has since the beginning of creation.)

3:5 - 이는 하늘이 옛적부터 있는 것과 땅이 물에서 나와 물로 성립한 것도 하나님의 말씀으로 된 것을 저희가 부러 잊으려 함이로다(But they deliberately forget that long ago by God's word the heavens existed and the earth was formed out of water and by water)

3:6 - 이로 말미암아 그 때 세상은 물의 넘침으로 멸망하였으되(By these waters also the world of that time was deluged and destroyed.)

3:7 - 이제 하늘과 땅은 그 동일한 말씀으로 불사르기 위하여 간수하신 바 되어 경건치 아니한 사람들의 심판과 멸망의 날까지 보존하여 두신 것이니라(By the same word the present heavens and earth are reserved for fire, being kept for the day of judgment and destruction of ungodly men.)

「베드로후서」3장 10절~13절에는 블랙홀→빅뱅의 과정이 아주 상세히 기록되어 있다. 끝 날에는 하늘들이 큰 소리와 함께 사라지고, 그 안에 있던 입자들이(the elements, NIV/KJV) 뜨거운 불의 열(heat)에 풀어지고, 즉 용해되고(melt), 땅과 땅 위의 모든 것들이 다 타서 없어진다고 기록되어 있다. 이는 분명 블랙홀로 다 빨려들어가는 과정이라고 볼 수 밖에 없다. 그 결과 13절에는 빅뱅으로 새로운 하늘과 새 땅이 창조된다. 이것은 분명 두 번째 우주가 새롭게 탄생하는 것을 말하는 것이다. 그런데 두 번째 우주는 경건한 자, 즉 의로운 자들만이 들어가 살게 된다.

「베드로후서」 3:10 - 그러나 주의 날이 도적같이 오리니 <u>그 날에는 하늘이 큰 소리로 떠나가고 체질이 뜨거운 불에 풀어지고 땅과 그 중에 있는 모든 일이 드러나리로다</u>(But the day of the Lord will come like a thief. <u>The heavens will disappear with a roar; the elements will be destroyed by fire, and the earth and everything in it will be laid bare</u>(NIV); But the day of the Lord will come as a thief <u>in the night; in the which the heavens shall pass away with a great noise</u>, and <u>the elements shall melt with fervent heat, the earth also and the works that are therein shall be burned up</u>)(KJV)

3: 11 - <u>이 모든 것이 이렇게 풀어지리니</u> 너희가 어떠한 사람이 되어야 마땅하뇨 거룩한 행실과 경건함으로(Since everything will be destroyed in this way, what kind of people ought you to be? You ought to live holy and godly lives.)

3:12 - 하나님의 날이 임하기를 바라보고 간절히 사모하라 <u>그 날에 하늘이 불에 타서 풀어지고 체질이 뜨거운 불에 녹아지려니와</u>(as you look forward to the day of God and speed its coming. <u>That day will bring about the destruction of the heavens by fire</u>, and <u>the elements will melt in the heat</u>.)

3:13 - 우리는 그의 약속대로 의의 거하는 바 새 하늘과 새 땅을 바라보도다(But in keeping with his promise we are looking forward to a new heaven and a new earth, the home of righteousness.)

블랙홀에서 빅뱅이 일어나 새 하늘과 새 땅이 만들어진다. 이를 「요한계시록」 21장에는 '새 예루살렘(The New Jerusalem)'이라 표현하고 있다. 여기서 중요한 것은 새 하늘과 새 땅, 즉 새 예루살렘이 하나님께로부터 하늘에서 내려온다고 기록된 점으로 보아, 그곳은 소행성대에서 특이점→블랙홀→빅뱅이 일어난다고 추측할 수 있다. 다시 말하면 특이점-블랙홀-빅뱅이 일어나는 곳은 하나님과 예수님이 오시는 곳, 즉 소행성대라고 말할 수 있다. 이 소행성대가 하늘, 즉 궁창으로 하나님 아버지와 예수님의 보좌이다.

「요한계시록」 3:12 - 이기는 자는 내 하나님 성전에 기둥이 되게 하리니 그가 결코 다시 나가지 아니하리라 내가 하나님의 이름과 하나님의 성 곧 하늘에서 내 하나님께로부터 내려오는 새 예루살렘의 이름과 나의 새 이름을 그이 위에 기록하리라(Him who overcomes I will make a pillar in the temple of my God. Never again will he leave it. I will write on him the name of my God and the name of the city of my God, the new Jerusalem, which is coming down out of heaven from my God; and I will also write on him my new name.)

20:11 - 또 내가 크고 흰 보좌와 그 위에 앉으신 자를 보니 땅과 하늘이 그 앞에서 피하여 간데없더라(Then I saw a great white throne and him who was seated on it. Earth and sky fled from his presence, and there was no place for them.)

21:1 - 또 내가 새 하늘과 새 땅을 보니 처음 하늘과 처음 땅이 없어졌고 바다도 다시 있지 않더라(Then I saw a new heaven and a new earth, for the first heaven and the first earth had passed away, and there was no longer any sea.)

21:2 – 또 내가 보매 거룩한 성 새 예루살렘이 하나님께로부터 하늘에서 내려오니 그 예비한 것이 신부가 남편을 위하여 단장한 것 같더라(I saw the Holy City, the new Jerusalem, coming down out of heaven from God, prepared as a bride beautifully dressed for her husband.)

21:10 – 성령으로 나를 데리고 크고 높은 산으로 올라가 하나님께로부터 하늘에서 내려오는 거룩한 성 예루살렘을 보이니(And he carried me away in the Spirit to a mountain great and high, and showed me the Holy City, Jerusalem, coming down out of heaven from God.)

3절 두 번째 우주창조 전에, 이 땅에 건설할 에덴 동산(낙원)과 천년왕국

자, 이번 절에서는 「요한계시록」 21장과 22장의 '새 하늘과 새 땅(The New Jerusalem)', 즉 두 번째 우주를 창조하여 그리로 들어가기 전에, 주기도문에 등장하는 "뜻이 하늘에서 이룬 것같이 땅에서도 이루어지이다(Thy will be done in earth, as it is in haven)"의 이 땅에 건설할 에덴 동산과 천년왕국에 대해 살펴보자. 역사는 반복된다고 했다. 「창세기」 2장에 등장했던 잃어버린 에덴 동산(Garden of Eden)이 다시 건설되어 「요한계시록」 20장의 천년왕국시대(The Thousand Years)가 도래한다. 이것은 예수님께서 이 땅에 오셔서 용-뱀-마귀-사단을 이기시고, 첫째 부활한 자들과 휴거로 선택한 자들과 직접 통치하시는, 이 땅에서 이루어질 천년왕국을 말한다.

의롭고 경건한 자들이 건설할 천년왕국의 에덴 동산에 대해 살펴보자. 바로 「이사야」 65장 18절~25절에 자세히 설명되어 있다. 18절에는 영원히 기뻐하며 즐거워하는 예루살렘을 창조한다고 기록되어 있으며, 19절에는 우는 소리와 부르짖는 소리가 더 이상 없는 곳이며, 20절에는 죽는 유아와 연수를 채우지 못하는 노인이 없는 곳이다. 100세에 죽으면 유아겠고 100세를 못 채우면 저주받은 것이다. 그곳은 이 세상처럼 농사를 짓고 집을 짓지만, 연수가 누구나 나무의 나이, 즉 1,000년을 살기 때문에 자기가 지은 집에서만 살고 자기가 농사지은 것만 먹는다. 1,000년을 살기 위해 맞춤식 집을 짓고 맞춤식 농사를 짓기 때문에 남의 집에서 거할 수 없고 남의 농사를 먹을 수 없다는 것이다. 그곳은 잘못되는 일이 없고, 자식들도 병에 걸리는 일이 없으며, 하나님이 항상 보살피신다. 그곳은 이리와 어린 양이 함께 먹고, 사자가 소처럼 짚(straw)을 먹을 것이며, 뱀은 흙을 먹고, 그곳은 서로 해함도 없겠고 상함도 없는 곳이라고 기록하고 있다.

이것은 무엇을 의미하는가 하면 우리보고 1,000년을 영위할 수 있는 그러한 천년왕국을 건설하라는 뜻일 것이다. 물론 우리 인간의 과학으로는 불가능하다. 예수님께서 재림하셔서 도와주어야 가능하다. 중요한 것은 그러한 세상을 우리보고 만들라고 명령한 것이다. 그것은 1,000년을 살고 이리와 양이 함께 먹는 세상, 즉 새로운 생명공학기술을 발견하여 이루라는 것이다. 이것이 예수님이 우리에게 준 사명이다. 창세기에서 인간들에게 금지했던 에덴 동산(낙원)을 우리보고 다시 창조하라는 것이다. 에덴 동산에는 생명나무가 있었다. 이 생명나무의 열매를 먹으면 이 땅에서 1,000살을 영위한다. 아담은 처음에는 생명나무의 열매를 먹었으나 선악과의 비밀을 알면서 쫓겨나 930살을 살았다. 인간들에게 금지되었던 에덴 동산의 생명나무가 이제는 허락으로 바뀌어 1,000살을 영위하는 천년왕국시대가 열리는 것이다.

「이사야」65:18 - 너희는 나의 창조하는 것을 인하여 영원히 기뻐하며 즐거워할지니라 보라 내가 예루살렘으로 즐거움을 창조하며 그 백성으로 기쁨을 삼고(But be glad and rejoice forever in what I will create, for I will create Jerusalem to be a delight and its people a joy.)

19 - 내가 예루살렘을 즐거워하며 나의 백성을 기뻐하리니 우는 소리와 부르짖는 소리가 그 가운데서 다시는 들리지 아니할 것이며 (I will rejoice over Jerusalem and take delight in my people; the sound of weeping and of crying will be heard in it no more.)

20 - 거기는 날 수가 많지 못하여 죽는 유아와 수한이 차지 못한 노인이 다시는 없을 것이라 곧 백세에 죽는 자가 아이겠고 백세 못되어 죽는 자는 저주 받은 것이리라("Never again will there be in it an infant who lives but a few days, or an old man who does not live out his years; he who dies at a hundred will be thought a mere youth; he who fails to reach a hundred will be considered accursed(NIV); There shall be no more thence an infant of days, nor an old man that hath not filled his days: for the child shall die an hundred years old; but the sinner being an hundred years old shall be accursed)(KJV)

21 - 그들이 가옥을 건축하고 그것에 거하겠고 포도원을 재배하고 열매를 먹을 것이며(They will build houses and dwell in them; they will plant vineyards and eat their fruit.)

22 - 그들의 건축한 데 타인이 거하지 아니할 것이며 그들의 재배한 것을 타인이 먹지 아니하리니 이는 내 백성의 수한이 나무의 수한과 같겠고 나의 택한 자가 그 손으로 일한 것을 길이 누릴 것임이며(No longer will they build houses and others live in them, or plant and others eat. For as the days of a tree, so will be the days of my people; my chosen ones will long enjoy the works of their hands.)

23 - 그들의 수고가 헛되지 않겠고 그들의 생산한 것이 재난에 걸리지 아니하리니 그들은 여호와의 복된 자의 자손이요 그 소생도 그들과 함께 될 것임이라(They will not toil in vain or bear children doomed to misfortune; for they will be a people blessed by the LORD, they and their descendants with them.)

24 - 그들이 부르기 전에 내가 응답하겠고 그들이 말을 마치기 전에 내가 들을 것이며(Before they call I will answer; while they are still speaking I will hear.)

25 - 이리와 어린 양이 함께 먹을 것이며 사자가 소처럼 짚을 먹을 것이며 뱀은 흙으로 식물을 삼을 것이니 나의 성산에서는 해함도 없겠고 상함도 없으리라 여호와의 말이니라(The wolf and the lamb will feed together, and the lion will eat straw like the ox, but dust will be the serpent's food. They will neither harm nor destroy on all my holy mountain," says the LORD.)

「이사야」 11장 6절~9절에는 낙원과 같은 정경을 기록하고 있다. 그때에 이리가 어린 양과 함께 거하며 표범이 어린 염소와 함께 누우며 송아지와 어린 사자와 살찐 짐승이 함께 있어 어린 아이에게 끌리며, 젖 먹는 아이가 독사의 구멍에서 장난하며 젖 뗀 어린아이가 독사의 굴에 손을 넣을 것이라. 이 모든 것이 가능한 이유는 바로 여호와를 아는 지식(the knowledge of the LORD)이 세상에 충만하기 때문이라고 기록하고 있다.

이때 여호와 지식이란 무엇을 말하는 것일까? 그것은 우선 생명공학기술로, 지금의 기술로 보자면 유전공학기술이다. 유전공학기술로 동물들이 갖고 있는 무서운 속성을 순하게 개조시킬 수 있다. 아니면 빛(전자파)의 양자동조기술이나 광유도기술로 사자와 독사와 어린아이의 두뇌를 동조화(Sync) 시킬 수 있다. 지금은 스마트폰-TV-노트북의 동조기술로 영상을 여러 사람들과 공유하듯이, 두뇌의 뇌파를 동조화 시키면, 그것도 인간 중심으로 동조화시키면, 어린아이의 생각대로 어린아이가 동물들을 리드할 수 있다. 이것이 브레인-브레인 인터페이스(BBI) 기술이다. 생각해 보라!! 1,000살을 살게 될 어린아이의 마음과 생각을? 그 어린아이에게는 악적인 생각이 없을 것임은 뻔한 일이다. 우리보고 그러한 낙원을 건설하라는 것이다.

「이사야」 11:6 - 그때에 이리가 어린 양과 함께 거하며 표범이 어린 염소와 함께 누우며 송아지와 어린 사자와 살찐 짐승이 함께 있어 어린 아이에게 끌리며(The wolf will live with the lamb, the leopard will lie down with the goat, the calf and the lion and the yearling together; and a little child will lead them.)

7 - 암소와 곰이 함께 먹으며 그것들의 새끼가 함께 엎드리며 사자가 소처럼 풀을 먹을 것이며(The cow will feed with the bear, their young will lie down together, and the lion will eat straw like the ox.)

8 - 젖 먹는 아이가 독사의 구멍에서 장난하며 젖 뗀 어린아이가 독사의 굴에 손을 넣을 것이라(The infant will play near the hole of the cobra, and the young child put his hand into the viper's nest.)

9 - 나의 거룩한 산 모든 곳에서 해됨도 없고 상함도 없을 것이니 이는 물이 바다를 덮음같이 <u>여호와를 아는 지식이 세상에 충만할 것임이니라</u>(They will neither harm nor destroy on all my holy mountain, for the earth will be full of the knowledge of the LORD as the waters cover the sea)

이 천년왕국은 하나님 아버지와 예수님이 이 땅에서 직접 다스리시므로 아무나 들어가서 살 수는 없을 것이다. 예수님을 위해 죽은 자들은 반드시 부활과 휴거를 통해 천년왕국에서 하나님과 예수님의 왕과 제사장들(priests)이 되어 천년을 살다가(「요한계시록」 20:4-6), 그 이후 '새 하늘과 새 땅'에 들어가 영생한다. 따라서 부활과 휴거가 어떤 메커니즘을 통해 일어나는지를 과학적으로 발견해야 한다. 그것은 바로 하나님과 예수님의 지식을 우리가 터득하는 것이다. 또한 그때 살아 있는 자들은 경건한 자, 즉 예수님을 사랑하는 자들만이 천년왕국에서 1,000살을 영위하고, 물과 성령으로 거듭난 후(he is born of water and the Spirit)(「요한복음」 3:5), 새 하늘과 새 땅에 들어가 생명나무와 생명수를 먹으며 영생할 것이다. 따라서 물과 성령으로 거듭나는 변형(transformation, transfiguration, change)의 과학적인 방법을 찾아야 한다. 이는 차후 『바이블 매트릭스』 시리즈 5권 『예수님의 재림과 새 하늘과 새 땅의 창조』에서 자세히 다루기로 한다.

4절 생명나무와 생명수가 가득한 새 하늘과 새 땅

자, 이번 절에서는 새로운 하늘과 땅, 즉 새로운 두 번째 우주가 첫 번째 우주와 어떻게 틀린지를 살펴보자. 분명 첫 번째와 두 번째 우주의 차원은 차이가 있을 것이다.

「요한계시록」 21장 3절~4절에는 '새 하늘과 새 땅'의 속성을 잘 설명하고 있다. "하나님의 장막이 사람들과 함께 있으매 하나님이 저희와 함께 거하시고, 모든 눈물을 그 눈에서 씻기시매 다시 사망이 없고, 애통하는 것이나 곡하는 것이나 아픈 것이 다시 있지 아니하다"라고 기록하고 있다. 그 이유는 "처음 것들 즉 첫 번째 우주가 다 지나갔음"

이라고 기록하고 있다.

「요한계시록」 21:3 - 내가 들으니 보좌에서 큰 음성이 나서 가로되 보라 하나님의 장막이 사람들과 함께 있으매 하나님이 저희와 함께 거하시리니 저희는 하나님의 백성이 되고 하나님은 친히 저희와 함께 계셔서(And I heard a loud voice from the throne saying, "Now the dwelling of God is with men, and he will live with them. They will be his people, and God himself will be with them and be their God.)

4 - 모든 눈물을 그 눈에서 씻기시매 다시 사망이 없고 애통하는 것이나 곡하는 것이나 아픈 것이 다시 있지 아니하리니 처음 것들이 다 지나갔음이러라(He will wipe every tear from their eyes. There will be no more death or mourning or crying or pain, for the old order of things has passed away.")

「요한계시록」 21장 23절~25절에는 그곳은 하나님의 영광(glory)이 비추고 예수님이 등(lamp)이 비추는 곳이라 해와 달이 필요없고, 밤이 없어 문들이 절대 닫히지 않는 곳이라고 기록되어 있다.

「요한계시록」 21:23 - 그 성은 해나 달의 비췸이 쓸데없으니 이는 하나님의 영광이 비취고 어린 양이 그 등이 되심이라(The city does not need the sun or the moon to shine on it, for the glory of God gives it light, and the Lamb is its lamp.)

24 - 만국이 그 빛 가운데로 다니고 땅의 왕들이 자기 영광을 가지고 그리로 들어오리라(The nations will walk by its light, and the kings of the earth will bring their splendor into it.)

25 - 성문들을 낮에 도무지 닫지 아니하리니 거기는 밤이 없음이

라(On no day will its gates ever be shut, for there will be no night there.)

이때 하나님의 영광이란 에녹이 본 열 번째 하늘의 하나님의 모습이다. 그것은 하나님이 블랙홀의 중심에 계신다는 것을 추측해 볼 수 있다. 형언할 수 없는 불로 활활 타오르는 하나님의 얼굴 모습!! 그래서 「요한1서」 1장 5절에는 "하나님은 빛이시라(God is light)"라고 기록되어 있다.

「에녹2서」 22장 – 주님의 얼굴의 모습(the appearance of the Lord's face), 그것은 불 속에서 빛을 내기 위해 철로 만들어진 것 같고, 그 작렬하는 불 빛을 끌어내며, 그 얼굴은 활활 타오르고 있다(like iron made to glow in fire, and brought out, emitting sparks, and it burns.)

「요한1서」 1:5 – 우리가 저에게서 듣고 너희에게 전하는 소식이 이것이니 곧 하나님은 빛이시라 그에게는 어두움이 조금도 없으시니라(This is the message we have heard from him and declare to you: God is light; in him there is no darkness at all.)(NIV)

「요한계시록」 22장 1절~5절에는 '새 하늘과 새 땅'을 설명하고 있는데, 그곳은 마실 수 있는 생명수(Water of Life)의 강이 있고, 열두 가지 실과를 매달 맺히는 생명나무(Tree of Life)가 있으며, 생명나무의 잎사귀들은 약제로 쓴다고 기록되어 있다. 저주가 없는 곳이며, 밤이 없는 곳이다. 백성들은 하나님 아버지와 예수님의 얼굴을 직접 보고, 하나님 아버지와 예수님의 이름이 백성들의 이마에 쓰여진다고 기록하고 있다. 첫 번째 우주인 창세기에서 하나님들만 먹고 마시던 생명나무와 생명수가 새 하늘과 새 땅에서는 값없이 무료로 제공되는 것이다.

생명나무에는 매달 열두 가지 과일이 맺힌다? 지금 식물유전학자들은 유전자를 개량하여 사시사철 생산되는 딸기를 비롯해 각종 과일을 생산한다. 접붙이는 기술을 발전시켜 특정 나무에서 다른 과일을 맺히게 한다. 이러한 기술이 발전되다 보면 언젠가는 매달 열두 가지 과일이 맺히는 생명나무에 도전하게 될 것이다. 또한 지금 제약회사나 생명공학자들은 자연 즉 나무나 식물에서 채취한 천연물질이나 재료를 가지고 약을 만들고 있다. 지금은 천연원료를 채취하는 수준이지만, 열두 가지 과일이 맺히는 생명나무의 메커니즘을 발견하고 실제로 창조한다면 그 잎사귀들은 약제로 사용하게 될 것이다.

「요한계시록」22:1 - 또 저가 수정같이 맑은 <u>생명수의 강</u>을 내게 보이니 하나님과 및 어린 양의 보좌로부터 나서(Then the angel showed me the river of the water of life, as clear as crystal, flowing from the throne of God and of the Lamb.)

2 - 길 가운데로 흐르더라 강 좌우에 <u>생명나무가 있어 열두 가지 실과를 맺히되 달마다 그 실과를 맺히고 그 나무 잎사귀들은 만국을 소성하기 위하여 있더라</u>(down the middle of the great street of the city. On each side of the river stood the tree of life, bearing twelve crops of fruit, yielding its fruit every month. And the leaves of the tree are for the healing of the nations.)

3 - 다시 저주가 없으며 하나님과 그 어린 양의 보좌가 그 가운데 있으리니 그의 종들이 그를 섬기며(No longer will there be any curse. The throne of God and of the Lamb will be in the city, and his servants will serve him.)

4 - 그의 얼굴을 볼 터이요 그의 이름도 저희 이마에 있으리라(They will see his face, and his name will be on their foreheads(NIV);

5 - 다시 밤이 없겠고 등불과 햇빛이 쓸데없으니 이는 주 하나님이 저희에게 비춰심이라 저희가 세세토록 왕 노릇 하리로다(There will be no more night. They will not need the light of a lamp or the light of the sun, for the Lord God will give them light. And they will reign for ever and ever.)

5절 예수님 = 나는 알파와 오메가, 처음과 나중, 시작과 끝!!

특이점은 시간의 끝이자 시작인데, 그 다음 블랙홀이 만들어지면, 그 전에 있던 시간과 공간이 빨려들어가 끝이 나게 되고, 그 다음 빅뱅이 만들어져 새로운 시간과 공간이 생겨난다. 시간상으로는 특이점-블랙홀-빅뱅 순으로 이루어진다. 「요한계시록」에는 예수님을 '알파요 오메가(the Alpha and the Omega)', '처음이요 나중(the First and the Last)', 그리고 '시작과 끝(the Beginning and the End)'으로 표현하고 있는데, 그 의미는 무엇일까?

「요한계시록」 1:17 - 내가 볼 때에 그 발 앞에 엎드러져 죽은 자같이 되매 그가 오른손을 내게 얹고 가라사대 두려워 말라 나는 처음이요 나중이니(When I saw him, I fell at his feet as though dead. Then he placed his right hand on me and said: "Do not be afraid. I am the First and the Last)(NIV)

2:8 - 서머나 교회의 사자에게 편지하기를 처음이요 나중이요 죽었다가 살아나신 이가 가라사대("To the angel of the church in Smyrna write: These are the words of him who is the First and the Last, who died and came to life again)

21:6 - 또 내게 말씀하시되 이루었도다 나는 알파와 오메가요 처음과 나중이라 내가 생명수 샘물로 목마른 자에게 값없이 주리니(He said to me: "It is done. I am the Alpha and the Omega, the Beginning and the End. To him who is thirsty I will give to drink without cost from the spring of the water of life.)

22:13 - 나는 알파와 오메가요 처음과 나중이요 시작과 끝이라(I am the Alpha and the Omega, the First and the Last, the Beginning and the End.)

알파와 오메가요 처음과 나중이요 시작과 끝이라!! 이것은 특이점-블랙홀-빅뱅이 연속된다는 뜻일 게다. 그래서 이렇게 해석할 수 있다. 구약「창세기」에 등장하는 우주는 첫 번째 창조이고, 신약「요한계시록」에 등장하는 우주는 두 번째 창조라고 말할 수 있다. 첫 번째 우주는 종말을 고할 것이다. 그러나 종말이 아니라 그것은 새로운 차원의 우주로 들어간다는 뜻이다. 그리고 하나님과 예수님은 특이점-블랙홀-빅뱅을 관장하고 계신다라고 해석할 수 있다. 다시 말해 시작과 끝을 관장하고 계신다.

또 다른 의미는 "이제도 계시고 전에도 계시고 장차 오실 이(Who is, and who was, and who is to come)"(「요한계시록」 1:4 & 1:8)란 뜻이며, 또는 "전에도 계셨고 이제도 계시며 장차 오실 자(who was, and who is, and who is to come)"(「요한계시록」 4:8)란 뜻이다.

6절 하나님 아버지와 예수님의 지식을 과학적으로 발견→ 보상의 법칙

그럼 제2의 창조를 위한 블랙홀은 어디서 만들어질까? 에녹의 열 번째 하늘에 계신 하나님 아버지는 어디에 계실까? 가장 높은 곳, 가장 깊은 곳에 계시는 하나님 아버지!! 그곳은 어디일까? 그런데 그게 중요한 것이 아니다. 어디에 계시더라도 예수님은 이 땅에 재림한다는 것이 중요하다. 그럼 어디로 오실까? 그 곳은 소생성대, 즉 하늘, 즉 궁창임이 틀림이 없다. 그곳에서 블랙홀을 만들고 빅뱅을 만들 것이다. 그곳에서 제2의 하늘과 땅, 즉 두 번째 우주를 만들 것임에 틀림 없다.

그러면 그냥 우리는 기다리면 되는 것일까? 기다리면 예수님이 우리를 구원해 주실까? 정답은 '아니다'이다. 과학적으로 우주팽창은 종말이다. 종말이면 우리는 다 동사한다. 동사한 지구에 예수님이 재림하는 것은 아무런 의미가 없다. 아들들과 형제들이 없는 곳에 재림할 이유가 없는 것이다.

첫 번째 하늘과 땅은 하나님들이 창조했지만(Top Down), 두 번째 하늘과 땅은 신인조화 혹은 인신조화로 창조해야 한다(Bottoms-up + Top down). 그것은 하나님의 지식(the knowledge of the Lord)을 과학적으로 발견해 세상에 충만시켜야 한다.

「다니엘」 12장 4절에는 "다니엘아 마지막 때까지 이 말을 간수하고 이 글을 봉함하라 많은 사람이 빨리 왕래하며 지식이 더하리라(But you, Daniel, close up and seal the words of the scroll until the time of the end. Many will go here and there to increase knowledge)"(NIV)라는 구절이 나온다. 이때의 지식이란 하나님의 지식과 예수님의 지식이다. 그리고 그것은 바로 영광(glory)이요 빛(light)이시다. 그리고 그것은 구체적으로 특이점→블랙홀→빅뱅이다. 우리는 이것을 구체적으로 발견해, 하나님 아버지와 예수님이 오실 때 함께 도와 우리가 들어가 살 새로운 하늘과 땅을 같이 창조해야 한다. 과학의 발전 속도는 매우 빠르다. 왜냐하면 많은 사람들이 빨리 왕래하며 지식을 더하기 때문이다. 지금은 미국 샌프란시스코에 가는 데 비행기로 10시간 걸리지만, 조만간 30분에 주파할 수 있는 초음속비행기가 등장할 것이다. 많은 사람들이 세미나, 학회, 워크샵을 통해 하나님의 예수님의 지식을 발견할 것이다.

「이사야」 11:9 - 나의 거룩한 산 모든 곳에서 해됨도 없고 상함도 없을 것이니 이는 물이 바다를 덮음같이 여호와를 아는 지식이 세상에 충만할 것임이니라(They will neither harm nor destroy on all my holy mountain, for the earth will be full of the knowledge of the LORD as the waters cover the sea)

「고린도후서」 4:6 - 어두운 데서 빛이 비취리라 하시던 그 하나님께서 예수 그리스도의 얼굴에 있는 하나님의 영광을 아는 빛을 우리 마음에 비취셨느니라(For God, who said, "Let light shine out of darkness," made his light shine in our hearts to give us the light of the knowledge of the glory of God in the face of Christ.)(NIV)

「골로새서」 1:10 - 주께 합당히 행하여 범사에 기쁘시게 하고 모든 선한 일에 열매를 맺게 하시며 하나님을 아는 것에 자라게 하시고(And we pray this in order that you may live a life worthy of the Lord and may please him in every way: bearing fruit in every good work, growing in the knowledge of God.)(NIV)

「베드로후서」 1:2 - 하나님과 우리 주 예수를 앎으로 은혜와 평강이 너희에게 더욱 많을찌어다(Grace and peace be yours in abundance through the knowledge of God and of Jesus our Lord.)(NIV)

「베드로후서」 3:18 - 오직 우리 주 곧 구주 예수 그리스도의 은혜와 저를 아는 지식에서 자라 가라 영광이 이제와 영원한 날까지 저에게 있을찌어다(But grow in the grace and knowledge of our Lord and Savior Jesus Christ. To him be glory both now and forever! Amen.)(NIV)

「요한계시록」에는 "… 기록한 것을 지키는 자들이 복이 있나니", "이 책의 예언의 말씀을 지키는 자가 복이 있으리라", 그리고 "이 책의 말을 지키는 자들을 위한 종이니"라는 말씀이 나온다. 여기서 '지키는 자'란 무엇을 의미하는가? 영어로 보면 확실해지는데 'take to heart', 즉 '명심하라'는 뜻이다. 명심하라는 뜻은 예수님이 말씀하신 대로 따르라는 것이다. 예수님이 말씀하신 내용을 이행하라는 뜻이다. 다시 말하면 다 이루라는 뜻이다. 'keep the words'라는 뜻도 마찬가지이다. 말을 가슴에 새기라는 뜻으로 우리 보고 다 이루라는 말이다. 이 말은 예수님이 이 땅에 오셔서 하신 말씀과 기적을 우리보고 과학적으로 다 이루라는 것이다. 장님이 보고 귀머거리가 듣는 세상을 만들라는 것이다. 특히 「요한계시록」의 미래 예언의 말씀대로 우리보고 준비하라는 것이다. 생명나무를 발견하고 새 하늘과 새 땅을 준비하라는 것이다. 이 말은 우리의 사명이 무엇인지를 분명하게 정의하고 있는 것이다.

「요한계시록」 1:3 - 이 예언의 말씀을 읽는 자와 듣는 자들과 그 가운데 기록한 것을 지키는 자들이 복이 있나니 때가 가까움이라(Blessed is the one who reads the words of this prophecy, and blessed are those who hear it and take to heart what is written in it, because the time is near.)(NIV)

22:7 - 보라 내가 속히 오리니 이 책의 예언의 말씀을 지키는 자가 복이 있으리라 하더라("Behold, I am coming soon! Blessed is he who keeps the words of the prophecy in this book.")

22:9 - 저가 내게 말하기를 나는 너와 네 형제 선지자들과 또 이 책의 말을 지키는 자들과 함께 된 종이니 그리하지 말고 오직 하나님 께 경배하라 하더라(But he said to me, "Do not do it! I am a fellow servant with you and with your brothers the prophets and of all who keep the words of this book. Worship God!")

「요한계시록」에는 다음과 같은 구절이 등장한다. "불의를 하는 자는 그대로 불의를 하고 더러운 자는 그대로 더럽고 의로운 자는 그대로 의를 행하고 거룩한 자는 그대로 거룩되게 하라." 복음의 시대는 끝났 다는 말이다. 그래서 불의를 하는 자는 그대로 불의를 하도록 내버려 두라는 말이다. 결국 하나님 아버지와 예수님의 지식을 과학적으로 발 견하되 경건하고 의로워야 하며 거룩하게 하라는 것이다. 그것은 선한 일(Good work)에 과학을 사용하라는 말이다. 그러나 불의를 하는자들 은 악한 일에 사용할 것임은 뻔한 일이다.

「요한계시록」 22:11 - 불의를 하는 자는 그대로 불의를 하고 더러 운 자는 그대로 더럽고 의로운 자는 그대로 의를 행하고 거룩한 자는 그대로 거룩되게 하라(Let him who does wrong continue to do wrong; let him who is vile continue to be vile; let him who does right continue to do right; and let him who is holy continue to be holy.")(NIV)

선한 일이란 하나님 아버지와 예수님의 지식을 경건하게 받아들이 는 경건한 자(the godly, godly man)로서, 의로운 일에 사용하는 의로운 자(the righteous, righteous man)가 되어야 한다. 그 반대가 불경한 자(the ungodly, ungodly man)요 불의한 자(the unrighteous, unrighteous man)이

다. 경건한 자와 의로운 자는 새로운 하늘과 땅에 들어가지만, 불경한 자들과 불의한 자들은 새로운 우주가 창조되기 전에 모두 예수님의 심판, 즉 과학무기, 특이점이 일어나기 전의 혼동, 그리고 블랙홀로 빨려 들어가 멸망한다.

「시편」 4:3 - 여호와께서 자기를 위하여 <u>경건한 자</u>를 택하신 줄 너희가 알지어다 내가 부를 때에 여호와께서 들으시리로다(Know that the LORD has set apart the godly for himself; the LORD will hear when I call to him.)(NIV)

「베드로후서」 2:9 - 주께서 <u>경건한 자</u>는 시험에서 건지시고 <u>불의한 자</u>는 형벌 아래 두어 심판 날까지 지키시며(if this is so, then the Lord knows how to rescue <u>godly men</u> from trials and to hold <u>the unrighteous</u> for the day of judgment, while continuing their punishment.)

3:7 - 이제 하늘과 땅은 그 동일한 말씀으로 불사르기 위하여 간수하신 바 되어 <u>경건치 아니한 사람들의 심판과 멸망의 날</u>까지 보존하여 두신 것이니라(By the same word the present heavens and earth are reserved for fire, being kept for the day of judgment and destruction of <u>ungodly men</u>.)

「유다서」 1:15 - 이는 뭇 사람을 심판하사 모든 <u>경건치 않은 자의 경건치 않게 행한 모든 경건치 않은 일</u>과 또 경건치 않은 죄인의 주께 거스려 한 모든 강퍅한 말을 인하여 저희를 정죄하려 하심이라 하였느니라(to judge everyone, and to convict <u>all the ungodly</u> of all <u>the ungodly acts</u> they have done in the ungodly way, and of all the harsh words ungodly sinners have spoken against him.")

하나님 아버지와 예수님의 지식을 알아내고 선한 일(good work)을 하면 그 다음엔 보상의 법칙이 따른다. 이 보상의 법칙은 「마태복음」 16장 27절과 「요한계시록」 22장 12절에 잘 기록되어 있다. "보라 내가 속히 오리니 내가 줄 상이 내게 있어 각 사람에게 그의 일한 대로 갚아 주리라(Behold, I am coming soon! My reward is with me, and I will give to everyone according to what he has done.)"

하나님 아버지와 예수님의 지식을 잘 발견하여 과학으로 찾아내고, 말씀하신 대로 다 이루되, 이를 경건하고 의롭게 이룰 경우 그 일한 대로 갚아 주신다고 하신 것이다.

부록
출애굽(Exodus) 요약

「출애굽기」, 「레위기」, 「민수기」, 「신명기」, 「여호수아」에 등장하는 출애굽의 역사적인 측면과 지리적인 측면을 고려하여 출애굽 사건을 요약해 보자. 이 역사적 사건은 신이집트 왕국(New Kingdom of Egypt, c.BC 1690-c.BC 1069)의 18왕조(the 18th dynasty)의 제6 파라오인 투트모세 3세(Thutmose III, 통치 BC 1479-BC 1425) 때에 일어난 일이다. 이스라엘 민족은 BC 1446년에 야훼 하나님의 인도로 선지자 모세(Moses, BC 1526-BC 1406)가 80세에(「출애굽기」 7:7, 「신명기」 18:15, 아론은 83세) 리더가 되어 출애굽을 하게 되고, BC 1399년에 가나안에 입성하게 되는데, 총 47년의 여정은 「민수기」 33장에 간략히 기록되어 있다.

라암셋에서 르비딤에 도착하다 - BC 1446년 정월에 고센(Goshen) 지방의 라암셋(Rameses)을 출발하여 숙곳(Succoth)을 거쳐 수르(술) 광야(Wilderness of Shur)의 끝인 에담(Etham)을 거치고(「출애굽기」 12:37, 「출애굽기」 13:20), 지중해 근처의 믹돌(Migdol)과 바알스본(Baal Zephon) 사이의 비하히롯(Pi Hahiroth)을 거쳐(「출애굽기」 14:1), 홍해(Red Sea, Sea of Reeds)를 건넌다(「출애굽기」 14:21). 이때의 홍해는 지금의 홍해 위치가 아니라 이집트 북쪽의 라암셋 동쪽에 위치한 바알스본 맞은편 바닷가이다.

홍해를 건넌 후 수르(술) 광야(Wilderness of Shur)를 지나 지금의 시나이 반도(Sinai Peninsula)의 홍해 위쪽인 마라(Marah)를 거쳐 그 아래 지역인 엘림(Elim)에 이른다(『출애굽기』 15:22-27). 제2월에 엘림을 지나고 엘림과 시내 산(Mt. Sinai or Horeb) 사이의 신 광야(Wilderness of Sin)를 거쳐(『출애굽기』 16:1), 르비딤(Rephidim)에 장막을 쳤으나, 물이 없어 모세가 호렙 산의 반석을 치니 물이 나오는 기적이 일어난다. 이것이 첫 번째 맛사(Massah, '하나님을 시험하다'는 뜻) 또는 므리바(Meribah, '이스라엘 자손이 여호와와 다투다'는 뜻)의 기적이다(『출애굽기』 17:1-7). 이어 르비딤에서 아말렉 족속(Amalekites)과 싸워 모세의 손 올림(Hans-up)으로 대승을 거둔다(『출애굽기』 17:8-16).

시내 산에서 십계명을 받고 언약궤를 봉헌하다 - 르비딤을 떠나 시내 산 (Mt. Sinai) 시내 광야(Desert of Sinai)에 이르고(『출애굽기』 19:2), 출애굽한 지 1년(BC 1445)에 모세가 시내 산에서 첫 번째 40일 그리고 두 번째 40일간 주야를 금식하면서, 야훼로부터 첫 번째 그리고 두 번째 두 개의 돌판에 적힌 십계명(The Ten Commandments), 즉 증거(언약)의 두 판 (Two tablets of Testimony or Covenant)을 받는다(『출애굽기』 20:1-17, 『출애굽기』 31:18, 『출애굽기』 34, 『신명기』 5:1-21, 『신명기』 9:9-12).

첫 번째 40일 주야를 금식하면서 야훼께서 친히 쓰시고 주신 첫 번째 두 개의 증거판 돌(Two tablets of the Testimony, Two tablets of stone)은(『출애굽기』 24:18, 『신명기』 9:9-10), 목이 굳은(Stiff-necked) 이스라엘 백성이 금송아지(The Golden Calf)를 만든 것에 격분한 모세가, 그 판들을 산 아래로 던져 깨뜨린다(『출애굽기』 32:1-19, 『신명기』 9:17). 이에 야훼는 두 번째 돌판(The New Stone Tablets, Tablets Like the First Ones)을 준비하라고 모세에게 명령하고 모세는, 다시 시내 산에 올라(「출애굽기」 34장) 두 번째 40일 주야를 금식하면서 두 판(Two tablets of the Testimony or Covenant)을 받는다(「출애굽기」 34:29, 「신명기」 9:18, 「신명기」 10:1-5).

이어서 출애굽한 지 2년(BC 1444) 정월에 시내 산 앞에 이동식의 성막(Tabernacle), 즉 회막(Tent of Meeting)을 세우고 언약궤(Ark of Covenant), 즉 증거궤(Ark of Testimony)를 안치한 후 봉헌한다(「출애굽기」 39:32-43, 「출애굽기」 40장). 왜 이들은 이동식의 언약궤를 만들었을까? 왜 항상 레위 족속들은 언약궤를 메고 다녔을까? 이동시에도 전쟁시에도 언약궤는 필요했다. 왜일까?[1]

야훼의 벌로 40년간의 광야생활을 하다 - 애굽을 탈출한 지 2년 이월에 시내 산의 시내광야(Desert of Sinai)를 떠나 하세롯(Hazeroth)을 거쳐 세벨 산(Mt. Shepher)을 거쳐 시나이 반도 중간쯤에 있는 파란 광야(Wilderness of Paran)에 진을 치고(「민수기」 10:11-2, 「민수기」 12:16), 각 지파 족장 12명을 뽑아 40일간의 가나안 땅을 탐지한다(「민수기」 13:17-26, 「신명기」 1:19-33).

세일 산(Mt. Seir)을 지나 바란 광야의 북쪽 지역과 신 광야(Wilderness of Zin)의 남쪽 지역인 가데스바네아(Kadesh Barnea)에 진을 치고, 가나안 탐지 후 보고 과정에서, 가나안 땅에는 네피림(Nephilim)의 자손인 키가 4

---

1 자세한 것은 2부 10장의 "언약궤/속죄소는 오늘날의 무전기 이상의 원자로 송수신기"를 참조하라.

미터의 거인(Giant)[2]인 아낙(Anak, Anakim, Anakite) 자손이 사는 곳이며, 젖(Milk)과 꿀(Honey)이 흐르는 땅이 아니라, 사람 살 곳이 못 되는 땅이라고 악평을 한 자들 때문에(「민수기」 13:25-33, 「신명기」 1:28), 하나님의 벌을 받아 탐지한 날수 40일이 40년으로 바뀌고(「민수기」 14:34), 가나안 점령이 늦춰져 40년간의 광야생활(Wilderness or Desert, Shur & Sin & Paran & Zin, BC 1446-BC 1406)을 한다(「출애굽기」 16:36).

야훼께서 40년간 자리를 비우다, 아말렉 전쟁에서 패하다 - 출애굽한 이스라엘 민족의 20세 이상은, 정탐 사실을 올바로 보고한 유다(Judah) 지파의 갈렙(Caleb)과 에브라임(Ephraim) 지파의 「여호수아」(Joshua)를 제외하곤, 이 40년 동안 모두 광야에서 죽는다(「민수기」 14:20-35, 「민수기」 26:63-65, 「민수기」 32:11-13, 「신명기」 1:34-39, 「신명기」 2:14-16, 「여호수아」 5:6). 아론도 모세도 가나안 땅을 밟기 전에 죽는다(「신명기」 1:36-39). 야훼의 벌과 함께 야훼께서 이스라엘 백성을 싫어해, 남은 40년 동안 자리를 비운다(「민수기」 14:34).[3] 이것을 모른 채 목이 굳은 이스라엘 백성은 피곤함에도 격정에 사로잡혀, 아말렉인들(Amalekites)과 산지에 사는 가나안인들(Canaanites)을 공격한다. 모세가 "여호와께서 너희 중에 계시지 아니하지 올라가지 말라 너희 대적 앞에 패할까 하노라"라고 경고했지만, 결과는 이스라엘의 패배로 끝난다. 그 결과 아말렉인들은 이스라엘의 원수가 된다(「민수기」 14:39-45, 「신명기」 25:17-19).

모세가 가데스바네아에 거주할 때 지팡이(Staff)로 반석에서 물이 나

---

2 네피림(Nephilim)과 거인들(Giants)에 대한 자세한 내용은 『바이블 매트릭스』 시리즈 2권 『인간 창조와 노아 홍수의 비밀』의 5부인 "홍수의 비밀(1/2), 신들의 문제, 네피림(Nephilim)"을 참조하라.

3 1부 3장의 "'야훼께서 자리를 비우시다'와 '손에 붙이시다'의 의미"를 참조하라.

오는 두 번째 기적을 이룬다(「민수기」 20:1-13). 이것이 유명한 므리바 물 (Waters of Meribah)의 기적이다. 므리바는 이스라엘 백성이 야훼와 다투 었다(quarreling)는 뜻으로, 이는 모세와 아론(Aaron, 모세의 형)이, 야훼의 명령을 거역하고, 이스라엘 백성의 목전에서 야훼의 거룩함을 나타내지 아니한 죄의 대가로, 요단 강을 건너지 못함을, 즉 가나안 땅에 들어가기 전에 죽는다는 야훼의 저주이시다(「민수기」 20:1-13, 「신명기」 31:2).

에돔 족속의 거절, 왕의 대로를 우회하다 - 야훼께서 내리신 벌인 광야 의 40년이 흐르고, 비로소 이스라엘 백성은 가데스바네아를 출발하여 호르 산(Mount Hor)으로 향할 때에, 에돔 족속(Edomites)이 왕의 대로 (King's Highway)를 이용하는 것을 거절해(「민수기」 20:14), 왕의 대로를 우회하여 호르 산에 이른다. 이때가 출애굽한 지 40년(BC 1406)의 5월 이다(「민수기」 33:38).

에돔 족속에 관해서는 야훼가 이삭(Issac)의 아들인 에서(Esau, Edom)에게 이미 세일 산을 주었으니(「창세기」 36장 & 36:8), 에돔과 다투 지 말하는 지시를 받고 우회한 것이다(「신명기」 2:4-5). 원래 세일 산에 는 호리 족(Horites, Horims)이 살고 있었으나, 야훼가 에서(에돔)에게 주 었으므로, 에돔의 자손이 그들을 멸하고 그 땅에 거주하였으니, 이는 야훼가 이스라엘에게 가나안 땅을 주는 것과 피차 같은 것이라고 야훼 는 모세에게 말한다(「신명기」 2:12).

아론이 호르산에서 죽고, 사해를 거쳐 다마스커스의 헤르몬산까지 점령하다 - 이때 제사장인 아론이 호르 산 또는 모세라(Moserah)에 올라 죽고(나 이 123세), 그의 아들 엘르아살(Eleazar)이 제사장 직분을 이어 받는다 (「민수기」 20:22-29, 「신명기」 10:6). 호르 산에 이르는 과정에서, 처음으로 네게브(Negev) 사막 북쪽에 거주하던 가나안의 아랏(Arad) 왕국을 파괴하고 호르마(Hormah, 사해 남부 서쪽의 도시로 히브리어로 '파괴'라는 뜻)를 점령한다(「민수기」 21:1-3).

호르 산을 출발하여 모압(Moab, Moabites, 조상은 롯 자손인 모압=Moab, 「창세기」 19:37)과 아모리(Amorites) 사이의 아르논(Arnon, 사해 동쪽)에 이르러 광야가 내려다 보이는 비스가(Pisgah) 산 꼭대기에 이른다(「민수기」 21:4-20).

40년(BC 1406) 10월에 아모리(Amorites) 왕 시혼(Sihon)을 쳐서 파하고, 모압의 아르(Ar of Moab)에서 아르논(Arnon), 디본(Dibon), 메드바(Medeba), 그리고 아모리인의 성읍 헤스본(Heshbon)까지 점령하여, 남녀와 유아를 모두 진멸한다(「신명기」 2:34). 또한 요단 강 동쪽 여리고(Jericho) 위의 북쪽에 위치한 야셀(Jazer)까지 정탐한다. 그러나 암몬 족속(Ammon, Ammonites, 조상은 롯 자손인 벤암미=Ben-Ammi, 「창세기」 19:38)의 땅 얍복(Jabbok) 동쪽 강가와 산지의 성들은 야훼께서 금지하였으므로 가까이 하지 않고(「신명기」 2:37), 이어 갈릴리 호수(Lake Galilee) 동북쪽에 위치한 아스다롯(Ashtaroth)을 지배하던 아모리 족속의 바산(Bashan) 왕인 옥(Og)을 에드레이(Edrei) 전투에서 대파하고(「여호수아」 9:10), 60개 성읍의 남녀와 유아를 모두 진멸함으로써 암몬 족속 경계까지 이르는 요단 강 동쪽 땅을 차지하게 된다. 위치로는 사해 동쪽 아르논 골짜기(Arnon Gorge)에서 갈릴리 호수 북쪽과 시리아의 다마스커스(Damascus) 사이에 있는 헤르몬 산(Mt. Hermon)까지 요단 강 동쪽을 장악하게 된다(「민수기」 21:21-35, 「신명기」 3:1-11).

야훼가 왕벌을 보내다 - 여기에서 재미있는 상황을 발견하게 된다.

이 아모리 족속의 시혼 왕과 옥 왕을 쉽게 물리친 이유가 있다. 물론 여호와께서 시혼과 그 땅을 이스라엘 손에 붙이고(「신명기」 2:31), 옥과 그 땅을 이스라엘 손에 붙인 것이(「신명기」 3:3) 가장 큰 이유가 되겠지만[4] 또 다른 이유가 있다. 이스라엘 백성들은 자기네의 칼이나 활로 무찔렀다고 생각하겠지만, 야훼께서 왕벌(말벌, Hornet)을 보내신 것이다. 여호와께서는 왕벌을 보내겠다고 누차 말씀하셨는데(「출애굽기」 23:28, 「신명기」 7:20), 진짜 왕벌을 보내 아모리 두 왕을 진멸한 것이다(「여호수아」 24:12). 어떻게 왕벌이 전투에 참가했을까?[5]

헤스본은 원래 그모스(Chemosh)라는 바알(Baal) 신을 모시던 모압의 땅이었으나, 아모리의 시혼 왕이 점령하고 있었던 성읍이었다. 그모스가 지배하던 영역이 야훼의 영역으로 넘어오게 되었다. 이스라엘 백성은 헤스본과 바산을 점령하여 취할 때 남녀와 유아를 모두 진멸했다는 점을 명심하라. 이는 씨를 말렸다는 뜻이다.

바산왕은 네피림의 후손인 거인 - 원래 모압 지역에는 네피림(Nephilim)의 자손인 거인들(Giants)이 살고 있었는데, 이들은 가나안 지역에 살고 있었던 아낙 족속과 같이 강하고 키가 거서 르바임(Rephaites)이라 칭하였으나, 모압 족속들은 이들을 에밈(Emites, Emims)이라 불렀다. 또한 암몬 지역에도 역시 르바임이 살고 있었는데, 암몬 족속들은 이들을 삼숨밈(Zamzummites, Zamzummims)이라 불렀다. 이 들 거인들은 각각 롯(Lot)의 후손인 모압 족속과 암몬 족속 앞에서 야훼께서 멸하셨으므로(「창세기」

---

4 1부 3장의 "'야훼께서 자리를 비우시다'와 '손에 붙이시다'의 의미"를 참조하라.
5 2부 9장의 4절인 "구약에 등장하는 개구리, 파리, 메뚜기, 메추라기, 왕벌, 까마귀", 5절인 "동물과 곤충을 유도하는 초음파기술, 인간(신)과 동물의 인터페이스(BBI)"와 6절인 "나노 접착제 분자 털과 양자동조(Quantum Sync) 기술"을 참조하라.

19:30-38, 「신명기」 2:10-11, 「신명기」 2:20-21), 아브라함(Abraham, BC 2166 - BC 1991)시대부터 모압 족속과 암몬 족속이 이들 거인들의 땅을 대신 차지하고 살게 되었다. 그런데 네피림 족속이었던 르바임 족속의 남은 자가 바로 바산(Bashan) 왕인 옥(Og)이었다. 그의 침상은 철 침상이었고 그 당시에도 암몬 족속이 살던 도시인 랍바(Rabbah)에 남아 있었는데, 사람의 보통 규빗(Cubits)으로 재면, 그 길이가 9규빗(13피트=약 4미터)이요, 넓이가 4규빗(6피트=약 1.9미터)이었다(「신명기」 3:11). 그만큼 거인이었다는 얘기이다. 이와 같이 거인들을 멸하고 롯의 후손에게 땅을 준 것과 같이, 마찬가지로 지금 야훼는 가나안 족속들을 멸하고 이스라엘 백성이 안착하도록 하고 있는 것이다.

모압은 형제, 미디안은 적 - 이스라엘 민족은 계속 진행하여 모압 평지(Plains of Moab), 즉 요단 강 건너편 여리고 맞은편에 진을 친다(「민수기」 22:1). 이때 모압 족속(Mohabites)의 왕인 발락(Balak)은 모압 장로들과 미디안(Midian) 장로들을 모아 이스라엘을 저지하는 방안을 모색하고, 유프라테스 강의 브돌(Pethor)에 거주하고 있던 이교 예언자인 브올의 아들인 발람(Balaam son of Beor)을 불러 이를 저지하고자 하나, 야훼의 도움으로 발람이 이스라엘을 축복하자 그 저지는 실패한다(「민수기」 22장 & 23장 & 24장). 그 대신 모압의 여자들이 이스라엘을 유인하여(Moab seduces Israel) 음행케(sexual immorality) 하고, 이스라엘 백성들로 하여금 그들의 신인 브올의 바알(Baal of Peor)을 섬기게 한다.

이에 이스라엘 민족은 야훼의 진노를 받고 바알 신을 섬긴 이스라엘 백성들을 죽이고, 이어 벌어지는 미디안(Midianites) 여성의 등장으로 이스라엘 백성들 사이에 염병(plague)이 돌아 결국 미디안은 이스라엘의 적이 된다(「민수기」 25장). 여기서 이상한 것은 미디안만 적이 되고 모압 족속은 이스라엘 민족에게 해를 끼쳤음에도 불구하고 적으로 간주하지 않았다는 데 있다. 그 이유는 모압 족속은 암몬 족속(Ammonites)과 같이 그 조상이 모두 아브라함의 조카 롯(Lot)이라는 데 있다(「창세기」 19:30-38). 그래서 야훼는 "모압을 괴롭히지도 말고 싸우지도 말라 그 땅을 내가 네 기업으로 주지 아니하리니 이는 내가 롯 자손에게 아르(Ar)를 기업으로 주었음이로라"라고 모세에게 명령한다(「신명기」 2:9).

인구조사, 모세가 가나안 땅을 밟지 못하고 죽을 것과 이스라엘의 미래를 예언하는 야훼 - 두 번째 인구조사가 이루어지고 이 계수(Numbers)에 의해 가나안 땅을 제비뽑아(Lot) 배분하는 원칙을 야훼께서 정하고(「민수기」 26장), 아비나 아들이 없는 딸들에게도 기업(Inheritance)을 배분토록 한다.

야훼가 모세를 모압 평지의 아바림 산(Mt, Abarim) 또는 느보 산(Mt. Nebo)의 비스가(Pisgah) 꼭대기에 오르게 하여, 이스라엘 자손에게 줄 땅을 확인케 한 후, 모세의 형인 아론(Aaron)이 먼저 죽은 것같이(나이 123세, 「민수기」 20:22-29, 「신명기」 10:6), 모세도 죽어 열조로 돌아갈 것을 명한 후, 후계자로 눈의 아들(Son of Nun)인 여호수아(Joshua, 지도자 재위, BC 1406-BC 1390)를 임명하고 안수토록 한다(「민수기」 27:12-23, 「신명기」 3:23-29, 「신명기」 34장). 결국 모세는 40년의 광야생활이란 벌의 대가와, 두 번의 반석에서 물이 나게 하는 므리바 물(Waters of Meribah)의 기적 때 야훼의 명령을 거역한 대가로, 가나안 땅이란 목전을 앞두고, 요단 강을 건너지 못하고, 모압 땅에서 120세에 숙게 된다(BC 1406).

이때 야훼는 모세에게 마지막으로 "이스라엘이 가나안 땅에 들어가 그들이 배불리 먹고 살찌면 나를 배반하고 나를 멸시하여 내 언약을 어기고 다른 신을 좇아 음란과 모든 악행을 행할진대 그러면 그때에 내가 진노하여 그들을 버리고 내 얼굴을 숨기리라"라고 이스라엘의 배반을(Israel's Rebellion Predicted)을 예언하신다(「신명기」 31:16-17).

여기서 중요한 내용이 나온다. "그들을 버리고 내 얼굴을 숨기리라(… forsake them; I will hide my face from then, and they will be destroyed)"(NIV)가 그것인데, 야훼께서 진노하여 이스라엘 백성을 버린다는 것이다. 얼굴을 가린다는 말씀은 자리를 비운다는 것이다. 그러면 이스라엘은 야훼께서 같이하지 않으시므로 아시리아나 바벨론 등에 멸망당한다는 뜻이다. 그때 이스라엘 백성은 "이 재앙이 우리에게 임함은 우리 하나님이 우리 중에 계시지 않은 까닭이 아니뇨?"라고 말할 것이란 얘기이다. 앞으로 일어날 일들을 야훼께서 꿰뚫고 있다는 얘기이다.

미디안의 다섯왕과 브올의 발람을 죽이다 - 모세가 죽기 전에 한가지 해야 할 일이 있다. 미디안에게 여호와의 원수를 갚는 일이다(Vengeance on the Midianites). 제사장 엘르아살(Eleazar)의 아들 비느하스(Phinehas)가 야훼의 기구와 신호나팔(Articles from the sanctuary and the trumpets for signaling)을 갖고 나가, 미디안의 다섯 왕을 죽이고 이교 예언자인 브올의 발람(Balaam son of Beor)까지 죽인다(「민수기」 31장).

첫 번째 배분, 르우벤/갓/므낫세 반 지파가 요단 강 동쪽을 차지하다 - 이 승리를 여호와 앞에서 기념하고 르우벤(Reubenites), 갓(가드, Gadites)과 므낫세 반 지파(Half-tribe of Manasseh)에게 요단 강 동쪽 지역 땅을 배분해 준다. 조건은 가축과 유아와 여자들을 위해 요단 강 동쪽에 성읍을 우선 건축하고, 20세 이상 남자들은 요단 강을 건너 가나안 땅에서 싸워 이기거든, 가나안 땅을 배분 받기를 포기하고, 요단 강 동쪽으로 다시 돌아온다는 것이다(「민수기」 32장, 「신명기」 3:12-22, 「여호수아」 1:12-18).

이렇게 해서 12지파 중 르우벤 족속, 갓 족속과 므낫세 반 지파는 요단 강 동쪽을 차지하게 된다. 그리고 모압 평지, 즉 요단 강 건너편 여리고 맞은편의 진에서 여호와께서 모세에게 가나안 땅에 들어갔을 때 나머지 땅의 배분 원칙과 가나안 땅의 경계(Boundaries of Canaan), 레위인에게 줄 성읍(Towns for the Levites)과 도피성(Cities of Refuge), 그리고 딸들의 유산에 대해 말씀하신다(「민수기」 33장~36장, 「신명기」 19:1-13). 이때가 가나안 점령을 앞둔 BC 1406년이다.

모세가 120세에 죽다, 여호수아가 지도자가 되다, 요단 강을 건너다 - 요단 강 건너편 여리고 맞은편 모압 평지에서 모세가 120세로 죽자(BC 1406), 사사(士師, Judge)인 여호수아(Joshua, 지도자 재위 BC 1406-BC 1390)가 모세의 뒤를 이어 지도자가 된다(「신명기」 34장, 「여호수아」 1:1-3).

요단 강 근처의 싯딤(Shittim)에서, 여리고에 두 사람의 정탐꾼을 보내고, 여기서 라합(Rahah)이라는 기생(아마도 여관 주인)을 만나 라합의 도움으로 정탐을 무사히 마치고 돌아온다(「여호수아」 2장). 요단에 이르러 진을 치고 3일 후에 레위 족속 제사장들이 언약궤를 메고 요단 강으로 들어서매, 흐르던 물이 멈추고 백성은 마른 땅으로 행하여 요단을 건넌다(「여호수아」 3장). 이는 모세가 홍해를 건넜을 때의 기적과 같은 것이었다(「여호수아」 4:23).[6]

모든 백성이 요단에서 올라와 여리고 동편 지경에 있는 길갈(Gilgal)에 진을 치니 이때가 41년(1405) 정월 10일이다(「여호수아」 4:19). 요단 서편에 있던 아모리 족속의 모든 왕들과 해변의 가나안 족속의

---

6 2부 8장인 "홍해와 요단 강이 갈라지다, 야훼의 척력광선과 원자파괴 레이저"를 참조하라.

모든 왕들이 이 소식을 듣고 간장이 녹아내렸고, 이스라엘 백성을 대할 용기를 잃는다(「여호수아」5:1).

할례를 행하고, 만나가 그치다 – 출애굽 이후 이스라엘 자손들은 광야 40년 생활에서 다 죽고, 지금 요단을 건넌 백성들은 이후 세대이므로 부싯돌로 칼을 만들어 모두 할례(포경수술)[7]를 거행하고, 길갈에서 처음으로 그 땅(가나안 땅)의 소산(food)을 먹은 다음날부터 만나(Manna)[8]가 그친다(「여호수아」5:12).

여리고 성을 함락시키다, 금과 은을 훔친 아간의 죄 – 여리고 성을 6일 동안 언약궤를 앞세워 나팔을 불며 매일 한 번 돌고, 그리고 7일에는 일곱 번 돌며 소리를 지르자 여리고 성은 무너진다.[9] 이때 라합(Rahab)의 가족들은 살리고 남녀 노소 모두를 멸하고, 여리고 성읍과 모든 것을 불사르지만 금은동은 취하여 야훼의 곳간(treasury)에 둔다(「여호수아」6장).

그러나 야훼께 바친 금은을 훔친 유다(Judah) 족속 아간의 죄(Achan's Sin) 때문에, 야훼께서 진노하여 벧엘(Bethel) 동편에 있는 아이(Ai) 성 점령에 실패한다(「여호수아」7장). 여기에 이상한 점이 있다. 왜 이들은 금은동을 여호와의 곳간에 쌓아 두었을까? 다음에 나오는 가나안 도시와 성읍을 점령했을 때에도 계속 금은동을 취하여 여호와의 곳간에 쌓는다. 여호와는 그 많은 금을 어디에 쓰고자 했던 것일까? 금을 훔친 자는 왜 여호와의 언약을 어긴 것이 되는 것일까?(「여호수아」7:11)[10]

---

7 2부 12장 4절의 "할례와 불임수술"을 참조하라.
8 2부 12장 2절의 "만나(Manna)는 분말 합성제(화학식품)"를 참조하라.
9 2부 11장 "여리고 성이 나팔과 함성(초음파와 군집 음파)에 무너지다"를 참조하라.

태양이 머물고 달이 멈춘 아이 성 전쟁, 남부를 점령하다 - 아간의 가족들을 돌로 쳐서 죽여 아골 골짜기(Valley of Achor)를 만든 후, 야훼께서 분노를 그치시고(「여호수아」 7:24~26), 다시 야훼의 지략에 따라 매복(Ambush) 전략으로 아이 성을 점령한다(「여호수아」 8장). 물론 여기서도 아이 거민 모두 일만 이천 명을 죽여 씨를 말린다. 이어서 기브온(Gibeon) 사람들을 거두어들이고(「여호수아」 9장), 기브온을 공격한 아모리 다섯 왕인 예루살렘(Jerusalem) 왕, 헤브론(Hebron) 왕, 야르못(Jarmuth) 왕, 라가시(Lachish) 왕, 에글론(Eglon) 왕의 연합군대(Joined Forces)를 야훼가 내리신 커다란 우박(Large hailstones) 덕분에 쉽게 무찌른다. 다섯 왕의 목을 밟고 목을 베고 모든 사람들을 진멸한다.

이 다섯 왕과의 전쟁은 태양이 머물고 달이 멈추었다는 야살의 책(Book of Jashar)에 기록된 태양이 멈추다(The Sun Stands Still)로 유명한 전쟁이다(「여호수아」 10:1-15). 실제로 태양이 머물고 달이 멈춘 것이 아니라, 전투가 한나절에 전격적으로 끝나 버렸음을 묘사한 것이다. 정복된 아이 성의 중요성에 비하여 전투시간이 너무 짧았기 때문에 사람들은 마치 해가 도중에 멈춘 것처럼 생각했다.

곧 이어 막게다(Makkedah)를 점령하고 서부로 진격하여 들어가 립나(Libnah)를 점령하고, 그 다음 라기시(Lashish)를 점령하고, 에글론(Eglon)을 점령하고, 헤브론(Hebron)을 점령하고, 드빌(Debir)을 점령하고, 그 다음 모세가 미물렀던 신 광야(Wilderness of Zin)의 가데스바네아(Kadesh Barnea)에서 가사(가자, Gaza)까지, 그리고 출애굽을 시작한 고센(Goshen) 땅에서

---

10 『바이블 매트릭스』 시리즈 2권 『인간 창조와 노아 홍수의 비밀』의 2부인 "인간 창조의 비밀-고고학적 증빙"의 2장 11절인 "구약성경의 검증, 금(Gold)을 수집하는 야훼 신"을 참조하라.

기브온(Gibeon) 땅까지 아모리와 가나안이 차지하고 있던 가나안 남부 땅을 모두 점령하고 길갈(Gilgal) 진으로 돌아온다(「여호수아」 10:16-43).

북방을 점령하다 - 이제 남은 것은 북방이다. 갈릴리 호수 북부의 북방 왕국들의 본거지인 하솔(Hazor) 왕을 비롯한 북방 산지와 평지, 헤르몬 산(Mt. Hermon) 아래 히위 족속(Hivites), 그리고 요단 강 서편의 가나안 족속과 요단 강 동편의 아모리 족속의 모든 왕들이 이 소식을 듣고 연합군대를 형성하여 메롬 물가(Waters of Merom)에 진을 치고 이스라엘에 대항했으나, 추풍낙엽처럼 야훼 군대에게 패한다. 이로써 기브온 거민들의 히위 족속을 제외한 가나안 남방과 북방의 모든 성읍을 점령하여 이에 거했던 모든 족속을 진멸한다(「여호수아」 11장). 여호수아가 정복한 왕만 도합 31명의 왕이었다(「여호수아」 12:24).

거인들을 멸절시키다 - 여세를 몰아 여호수아는 헤브론, 드빌, 아납(Anab), 유다(Judah), 그리고 이스라엘의 온 산지에 거처했던, 거인(Giants)인 아낙인들(Anakites), 즉 네피림(Nephilim)의 후손들을 멸절하고, 그 성읍들을 진멸함으로써 「창세기」 6장에 등장하는 네피림의 자손들은 지구상에서 거의 멸절하게 된다. 이스라엘 자손의 땅 안에는 아낙 사람이 하나도 없고 가사(Gaza)와 가드(Gath)와 아스돗(Ashdod)에만 약간 남았다(「여호수아」 11:21-22).

왜 네피림의 후손들이 모세와 여호수아시대에도 살아 있었을까? 분명 노아의 홍수에서 사라졌어야 할 네피림이 아직도 살아 있었던 이유는 무엇일까?[11]

---

11 1부 5장 2절의 "이기기 신들+인간의 딸들에서 거인(Great/Giant Man)들이 태어나다"를 참조하라.

임무를 마친 여호수아가 죽다 - 이와 같이 여호수아가 야훼께서 모세에게 이르신 말씀대로, 그 온 땅을 취하여 이스라엘 지파의 구별을 따라 기업으로 주었다. 그리고 그때에 그 땅에 전쟁이 그쳤다(「여호수아」11:23). 이때가 BC 1399년이요 여호수아의 나이 101세이다. 이로써 가나안 정복의 대단원이 막을 내리게 된다. 이스라엘 백성은 결국 요단 강을 건너 마침내 젖(Milk)과 꿀(Honey)이 흐르는 가나안(Canaan)에 정착하게 된다. 여호수아는 110세인 BC 1390년에 죽는다(「여호수아」24:29).

요셉의 뼈를 세겜에 묻다 - 그리고 요셉(Joseph)이 애굽 고센 땅에서 죽기 전 이스라엘 자손들에게 단단히 맹세시킨 대로(「창세기」50:25), 모세와 이스라엘 자손이 애굽에서 이끌어낸 요셉의 뼈를(「출애굽기」13:19) 세겜(Shechem)에 장사하였으니, 이곳은 야곱(Jacob)이 세겜의 아비 하몰(Hamor)의 자손에게 은 일백 개를 주고 산 땅이었는데(「창세기」33:18-20), 이것이 요셉 자손인 므낫세(Manasseh)의 기업(땅)이 되었다(「여호수아」24:32).

기획자인 야훼, 이스라엘 손에 붙이다 - 여기서 중요한 것은 이 모든 출애굽을 기획하고 연출하고 인도한 이는 바로 야훼 하나님이라는 점이다. 또한 중요한 것은 가나안에 정착했던 7족속들이 왜 쉽게 무너졌는가 이다. 그 이유는 모세와 여호수아가 가나안을 점령할 때마다 야훼께서는 다음과 같이 말한다. "야훼께서 그들을 이스라엘의 손에 붙이신 고로(the LORD gave them into the hand of Israel)"(「민수기」21:34;「신명기」3:2;「여호수아」10:30, 10:32, 11:8, 21:44;「사사기」11:21;「느헤미야」9:24). 그렇다. 그들을 너희 손에 붙였으니(I gave them into your hands), 가서 점령하고 취하라는 것이다. 그렇다면 이스라엘의 손에만 항상 붙였을까?[12]

사자들(Angel)이 돕다 - 물론 모세나 여호수아가 전쟁에서 이길 때마다 야훼께서 항상 이스라엘을 도운 것은 아니다. 야훼께서 바쁘실 때에는 사자들과 군대장관(a commander of the army of the LORD)을 보내어 모세와 여호수아를 돕게 하였다(「출애굽기」 3:2, 14:19, 23:20, 23:23, 32:34, 33:2; 「여호수아」 5:13~15)

갈렙의 기업(땅) - 가나안 정탐을 올바르게 보고했던 유다 지파의 갈렙(Caleb)은 야훼께서 "네 발로 밟는 땅이 영영히 너의 기업이 되리라"(「신명기」 1:36) 하신 대로, 유일하게 제비뽑아 땅을 배분받지 않고, 갈렙이 말한 대로 헤브론(Hebron)을 배분받는다. 이는 정탐 과정에서 본인이 직접 본 대로 보고한바, 헤브론에는 거인인 아낙인(Anakites)이 있지만, 올라가 능히 이기리라(「민수기」 13:30)고 말한 것과 같이, 본인이 헤브론 땅을 달라고 해서 이루어진 것이다. 실제로 갈렙은 헤브론을 배분 받고, 아낙의 소생들을 쫓아낸다. 이로써 헤브론 땅에서 전쟁이 그치게 된다(「여호수아」 14:6-15, 15:13-14).

레위 지파의 기업(땅) - 12지파 중 레위(Levi, Levites) 지파는 야훼께 시중드는 제사장(Priests) 직을 맡은 신분의 지파로(「민수기」 3장 & 18장, 「신명기」 18:1-8), 가나안 족속과의 전쟁에는 직접 참여하지 않아(「민수기」 1:47-54), 가나안 땅에 들어가서는 나머지 11지파처럼 땅을 배분받지 못하지만(「민수기」 18:20-24, 「민수기」 26:62, 「여호수아」 13:14 & 33), 레위 족속들이 특별히 거주할 수 있는 레위 족속의 성읍(Levitical Towns)을 배분 받는다(「레위기」 25:32, 「민수기」 35장, 「여호수아」 21장).

---

12 1부 3장의 "'야훼께서 자리를 비우시다'와 '손에 붙이시다'의 의미"를 참조하라.

부록

관련 그림 및 지도

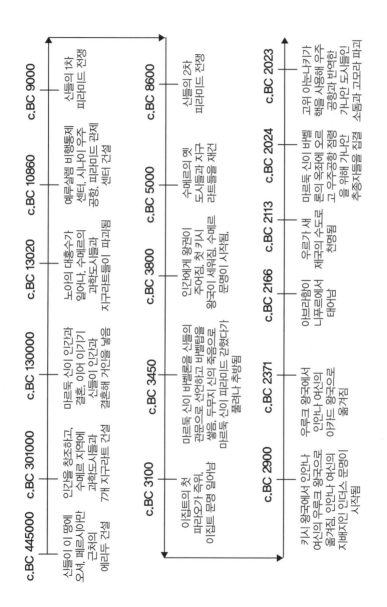

지구의 연대기

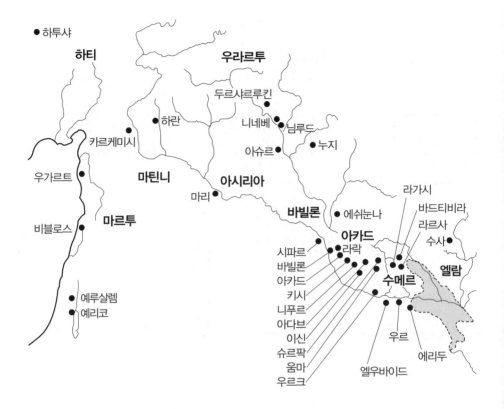

수메르시대의 도시국가(City–States, c.BC 5000~c.BC 2023). Credit : 시친, I, 2009, p 86, © Z. Sitchin, Reprinted with permission.

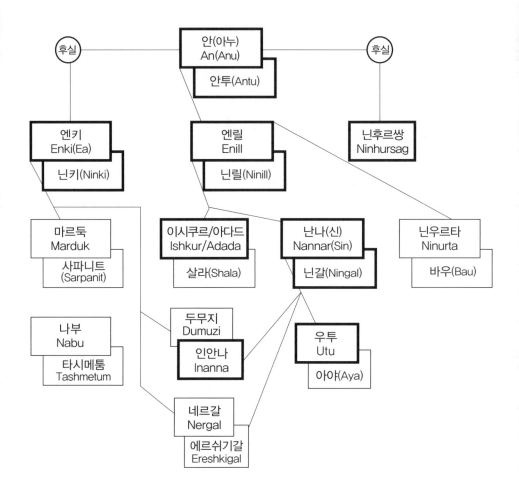

수메르시대의 주요 신들의 족보도. 굵은 선의 신들과 여신들은 12명의 아눈나키(Anunnaki) 그룹. 마르둑 신의 배우자인 사파니트는 인간이고, 여신인 닌후르쌍은 혼자 살았으나 이복형제인 엔릴 신과의 사이에서 엔릴의 정식 승계자인 닌우르타를 낳음. 그러나 마르둑이 엔릴의 신권과 왕권을 찬탈함. Credit : 시친, I, 2009, p. 190, © Z. Sitchin, Reprinted with permission.

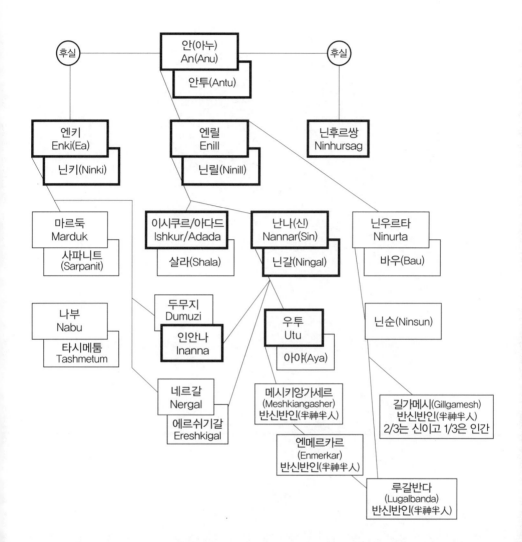

반신반인인 길가메시의 족보

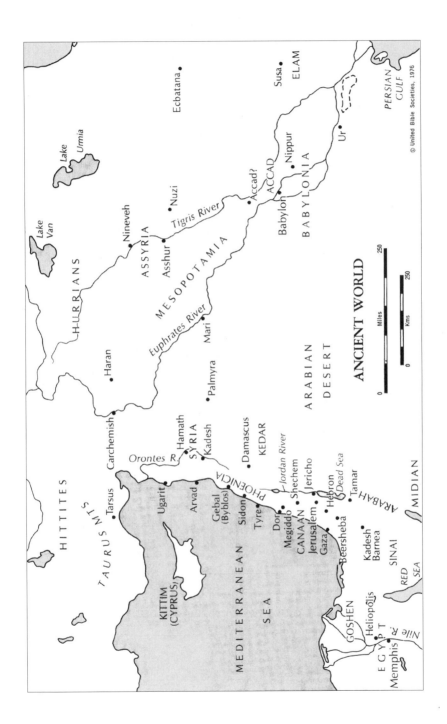

ANCIENT WORLD

© United Bible Societies, 1976

HURRIANS

Lake Urmia

Lake Van

Ecbatana

Susa ELAM

PERSIAN GULF

Nineveh

ASSYRIA

Asshur

Nuzi

Tigris River

Accad? ACCAD

Babylon

Nippur

BABYLONIA

Ur

MESOPOTAMIA

Haran

Euphrates River

Mari

Palmyra

ARABIAN DESERT

Carchemish

HITTITES

TAURUS MTS

Tarsus

Hamath

SYRIA

Kadesh

Orontes R.

Damascus

KEDAR

Ugarit

Arvad

PHOENICIA

Gebal (Byblos)

Sidon

Tyre

Dor

Megiddo

Shechem

Jordan River

Jericho

CANAAN

Jerusalem

Gaza

Hebron

Dead Sea

Tamar

ARABAH

Beersheba

Kadesh Barnea

SINAI

MIDIAN

KITTIM (CYPRUS)

MEDITERRANEAN SEA

RED SEA

GOSHEN

Heliopolis

EGYPT

Nile R.

Memphis

Miles 250

Kms 250

0

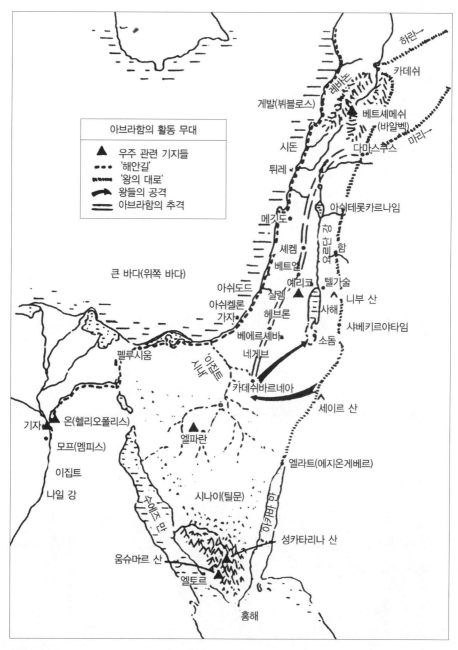

아브라함의 이동 경로, Image Credit : 시친, III, 480. © Z. Sitchin, Reprinted with permission.

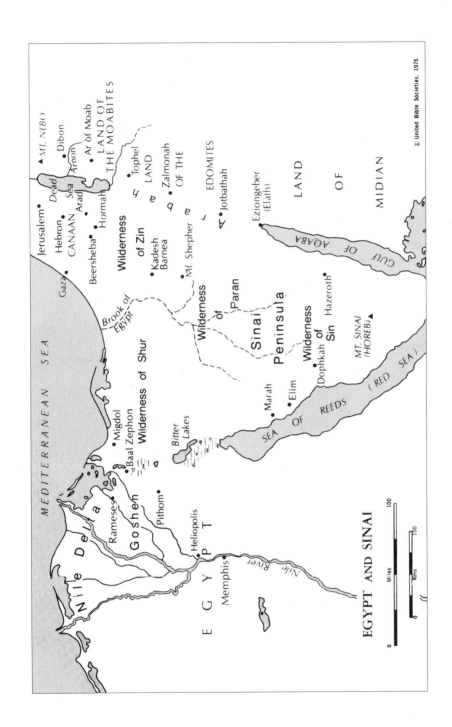

EGYPT AND SINAI

MEDITERRANEAN SEA

Nile Delta

Goshen

Rameses
Migdol
Baal Zephon
Pithom

E G Y P T

Heliopolis
Memphis

Nile River

Wilderness of Shur

Bitter Lakes

Gaza

Brook of Egypt

Beersheba

Hebron
CANAAN

Jerusalem

Dead Sea

MT. NEBO
Dibon
Ar of Moab
LAND OF THE MOABITES
Arnon
Arad
Tophel
LAND
Hormah
Zalmonah
OF THE
EDOMITES

Wilderness of Zin

Kadesh Barnea

Mt. Shepher

Wilderness of Paran

Sinai Peninsula

Wilderness of Sin

Dophkah
Marah
Elim

Hazeroth

MT. SINAI (HOREB)

SEA OF REEDS (RED SEA)

Jotbathah

Eziongeber (Elath)

GULF OF AQABA

LAND

OF

MIDIAN

© United Bible Societies, 1976

Miles
0 100

Kms
0 100

308

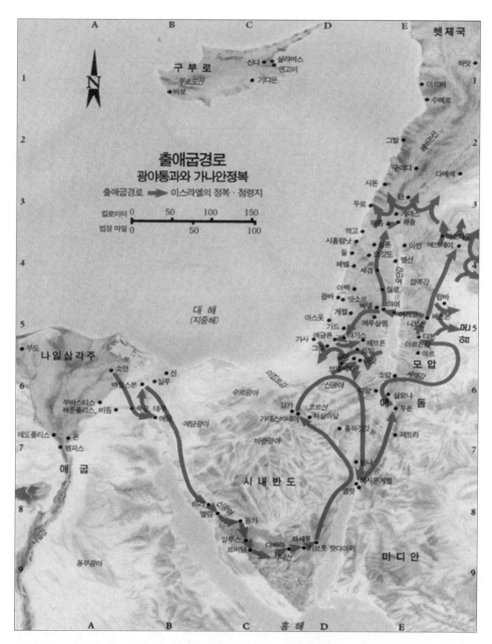

출애굽 경로 – 광야 통과와 가나안 정복. Credit : 케임브리지 한인교회, 주제별 시리즈 설교 19의 사명(1). http://web. firstkoreanchurch.org/?document_srl=358·

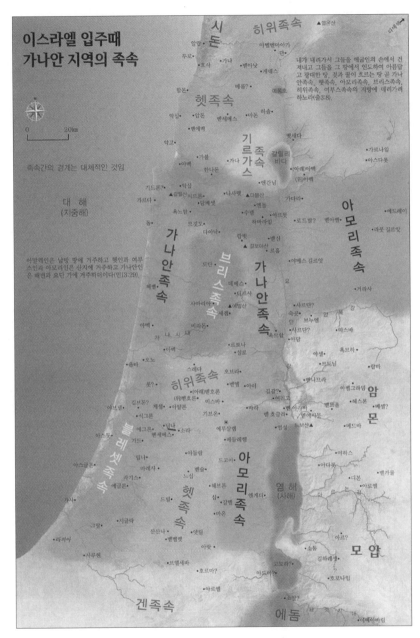

이스라엘 입주 때 가나안 지역의 족속. Credit : GLOHA, 은혜 안에 뛰놀며 주의 영광 보리라 by mikhail, 이스라엘 입국 때 가나안 족속들의 이미지. GLOHA — http://hoika6.egloos.com/4930339

DIVISION OF CANAAN

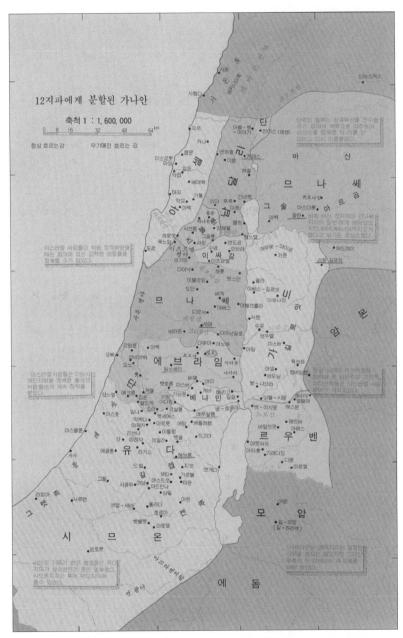

이스라엘 12지파에게 분할된 가나안. Credit : GLOHA, 은혜 안에 뛰놀며 주의 영광 보리라 by mikhail, 이스라엘 입국 때 가나안 족속들의 이미지. GLOHA- http://hoika6.egloos.com/4930339

Kadesh

Gebal

SEA

SIDONIANS

LEBANON MTS.

BETHREHOB

SYRIA

Sidon

• Damascus

MT. HERMON

Tyre

Abel • Dan

MAACAH

Bashan

Hazor •

Cabul

GESHUR • Ashtaroth

MT. CARMEL

Dor •

Megiddo

Jezreel

Edrei

Taanach •

MT. GILBOA

Ramoth

Jabesh

Jordan R.

Shechem •

Zarethan

Jabbok

Gathrimmon

Jazer

Joppa •

Beth
Horon

Gezer •

Bethel •

Rabbah

Ashdod •

Ekron •

Jericho •

AMMONITES

Ashkelon •

Jerusalem •

Heshbon

Gath? •

Medeba

Gaza •

Debir •

Hebron •

Dibon

PHILISTINES

Gerar •

Ziklag?

Dead
Sea

Aroer

Beersheba •

MOABITES

• Kir Heres

Tamar •

The Desert

AMALEKITES

• Bozrah

• Kadesh Barnea

EDOMITES

• Sela

The

Negev

UNITED ISRAELITE
KINGDOM

0   Miles   60

0   Kms   60

© United Bible Societies, 1976

Eziongeber

GULF OF
AQABA

MEDITERRANEAN

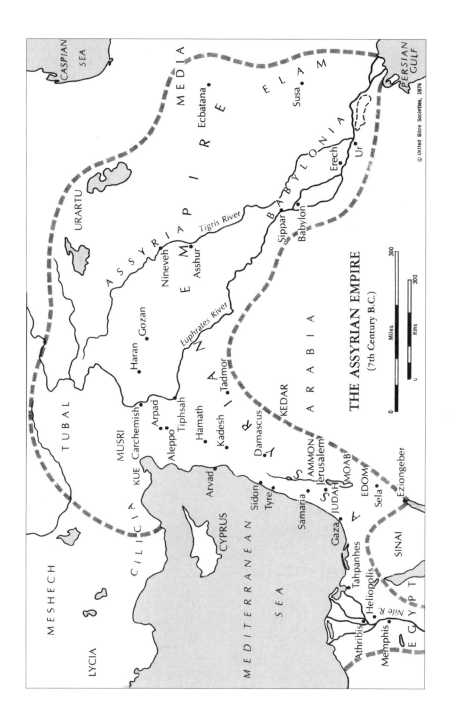

THE ASSYRIAN EMPIRE
(7th Century B.C.)

CASPIAN SEA

MEDIA

Ecbatana

URARTU

ELAM

Susa

PERSIAN GULF

© United Bible Societies, 1976

ASSYRIAN EMPIRE

BABYLONIA

Tigris River

Nineveh

Asshur

Erech

Ur

Sippar

Babylon

Haran

Gozan

Euphrates River

TUBAL

ARABIA

300 Miles

300 Kms

0

MUSRI

KUE

CILICIA

Carchemish

Arpad

Aleppo

Tiphsah

Hamath

Kadesh

Tadmor

Damascus

KEDAR

MESHECH

LYCIA

Arvad

CYPRUS

Sidon

Tyre

AMMON

Jerusalem

MOAB

EDOM

Sela

Eziongeber

Samaria

JUDAH

Gaza

SINAI

MEDITERRANEAN SEA

Tahpanhes

Heliopolis

Nile R.

Athribis

Memphis

EGYPT

314

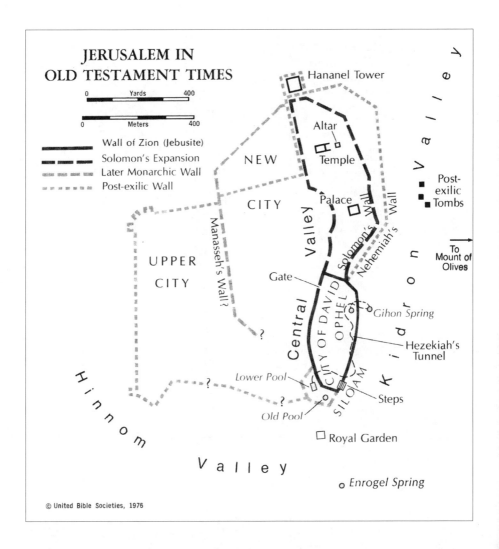

JERUSALEM IN OLD TESTAMENT TIMES

Wall of Zion (Jebusite)
Solomon's Expansion
Later Monarchic Wall
Post-exilic Wall

Hananel Tower

Altar

Temple

NEW CITY

Palace

UPPER CITY

Manasseh's Wall?

Central Valley

Solomon's Wall

Nehemiah's Wall

Gate

CITY OF DAVID

OPHEL

Gihon Spring

Hezekiah's Tunnel

Lower Pool

SILOAM

Steps

Old Pool

Royal Garden

Hinnom Valley

Enrogel Spring

Kidron

To Mount of Olives

Post-exilic Tombs

© United Bible Societies, 1976

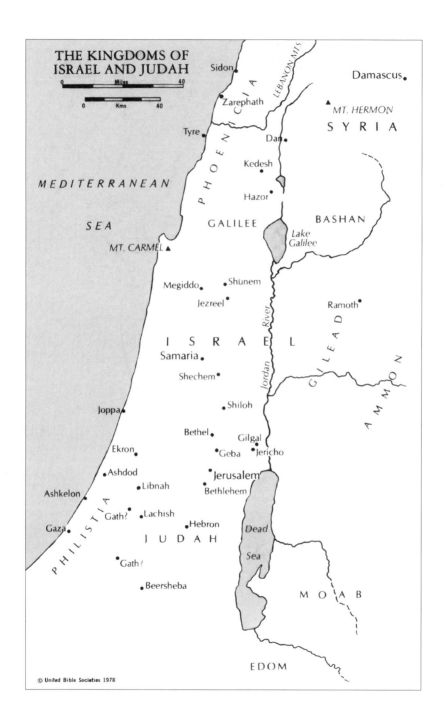

THE KINGDOMS OF
ISRAEL AND JUDAH

0 — Miles — 40

0 — Kms — 40

Sidon

Zarephath

Damascus

▲ MT. HERMON

SYRIA

Tyre

Dan

Kedesh

MEDITERRANEAN

Hazor

GALILEE

BASHAN

SEA

Lake Galilee

MT. CARMEL ▲

Megiddo

Shunem

Jezreel

Ramoth

Jordan River

I S R A E L

GILEAD

Samaria

Shechem

AMMON

Joppa

Shiloh

Bethel

Gilgal

Ekron

Geba

Jericho

Ashdod

Jerusalem

Ashkelon

Libnah

Bethlehem

Gath?

Lachish

Gaza

Hebron

Dead

JUDAH

Sea

PHILISTIA

Gath?

MOAB

Beersheba

EDOM

© United Bible Societies 1978

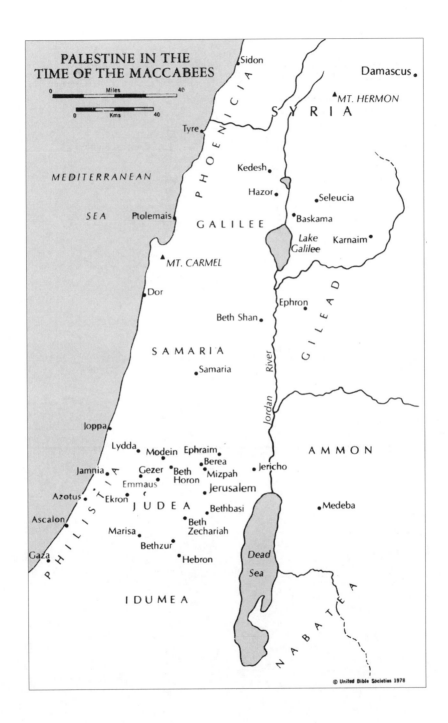

PALESTINE IN THE
TIME OF THE MACCABEES

Miles
0   40

Kms
0   40

Sidon

Damascus

▲MT. HERMON

SYRIA

PHOENICIA

Tyre

MEDITERRANEAN

Kedesh

Hazor

Seleucia

SEA   Ptolemais

GALILEE

Baskama

Lake
Galilee

Karnaim

▲MT. CARMEL

Dor

Ephron

GILEAD

Beth Shan

Jordan River

SAMARIA

Samaria

Joppa

Lydda

Modein

Ephraim

AMMON

Berea

Jamnia

Gezer

Beth
Horon

Mizpah

Jericho

Emmaus

Azotus

Ekron

Jerusalem

PHILISTIA

JUDEA

Bethbasi

Medeba

Ascalon

Beth
Zechariah

Marisa

Bethzur

Hebron

Dead
Sea

Gaza

IDUMEA

NABATEA

© United Bible Societies 1976

PALESTINE IN THE
TIME OF JESUS

Miles
0   40

Kms
0   40

Sidon

Abila
ABILENE

Damascus

Zarephath

MT. HERMON

PHOENICIA

LEBANON MTS.

SYRIA

Tyre

Caesarea Philippi

MEDITERRANEAN

SEA

Ptolemais

GALILEE
Chorazin
Capernaum
Bethsaida

Magadan

Lake
Galilee

MT. CARMEL

Cana
Tiberias

Nazareth

MT. TABOR

Nain

Caesarea

TEN TOWNS

Salim
SAMARIA
Aenon

Samaria

Gerasa

MT. EBAL
MT. GERIZIM
Sychar

Joppa

Arimathea?

Jordan River

PEREA

Ephraim

Jericho

Emmaus
Jerusalem
Bethany

Azotus

Qumran

Ascalon

JUDEA

Bethlehem

Gaza

Hebron

Dead

Sea

IDUMEA

NABATEA

© United Bible Societies, 1976

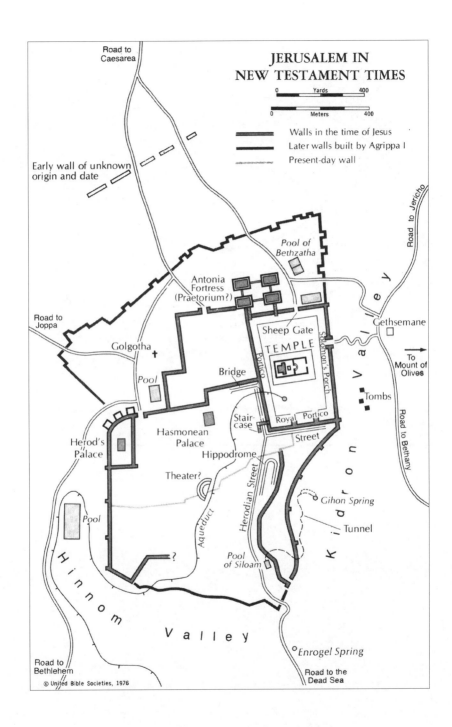

JERUSALEM IN
NEW TESTAMENT TIMES

Road to
Caesarea

0 Yards 400
0 Meters 400

━━━ Walls in the time of Jesus
━━━ Later walls built by Agrippa I
┈┈┈ Present-day wall

Early wall of unknown
origin and date

Road to Jericho

Pool of
Bethzatha

Antonia
Fortress
(Praetorium?)

Road to
Joppa

Gethsemane

Sheep Gate

TEMPLE

Golgotha

To
Mount of
Olives

Pool

Bridge

Solomon's Porch

Tombs

Stair-
case

Road to Bethany

Royal Portico

Hasmonean
Palace

Street

Herod's
Palace

Hippodrome

Theater?

Gihon Spring

Pool

Tunnel

Aqueduct

Herodian Street

Kidron Valley

?

Pool
of Siloam

H i n n o m   V a l l e y

Road to
Bethlehem

Enrogel Spring

Road to the
Dead Sea

© United Bible Societies, 1976

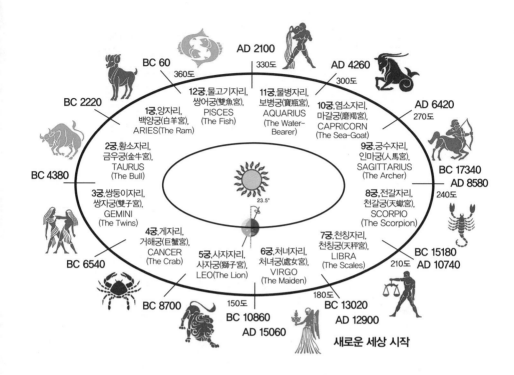

세차운동(歲差運動, Precession)에 의해 대주기(Grand Circle) 혹은 대년(Great Year)인 25,920년에 따라 변하는 시대별 춘분의 12개 별자리.

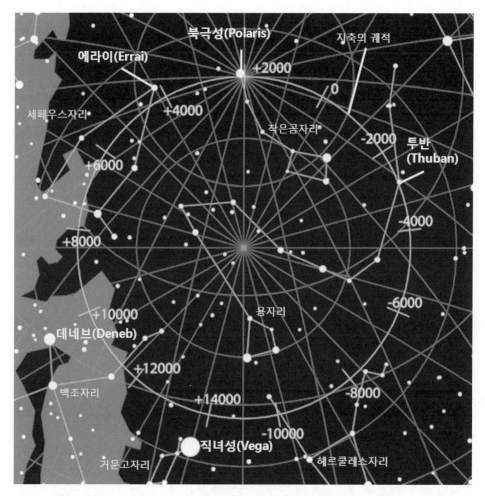

시대별 세차운동(歲差運動, Precession)에 따라 바뀌는 '하늘의 북극과 북극성의 변화'. 참조 : Wikipedia.org/Pole_star

용어해설

AD xx: anno Domini(A.D.), 서기 xx년이란 뜻.

AD xx(B): 성경에서 말하는 AD(A.D.) 연대를 계산했을 때의 서기 xx년이란 뜻. 즉 성경연대기(biblical chronology, Chronology of the Bible)의 연도를 말한다. 이는 현대의 역사연대기(historical chronology, Chronology of the History)와는 차이가 날 때 별도의 성경연대기로 표시함. 예를 들어 예수님의 탄생 연도는 역사연대기로는 AD 1년이지만, 성경학자들과 역사학자들이 정확히 계산한 탄생 연도는 BC 6(B)년이다. 따라서 사망 연도와 부활연도도 역사연대기로는 AD 33년이지만, 성경연대기로는 AD 27(B)임. 용어 설명의 '예수님의 탄생 연도' 참조할 것.

c.BC: circa Before Christ(c.B.C), 대략 기원전 xx년이란 뜻.

BC xx(B): 기원전을 나타내는 성경연대기. 필자가 계산해 본 결과 아담(Adam)의 20대 손인 아브라함(Abram, Abraham, BC 2166-BC 1991)부터가 현대의 역사연대기와 일치함. 따라서 그 앞의 족장들은 성경연대기로 표시할 수밖에 없는데, 아담의 경우 성경연대기로 BC 4144(B)년에 태어나 930세에 죽었으니 성경연대기로는 BC 3184(B)에 죽음. 부록인 아브라함 기준의 '싱경연대기'를 참조할 것.

가나안(Canaan): 원래 가나안(Canaan)은 고대 수메르시대의 12명의 고위급 신들로 구성된 아눈나키(Ahnunnaki)의 결정과 약속에 따라 아눈나키 그룹의 최고 높은 신인 엔릴(Enlil)계의 셈(Shem)족이 거주하게 된 땅이었으나 두 번째 높은 신인 엔키(에아, Enki, Ea)계와 엔키 신을 따르는 함(Ham)족이 이 결정을 거부하고 가나안 지역을 무력으로 점령하고 있었다. 가나안 지역을 무력으로 점령한 이유는 가나안 아래 지역의 시나이(Sinai) 우주공항(Departing Platform as Runways Platform)과 예루살렘 근처의 모리야 산(성전산, Mount Moriah, Temple mount, 아브라함이 아들 이삭을 번제물로 바치려 했던 산임)에 있던 우주비행통제센터(Spacecraft Mission Control Center)를 장악하기 위해서였다. 그 이후 이집트에서 신들의 제1차 피라미드 전쟁(The First Pyramid War, c.BC 9330~c.BC 8970)이 일어난다. 이집트 기자(Giza)에 있는 피라미드는 신들과 100미터 키의 반신반인(半神半人, Demigod)들이 세운 것으로 이는 신들의 고향인 니비루(Nibiru, 타원형 궤도의 가장 높은 점 또는 교차점이라는 뜻) 행성에서 오고 가는 우주선을 안내하는 관제센터(Marker and Control Tower for Spacecraft)였다. 노아의 방주가 닿았다는 터키의 아라라트(Ararat, 「창세기」 8:4절의 '아라랏') 산도 관제센터였다. 착륙장(Landing Platform, Landing Zone)은 레바논(Lebanon)의 바알벡(Baalbek)이었고, 금을 싣고 니비루로 돌아가는 우주선 이륙장은 시나이 반도에 위치한 시나이 우주공항이었다.

1차 피라미드 전쟁의 내용을 보면, 엔키 신의 맏아들인 마르둑(Marduk) 신의 후손인 세트(Seth)가 형인 오시리스(Osiris)를 붙잡아 사지를 절단하고 나일 강 유역과 피라미드의 단독 지배권을 확립한다. 이에 마르둑 신은 세트를 죽이고자 했으나 아버지인 엔키 신은 오시리스 시체에서 정액을 빼내 오시리스의 아내인 이시스(Isis)의 자궁에 주입해 호루스(Horus, Horon)를 낳게 한다. 마르둑 신의 동생인 기빌(Gibil)이 호루스에게 우주비행사와 미사일 다루는 방법 및 철로 무기를 만드는 방법을 가르쳐 준다. 호루스의 군대는 세트에게 쳐들어가 공중전을 벌인다. 호루스는 세트가 쏜 독이 든 화살에 맞는다. 그러나 엔키 신의 아들인 토트(Thoth, Nigishzidda)가 호루스에게 해독제(antidote)를 주고 눈부신 무기(blinding weapon)를 준다. 세트는 눈부신 무기에 맞아 그의 고환이 으깨진다. 호루스는 세트를 붙잡아 아눈나키 앞에 세운다. 아눈나키는 이때 세트로 하여금 이미 엔키 신계의 함족이 무력으로 점령한 가나안 땅에 살도록 결정한다. 이로써 세트는 공식적으로 가나안을 지배하게 되었으며 이에 따라 엔키 신계의 모든 자손들이 우주 관련 시설을 통제하게 된다. 이에 반발한 엔릴 신계가 제2차 피라미드 전쟁(c.BC 8670~c.BC 8500)을 일으키지만 여전히 가나안은 함 족속들이 차지하게 된다(Sitchin, 1976 & 1991 & 2004; 시친, 2009). 이로써 「창세기」 12장에 등장하는 아브라함(Abram, Abraham, BC 2166~BC 1991)의 이야기를 이해할 수 있다. 야훼 신(Yahweh, YHWH, JHWH, Jehovah, 영문성경의 'the LORD' 또는 'the LORD

God', 한글성경의 '여호와' 또는 '여호와 하나님', 카톨릭 성경의 '주님' 또는 '주 하느님')은 아브라함에게 약속했던 가나안 땅으로 가라고 명령한다. 가나안 땅은 원래 아눈나키의 결정과 약속에 따라 셈 족속에게 주려 했던 땅이다. 그러나 함 족속이 불법으로 차지하고 있었다. 결국 아브라함의 후손들은 출애굽을 하여 가나안 땅에 진입해 함 족속인 아모리 족속(Amorites)과 가나안 족속(Canaanites) 등을 무찌르고 가나안에 입성해 이스라엘 왕국을 이루게 된다. 이렇게 본다면 이스라엘의 야훼 신은 엔릴 신이 아닐까?

가나안(Canaan) 족속: 「창세기」 9장 25절에 나와 있듯이 함(Ham) 후손인 가나안(Canaan)은 노아(Noah)의 저주를 받아 셈(Shem) 후손의 종(Slaves)이 될 것임을 예언한다. 실제로 레위(Levi) 지파 출신인 모세와 에브라임(Ephraim) 지파 출신인 여호수아가 애굽(이집트)으로부터 12지파를 이끌어내어 가나안으로 들어간 족속이 바로 셈 족속이다. 이때부터 가나안은 셈 후손의 종이 된다. 처음에는 이집트 강에서부터 유프라테스 강에 이르기까지 가나안에 10족속이 살고 있었다. 겐(가인) 족속(Kenites), 그니스 족속(Kenizzites), 갓몬 족속(Kadmonites), 헷 족속(Hittites), 브리스 족속(Perizzites), 르바 족속(Rephaites), 아모리 족속(Amorites), 가나안 족속(Canaanites), 기르가스 족속(Girgashites)과 여부스 족속(Jebusites)이다. 이 10족속의 땅을 아브라함 후손에 줄 것이라고 야훼 신은 아브라함에게 약속한다(「창세기」 15:18-21). 그러나 실제 출애굽을 하고 가나안에 들어갈 때에는 6족속으로 줄어든다. 가나안 족속, 헷 족속, 아모리 족속, 브리스 족속, 히위 족속(Hivites), 여부스 족속이다(「출애굽기」 3:8, 3:17, 33:2, 34:11, 「신명기」 20:17). 그런데 이 6족속에 기르가스 족속을 합쳐 7족속으로 표현되기도 하고(「신명기」 7:1, 여호수아 3:10), 이 7족속에 히위 족속이 빠진 6족속으로 표현되기도 한다(「느헤미아」 9:8). 신약에 가면 7족속으로 표현된다(「사도행전」 13:19). 이렇게 6족속이나 7족속으로 줄어든 이유는 야훼 신께서 아브라함에게 약속한 가나안의 10족속을 이스라엘 12지파가 다 섬멸하거나 물리치지 못했기 때문이다. 결국 야훼의 명령을 이스라엘 백성들이 다 이루지 못한 것이다. 특히 가나안 족속, 헷 족속, 아모리 족속, 브리스 족속, 히위 족속, 여부스 족속들을 완전히 다 쫓아내지 못함으로써 이스라엘 백성은 가나안 정착 후, 이스라엘 12지파 출신들의 12명의 사사들(士師, the Judges)의 통치 시대(BC 1375-BC 1049)에 남은 이들 사이에 거하며 이들과 결혼도 하고 이들의 신들을 섬겨, 야훼의 노여움을 받아 남은 족속들로부터 곤경에 처하게 된다(「사사기」). 이를 성경은 야훼 신께서 이스라엘 백성을 시험하기 위해 그 땅에 블레셋 다섯 방백을 비록산 열국(Nations)을 남겨 두었다고 기록하고 있다(「사사기」 3:1~4). 여하튼 이 책에서는 7족속으로 표현하기로 한다. 한 가지 조심할 것은 지금의 팔레스틴(Philistines, 팔레스타인, 「창세기」 10:14의 '블레셋')은 함(Ham) 족속이지만 가나안(Canaan) 계열이 아니라 미스라임(Mizraim)의 아들인 가슬루힘(Casluhites)의 후손이라는 점이다. 그래서 지금까지 이스라엘과 팔레스타인의 분쟁이 계속되고 있다. 이는 셈 족속과 함 족속의 분쟁이다.

가브리엘(Gabriel): 일곱 천사장 중의 하나로 하나님의 메시지를 인간에게 전달하는 전령(messenger)의 역할을 하고 낙원을 관장하며 체루빔(cherubim)을 관장하는 천사장이다. 가브리엘은 「다니엘(Daniel)」 8장 16절에 처음 등장하는데, 가브리엘 천사장이 다니엘에게 나타나 다니엘이 본 숫양과 숫염소의 이상(Vision of a Ram and a Goat)을 깨닫게 해준다. 「다니엘」 9장 21절에도 등장하는데, 다니엘에게 칠십 이레(The Seventy "sevens")를 설명한다. 「누가복음」 1장 19절과 26절에도 등장해 세례 요한의 출생을 예고하고(The birth of John the Baptist foretold) 예수의 나심을 예고한다(The birth of Jesus foretold). http://en.wikipedia.org/wiki/Gabriel

갈대아(Chaldea): 갈대아는 원래 바빌로니아(Babylonia) 남부의 수메르(Smuer, 「창세기」 10장 10절의 '시날=Shinar')를 가리키는 고대 지명이다. 그러다가 바벨탑(The Tower of Babylonia) 사건[「창세기」 11장, c.BC 3450, BC 2357(B)~BC 2118(B)] 이후 바빌로니아 전체로 지명이 확대되었다. 그래서 구약성경에서는 갈대아를 흔히 바빌로니아와 동의어로 사용하고 있다. 따라서 갈대아인(Chaldean)은 바로 바빌로니아인(Babylonian)이다. 이는 구약과 신약 전체를 통해 바빌로니아인들은, 여호와 하나님과 적대시되는, 이스라엘 민족과 적대시되는, 바빌론의 수호신이었던 마르둑(Marduk)이라는 신을 주신으로 섬겼기 때문이다. 그 유래는 함(Ham)족이다. 「창세기」 10장에는 함의 손자인 니므롯(Nimrod)은 용맹이 뛰어난 사냥꾼으로 시날(Shinar) 지역에 도시를 만들고 성벽을 쌓아 거대한 바빌론(바빌론) 왕조를 건설하였다고 기록되어 있다(「창세기」 10:8-12, c.BC 2300). 도시로는 바벨론(Babylon), 악갓(아카드, 아가데, Akkad), 에렉(에르크, Erech, 우르크, Urkuk, Unug), 갈레(Calneh)에서 시작하여 더 나아가 셈(Shem)의 아들인 앗수르(Asshur)가 거주하고 있던 앗수르(아슈르, 아시리아, Assyria)까지 나아가 니느웨(네베=Nineveh)를 건설하였다고 기록되어 있다. 따라서 니므롯은 북쪽의 아시리아, 그 중간의 바벨론, 그리고 남부의 수메르를 잇는 사실상의 메소포타미아 전역을 통일했다고 보인다. 이는 우리가 역사에서 배운 고대 바빌로니아(BC 1830-c.BC 1531) 이전의 도시국가로 추정된다. 「창세기」 10장에 니므롯에 관해서 상세하게 설명이 나온 이유는 아시리아와 바벨론이 후에 아시리아(앗수르) 포로(Assyria Exile/Captivity, BC 723-BC 612)와 바벨론 유수(Babylonian Captivity or Babylon Exile, BC 605~BC 539) 등 이스라엘 백성과 역사적으로 중요한 관계에 있게 되기 때문이다. 갈대아는 히브리(헤브라이, Heberites, Hebreians) 민족의 발원지라 볼 수 있다. 히브리인은 수메르 남부에서 활약한 셈계(系)의 아르박삿(Arphaxad) 종족으로 아브라함(Abram, Abraham, BC 2166-BC 1991)의 아버지 데라(Terah, BC 2236-BC 2031)도 갈대아에 있는 니푸르(Nippur) 출신의 히브리인이다. 그 당시 니푸르는 성경에 언급되지 않는 우주비행통제센터(Spacecraft Mission Control Center)가 있던 도시이다. 이곳 니푸르에서 데라는 70세에 아브라함과 나홀(Nahor)과 하란(Haran)을 낳았다. 데라는 왕가 사제 집안의 출신으로 신전과 궁정사이의 연락을 위해 남쪽 우르(Ur)로 이주하였다(BC 2113). 「창세기」 11장과 15장의 기록을 보면 아브라함도 갈대아 우르(Ur) 출신의 히브리인이다.

그 후 함족(Ham)의 후손인 가나안(Canaan)의 아모리(Amorites) 족속이 갈대아(Chaldea) 지역의 바벨론을 중심으로 하는 고대 바빌로니아 왕조(BC 1830-c.BC 1531)를 세운다. 그 후 시리아에 거주하고 있던 셈계(系)의 아람(Aram)계 족속들이 남부 갈대아로 이주해 신아시리아 왕조(Neo-Assyrian Empire, BC 912-BC 612)를 멸망시킨 후 바벨론에 입성하여 신바빌로니아 왕조(BC 625~BC 539)를 연다. 그래서 신바빌로니아를 갈대아 왕조라고 한다. 고대 바빌로니아 왕조나 신바빌로니아 왕조나 모두 여호와 하나님(야훼)의 적(뱀으로 표현되는 신)으로 간주되는 마르둑(Marduk) 신을 신봉하였다. 따라서 여호와 하나님을 주신으로 섬기는 히브리인(유대인, 이스라엘인) 입장에서 보면 마르둑 신을 섬기는 갈대아인, 즉 바빌로니아인은 이방인이며 적이다.

고대 수메르 문서에 의하면 마르둑 신이 지지자들을 이끌고 갈대아, 즉 바벨론의 아카드와 수메르로 진군해 스스로 바빌론의 옥좌에 오르는데, 이를 '신들의 전쟁, 인간들의 전쟁(The wars of gods and men)'으로 규정한 시친(Sitchin)은 이때부터 신들의 전투가 중앙 메소포타미아로 확산되었다고 한다(BC 2024)(시친, III, 2009). 그 결과 바벨론을 장악한 마르둑 신이 예루살렘 근처의 모리야 산(성전산, Mount Moriah, Temple mount, 아브라함이 아들 이삭을 번제물로 바치려 했던 산임)에 있던 신들이 사용하는 우주비행통제센터(Spacecraft Mission

Control Center)와 시나이 반도에 있던 우주공항(Departing Platform as Runways Platform)을 장악하려고 가나안의 추종자들을 집결시키자, 여호와 하나님(야훼)은 하란(Haran)에 머물던 아브라함을 가나안 지역으로 이동시켜 이를 저지하고자 하나(BC 2041) 역부족이었다. 이에 분노한 여호와 하나님을 비롯한 고위 신들(아눈나키, Ahnunnaki)이 자신들을 배반하고 마르둑 신에 선 가나안 도시인 소돔과 고모라와 시나이 반도의 우주공항(필자가 보기엔 폐쇄하고자 결정함)을 핵(필가 보기엔 오늘날의 원자핵 또는 그 이상의 우리가 모르는 핵무기)으로 멸망시키게(BC 2023) 된다. http://en.wikipedia.org/wiki/Chaldea, http://100.naver.com/100.nhn?docid=150710, http://100.naver.com/100.nhn?docid=101741

거인(Great/Giant Man): 우리는 대홍수 이후에 이집트의 기자(Giza)에 세워진 세 개의 피라미드(Pyramid)와 스핑크스(Sphinx, 사자인간, 사람머리와 사자의 동체)가 어떻게 구축되었는지 그 비밀을 알게 되는데, 누가 거대한 돌들을 쌓아 올렸는가이다. 바로 대홍수 이후에도 살아남은 100 미터 키의 반신반인(半神半人, Demigod)인 거인(Great Man or Giant Man)들이 신들을 도와 이 작업을 했다는 것을 예측해 볼 수 있다. 또한 스핑크스의 사자의 동체로 보아 피라미드와 스핑크스는 대년(Great Year)의 시대별 춘분의 12개 별자리의 사자자리(사자궁, 獅子宮, Leo, 12황도대의 제5궁)시대인 BC 10860-BC 8700년 사이에 건축되었음을 알 수 있다. 이는 대홍수 이후의 일이다. 이렇게 볼 때 대홍수는 그 앞의 처녀자리(처녀궁, 處女宮, Virgo, 12궁의 6궁)과 천칭자리(천칭궁, 天秤宮, Libra, 12궁의 제7궁) 사이인 BC 13020년경에 일어났음을 예측해 볼 수 있다. 여호와 하나님은 서로 살육케 하고 동시에 대홍수로 네피림(Nephilim)의 자손인 거인들(Giant Men)을 쓸어버리려고 했지만, 구약성경을 보면 이들은 대홍수 이후에도 살아남아 있었다고 기록하고 있다. 모세(Moses, BC 1526-BC 1406)가 이집트를 탈출해 40년간 광야생활(Wilderness or Desert, Shur & Sin & Paran & Zin, BC 1446-BC 1406)을 할 때(「출애굽기」 16:36), 가나안(Canaan) 지역을 탐사하는 과정에서, 가나안 땅에는 네피림의 후손들인 거인인 아낙(Anak, Anakim, Anakite) 자손들이 사는 곳이라고 기록한 것을 보면 알 수 있으며(「민수기」 13: 22 & 28 & 33; 「신명기」 1:28), 거인들은 여러 곳에 기록되어 있다(「신명기」 2:10-11, 20-21, 3:11, 9:2; 「여호수아」 11:21-22, 14:12-15, 15:13-14, 「사사기」 1:20).

경건한 자(Godly men): 경건(Godly)이란 단어는 구약과 신약에 등장하는 단어이다. '하나님께 경건한 자'를 'The godly' 또는 'Godly man'이라 부르고 '하나님께 불경한 자'를 'The ungodly' 또는 'Ungodly man'이라 표현하고 있다. 하나님께서는 경건한 자를 택하시고(「시편」4:3), 예수님 재림시에는 경건치 아니한 자들을 심판하신다고 기록되어 있다(「베드로후서」2:9 & 3:7; 「유다서」1:15; 이외에도 다수). 결국 성경 전체를 통해 보면 인간을 두 부류로 나누는데 바로 Godly men과 Ungodly men으로 요약된다고 보인다. 또는 의로운 자(Righteous men)와 불의한 자(Unrighteous men)로 구분하기도 하는데 필자가 보기엔 둘 다 같은 의미를 갖고 있으나 전자가 더 설득력 있게 보인다.

고대 **바빌로니아 왕조**(Old Babylonian Empire, BC 1830-c.BC 1531): 함족(Ham)의 후손인 가나안(Canaan)의 아모리(Amorites) 족속이 갈대아(Chaldea) 지역의 바벨론을 중심으로 세운 고대 바빌로니아 왕조는 제6대 함무라비(Hammurabi, BC 1792~BC 1750) 왕이 죽은 후 쇠퇴하여 c.BC 1531년에 지금의 터키 남부와 시리아 지역에 살던, 같은 함 족속의 가나안 족속인 히타이트(Hittites, 구약의 '헷')의 침입으로 멸망한다. 고대 바빌로니아의 주신(Patron god)은 마르둑(Marduk)이다. 그 후 바빌로니아의 지배권은 동북부 산악지대를 장악한 카사이트(카시트, Kassites, c.BC 1600-c.BC 1115)로 넘어가 400년 동안 카사이트의 지배를 받는다. 그 후 악랄하기로 유명한 아시리아(앗시리아, 구약성경의 '앗수르=Asshur', 아슈르, Assur, Ashur, Assyria)가 점점 세력을 얻어 바빌론을 공격하여 함락시키고 자립하여 신아시리아 왕조(Neo-Assyrian Empire, BC 912-BC 612)를 연다. 아시리아의 주신은 아슈르(Ashur, 모든 것을 보는 자라는 'overseer' 뜻)이다. http://en.wikipedia.org/wiki/Babylonia

고대 **수메르 문서**: 고대 수메르(Smuer, 「창세기」10장 10절에 처음 나오는 '시날 = Shinar'을 말함) 도시에서 발굴되거나 발견된 c.BC 5000-c.BC 2400년의 점토판(Clay tablets)이나 유물/유적지에 기록된 문서들을 말한다. 이 문서들은 쐐기 모양의 설형문자(Sumerian cuneiform), 그림문자(Iconography)와 기호문자(Symbology)로 새겨지거나 기록되었다. 수메르의 설형문자는 1686년 독일의 자연주의자이자 내과의사인 캠퍼(Engelbert Kaempfer)가 고대 페르시아의 수도인 페르세폴리스(Persepolis, 그리스어로 페르시아의 도시, 페르시아인들은 '파르사(Parsa)'라 부름)를 방문하여 발견하였다. 그 이후 수메르 지역에서 고고학적으로 발굴된 설형문자들은 학자들이 음역(transliteration)하거나 번역(Tranlsation)하여 영국 옥스포드 대학의 수메르 전자문학문서(The Electronic Text Corpus of Sumerian Literature)로 집대성하여 일반에게 공개하고 있다. 고대 수메르 지역에서 발굴된

총 400개의 문서들을 목록에 따라 또는 번호로 매겨 집대성하고 있다. 이 전자 문학문서에는 신들의 고향인 열두 번째 행성인 니비루(Nibiru, 타원형 궤도의 가장 높은 점 또는 교차점이라는 뜻)가 등장하고, 하늘의 니비루에서 이 땅에 최초로 내려와 인간을 창조하시고 인간에게 문명을 가르쳐 주신 엔키(Enki) 신부터 시작하여 두 번째로 내려와 고위 신들(아눈나키, Ahnunnaki)의 최고 높은(Most High or Great Mountain) 신이 되신 엔릴(Enlil), 그리고 여신인 엔릴 신의 손녀인 인안나(Inana) 여신 등이 등장하고, 홍수 신화(The Flood story)도 등장하며, 우리가 잘 아는 고대 영웅이신 첫 번째 우르크(Uruk, Unug, 「창세기」 10장 10절의 '에렉=Erech', 에레크) 왕조의 다섯 번째 왕인 길가메시(Gilgamesh, c.BC 2700, 통치 126년)를 칭송하는 『길가메시 서사시(Epic of Gilgamesh)』와 이와 관련하여 수메르어로 쓰여진 길가메시의 5편의 시(Poems)도 등장한다. 따라서 이 고대 수메르 문서는 구약성경에서 말하지 않는 많은 역사적 진실을 말하고 있다. 이 땅에는 무수히 많은 신들이 내려왔으며 인간을 왜 창조했는지, 노아의 홍수가 왜 일어났는지, 「창세기」 10장에 등장하는 고대도시를 다스린 신들과 왕들에 대해 자세히 기록하고 있다.

http://en.wikipedia.org/wiki/Cuneiform

http://www.dmoz.org/search?q=Cuneiform

http://en.wikipedia.org/wiki/Engelbert_Kaempfer

http://www-etcsl.orient.ox.ac.uk/

http://www-etcsl.orient.ox.ac.uk/edition2/etcslbycat.php

http://en.wikipedia.org/wiki/Sumerian_religion

고센(Goshen): 이집트 나일 강 하류의 나일 델타(Nile Delta)를 이루는 지역 중 동쪽에 위치한 땅으로 이스라엘 족속(Israelites)이 거주했던 땅이다. 이스라엘 족속 중 야곱(Jacob)의 열한 번째 아들인 요셉(Joseph, BC 1916-BC 1806)이 17세에 이집트로 팔려가(「창세기」 37:25-28), 30세에 이집트의 총리가 되고(「창세기」 41:46), 40세(BC 1876)에 130세의 아버지 야곱과 11형제를 이집트의 고센 땅으로 모셔와 잘 살다가, 요셉과 형제가 모두 죽은 후부터 이집트의 노예가 된다(「창세기」 45:10, 「창세기」 46:28, 「창세기」 47:27, 「출애굽기」 8:22, 「출애굽기」 9:26). 이스라엘 민족은 고센 땅의 라암셋(Rameses)을 출발하여(「출애굽기」 12:37) 홍해(Red Sea, Sea of Reeds)를 건너고 시나이 반도(Sinai Peninsula)를 거쳐 가나안(Canaan)에 정착하게 된다.

http://en.wikipedia.org/wiki/Land_of_Goshen

구갈라나(Gugalana, Gugalanna): 수메르어로 구드안나(Gud.An.Na)는 하늘의 안(An, Anu) 신의 무기로, 금속으로 만들어진 공격무기, 즉 크루즈 미사일(Cruise missile)이라는 뜻. 하늘의 위대한 황소(The Great Bull of Heaven)로 수메르시대의 신(deity, God), 나중에 별자리의 황소자리 즉 황소좌의 타우루스(Taurus)가 됨.
http://en.wikipedia.org/wiki/Gugalanna

기능성자기공명영상(fMRI, Functional Magnetic Resonance Imaging): 기능성자기공명영상은 물리적 감각이나 신체 활동의 유형에 따라 각각 다르게 활성화되는 뇌의 부위를 알아내는 영상기술로, MRI보다 진보된 영상장비임. 활성화된 뇌의 영역에서 혈류(blood flow)의 변화, 즉 증가와 감소로 활성화된 부위를 감지하는 장비임.

『길가메시 서사시』(Epic of Gilgamesh): 영국의 레이어드(Austen Henry Layard)와 그의 조수인 라삼(Hormuzd Rassam)은 1852-1854년에 큐윤지크(Kuyunjik)라 불리는 아시리아의 수도였던 니네베(Nineveh, 「창세기」 10장 11절의 '니느웨', 지금의 이라크 '모술(Mosul)')의 발굴을 시도하여 1853년에 신아시리아 왕조(Neo-Assyrian Empire, BC 912-BC 612)의 마지막 왕인 아수르바니팔(Ashurbanipal, 에사르하돈의 아들, 구약의 '오스납발', KJV의 'Asnappar', 통치 BC 668-BC 612)가 세운, 그러나 폐허가 된 아수르바니팔의 도서관(Library of Ashurbanipal)을 발굴하여 수메르시대(c.BC 5000-c.BC 2023) 첫 번째 우르크(Uruk, Unug, 「창세기」 10장 10절의 '에렉=Erech', 에레크) 왕조의 다섯 번째 왕인 길가메시(Gilgamesh, c.BC 2700, 통치 126년)를 칭송하는 『길가메시 서사시(Epic of Gilgamesh)』를 발견한다. 오늘날 우리에게 알려진 이 표준 버전의 『길가메시 서사시』는 1-12개의 점토판에 아카드어로 쓰여진 완벽한 버전으로 그 점토판에는 BC 1300-BC 1000사이에 신-리크-우니나니(Sin-liqe-unninni)가 옛 수메르 전설과 신화를 바탕으로 편집했다고 기록되어 있다. 이 서사시의 내용은 1876년 아시리아 학자인 스미스(George Smith)가 『갈대아인과 창조의 근원(The Chaldean Account of Genesis)』이라는 제목으로 최초로 번역하여 출판했다(Smith, 1876). 단 주의할 것은 수메르시대에 일어난 일을 중세 아시리아 왕조(Middle Assyrian Empire, BC 1380-BC 912) 시대에 아카드어로 점토판에 기록했기 때문에 몇몇 수메르 신들의 수메르어 이름이 아카드어 이름으로 표현되고 있다는 점이다. 예를 들어 수메르시대의 여신인 인안나(수메르어 Inanna)를 이시타르(아카드어 Ishtar)로 표현하고 있다. 『길가메시 서사시』의 원래 제목은 'He who Saw the Deep' 혹은 'Surpassing All Other Kings'이다. 이들이 발견한 점토판은 영국으로 옮겨져 지금은 영국 박물관(British Museum)에 전시되어 있다.

이 아카드어 표준 버전 이외에도 고대 바벨로니아 버전도 있는데, 이를 『바벨로니아 길가메시 서사시』(Babylonian Epic of Gilgamesh)』라고 한다(George, 2003). 특히 아카드어로 쓰여진 『길가메시 서사시(Epic of Gilgamesh)』를 고대 바벨로니아인들이(아카드어를 사용함) 각색 편집한 문서를 『바벨로니아 아트라하시스 서사시(Babylonian Epic of Atrahasis)』 또는 『아카드어 아트라하시스 서사시(Akkadian Atrahasis Epic)』라고 하는데, 『길가메시 서사시』가 1-12까지의 점토판에 기록된 반면 『아트라하시스 서사시』는 1-3까지의 점토판에 기록되어 있다(Lambert and Millard, 1965 & 1969). 길가메시의 〈점토판 11(XI)〉과 아트라하시스 점토판 3〉은 홍수의 비밀을 담고 있다. 특히 길가메시의 〈점토판 11〉를 길가메시의 홍수의 비밀(Gilgamesh flood myth)이라고 부른다. 이외에 기타 고대 수메르어로 기록된 시(Poem)도 5편이나 된다. 그래서 역사적으로 가장 오래된 수메르어 시대의 기록을 보려면 이 5편의 시를 참조해야 한다. 구약 「창세기」에는 노아(Noah, 쉬었다는 뜻)가 홍수의 영웅으로 등장하지만, 『수메르 창조 신화와 홍수 신화(Sumerian creation myth and flood myth)』, 즉 『에리두 창세기(Eridu Genesis)』에는 슈루팍(Shuruppak)의 왕인 지우수드라(Ziusudra, 영생을 찾다라는 뜻, 우트나피시팀의 수메르어 이름)가, 『길가메시 서사시』에는 우트나피시팀(Utnapishtim, 영생을 찾다라는 뜻, 수메르어 이름인 지우수드라의 아카드어)이, 『아트라하시스 서사시』에는 아카드어 이름인 아트라하시스(Atrahasis, 매우 현명하다는 뜻)가 홍수의 영웅으로 등장한다.

(1) Thompson, R. Campbell, 〈The Epic of Gilgamish〉, London, 1928. http://www.sacred-texts.com/ane/eog/index.htm

(2) Temple, Robert, 〈A verse version of the Epic of Gilgamesh〉, 1991 - http://www.angelfire.com/tx/gatestobabylon/temple1.html

(3) 아카드어 표준 버전 『길가메시 서사시(Epic of Gilgamesh)』의 1-11까지의 영어 번역본 - http://www.ancienttexts.org/library/mesopotamian/gilgamesh/

(4) Gilgamesh-In search of Immortality - http://www.mircea-eliade.com/from-primitives-to-zen/159.html

(5) 아카드어 표준의 『길가메시 서사시』의 요약본 : 『Epic of Gilgamesh』,

Summary by Michael McGoodwin, prepared 2001, revised 2006.

http://mcgoodwin.net/pages/otherbooks/gilgamesh.html

(6) 고대 바벨로니아 버전의 e-Book은 『길가메시 서사시』: Edited by Morris Jastrow, translated by Albert T. Clay

http://www.gutenberg.org/ebooks/11000

(7) 『길가메시 서사시』 풀이 : Richard Hooker(wsu.edu)

http://www.wsu.edu/~dee/MESO/GILG.HTM

(8) The Epic of Gilgamesh: A Spiritual Biography, By W. T. S.Thackara

http://www.theosociety.org/pasadena/sunrise/49-99-0/mi-wtst.htm

(9) Appendix V: The Epic of Gilgamesh, An Outline with Bibliography and Links

http://www.hist.unt.edu/web_resources/epic_gilgamesh_old_file.htm

(10) 수메르어로 된 5편의 시-수메르시대의 문서와 문학-옥스포드 대학에서 전자문서로 집대성 번역하여 공개하고 있는 수메르시대의 길가메시 관련 5편의 시 - 영어 번역본.

『Gilgamesh and Aga』

http://etcsl.orinst.ox.ac.uk/cgi-bin/etcsl.cgi?text=t.1.8.1.1#

『Gilgameh and the bull of heaven』

http://etcsl.orinst.ox.ac.uk/cgi-bin/etcsl.cgi?text=t.1.8.1.2#

『The Death of Gilgameh』

http://etcsl.orinst.ox.ac.uk/cgi-bin/etcsl.cgi?text=t.1.8.1.3#

『Gilgamesh, Enkidu and the nether world』

http://etcsl.orinst.ox.ac.uk/cgi-bin/etcsl.cgi?text=t.1.8.1.4#

『Gilgamesh and Huwawa(Version A)』

http://etcsl.orinst.ox.ac.uk/cgi-bin/etcsl.cgi?text=t.1.8.1.5#

(11) Mitchell, Stephen, 『Gilgamesh: A New English Translation』, Free Press, 2004.

(12) George, Andrew R.(translator), 『The Epic of Gilgamesh』, Penguin Books, 1999.

(13) 기타 - http://en.wikipedia.org/wiki/Epic_of_Gilgamesh

http://en.wikipedia.org/wiki/Gilgamesh

http://en.wikipedia.org/wiki/Utnapishtim

http://en.wikipedia.org/wiki/Ziusudra

http://en.wikipedia.org/wiki/Sumerian_creation_myth

http://www.soas.ac.uk/baplar/recordings/

난나(Nannar) **신**(神): 수메르어로 난나(Nannar or Nanna), 아카드어로 수엔(Suen) 또는 신(Sin), 달의 신(God of the moon). 신(Sin)의 이름은 달을 의미하는 킨구 (Kingu)=엔수(Ensu)에서 파생된 수엔(SU.EN, 황무지의 지배자). 엔릴(Enlil) 신의 두 번째 아들로 지구에서 태어남. 고대 도시인 메소포타미아 남부의 우르(Ur=Urim) 와 북쪽의 하란(Harran)의 주신(Patron god). 난나 신의 지구라트 신전은 에키 쿠누잘(E-kic-nu-jal). http://en.wikipedia.org/wiki/Sin_(mythology), http://en.wikipedia.org/wiki/Ur

남타라(NAM.TAR, Namtara, Namtar, Namtaru) **신**(神): 수메르의 신으로 지옥의 신 이자 죽음의 신이며 운명의 신(god of fate). 안(An)이나 아래세계를 지배하고 있 던 에르쉬기갈(Ereshkigal)과 네르갈(Nergal)의 메시지를 전달하는 신. 엔릴 신 이 여신인 닌릴(Ninlil)과 결혼하기 전에 에르쉬기갈과의 정사로 하늘에서 태어 난 신으로 질병과 페스트를 책임지는 신. 60개의 질병을 다양한 형태의 악마로 변형시켜 인간의 몸에 침투시키는 책임을 짐. 따라서 남타라 신에게 제물과 번 제를 드리면 이와 같은 질병을 사전에 예방할 수 있음. http://en.wikipedia.org/wiki/Namtar

네르갈(Nergal, Nirgal, Nirgali) **신**(神): 엔키(Enki) 신이 지구에서 낳은 셋째아들로 죽은 자들이 가는 아래세계(Netherworld, Underworld)를 다스리던 신. 배우자 는 에르쉬기갈(Ereshkigal, Ereckigala) 여신. 네르갈 신은 구약성경의 「열왕기하」(2 Kings)」 17장 30절에 등장하는데, 각 민족이 각기 자기의 신상을 만들어, "굿 사 람들은 네르갈을 만들었고(the men from Cuthah made Nergal)"(NIV)에 나오듯이 메소포타미아의 고대 도시인 구스(Cush, Cuth, Cuthah)의 주신(Patron god)임을 알 수 있음. 자세한 것은 『바이블 매트릭스』 시리즈 4권의 『하나님들의 과학기술 과 우리가 창조해야 할 미래』편을 참조하라.

http://en.wikipedia.org/wiki/Nergal

네피림(Nephilim), **이기기 신들**(Igigi gods): 「창세기」 6장 4절에 등장하는 '복수'의 단어인 네피림(Nephilim)을 의미하는데, 하나님의 아들들(sons of God), 즉 '하 늘에서 지구로 내려온 신들'이라는 뜻이다. 특히 계급이 낮은 젊은 신들(Lower

Gods)을 지칭하는데, 『아트라하시스 서사시』〈점토판 1~3〉과 『길가메시 서사시』의 〈점토판 11〉에는 네피림을 이기기 신들(Igigi-Gods)이라 표현하기도 한다. 이기기란 '돌면서 관측하는 자들(Those Who See and Observe)', 즉 '감시자 또는 주시자(Watchers)'이란 뜻이다. 또한 『창조의 서사시』〈점토판 3(III)〉의 126줄과 〈점토판6(VI)〉의 21 줄과 123줄에도 이기기 신들이 등장한다. 이들은 주로 인간이 창조되기 이전에 신들의 고향 행성인 니비루(Nibiru)에서 이 땅에 내려와 광산에서 금을 캐거나 강을 막아 수로를 만들거나 또는 신들의 고향인 니비루로 금을 실어 나르기 위해 지구 궤도 위에 있던 혹은 화성에 베이스를 둔 우주선 모선이나 우주왕복선에 속해 일을 했다. 특히 모선에 속한 300명의 이기기 신들은 인간이 창조된 후에는 인간과 지구의 기후상황을 주시하고 감시하는 감시자들(Watchers)이었다. 문제는 이들 감시자들이었다. 위경인 「희년서(Book of Jubilees)」 4장 22절과 「에녹1서(The Book of Enoch 1)」 7장 7절에는 천사 또는 감시자 또는 주시자로 표현하고 있으며, 이들이 주어진 역할과 위치를 이탈하고 200명 규모로 이 땅에 내려와 인간의 여성들과 결혼하여 100미터 키의 거인(Great/Giant Man)을 낳았다고 기록하고 있다. 이는 「창세기」 6장 1절~5절의 내용과 일치한다. 자세한 것은 『바이블 매트릭스』 시리즈 2권의 『인간 창조와 노아 홍수의 비밀』편을 참고하시라.
http://en.wikipedia.org/wiki/Nephilim, http://en.wikipedia.org/wiki/Igigi

노아(Noah): 「창세기」의 홍수의 영웅인 노아(Noah)로 '유예' 혹은 '휴식(respite)'이라는 뜻으로 '쉬었다'는 뜻, '인간의 노동과 고통으로부터 인간을 편안하게 해주었다'는 뜻. c.BC 2150년경에 수메르어로 쓰여진 『에리두 창세기』에 나오는 슈루팍의 왕인 지우수드라(Ziusudra), c.BC 1150년경에 아카드어로 쓰여진 『길가메시 서사시』의 슈루팍의 왕인 우트나피시팀(Utnapishtim), c.BC 1640년에 아카드어로 쓰여진 『아트라하시스 서사시』의 슈루팍의 왕인 아트라하시스(Atrahasis), 이들은 모두 구약성경의 홍수의 영웅인 노아(Noah)와 동일 인물. 노아와 아트리히시스는 영생을 얻지 못하지만, 우트니피시팀과 지우수드리는 영생을 얻음.
http://en.wikipedia.org/wiki/Noah

누딤무드(Nudimmud=엔키=Enki=에아=Ea=해왕성=Neptune): 인간을 창조하신 엔키(Enki) 또는 에아(Ea) 신의 행성, 재주 좋은 창조자(artful creator), 땅을 고르게 펴거나 관개수로로 바꾸거나 유전자를 조작해 인간을 만든 것에 비유하여 수메르어로 이미지 패셔너(Image Fashioner)라는 뜻. 각주의 엔키(Enki) 신(神)을 참조. http://en.wikipedia.org/wiki/Nudimmud, http://en.wikipedia.org/wiki/Neptune

니네베(Niniveh): 수메르어로 니네베(Niniveh), 아카드어로 니느웨(Ninwe), 「창세기」 10장 11절의 '니느웨(Nineveh)', 지금의 이라크의 '모술(Mosul)'을 말함. http://en.wikipedia.org/wiki/Nineveh

니비루(Nibiru): 수메르어로 니-비-룸(ni-bi-rum), 아카드어로 니비루(Nibiru) 또는 니베루(Neberu) 또는 네비루(Nebiru)로, 번역하면 '통과(crossing)' 또는 '타원형 궤도의 가장 높은 점 또는 교차점(point of transition)'이라는 뜻. 태양계를 횡단하는 행성이라는 뜻. 신들의 고향 행성을 말함. 아직까지 과학적으로 발견되지 않은 행성. 천문학자들은 명왕성(Neptune) 너머의 이 행성을 '미지의 행성(Planet X)'이라 부르는데, 눈에 보이지 않지만 혜성의 궤도에 영향을 미치는 어떤 행성이 존재한다는 사실이 확인됨. 태양을 중심으로 다른 행성들과는 달리 시계방향의 궤도로 공전하는 행성으로 1년의 공전주기는 지구로 보면 3,600년이며 3,600년을 1샤르(Shar, Sar)라 하고, 니비루 행성이 지구에 근접할 때를 근지점(近地點, Perigee), 지구와 가장 먼 거리에 있을 때를 원지점(遠地點, Apogee)이라 함. 또는 태양과 가까울 때는 근일점(近日點, Perigee) 멀어질 때는 원일점(遠日點, Apogee)이라 함. 니비루 행성이 근지점에 다다를 때 엄청난 인력으로 인해 지구에서는 남극대륙의 빙하가 깨져 바다로 미끄러져 들어가고 지진과 해일 등 각종 재난이 일어남. 바로 「창세기」 6장~8장의 노아의 홍수는 과학적으로 이와 같은 천체 우주물리학의 원리에 의해 일어난 것임. 니비루 행성은 『창조의 서사시』〈점토판 7〉에 등장하며, 〈점토판 7〉의 109줄에는 니비루를 마르둑(Marduk) 행성이라고 표현하고 있음(Let his name(Marduk) be Nibiru)(King, 1902). 거대한 공전궤도를 가지고 있는 니비루 행성은 그 자체가 움직이는 관측기지이기 때문에, 이 행성의 신들은 외행성들을 포함한 태양계의 모든 것뿐만이 아니라 우주 전체를 관찰할 수 있음. 신들은 어떻게 지구에 도착했을까? 지구에 도착한 것은 니비루 행성이 3,600년마다 근지점에 도착할 때로 보는데, 근지점이란 비니루 행성이 화성(Mars)과 목성(Jupiter) 사이의 궁창(Expanse or Firmament), 즉 소행성대(Asteroid Belt)에 오는 것을 말함. 이때 니비루에서 모선(mother spaceship, 母船)을 발사하고 모선이 지구의 궤도를 돌면, 모선에서 착륙선을 발사해 지구에 도착. 착륙선은 시파르(Sippar)의 우주공항에 착륙(시친, I, 2009, pp. 392-393). http://www.bibliotecapleyades.net/esp_hercolobus.htm

http://www.bibliotecapleyades.net/esp_hercolobus.htm#Libros-Tratados

http://en.wikipedia.org/wiki/Nibiru_(Sitchin)#Planets_proposed_by_Zecharia_Sitchin

http://en.wikipedia.org/wiki/Nibiru_(Babylonian_astronomy)

http://en.wikipedia.org/wiki/Planet_X

http://en.wikipedia.org/wiki/Enuma_Elish

니푸르(Nippur): 수메르어 니브루(Nibru), 아카드어 니브루(Nibbur), 아눈나키(Great Annunakki, Ahnunnaki)의 수장인 이 땅에 내려오신 최고 높은 신인 엔릴(Enlil) 이 거주하던 도시. 지구의 니브루키(Nibruki), 즉 지구의 니비루(Nibiru)라는 뜻. 엔릴(Enlil) 신의 지구라트 신전은 니푸르에 건설한 에쿠르(Ekur, 높은 집). 니푸르 에는 엔릴 신이 신들의 행성인 니비루와 지구의 교신을 하기 위한 우주관제센터 와 통신센터가 있었는데, 바로 두르안키(DUR.AN.KI), 즉 '하늘과 땅의 유대'를 설 치했다. 이를 통해 지구 궤도의 모선에 있던 이기기(Igigi, 돌면서 보는 자들인 감시 자들 또는 주시자들) 신들과 통신했다.

http://en.wikipedia.org/wiki/Nippur

닌순(Ninsun) **여신**: 또는 닌순아(Ninsuna) 또는 리마트 닌순(Rimat Ninsun) – http://en.wikipedia.org/wiki/Ninsun

닌우르타(Ninurta) **신**(神): 닝기루수(Ningirsu) 또는 닌닙(Ninib) 또는 닌닙(Ninip), 땅 과 쟁기의 신(Lord of the Earth & Plough)이며 전쟁의 신(God of War)이라는 뜻. 『수메르 왕 연대기』에는 위대한 수호자의 파일상(Pabilsag)으로 기록. 엔릴(Enlil) 신이 이복남매지간인 여신 닌후르쌍(Ninhursag)과의 연인관계에서 태어난 첫 번 째 아들로 하늘에서 태어남. 격납고와 인간을 돌보던 병원이 있던 고대 도시인 라가시(Lagash)의 주신(Patron god). 닌우르타 신의 지구라트(Ziggurat) 신전은 라 가시의 에-닌누(E-Ninnu).

http://en.wikipedia.org/wiki/Ninurta, http://en.wikipedia.org/wiki/Lagash

닌후르쌍/아루루(Ninhursanga/Aruru) **여신**(女神): 닌후르쌍(Ninhursanga, Ninhursag, 니후르싹), 수메르어 닌(Nin)은 귀부인(Lady)이라는 뜻이고, 하르쌍 (HAR.SAG)은 산(Mountain)이라는 뜻으로 산의 귀부인(Lady of Mountain)이라는 뜻. 이때 산은 높음(highest)을 의미. 닌마(Ninmah)는 위대한 여왕(Great Queen) 과 모든 신들의 여왕(Mistress of All Gods)이라는 뜻. 남성 신인 벨(Bel)의 여성 신인 모든 신들의 벨릿틸리(Belet-ili=Lady of Gods)로 닌투르(Nintur), 닌투(Nintu), 닌티(Nin.Ti)의 뜻으로 탄생의 여신(Lady of Birth)을 말함. 따라서 마미(Mami), 맘마(Mamma), 맘무(Mammu), 즉 어머니(Mother) 라는 뜻. 별명은 아루루(Aruru) 혹은 수드(Sud)로 자궁의 여신, 생명의 부인과 갈비뼈의 부인, 즉 어머니 혹은 엄마라는 뜻. 생명공학에 정통한 여신으로 원인(猿人)의 난자와 신(神)의 정자를 추출하고 진흙에서 기본 원자들을 추출하여 시험관 실험실에서 인간의 생명과 탄생을 주도한 모신(母神). 하늘에 거처하는 안(An, Anu) 신(神)의 딸로 하늘에서 태어남. 닌후르쌍의 지구라트 신전은 의료센터(Medical/Science Center, Healing Center), 즉 병원이 있었던 슈루팍(Shuruppak, Suruppag, Curuppag)에 세워짐. http://en.wikipedia.org/wiki/Ninhursag

닝기쉬지다(Ningshizidda, Ningshizida) **신**(神): 아프리카에서 토트(Thoth) 신으로 불림. 엔키(Enki) 신이, 엔릴(Enlil) 신의 아들인 난나(Nannar) 신의 딸인 에르쉬기갈(Ereshkigal)이 엔키 신의 아들인 네르갈(Nergal) 신과 결혼하기 전에, 에르쉬기갈과 성관계에 의해 나온 아들임. 엔키 신은 남아프리카에 있던 에르쉬기갈로 가서 그녀가 있는 곳에 천문과 기후와 지구를 관찰하는 관제센터(station)를 세워 주겠다고 꼬셔 성관계를 맺음(Sitchin, III, p. 111-112 & 176, 1985). 따라서 닝기쉬지다는 엔릴 신의 족속(Enlilites)에도 속하고 엔키 신의 족속(Enkiites)에도 속했으나 다소 엔릴 신의 편에 섬. 토트 신은 c.BC 3000년에 중앙아메리카로 이주하여 멕시코의 아즈텍(Aztec) 문명과 마야(Maya) 문명을 건설함. 아프리카에서 멕시코로 이주할 때 검은 머리 흑인의 수메르인과 아프리카의 기술자들을 데리고 이주함. 안데스 산맥의 티티카카 호수(Titicaca Lake)의 채광지역과 관측소를 책임짐. 이런 관점에서 멕시코에서는 그를 케찰코아틀(Quetzalcoatl) 즉 '날개 달린 뱀(Winged Serpent)'이라 부름(Sitchin, V, p. 310, 1994; The Lost of Enki, pp. 84 & 285, 2002). 닝기쉬지다 신은 엔키 신과 닌후르쌍(Ninhursanga)여신, 그리고 아다무(Adamu)와 티아마트(Tiamat)를 마춰시켜서 유전자 조작을 통해 임신할 수 없었던 아담과 티아마트로 하여금 임신하도록 함. http://en.wikipedia.org/wiki/Ningishzida, http://en.wikipedia.org/wiki/Quetzalcoatl

도플러 효과(Doppler effect): 도플러 효과는 비행기 소리에서 쉽게 확인할 수 있다. 비행기가 접근하고 있으면 소리의 파장이 짧아 소리가 크게 들리고, 비행기 멀어져가면 파장이 길어져 소리가 안 들리게 된다. http://en.wikipedia.org/wiki/Doppler_effect

두무지(Dumuzi) **신**(神): 수메르어로 두무지(Dumuzi or Dumuzid), 아카드어로 두주(Duzu), 바벨로니아어로 탐무즈 또는 담무스(Tammuz). 엔키(Enki) 신이 지구에서 낳은 둘째아들로 음식과 농작물을 관할하던 신(神). 구약성경 「에스겔(Ezekiel, 에제키엘, 이흐지키엘)」 8장 14절에 등장하는 담무스 신. 인안나(Inanna) 여신의 정식 남편. 두무지 신의 도시는 바드티비라(Bad-tibira)였으며, 두무지 신의 지구라트 신전은 에아라리(e.a.ra.li)였음. 수메르 신화의 인안나와 두무지는 이집트의 신화의 이시스(Isis)와 호루수(Horus, Horon), 바빌론 신화의 이시타르(Ishtar)와 탐무즈(Tammuz), 그리스 신화의 아프로디테(Aphrodite)와 아도니스(Adonis)로 발전한 것으로 학자들은 해석하고 있음(Campbell, 1976). 두무지 신과 인안나 여신은 구약성경에 실제로 등장하는데 이 내용은 『바이블 매트릭스』 시리즈 4권 『하나님들의 과학기술과 우리가 창조해야 할 미래』에서 자세히 다루기로 함.

http://en.wikipedia.org/wiki/Tammuz_(deity)

디아스포라(Diaspora, 이산, 離散): 유대인을 지배했던 왕조의 시대에 따라 정치적/종교적/군사적인 이유로 유대인에 대한 말살 정책 혹은 이산 정책에 의해 유대인들이 고향을 떠나 전 세계적으로 뿔뿔이 흩어진 역사적 사건을 의미한다. 최초의 디아스포라 대상은 아브라함(Abram, Abraham, BC 2166-BC 1991) 족속이라고 볼 수 있다. 그는 갈대아(Chaldea)의 니푸르(Nippur) 출신으로 남부 도시인 우르(Ur)로 이주한 후, 다시 우르를 떠나 아시리아(Assyria) 북쪽 도시인 하란(Haran)을 거쳐 지금의 이스라엘 지역인 가나안(Canaan)에 정착한다. 이 과정을 보면 아브라함 족속은 이미 고향인 갈대아를 떠나 떠돌이 생활을 한 것으로 볼 수 있다. 우르를 떠난 이유는 야훼(Yahweh) 신과 적으로 간주되는 마르둑(Marduk) 신이 바빌로니아를 장악하고 신의 옥좌에 오른 이유이다. 마르둑(므로닥) 신은 구약성경에 딱 한 번 나오는데 그게 「예레미야」 50장 2절에 기록되어 있다. 어찌 보면 인간에 의해서가 아니라 신의 권한에 의해 좌지우지 된다는 느낌이다. 가장 큰 디아스포라는 앗수르 유수(포로, Assyria Exile/Captivity, BC 723-BC 612)와 바벨론 포로(유수, Babylonian Captivity/Babylon Exile, BC 605~BC 538)로 많은 유대인들이 이를 피해 해외로 이주했다. 일제 36년 동안 많은 한국인들이 타의반 자의반, 해외로 이주한 것과 비슷하다. http://en.wikipedia.org/wiki/Israelite_Diaspora

딜문(Dilmun, Til.Mun): 미사일의 땅이라는 뜻으로, 즉 로켓이 발사되는 곳이며 생명나무가 있는, 살아 있는 자의 땅(the Land of the Living)으로, 하늘로 오르는 우주선 기지가 있던 곳. 페르시아만에 위치했던 것으로 고고학자들은 보고 있음. http://en.wikipedia.org/wiki/Dilmun

라르사(Larsa): 수메르어 약호문자(Sumerian logogram)로 라르삼(UD.UNUG), 「창세기」 14:1절과 14:9절에 나오는 엘라살(Ellasar). 태양의 신인(Sun God) 우투(Utu, 샤마시, Shamash)가 지배하던 도시. http://en.wikipedia.org/wiki/Larsa

랍비(Rabbi): 유대인들 중 모세의 율법에 정통한 율법교사 또는 율법사를 말한다. 히브리어로 'my master'란 뜻이다. 구약에서는 율법사 또는 행정 관료인 서기관(Secretary 혹은 Scribe)으로 표현되는데 대표적인 서기관은 에스라(Ezra, 제사장 겸 서기관)였다(「느헤미야」 8:9). 신약에서는 'Teachers of the Law'로 표현하고 있다. http://en.wikipedia.org/wiki/Rabbi

로마제국(Roman Empire, 공화정시대, BC 509-BC 26): BC 509년경에 로마 왕정이 무너지고 귀족과 평민 계급이 공화정을 세웠다. 평민 계급은 자신의 권리를 확보하기 위해 귀족과 투쟁을 벌여, 로마 사람들은 200여 년이 넘는 오랜 세월 동안 투쟁과 타협을 반복하며 점진적으로 로마 특유의 과두정 체제를 이루었다. 내부에서 신분 투쟁을 벌이는 가운데 로마는 바깥의 침입에 맞서 주변 지역을 복속하였으며, 기원전 272년경 로마 공화정은 게누아(제노바)에서 이탈리아 남단까지 이탈리아 반도 전체를 포괄하는 거대한 동맹 체제를 이끌었다. 그 뒤 로마는 150여 년 동안 여러 전쟁을 치르면서 점차 이탈리아를 넘어 지중해 전역을 침략하여 정복하였다. http://ko.wikipedia.org/wiki/%EA%B3%A0%EB%8C%80_%EB%A1%9C%EB%A7%88

로마제국[Roman Empire, 제정시대, BC 27-AD 476(서로마제국) & AD 1453(동로마제국/비잔티움제국)]: BC 27년 로마제국의 공화정 시대가 끝나고 1대 황제인 아우구스투스(옥타비아누스, Augustus, AVGVSTVS, Gaius Julius Caesar Octavianus, 통치 BC 27-AD 14)가 황제 지배 체제 혹은 원수정(Principatus)을 시작한 BC 27년부터 로마제국의 제정시대라 일컫는다. 로마 제정시대의 콘스탄티누스 1세(Flavius Valerius Aurelius Constantinus, Constantine I, Constantine the Great, or Saint Constantine, 통치 AD 306-337)는 기독교(그리스도교, Christianity)로 개종하고 최초의 크리스찬 로마 황제가 되었으며 313년에 밀라노 칙령(Edict of Milan)을 통해 기독교를 승인하였다. 이로써 그리스도교(기독교)의 박해가 사실상 중지되었다. 로마 제정시대의 종식은 로마 황제 테(데)오도시우스 1세(Theodosius I, 통치

AD 379~395) 황제가 집권하고 그리스도교(기독교)를 국교로 선포한 시점인 392
년, 혹은 그가 사망한 시점인 395년에 로마가 동서로 분할되는 시점과, 476년 서
로마제국 멸망, 1453년 비잔티움 제국(동로마제국, 330-1453) 멸망 등 관점에 따라
다르게 볼 수 있다. http://en.wikipedia.org/wiki/Roman_Emperor
http://en.wikipedia.org/wiki/Augustus
http://ko.wikipedia.org/wiki/%EC%95%84%EC%9A%B0%EA%B5%AC%E
C%8A%A4%ED%88%AC%EC%8A%A4,
http://ko.wikipedia.org/wiki/%EA%B3%A0%EB%8C%80_%EB%A1%9C%E
B%A7%88

루갈반다(Lugalbanda 또는 Banda): 루갈(lugal)은 왕(king)이라는 뜻, 반다(banda)는
젊다(young 혹은 junior)라는 뜻. http://en.wikipedia.org/wiki/Lugalbanda

마르둑(Marduk) **신**(神): 수메르어로 마르둑, 아카드어로 아마르우트(AMAR.UTU), 히
브리 성경의 히브리어인 므로닥(Merodach)을 말함. 순수한 언덕의 아들이라는
뜻으로 젊은 벨(Young Bel), 바알(Baal), 즉 주님(Lord)이란 뜻임. 연장자 벨(Elder
Bel)은 엔릴(Enlil) 신과 엔키(Enki) 신을 말함. 아프리카에서는 라(Ra) 신으로 불
림. 엔키(Enki) 신이 하늘에서 낳은 첫째아들로 지구에 내려와 인간인 사파니트
(Sarpanit)와 결혼함. 그 후 c.BC 2024년경에 마르둑 신은 지지자들을 이끌고 갈
대아(Chaldea) 즉 바벨론의 아카드(Akkad)와 수메르(Smuer)로 진군해 신들의 권
력을 찬탈하고 스스로 바벨론의 옥좌에 올라, 신들 중의 최고의 신으로 등극
하여 고대 바빌로니아 왕조(BC 1830-c.BC 1531)와 이어지는 신바빌로니아 왕조
(BC 625~BC 539)에서도 마르둑 신을 수호신으로 섬김. 따라서 성경은 전체적으
로 마르둑 신과 이를 수호신으로 받든 바벨론을 야훼(Yahweh, YHWH, JHWH,
Jehovah, 영문성경의 'the LORD' 또는 'the LORD God', 한글성경의 '여호와' 또는 '여호
와 하나님', 카톨릭 성경의 '주님' 또는 '주 하나님') 신의 적으로 표현하고 있음. 마르둑
(므로닥) 신은 구약성경에 딱 한 번 나오는데, 「예레미야」 50장 2절에 나오는 므로
닥(Merodach) 신은 야훼 신의 적으로, 멸망해야 할 바벨론의 주신(patron deity)
또는 수호신인 젊은 벨(Bel)이라 표현함. 따라서 성경은 전체적으로 마르둑 신
을 수호신으로 받든 바벨론을 야훼 신의 적으로 표현하고 있음. 「요한계시록」 18
장에는 이를 뒷받침하듯이 바벨론의 멸망(The Fall of Babylon)을 다루고 있음.
http://en.wikipedia.org/wiki/Marduk

마르둑(Marduk) **신의 권력 찬탈**: 여기에 숨겨진 비밀이 「창세기」 11장의 바벨탑

(The Tower of Babel) 사건이며, 아브라함을 하나님이 부르신(「창세기」 12장) 이유이며, 하나님이 소돔과 고모라를 멸망시킨(「창세기」 19장) 이유이다. 이는 차차 『바이블 매트릭스』 시리즈를 통해 자세히 소개하기로 한다.

메소포타미아(Mesopotamia): 고대 그리스 시대의(c.BC 1100-BC 146) 그리스어로 '두 강 사이에 위치한 지역'이란 뜻으로 '두 강 유역'이라고 부른다. 여기서 두 강이란 터키에서 발원한 유프라테스 강(Euphrates, 「창세기」 2장 14절의 '유브라데')과 티그리스 강(Tigris, 「창세기」 2장 14절의 '힛데겔')을 말한다. c.BC 5000-c.BC 2023년의 고대 수메르 도시국가시대에는 이 두 강에 의해 이 일대 지역이 남과 북으로 나뉘었는데 북부를 아시리아, 남부를 바빌로니아(바빌론, 바벨론, Babylonia, Babylon, 지금 이라크의 '바그다드')라고 불렀다. 바빌로니아는 다시 남부의 수메르(Smuer, 「창세기」 10장 10절의 '시날=Shinar'), 북부의 바빌론을 중심으로 하는 아카드(Akkad, Agade, 아가데, 「창세기」 10장 10절에 나오는 '악갓')로 나뉘어졌다. 이 시기는 전기 청동기 시대로(Early Bronze Age) 고대 수메르 도시들 예컨대 에리두(Eridu), 우르(Ur, 「창세기」 11장 28절의 '우르'), 라르사(Larsa), 라가시(Lagash), 우르크(Uruk, Erech, 「창세기」 10장 10절의 '에렉'), 키시(Kish, Cush, 「창세기」 10장 6절의 함의 아들인 '구스'의 이름과 같음), 아카드, 니푸르(Nippur) 등의 도시를 중심으로 인간에 의한 왕권(Kingship)이 형성되어 지배하던 고대 도시국가시대였다. 바벨탑 사건이 일어나고[c.BC 3450, c.BC 2357(B)~c.BC 2118(B)] 소돔과 고모라가 멸망(c.BC 2023) 한 후 메소포타미아에는 고대 바빌로니아 왕조(BC 1830-c.BC 1531), 카사이트 왕조(카시트, Kassites, c.BC 1600-c.BC 1115), 신아시리아 왕조(Neo-Assyrian Empire, c.BC 912-c.BC 612)에 이어 신바빌로니아 왕조(BC 625~BC 539)가 들어서게 된다.

http://en.wikipedia.org/wiki/Sumerian_King_List
http://en.wikipedia.org/wiki/Kassites
http://en.wikipedia.org/wiki/Mesopotamia
http://en.wikipedia.org/wiki/Sargon_of_Akkad

메타물질(Metamaterials): 메타물질은 일반물질의 성질과 다른 독특한 성질을 갖고 있기 때문에 메타물질들은 신기한 마술(Bizarre Feats)을 부릴 수 있다. 다시 말해 물리법칙들(Laws of Physics)을 위반한다. 예를 들어 반물분자 메타물질이나 반중력 메타물질을 발견하면 물 위를 걸을 수 있다. 메타물질로 만든 렌즈는 일반 렌즈보다 빛을 더욱 날카롭게 초점을 맞출 수 있어 소위 회절한계(Diffraction

Limit)를 극복해 세포 안의 효소까지 들여다볼 수 있다. 튜닝이 가능한 메타물질들은 다양한 파장의 영역에 다양하게 반응하므로 이를 이용한 보청기를 만들면 이 세상의 모든 소리를 다 들을 수 있고 메타물질에 의한 테라헤르츠파는 지금의 네트워킹 속도를 천 배 높일 수 있고 X선이나 MRI 영상기기를 대체할 수 있다. 게다가 가시광선을 피하는 메타물질을 발견하면 보이지 않는 투명망토(Invisibility Cloak)도 만들 수 있고, 투명망토의 반대원리를 이용하면 빛의 모든 스펙트럼을 집중하는 메타물질 태양전지를 만들 수 있다. 또한 빛의 파장을 마음대로 제어할 수 있는 플라즈몬 광학 나노입자 메타물질을 이용하면 7가지 무지개 색을 만들 수 있고 7가지 무지개 색을 내고 빛에 따라 색이 변화하는 철이나 코팅제도 만들 수 있다. 스스로 자정하고 스스로 고치는 나노광코팅제 메타물질은 향후 기존의 아스팔트와 시멘트를 대체하게 될 것이다. 게다가 소리나 주파수를 물체 주위로 피해 가게 하는 침묵의 망토(Cloak of Silence) 또는 음향 망토(Acoustic Cloak) 메타물질은 옆 집의 개가 짓는 소리도 감출 수 있고 열을 감추는 열 망토(Thermo Cloak)도 만들 수 있다.

모세 승천기(Assumption of Moses 또는 Testament of Moses): 모세가 쓴 글이 아니다. 저자는 알려져 있지 않다. 헤로데스 왕(헤롯, Herod, 통치 BC 37-BC 4)과 그의 아들의 통치 등 c.BC 4년에 일어난 사건들과 AD 70년의 로마에 의한 예루살렘 성전 파괴 등이 예언으로 기록되어 있는 것으로 볼 때(「모세 승천기」 6장), BC 4년 혹은 그 직후에 팔레스타인(Palestine) 본토에서 정통파인 바리새파(바리사이파, 신약성경의 '바리새인', Pharisees) 혹은 은둔파인 엣세나파(엣세나인, Essenes) 사람이 기록한 것으로 추정되나, 성경 학자들은 일반적으로 c.AD 1세기 초에 쓰여진 것으로 본다. 내용은 모세가 죽기 직전 여호수아(Joshua)에게 말하는 식의 12장으로 구성된 이스라엘의 미래에 관한 예언서로 불완전하게 완성된 로마 시대의 라틴어로 쓰여진 문서이다. 성경 학자들은 내용의 1/3이 없어진 것으로 보고 있다. 따라서 1장~12장까지 모세의 승천에 대한 구체적인 언급은 보이지 않지만, 다른 정황으로 볼 때 없어진 장들에서 승천을 묘사한 것으로 추정된다. 라틴어로 번역된 것으로 보아 성경 학자들은 히브리어 사본이 있을 것으로 추정하고 있으나 아직까지 발견되지 않고 있다.
http://en.wikipedia.org/wiki/Assumption_of_Moses, http://www.pseudepigrapha.com/pseudepigrapha/assumptionofmoses.html

뭄무(Mummu=수성=Mercury): 태어난 자(one who was born), 깨어난 자(the one who has awoken). http://en.wikipedia.org/wiki/Mummu

미가엘(Michael): 히브리어의 영어식 발음이다. 일곱 천사장 중의 하나로 인간의 선행(human virtue)과 각 나라의 군대를 관장한다(commands the nations). 미가엘은 「다니엘」 10장 13절과 21절에 처음 등장하는데, 다니엘이 힛데겔 강가에서 본 이상(Vision)에 등장하고 끝날에 미가엘 군대가 일어날 것이다에 등장한다. 또한 「유다서」 1장 9절의 "천사장 미가엘이 모세의 시체에 대하여 마귀와 다투어 변론할 때에 감히 훼방하는 판결을 쓰지 못하고 다만 말하되 주께서 너를 꾸짖으시기를 원하노라 하였거늘"에 등장하고, 「요한계시록」 12장 7절의 "하늘에 전쟁이 있으니 미가엘과 그의 사자들이 용으로 더불어 싸울째 용과 그의 사자들도 싸우나"에 등장한다. 주로 전쟁에 관여하는 천사장으로 등장한다. http://en.wikipedia.org/wiki/Michael

바드티비라(Bad-tibira): 바드티비라의 이름은 문자 그대로 번역하면 '대장장이, 즉 금속 가공의 토대', 즉 '광석이 최종 처리되는 밝은 곳'이라는 뜻으로 구약성경의 두발(Tubal, 「창세기」 4:22)에 해당된다. 구약에 나오는 두발가인은 철과 동과 금의 기술자였다. 『에리두 창세기』와 『수메르 왕 연대기』에 따르면, 대홍수 이전 시대(Antediluvian)에, 하늘로부터 왕권(Kingship)이 땅에 내려와(After kingship had descended from heaven) 최초의 도시를 건설했는데, 그게 에리두(Eirdu)였으며, 에리두 다음의 도시가 바로 에리두 위쪽에 건설한 바드티비라였다고 기록하고 있다. 에리두와 바드티비라는 엔키(Enki) 신의 영역이었으나 차후에 바드티비라는 인안나(Inanna) 여신과 그녀의 남편인 두무지 신(Dumuzi)에게 배분되었다. 엔키 신의 거처는 에리두였다. http://en.wikipedia.org/wiki/Bad-tibira, http://en.wikipedia.org/wiki/Sumerian_King_List

반신반인(半神半人, Demigod): 신과 인간, 인간과 신이 결혼하여 출생한 후세들을 반신반인(半神半人, Demigod)이라고 하는데, 처음 출생한 후세들은 거의 키가 100미터가 넘는 거인들(Great or giant man)이었다. 이때의 신이란 「창세기」 6장 1절~7절의 네피림(Nephilim), 즉 젊은 신들인 이기기(Igigi) 신들로, 그 뜻은 '하늘에서 내려온 젊은 신들'을 말한다. 우리가 잘 알고 있는 첫 번째 우르크(Uruk, 「창세기」 10장 10절의 '에렉=Erech', 에레크) 왕조(c.BC 2900~c.BC 2370)의 다섯 번째 왕이 길가메시(Gilgamesh, c.BC 2700, 통치 126년)인데, 그는 신인 어머니 닌순(Ninsun)과 인간인 아버지 루갈반다(Lugalbanda 또는 Banda) 사이에서 출생한 반신반인이었다. 정확하게 말하자면 2/3는 신이었고 1/3은 인간이었는데, 키는 무려 4-6미터였고 가슴둘레만 2미터였다. http://en.wikipedia.org/wiki/Demigod

뱀(serpent), **용**(dragon), **괴물**(Monster), **악마**(devil), **사단**(Satan): 수메르시대의 신들의 전쟁 또는 관계에서 적(enemy)의 신들을 뱀-용-괴물로 표현하는 전통은 그리스 신화에도 그대로 전승되어, 하늘을 지배한 제우스(Zeus) 신에 대항하는 티폰(Typhon) 신들은 모두 뱀으로 표현하고 뱀의 모양으로 그려져 있으며, 나중에 『바이블 매트릭스』 시리즈에서 자세히 소개하겠지만, 성경도 마찬가지이다. 「요한계시록」 20장 2절에는 "용을 잡으니 곧 옛 뱀이요 마귀요 사단이라 잡아 일천 년 동안 결박하여(He seized the dragon, that ancient serpent, who is the devil, or Satan, and bound him for a thousand years)(NIV)"라는 내용이 나오는데, 여기에서 옛 뱀이란 「창세기」 3장에 등장하여 하와(Eve)를 꼬셔 선악과를 따먹도록 한 그 뱀(serpent)이다. 이때 뱀이란 여호와 하나님의 반대편에 선 신들이다. 결국 성경도 신들의 전쟁이 배경을 이룬다. 이 배경을 알아야 성경을 이해할 수 있다. 재미있지 않은가? 선악과(the tree of the knowledge of good and evil)란 무엇인가? 『바이블 매트릭스』 시리즈의 『인간 창조와 노아 홍수의 비밀』편과 『예수님의 재림과 새 하늘과 새 땅』편을 참조하시라.

베로수스(베로소스, Berossus, Berosus, Berossos): 기원전 3세기의 헬레니즘시대의 바빌로니아의 마르둑(Marduk) 신전인 벨로스 신전 신관(priest)이자 역사가이며 천문학자인 베로수스는 BC 280년에 역사서인 『바빌로니아지(誌, Babyloniaca, History of Babylonia)』 3권을 그리스어로 써서, 시리아의 왕인 안티오쿠스 1세(Antiochus I Soter)에게 바쳤다. 이 책을 일명 『베로수스』라 부른다. 지금은 책의 원본이 사라져 존재하지 않지만, 그 이후 많은 역사가들이 베로수스를 인용해 그 내용을 전했다. 아리스토텔레스(Aristotle)의 제자였던 아비데누스(Abydenus, BC 200), 아테네의 아폴로도로스(Apollodorus, BC 160), 그리고 알렉산더 폴리히스토르(Alexander Polyhistor, BC 50) 등에 의해 베로수스의 책이 인용되어 현재 전해지고 있다. 제1권에서는 바빌로니아 역사의 시작에서 대홍수의 기원(起源)까지를, 제2권에서는 나보나사로스 왕의 시대(BC 747)까지를, 제3권에서는 알렉산더 대왕(Alexander the Great, BC 330- BC 323)의 죽음까지를 다루고 있다. 바빌로니아의 역사와 천문학을 그리스 세계에 소개한 점에서 중요한 자료이다. 문제는 1권의 내용으로 바빌로니아 관점에서의 창조, 홍수와 바벨탑(Babel) 사건을 다루고 있는데, 실제로 BC 380년까지도 아라라트 산(Mt. Ararat)에 노아의 방주가 있었다고 기록하고 있다. 사람들이 산에 올라 노아의 방주 나무 조각을 찾으면 그것이 액운을 없앤다고 기록되어 있다(people actually climbed Mt. Ararat to gather wood to be used a lucky charms to ward off evil). 그런데 『베로수스』에는 대홍수 이전에 8명의 왕이 아니라 10명의 왕이 다스렸다고 기록되어 있다. 아리스토텔레스의 제자였던 아비데누스는 『베로수스』를 인용하면서 대홍수 이전에 지구를 120샤르 동안 다스렸던 10명의 지도자(ten pre-Diluvial rulers)에 대해 언급하고 있으며, 10명의 지도자들과 그들의 도시가 모두 고대 메소포타미아에 있었다고 분명히 기록하고 있다. 『Babyloniaca or History of Babylonia』 BC 280 at The Search for Noah's Ark. http://www.noahs-ark.tv/noahs-ark-flood-creation-stories-myths-berossus-xisuthrus-babyloniaca-history-of-babylonia-abydenus-apollodorus-alexander-polyhistor-josephus-eusebius-georgius-syncellus-oannes-280bc.htm

벨(Bel): En=Lord=Baal=Bel의 '신' 또는 주님'이라는 뜻. 벨(Bel)은 남성 신에 쓰이고 여성 신에는 벨이트(Belit)가 쓰임. 동부 셈어(East Semitic)에서는 벨(Bel)이 쓰였고, 북서 셈어(Northwest Semitic)에서는 바알(Baal)이 쓰임. 고대 아카드 시대에는 수메르의 신인 엔릴(Enlil)을 일컬었으나 바벨론시대에는 마르둑(Marduk) 신을 일컬음. 또한 수메르시대에는 연장자 벨(Elder Bel)과 젊은 벨(Younger Bel)로 나누기도 했는데, 연장자 벨은 아눈나키(Anunnaki)의 12명의 고위신(高位神)들을 일컫고, 젊은 벨은 마르둑(Marduk) 신을 일컬음. http://en.wikipedia.org/wiki/Bel_(god), http://en.wikipedia.org/wiki/Baal

사르곤(Sargon, 통치 c.BC 2334-c.BC 2279): Sargon, Sargon of Akkad, 사루킨,샤르루킨. 사르곤은 신아시리아 왕조의 사르곤 2세(Sargon II, King of Assyria, 통치 BC 721-BC 705)와는 다름. http://en.wikipedia.org/wiki/Sargon_of_Akkad, http://en.wikipedia.org/wiki/Sargon_II

사마리아인(Samaritans): 신아시리아 왕조(Neo-Assyrian Empire, BC 912-BC 612)의 살만에셀(Shalmaneser) 왕과 그 다음의 사르곤 2세 왕(Sargon II)은 북이스라엘(Kingdom of Israel, BC 931-BC 722)의 수도인 사마리아(Samaria)와 남부 팔레스타인 지역인 가자(Gaza)를 침입하여 멸망시킨다(BC 723-BC 722). 이때 사르곤 2세 왕은 신아시리아 남부 도시인 바벨론(Babylon), 쿠타(구다, Cuthah, 키시, Cush)와 서북부 도시인 하마스(Hamath) 지역에 사는 사람들을 사마리아에 강제로 이주시킨다(「열왕기하」 17:24). 그 결과 이스라엘 민족과 이들 간의 이종교배가 일어나고(Inter-mixed), 이로 인해 태어난 후손들을 그 후 역사적으로 사마리아인라고 부른다. 그 후 BC 716년에 사르곤 2세 왕은 아랍인들까지 사마리아에 이주시켰다. 그 결과 풍습과 관습, 그리고 그들이 섬기던 신(God)까지 혼합되어 사마리아에 남아 있던 이스라엘 족속들의 유대민족 전통이 부패하기 시작했다. 이후 사마리아인들은 각종 우상과 신상들을 만들고, 특히 풍요와 농토의 신인 바알(Baal) 신을 섬기게 되었다. 따라서 이 지역의 이스라엘 민족도 야훼를 배반하고 이들과 같이 우상을 만들며 다른 신을 섬기게 되었다(「열왕기하」 17장).

http://en.wikipedia.org/wiki/Israelite_Diaspora

사사(士師, 판관, the Judges)**들의 통치시대**(BC 1375-BC 1049): 사사란 히브리어로 '재판한다', '다스린다', '구원한다'는 의미로 구약시대에 유대 민족을 다스리던 제정일치의 통치자 및 군사적 지도자를 말한다. 이들은 가나안 땅에 들어갈 때부터 왕이 세워지기 전까지 이스라엘 백성들을 지도하고 인도(Lead)하였다. 우리 말로는 법령과 형벌에 관한 일을 맡아보던 재판관이나 판관(判官)과 비슷한데, 여기에 신께 제사를 드리고 정치를 하며 비상시에는 군사적인 지도자 역할도 하였다. 또한 예언자로서 하나님을 대신해서 하나님의 말씀을 대변하는 역할과 이스라엘 백성들이 하나님의 언약과 말씀을 순종할 수 있게 도와주는 역할을 했다. 이스라엘이 주변의 나라들로부터 공격을 받을 때마다 여호와 하나님께서는 이들을 구원하기 위해 사사를 세워 주셨다. 사사들의 신분과 직업은 아주 다양하였으며 임무가 끝나면 대부분 제자리로 다시 돌아갔다. 12지파 출신들의 사사는 이스라엘 전체를 다스리기보다는 지역적으로 배분 받은 12지역을 다스렸으며 세습되지 않았다. 이들 12명이 통치하던 기록은 「사사기(판관기, Judges)」에 자세히 나와 있다. 우리가 잘 아는 삼손(Samson)도 12명의 사사 중 마지막 사사로 40년간 블레셋 사람들(Philistines, 팔레스시타, 팔레스타인)로부터 압제를 받아 고생하던 이스라엘 백성들을 구출한다(「사사기」 또는 가톨릭 성경의 「판관기」 13-16장).

http://en.wikipedia.org/wiki/Biblical_judges

사이보그(Cyborg): 인조인간, 인공인간, Cyborg=Cybernetic+Organism. http://en.wikipedia.org/wiki/Cyborg

샤르(Shar, Sar): 위대한 지도자라는 뜻의 행성의 형용사, 완전한 원을 의미. 숫자 3,600을 의미, 3,600은 커다란 원을 의미.

설형문자: 전 세계 박물관의 설형문자 라이브러리 - http://www.cdli.ucla.edu/ http://en.wikipedia.org/wiki/Cuneiform

http://www.dmoz.org/search?q=Cuneiform

성경연대기(Chronology of the Bible, biblical chronology)란 성경에 기록되어 있는 아담(Adam)에서 20대손인 아브라함(Abram, Abraham, BC 2166-BC 1991)까지의 모든 족장들의 출생과 사망 연도를 전부 계산했을 때의 연대기를 말한다. 또는 아담에서 아브라함 → 이삭(Issac) → 야곱(이스라엘, Jacob)의 넷째아들인 유다(Judah)에서 다윗(David)의 후손인 예수님까지의 연대기를 말한다. 이 성경연대기를 종합해 보면 아브라함부터 그 이후 후손들의 연대기는 우리가 알고 있는 역사연대기(Chronology of the History, historical chronology)와 거의 같다. 그러나 아브라함부터 그 위의 조상인 아담의 연대기는 정확히 알 수가 없다. 인간 창조가 언제 되었는지, 노아(Noah)의 홍수(the Flood)가 언제 일어났는지, 바벨탑(The Tower of Babylon) 사건이 언제 일어났는지 알 수가 없다. 이런 경우 성경연대기는 연도 뒤에 (B)로 표시하기로 한다. 성경연대기로 아브라함에서 아담까지의 족보를 다 계산해 보면 아담의 창조 연도는 c.BC 4114(B)년이다. 이는 현대 과학이 밝힌 호모 사피엔스(Homo Sapiens)의 출현 연도인 c.BC 301,000년과는 엄청난 차이가 난다. 자세한 것은 『바이블 매트릭스』 시리즈 2권 『인간 창조와 노아 홍수의 비밀』의 부록인 "성경연대기(아브라함 기준의 아담의 족보)"를 참조하라.

http://en.wikipedia.org/wiki/Biblical_chronology

세다 산(Cedar Forest/Mountain/Felling): 삼목나무 숲, 그 당시 우주선의 착륙장(Landing Platform)이 있던 곳. http://en.wikipedia.org/wiki/Cedar_Forest

세라핌(단수=seraph=스랍, 복수=seraphim): 세라핌은 히브리어의 라틴어로 「이사야(Isaiah)」6장 1~2절과 6절에 '스랍'이란 이름으로 처음이자 마지막으로 등장한다. 6장 1~2절의 장면은 야훼께서 여섯 개의 소형 제트엔진을 갖춘 이동식의 우주선을 타고 내려오셔서(착륙하셔서), 개인용 우주복을 입고 단(altar)의 보좌에 앉아 계신 것을 표현한 것이다. 여기서 중요한 것은 우주선이 착륙했다는 점이다. 스랍이란 6개의 소형 제트엔진을 말하며, 세라핌은 6개의 엔진이 합쳐 하나의 우주선 또는 우주로봇을 만든다는 의미이다. 6개의 소형 제트엔진을 6개의 날개라고 표현하고 있다. 날개 둘로 얼굴을 가렸고(등에 달린 날개라는 뜻), 날개 둘로 발을 가렸으며, 날개 둘로는 난다(flying)고 묘사되어 있다(팔에 부착된 날개라는 뜻). 등과 팔과 발에 각각 두 개씩 부착된 소형 엔진은 방향전환에 사용되는 것이며, 발에 부착된 엔진은 분사를 뿜을 시에는 난다는 뜻이다. 6절은 한 스랍이 핀 숯(a live coal)을 가지고 이사야에게 날아와서 입술에 대는 장면으로, 6개의 엔진은 각각 분리되어 날 수 있다는 것을 의미한다. 착륙했으므로 야훼의 명령에 따라 분리되어 날 수 있다는 뜻이다. 그러나 세월이 흐른 오늘날에는, 우리가 지금 말하는 우주선 또는 우주로봇 기술 이상의 천상(celestial or heavenly)의 과학기술로 발전하였을 것으로 보고 있다.

http://en.wikipedia.org/wiki/Seraphim

세차운동(歲差運動, Precession)**과 대년**(Great Year): 지구의 지축(Earth's axis)은 항상 같은 방향을 가리키고 있지 않다. 지축은 우주공간에 고정되어 있지 않아, 지구가 태양주위를 공전할 때 팽이가 쓰러지면서 좌우로 비틀대듯이 비틀거리며 천천히 원운동(Rotation Axis)을 한다. 이 지축의 흔들거림(wobble)을 세차운동(歲差運動, Precession)이라 한다. 이러한 세차운동 현상으로 그 결과 북극성을 가리키는 북극 하늘에 거대한 가상의 원(Grand Circle)을 그리게 되며, 지구에서 볼 때 이 가상의 원에 12개의 별자리들이 보이게 된다. 그리고 이들 별자리들을 세차원동에 의해 360도 돌게 되며, 1도 도는 데 72년이 걸리고, 하나의 별자리를 도는 데 2,160년(72년×30도)이 걸린다. 결국 지구의 지축이 360도 돌아 다시 북극성(Polaris)을 가리키게 되는 이른바 대주기(Grand Circle)는 25,920년에 다시 돌아오게 된다(72년×360도=25,920년, 2,160년×12별자리 = 25,920년). 이것을 천문학자들은 '대년(Great Year)' 혹은 '플라톤의 해(Platonic Great Year)' 혹은 '피타고라스의 해(Pythagorean Great Year)'라고 부르는데, 이러한 명칭이 붙은 것은 고대 그리스의 철학자인 플라톤(Plato, BC 428~BC 348)도 이러한 현상을 알고 있었기 때문이다. 따라서 이 현상을 세차운동의 주기(세차주기)라 하는데, 밀란코비치는 세차운동의 주기를 약 22,000년으로 보았고, 에드헤마르(Joseph Adhemar, 1797~1862)는 세차주기를 26,000년으로 계산했으며, 현대 과학은 정확히 25,920년으로 계산한다. http://en.wikipedia.org/wiki/Precession, http://en.wikipedia.org/wiki/Great_year

센터우루스자리(Centaurus): 별자리의 이름은 그리스 신화에 나오는 반인반마(半人半馬)의 거인 켄타우로스(Kentauros, Centaur)로부터 따온 것이다. http://en.wikipedia.org/wiki/Centaurus, http://en.wikipedia.org/wiki/Centaur

셀롯당/젤롯당/열성당/열심당(Zealot): 유다공동체 하시딤(Hasidim) 중 가장 과격한 독립운동단체의 하나로 유대인을 지배하는 다른 국가를 인정하지 않고 오로지 하나님만 왕으로 인정하고 무력으로 독립을 얻고자 하는 단체였음. http://en.wikipedia.org/wiki/Zealots

셈어(Semitic languages): 성경의 노아(Noah)의 아들인 셈(Shem)족에서 유래된 셈어는 원래 고대 수메르 도시국가시대(c.BC 5000-c.BC 2400)에 널리 쓰여졌던 언어이다. 아카드어를 비롯하여 앗수르(Asshur)의 아람어(Aramaic or Arama(e) an language, Aram어, 시리아어), 아랍어, 히브리어, 지중해 지역의 페니키아어 등이 이 당시의 셈어족에 속한다. 「창세기」 9장에 노아의 아들인 셈(Shem), 함(Ham), 그리고 야벳(Japheth)이 등장하는데, 포도주에 취해 벌거벗고 누은 아비인 노아를 보고 함이 나가 형제들에게 알리지만, 셈과 야벳은 자기들의 옷을 벗어 아비의 하체를 가린다. 이를 안 노아가 노하여 "함은 셈의 종이 되고 야벳은 셈의 장막에 거하기를 원하노라"(「창세기」 9:27)라고 말한 것에 따라 노아가 세 아들 중 셈이 최고가 된다. 따라서 이 당시 이들이 말하던 언어를 대표격인 셈을 빗대어 셈어라고 한 것이다. 그러나 셈어에 속한다고 해서 모두 셈족으로 분류하면 안 된다. 함족이나 야벳족도 셈어를 구사했다는 사실을 잊으면 안 된다. 이러한 이유로 사르곤(Sargon) 대왕이 셈어인 아카드어를 사용하는 아카드인이라고 해서 셈족으로 분류하기도 하는데, 이에 대한 정확한 역사적 기록은 없다. 다만 고고학자들과 성경학자들은 사르곤이 「창세기」 10장 6절~12절에 나오는 함의 아들인 구스(Cush)가 나은 니므롯(Nimrod)이 아닌가 추측할 뿐이다(Levin, 2002; Poplicha, 1929).

http://en.wikipedia.org/wiki/Semitic

소행성대(The Asteroid belt): 소행성들(Minor planets), 왜성(Dwarf planets), 유성체(Meteoroids), 주소행성대(Main asteroid belt or main belt)라고 하며, 바이블적으로는 두들겨 편 팔찌(Hammered Bracelet) 또는 하늘들을 펴셨다(Stretched out the heavens)라고도 한다(「욥기」 9:8 & 37:18; 「이사야」 40:22; 「예레미야」 10:12 & 51:15; 「스가랴」 12:1). 소행성대는 화성(Mars)과 목성(Jupiter) 사이의 공간에 존재하는 소행성들로, 거의 원형 궤도로 태양 주위를 돌고 있다. 주로 4개의 커다란 소행성들, 즉 세레스(Ceres), 4베스타(4Vesta), 2팔라스(2Pallas), 그리고 10히기아(10Hygiea)가 대표적 커다란 소행성들로 지름이 400~950km나 된다. 그리고 그보다 작은 200개가 넘는 소행성들은 지름이 100km나 되고, 이보다 작은 70만~170만 개의 소행성들은 지름이 1km나 된다. 이들의 공전주기는 지구의 공전주기로 3.3~6.0년이다. 이들 소행성들은 『창조의 서사시』에 따르면 시계방향으로 태양을 공전하는 마르둑(Marduk) 행성(神)이 티아마트(Tiamat)와 충돌하여 두 동강을 내서, 윗부분은 지구(Earth)를 만들고, 아랫부분은 산산조각 내고 쭉 펴서 소행성대 즉 「창세기」 1장 6절~8절에 나오는 궁창(expanse/NIV, firmament/KJV, space/ New Living, dome/Good News), 즉 하늘(sky/NIV/New Living, Sky/Good News, Heaven/KJV)을 만들었다고 기록되어 있음. http://en.wikipedia.org/wiki/ Asteroid_belt

수메르/시날(Smuer, Shinar): 「창세기」 10절 10절에 처음 나오는 시날(Shinar)은 남부 메소포타미아 지역의 이름으로 초기 이름은 수메르(Sumer, Shumer)이다. 지금의 이라크 남부 지방에 해당한다. 수메르는 티그리스 강(Tigris, 「창세기」 2장 14절의 '힛데겔')과 유프라테스 강(Euphrates, 「창세기」 2장 14절의 '유브라데')의 하류에 형성된 지방으로 BC 5000년경부터 농경민이 정주하여 BC 3000년경에는 오리엔트 세계 최고의 문명을 창조하였다. 그 후에는 바빌로니아(Babylonia)로 불리게 되었는데, 영문성경 New Living과 Good News에는 시날을 바빌로니아(Babylonia)로 표현하고 있다. 고고학적으로 수메르어가 적힌 점토판이 발굴되어 수메르 문자가 해독되면서 이 수메르어는 그 후 아카드(Akkad, Agade)-바빌로니아-아시리아(Assyria) 문명의 근원으로 밝혀졌다. http://en.wikipedia.org/ wiki/Sumer, http://en.wikipedia.org/wiki/Shinar

수메르 왕 연대기(Sumerian King List): 영국의 여행가인 웰드-블런델(Herbert Joseph Weld Blundell, 1852~1935)은 1922년에 이라크의 고대 도시인 라르사(Larsa)를 발굴하여, c.BC 2119년경의 『수메르 왕 연대기』 또는 그의 이름을 딴 웰드-블런델 프리즘(Weld-Blundell Prism, WB 444)을 발견하였다. 20Cm×9 Cm 큐브 크기의 4개의 면에 각각 2줄(Columns)의 수메르 왕 연대기를 수메르어 설형문자로 기록하고 있다. 이 WB 444는 영국 옥스포드 대학의 애쉬몰린 박물관(Ashmolean Museum)에 전시되어 있다. 라르사 외에도 니푸르(Nippur) 등에서 총 16개 이상의 복사본이 발견되었는데, 그 순서에 따라서 A, B, C 등으로 매겨 업데이트하고 있다. 이 중에서 이 책에 참고한 버전은 WB 444와 G로 라르사에서 발견된 『수메르 왕 연대기』이다. 오늘날 가장 많이 알려진 것으로 영국 옥스포드 대 수메르 전자문학문서의 『수메르 왕 연대기』(Black et al, 1998-2006)도 이 WB 444 버전과 G 버전을 기초로 하여 영어로 번역해 공개하고 있다. http://www- etcsl.orient.ox.ac.uk/section2/tr211.htm,

http://etcsl.orinst.ox.ac.uk/cgi-bin/etcsl.cgi?text=t.2.1.1#

『수메르 왕 연대기』에 따르면 하늘로부터 왕권(Kingship)이 땅에 내려와 최초의 도시를 건설했는데, 그게 에리두(Eirdu, Eridug)였으며, 최초의 왕은 알루림

(Alulim)이었다. 그는 8샤르(Shar, Sar)—1샤르는 신들의 고향인 니비루(Nibiru)의 1년 공전주기로서 지구의 연도로는 3600년을 말한다(Sitchin, 1991; Proust, 2009)—즉 8×3600 = 28,800년을 통치하였다. 이는 노아 홍수 이전의 통치자들(Antediluvian Rulers)로서 이같이 오래 통치한 이유는 초기의 왕들은 신들(Gods)에 속하는 계급이었기 때문이다. 수메르 왕 연대기에는 총 8명의 왕들이 다스렸으며 『베로수스(베로소스, Berossus, Berosus, Berossos)』와 WB 62 버전에는 총 10명의 왕들이 다스렸다고 기록되어 있다. 특히 베로수스는 총 10명의 왕들이 다스린 기간을 120샤르, 즉 120 x 3,600 = 432,000 동안 다스렸다고 기록하고 있다. 즉 신들이 이 땅에 오신 기간이 대홍수가 일어나기 전의 432,000년에 오셨다는 것으로, 대홍수가 일어난 시점은 처녀자리(처녀궁, 處女宮, Virgo, 12궁의 6궁)와 천칭자리(천칭궁, 天秤宮, Libra, 12궁의 제7궁) 사이인 BC 13020년경에 일어났으므로 대략 13,000년 전이라고 본다면. 신들이 지구에 최초로 착륙한 시점은 432,000 + 13,000 = 약 445,000년 전임을 알 수 있다. 즉 445,000년 전에 신들은 이 지구를 처음 방문한 것이다.

수메르(Sumer, Shinar=시날) **고대 도시국가시대**(City-States, c.BC 5000-c.BC 2023): 「창세기」 10절 10절에 처음 나오는 시날(Shinar)을 말한다. 시날은 남부 메소포타미아(Mesopotamia) 지역의 이름으로 초기 이름은 수메르(Sumer, Shumer)이다. 지금의 이라크 남부 지방에 해당한다. 수메르는 티그리스 강(Tigris, 「창세기」 2장 14절의 '힛데겔')과 유프라테스 강(Euphrates, 「창세기」 2장 14절의 '유브라데')의 하류에 형성된 지방으로 c.BC 5000년경부터 농경민이 정주하여 c.BC 3000년경에는 세계 최고의 오리엔트 문명을 창조하였다. 고대 수메르 도시국가시대에는 티그리스 강과 유프라테스 강에 의해 이 일대 지역이 남과 북으로 나뉘었는데 북부를 아시리아(Assyria), 남부를 바빌로니아(바빌론, 바벨론, Babylonia, Babylon, 지금 이라크의 '바그다드')라고 불렀다. 바빌로니아는 다시 남부의 수메르(Smuer, 「창세기」 10장 10절의 '시날=Shinar'), 북부의 바빌론을 중심으로 하는 아카드(Akkad, Agade, 아가데, 「창세기」 10장 10절에 나오는 '악갓')로 나뉘어졌다. 이 시기는 전기 청동기시대(Early Bronze Age)로 고대 수메르 도시들 예컨대 에리두(Eridu), 우르(Ur, 「창세기」 11장 28절의 '우르'), 라르사(Larsa), 라가시(Lagash), 우르크(Uruk, Erech, 「창세기」 10장 10절의 '에렉'), 키시(Kish, Cush, 「창세기」 10장 6절의 함의 아들인 '구스'의 이름과 같음), 아카드, 니푸르(Nippur) 등의 도시를 중심으로 인간에 의한 왕권(Kingship)이 형성되어 지배하던 고대도시국가시대였다. 그 후에는 바빌로니아(Babylonia)로 불리게 되었는데, 영문성경 New Living과 Good News에는 시날을 바빌로니아(Babylonia)로 표현하고 있다. 이 시대에 사용한 언어가 수메르어이다. 고고학적으로 수메르어가 적힌 점토판(Clay tablets, 粘土板)이 발굴되어 수메르 문자가 해독되면서 이 수메르어는 그 후 아카드(Akkad, Agade) 왕조(Akkadian Empire, c.BC 2330-c.BC 2193)의 아카드어 문명, 고대 바빌로니아 왕조(Old Babylonia Empire, BC 1830-c.BC 1531)의 바벨로니안(Babylonian) 문명, 고대 아시리아 왕조(Old Assyrian Empire, c.BC 1800-c.BC 1381)와 신아시리아 왕조(Neo-Assyrian Empire, BC 912-BC 612)의 아시리안(Assyrian) 문명과 언어의 근원으로 밝혀졌다. http://en.wikipedia.org/wiki/Sumer, http://en.wikipedia.org/wiki/Shinar

시내 산(Mt. Sinai, 히브리어로 Horeb): 시나이 반도 남단에 위치한 산으로 히브리어로는 호렙(Horeb)이다. 「창세기」 5장 21절~24절에 등장하는 하나님(God)과 동행하다 365세에 하나님이 데려갔다는 에녹(Enoch, BC 3492(B)-BC 3127(B) 혹은 에녹의 4대손인 노아(Noah, BC 3058(B)-BC 2108(B)가 쓴 것으로 추정되고, 위경(僞經, Pseudographia, Pseudepigrapha)으로 간주되는 「에녹1서(The Book of Enoch or Ethiopian Enoch or 1 Enoch)」의 1장 4절에도(Charles & Laurence, 인터넷 공개), 하나님(God)이 시내 산에 많은 무리를 이끌고 강림해 하늘의 권능을 이곳에서 증명하고 천명했다고(Who will hereafter tread upon Mount Sinai; appear with his hosts; and be manifested in the strength of his power from heaven) 기록하고 있다. 또한 모세(Moses)가 40일 동안 주야로 금식하면서 두 개의 돌판에 적힌 십계명(The Ten Commandments)과 지켜 할 규례(「레위기」 등) 등 증거의 두 판(Two tablets of Testimony)을 여호와 하나님으로부터 받은 산이기도 하다(「출애굽기」 20장, 「출애굽기」 34장). 성경은 이 산을 '하나님의 산 호렙(Horeb, the mountain of God, the mountain of LORD)'이라 표현하고 있다(「출애굽기」 3:1 & 33:6, 「민수기」 10:33). 모세(Moses)가 타지 않는 떨기 나무를 이상히 여겨 돌이켜보고자 하자 "하나님이 가라사대 이리로 가까이 하지 말라 너의 선 곳은 거룩한 땅이니 네 발에서 신을 벗으라("Do not come any closer," God said. "Take off your sandals, for the place where you are standing is holy ground)"(「출애굽기」 3:5)라고 말씀하신 것으로 보아 이 높은 산, 즉 시내 산과 캐서린 산(Mt. Katherine)에는 신들, 특히 야훼(Yahweh, YHWH, JHWH, Jehovah) 신이 사용하던 우주선 안내기지(관제센터, Marker and Control Tower for Spacecraft)와 주위에는 우주공항(시나이 우주

공항, Departing Platform as Runways Platform)이 있었음에 분명하다. 구약성경에는 시내 산(Mount Sinai)이란 이름이 모세가 고센(Goshen)의 라암셋(Rameses)을 출애굽하여(이집트를 탈출하여) 시내 광야(Desert of Sinai)에 이르러서야(「출애굽기」 19:2) 등장하는데, 여호와 하나님(야훼)이 시내 산에 강림하면서 부터이다(「출애굽기」 18:11). 야훼는 다음과 같이 말씀하신다. "너는 백성을 위하여 사면으로 지경을 정하고 이르기를 너희는 삼가 산에 오르거나 그 지경을 범하지 말찌니 산을 범하는 자는 정녕 죽임을 당할 것이라"(「출애굽기」 19:12). "손을 그에게 댐이 없이 그런 자는 돌에 맞아 죽임을 당하거나 살에 쐬어 죽임을 당하리니 짐승이나 사람을 무론하고 살지 못하리라 나팔을 길게 불거든 산 앞에 이를 것이니라 하라"(「출애굽기」 19:13). 방사선의 우주선 기지가 있었으므로 함부로 시내 산에 오르지 말라는 것이다. 오늘날 높은 산에는 공군부대나 방위부대가 있는 것과 같다. 서울 관악산 꼭대기에는 최첨단 통신시설로 갖춰진 벙커(bunker)가 있는 것과 같다. 따라서 영역을 정해 영역을 침범하는 자는 정녕 죽임을 당한다는 것이다. 설사 영역을 침범하는 자나 동물이 있으면 손으로 만지지 말고 그대신 돌로 치고 화살을 쏴서 죽이라는 것이다. 이 말은 정해진 영역에는 항상 전기가 흐르거나 방사선이 나오거나 레이저 광선이 나오므로 영역을 침범한 사람이나 동물이 있으면 반드시 죽게 되므로, 이들을 손으로 만지면 만진 사람도 감전되거나 방사선/레이저 광선에 노출되어 죽는다는 뜻이다. 그러나 나팔을 길게 불면 이러한 위험이 해제되므로 산 위로 올라오라는 것이다. 그런데 조건이 있다. 몸을 깨끗이 씻어 성결케 한 다음(Consecrate) 옷을 깨끗이 빨아(wash their clothes/robes) 입은 후 오르라는 것이다(「출애굽기」 19:10 & 14). 옷을 깨끗이 빤다는 것은 더러운 불순물을 제거하라는 것이다. 우리가 약품 연구소나 반도체 연구소에 들어갈 때 깨끗이 소독한 린넨 복(Linen Clothes)으로 입고 들어가듯이 신들이 있는 우주선 기지에 들어갈 때에도 마찬가지이다. '옷을 빨라!!' 이 말은 「요한계시록」 22장 14절의 "그 두루마기를 빠는 자들은 복이 있으니 이는 저희가 생명나무에 나아가며 문들을 통하여 성에 들어갈 권세를 얻으려 함이로다(Blessed are those who wash their robes, that they may have the right to the tree of life and may go through the gates into the city)"의 두루마기를 빤다는 것과 같은 의미이다. 자세한 것은 『바이블 매트릭스』 시리즈의 『하나님들의 과학기술과 우리가 창조해야 할 미래』편과 『예수님의 재림과 새 하늘과 새 땅』편을 참조하라.
http://en.wikipedia.org/wiki/Mt_Sinai

시파르(Sippar): 수메르어로 짐비르(Zimbir), 시파르란 '새(Bird)'와 '우투가 일어선 곳'을 의미, 즉 독수리들(우주선들)이 찾아오는 집이라는 뜻으로 시파르에는 신들의 우주공항이 있었음. 우주공항을 감독하고 다스린 신은 우투(Utu), 즉 샤마시(Shamash) 신임. http://en.wikipedia.org/wiki/Sippar

신바빌로니아 왕조(Neo-Babylonian Empire, BC 625~BC 539): 시리아(Aram, 아람, 성경의 '수리아')에 거주하고 있던 셈계(系)의 아람(Aram)계 족속들이 남부 갈대아(Chaldea)로 이주해 신아시리아 왕조(Neo-Assyrian Empire, BC 912-BC 612)를 멸망시킨 후 바벨론에 입성하여 신바빌로니아 왕조(BC 625~BC 539)를 연다. 그래서 신바빌로니아를 갈대아 왕조라고 한다. 이들도 이스라엘 야훼 신의 적인 마르둑(Marduk) 신을 섬기고 숭배하였다. 신바빌로니아 왕조는 BC 586년에 예루살렘을 침공하여 남유대(다) 왕국(BC 931-BC 586)을 멸망시킴으로써 이스라엘 민족은 그 유명한 70년 동안의 바벨론 유수시대(Babylonian Captivity or Babylon Exile, BC 605~BC 538)를 맞게 된다(「역대하」 36:21; 「예레미야」 25:11-12 & 29:10, 「마태복음」 1:11-12). 신바빌로니아 왕조는 엘람(Elam, 지금의 이란 남부 고지대 지역)을 중심으로 세워진 페르시아 제국(Persian Empire, BC 691~BC 330)에 의해 멸망한다. 신바빌로니아 왕조의 지배 영역은 다음 사이트를 참조하라. http://en.wikipedia.org/wiki/Babylonia
http://100.naver.com/100.nhn?docid=68716   http://100.naver.com/100.nhn?docid=105214

신아시리아 왕조(Neo-Assyrian Empire, BC 912-BC 612): 고대 아시리아 왕조(Old Assyrian Empire, c.BC 1800-c.BC 1381)와 중세 아시리아 왕조(Middle Assyrian Empire, BC 1380-BC 912)를 이어 악랄하기로 유명한 아시리아(앗시리아, 구약성경의 '앗수르=Asshur', 아슈르, Assur, Ashur, Assyria)는 점점 세력을 얻어 바빌론을 공격하여 함락시킨다. 그 이후 자립하여 신아시리아 왕조를 세운다. 신아시리아 왕조는 메소포타미아를 비롯, 동북부를 넘어 니네베(Nineveh)를 수도로 터키인 튜발(Tubal), 가나안 일대, 그리고 이집트의 멤피스(Memphis)까지 거대한 제국을 이룬다. 원래 아시리아는 노아의 홍수 이후 셈(Shem) 아들인 앗수르(Asshur)가 거주하며 건설한 앗시리아(아시리아)의 도시였으나 함(햄)족의 3대손인 니므롯(Nimrod)이 침공해 멸망시켰을 것으로 추정한다(「창세기」 10장, c.BC 2350). 이는 고대 바빌로니아(BC 1830-c.BC 1531)나 고대 아시리아 왕조(Old Assyrian Empire, c.BC 1800-c.BC 1381) 이전의 일이다. 따라서 아시리아의 후예는 함족의 니므롯이라고 보아야 할 것이다. 신아시리아 왕조는 북이스라엘 왕국(BC 931-BC 722)의 수도인 사마리아(Samaria)를 침공하여 멸망시키면서(BC 723-BC 722) 이때부터 이스라엘 민족의 앗수르 포로(Assyria Exile/Captivity, BC 723-BC 612)가 시작되었으며(「열왕기하」17:1-6 & 23, 「열왕기하」18:9-10, 이사야 20:1), 그 유명한 이스라엘 유대인의 디아스포라(Diaspora, 이산, 離散)가 시작되었다. 신아시리아 왕조는 신바빌로니아 왕조(BC 625~BC 539)에 의해 멸망된다. 신아시리아 왕조의 지배 영역은 다음 사이트를 참조하라. 신아시리아의 주신은 아슈르(Ashur, 모든 것을 보는 자라는 'overseer' 뜻)이다.

http://en.wikipedia.org/wiki/King_of_Assyria

http://en.wikipedia.org/wiki/Assyria

http://en.wikipedia.org/wiki/Neo-Assyrian_Empire

http://100.naver.com/100.nhn?docid=68716 http://100.naver.com/100.nhn?docid=105214

아눈나키(Anunnaki) **고위신**(高位神) **그룹**: 수메르시대의 수메르어로 쓰여진 고문서에 따르면 이 땅에 내려 오신 고위급 신들(Higher gods) 중 최고 12명으로 구성된 고위 신들의 그룹으로 위대한 아눈나키(Great Annunakki, Ahnunnaki, Anunakk, Annunakki, Anunnaku, Ananaki)라고도 함. 접미사 키(ki)는 지구(earth)라는 뜻으로 히브리 성경 「창세기」 1장 1절의 에레츠(Eretz, 지구), 엔릴(Enlil) 신(神)이 최고 높은(Most High or Great Mountain) 신으로 아눈나키의 수장이 됨. 반면 하늘의 고위 신들의 그룹은 아눈나(Anuna or Anunna)라고 함.

http://en.wikipedia.org/wiki/Anunnaki

http://en.wikipedia.org/wiki/Enlil,

http://www.bibliotecapleyades.net/sumer_anunnaki/anunnaki/1-anunnaki-main.html

아다드/이시쿠르(Adad/Ishkur) **신**(神): 수메르어로 이시쿠르, 아카드어로 아다드, 아람어(Aramaic)로 하다드(Hadad). 폭풍의 신(storm-god). 엔릴(Enlil) 신이 지구에서 나은 세 번째 아들임. 테슙(Teshub), 리막(Rimac), 라만(Ramman), 리몬(Rimmon, Rimon), 자바 디바(Zabar Dibba)라고도 함. 남아메리카 페루에서는 비라코차(Viracocha)라 불림, 마르둑(Marduk) 신과 네피림(Nephilim), 즉 이기기 신들(Igigi gods)과 결탁해 인간의 여성들과 결혼하여 거인(Great/Giant men)을 낳아 세를 레바논(Lebanon)과 바빌론(Bybylon)으로 확장하는 것을 저지하기 위해, 엔릴(Enlil) 신이 아들인 닌우르타(Ninurta) 신과 이시쿠르 신에게 가인(Kain)의 후예, 즉 수염이 나지 않는(Beardless) 후예들을 모아 안데스(Andes) 산맥, 즉 대홍수 이후의 지금의 티티카카 호수(Titicaca Lake) 지역에 정착해 금을 캐게 했는데, 이들은 높은 산에 있었기 때문에 노아의 홍수에서 살아남. 노아의 홍수때 이시쿠르 신께서 티티카카 지역에 가서 이들을 보살핀 데서 비라코차라 불림. 이런 이유로 안데스 산맥에서 흑인이 발견되는데 이들은 가인의 후예로 '안데스 인디언(Andean Indians)'이라 불림. 아다드 신은 아람(Aram) 지역인 시리아(Aram=아람=시리아=Syria) 지역을 관할함. http://en.wikipedia.org/wiki/Adad, http://en.wikipedia.org/wiki/Viracocha

아담(Adam): 히브리어로 '지구의 흙(Earth's Clay)'인 아다마(Adama)로 만들어졌기 때문에 지구인(Earthling)이란 뜻. 고대 아시리아 왕 연대기의 아다무(Adamu). 카사이트(Kassite)족이 바벨로니아를 지배하던 c.BC 14세기의 『아다파의 신화(The Myth of Adapa)』에는 아담의 2세대(Filial 2=F2)인 아다파(Adapa, 모범적 인간)가 등장함(Mark, 2011; Rogers, 1912). 이는 엔키(Enki) 신이 아담의 딸들로부터 나은 똑똑한 인간으로 표현됨. 「창세기」 1장 26절에 나오는 "우리의 형상(our image=영=Spirit)을 따라 우리의 모양대로(our likeness=육신/육체=Flesh) 우리가 사람을 만들고"의 내용처럼, 신들이 처음에 원시적인 인간을 창조했을 때는 불완전한 인간을 창조했지만, 아담을 창조했을 때야 비로소 신들의 형상과 모습이 똑같은 아주 똑똑한 인간을 만들었다는 뜻임. 성경에 등장하는 아담은 검은 머리(Black-headed, black-hair)와 흑인 피부(dark red blood-colored skin)의 흑인(黑人). 자세한 것은 『바이블 매트릭스』 시리즈 2권 『인간 창조와 노아 홍수의 비밀』에서 소개하기로 한다.
http://en.wikipedia.org/wiki/Adam, http://en.wikipedia.org/wiki/Adapa

아람어(Aramaic or Arama(e)an language, Aram어, 시리아어): 노아(Noah)의 아들인 셈(Shem)의 막내아들의 이름이 아람(Aram)이다(「창세기」 10:22-23). 아람은 아르메니아(Armenia)의 조상으로 지금의 시리아(아람=시리아=Syria) 지역에 거주하였다. 성경연대기로 c.BC 2400(B) 전의 일이다. 그 이후로 아람어는 신아시리아 왕조(Neo-Assyrian Empire, c.BC 912-c.BC 626)와 신바빌로니아 왕조(BC 625-BC 539) 시대의 공용어로 사용되었는데, 이때 유대인들의 아시리아(앗수르) 포로(Assyria Exile/Captivity, BC 723-BC 612)와 바벨론 유수(Babylonian Captivity/Babylon Exile, BC 605-BC 538)가 일어났다. 이러한 장기간의 역사적 사건과 그에 따른 언어적 영향을 받아 이스라엘 민족, 즉 유대 민족은 히브리어를 잊어버리고 주로 아람어를 일상적인 언어로 사용하였다. 그러다가 마케도니아 왕국(Kingdom of Macedonia, BC 691 or 514-BC 146)의 알렉산드로스(알렉산더) 대왕(Alexander Ⅲ, 통치 BC 336-BC 323)의 동방 지배와 BC 146년부터 이어진 로마제국(Roman Empire, 공화정시대, BC 509-BC 27)과 로마제국[Roman Empire, 제정시대, BC 27-AD 476(서로마제국) & AD 1453(동로마제국/비잔티움제국)]의 지배에 의한 영향으로 그리스어도 일상적인 언어로 사용하였다. 따라서 예수님이 탄생하신 시점[BC 6(B)]부터 AD 1세기 말까지, 이스라엘 민족은 아람어, 그리스어(코이네, Koine), 그리고 히브리어를 혼합해서 사용하던 때라고 볼 수 있다. 예수님도 이 세 가지 언어를 사용하셨는데 주로 아람어를 사용하셨다. 특히 예수님이 십자가에 못 박혀 운명하시기 전에 "엘리 엘리 라마 사막다니 하시니 이는 나의 하나님, 나의 하나님, 어찌하여 나를 버리셨나이까 하는 뜻이라[Eloi(Eli), Eloi(Eli), lama sabachthani? – which means, "My God, my God, why have you forsaken me?]"라고(NIV, KJV, 「마태복음」 27:46; 「마가복음」 15:34, 「시편」 22:1을 인용)하신 말씀이 아람어(Aramaic)였다. 예수님을 반박하는 사람들은 이를 두고 인도어라고 생각하여 예수님이 어린 시절 인도에 가서 공부를 했다고 생각한다. 이것은 필자가 보기엔 아주 잘못 알고 있는 것이다. 1948년 이스라엘이 재건되자 아람어는 현대 히브리어(헤브라이어, Hebrew Language)와 함께 공용어로 채택되었다. http://en.wikipedia.org/wiki/Aramaic_language

아수르바니팔(Ashurbanipal): 에사르하돈(Esarhaddon)의 아들. 신아시리아 왕조의 마지막 왕. 구약의 '오스납발', 영문성경 KJV의 'Asnappar' - http://en.wikipedia.org/wiki/Ashurbanipal

아카드(Akkad): 수메르어 'Agade', 아카드어 'Akkad', 「창세기」 10:10의 '악갓', 히브리어 성경의 'Akkad', 그리스어 70인역의 'Archad'. http://en.wikipedia.org/wiki/Akkad

아카드(Akkad, Agade) **왕조**(Akkadian Empire, c.BC 2330-c.BC 2193): 메소포타미아는 고대 그리스어(c.BC 1100-BC 146)로 '두 강 사이에 위치한 지역'이란 뜻으로 '두 강 유역'이라고 부른다. 여기서 두 강이란 터키에서 발원한 유프라테스 강(Euphrates, 「창세기」 2장 14절의 넷째 강인 '유브라데')과 티그리스 강(Tigris, 「창세기」 2장 14절의 '힛데겔')을 말한다. c.BC 5000-c.BC 2023년 고대 수메르시대에는 이 두 강에 의해 이 일대 지역이 남과 북으로 나뉘었는데 북부를 아시리아

(Assyria), 남부를 바빌로니아(바빌론, 바벨론, Babylonia, Babylon, 지금 이라크의 '바그다드')라고 불렀다. 바빌로니아는 다시 남부의 수메르(Smuer, 「창세기」 10장 10절의 '시날=Shinar'), 북부의 바빌론을 중심으로 하는 아카드(Akkad, Agade, 아가데, 「창세기」 10장 10절에 나오는 '악갓')로 나뉘어졌다. 이는 지금의 페르시아만 지역인 이라크 남단과 사우디 아라비아 반도 북부 지역에 살던 셈(Shem)족인 아르박삿[Arphaxad, BC 2456-BC 2018(B)] 족속의 한 갈래로 유목민이었던 아카드인(Akkad)인 사르곤(Sargon, 사루킨,샤르루킨, c.BC 2334-c.BC 2279) 왕이 c.BC 2330년 아카드 지방을 근거지로 수메르인의 도시국가들을 정복하고 메소포타미아 최초의 통일국가인 아카드 왕조를 건설한다. 아카드 왕조의 지배 영역을 말한다면 지금의 이라크를 중심으로 시리아의 북동부와 이란의 남서부가 포함된다. 이 당시의 지도와 자세한 내용은 아래 참조 사이트를 참조하라. 아카드 왕조는 c.BC 2255년경에 인안나 여신 등 젊은 신들의 권력투쟁으로 인해 고위 신들인 아눈나키(Ahnunnaki)에 의해 멸망하고 왕권이 약화되 수메르 지역의 우르(Ur)를 중심으로 우르남무 왕(Ur-Nammu, Ur-Engur, Ur-Gur, BC 2113-BC 2096)의 새 제국이 들어서게 된다. 이때 갈대아(Chaldea) 니푸르(Nippur)의 사제였던 아브라함(Abram, Abraham, BC 2166-BC 1991)의 아버지 데라[Terah, BC 2236(B)-BC 2031(B)]가 신전과 궁정 사이의 연락을 위해 우르(Ur)로 이주한다. 그러다가 c.BC 2024년 신들에 의한 전쟁의 결과 마르둑(Marduk) 신이 지지자들을 이끌고 아카드와 수메르로 진군해 스스로 바빌론의 옥좌에 오르고 가나안 추종자들을 이끌고 시내 산(Mt. Sinai, 히브리어로 Horeb)과 캐서린 산(Mt. Katherine)에 위치한 우주선 안내기지(관제센터, Marker and Control Tower for Spacecraft)와 우주공항(시나이 우주공항, Departing Platform as Runways Platform) 및 예루살렘 근처의 모리야 산(성전산, Mount Moriah, Temple mount, 아브라함이 아들 이삭을 번제물로 바치려 했던 산임)에 있던 우주비행통제센터(Spacecraft Mission Control Center)를 장악하고자 한다. 그 결과 고위 신들에 의해 시나이 반도의 우주공항과 반역한 가나안 도시인 소돔과 고모라가 핵(제가 보기엔 오늘날의 원자핵 또는 그 이상의 우리가 모르는 핵무기)으로 파괴되고(c.BC 2023), 이 영향으로 수메르와 찬란한 문명도 붕괴된다. 그 다음 고대 바빌로니아 왕조(BC 1830-c.BC 1531)가 들어서고 그 다음 신바빌로니아 왕조(BC 625~BC 539)가 들어서게 된다.

http://100.naver.com/100.nhn?docid=105855,

http://100.naver.com/100.nhn?docid=40954, http://en.wikipedia.org/wiki/

Mesopotamia

아트라하시스(Atrahasis): c.BC 1640년에 아카드어(Akkadian)로 쓰여진 『아트라하시스 서사시(Babylonian Epic of Atrahasis or Atra-Hasis, Akkadian Atrahasis Epic)』의 슈루팍의 왕인 아트라하시스(Atrahasis)로 '매우 현명하다(exceedingly wise)'라는 뜻. c.BC 2150년경에 수메르어로 쓰여진 『에리두 창세기(Eridu Genesis)』에 나오는 슈루팍(Shuruppak)의 왕인 지우수드라(Ziusudra), c.BC 1150년경에 아카드어(Akkadian)로 쓰여진 『길가메시 서사시』의 슈루팍의 왕인 우트나피시팀(Utnapishtim), 이들은 모두 구약성경의 홍수의 영웅인 노아(Noah)와 동일 인물. 노아와 아트라하시스는 영생을 얻지 못하지만, 우트나피시팀과 지우수드라는 영생을 얻음. http://en.wikipedia.org/wiki/Atrahasis

아트라하시스 서사시(Babylonian Epic of Atrahasis or Atra-Hasis): 1876년 고대 수메르 도시인 시파르(Sippar)에서 발견된 『아트라하시스 서사시』는 c.BC 1640년에 쓰여진 것으로, 이는 고대 수메르어로 된 『길가메시 서사시』(아직 발견되지 않음)를 아카드어 설형문자(Akkadian Cuneiform)로 각색 편집한 문서로 바벨로니아 버전이라 한다. 이 서사시에는 창조 신화와 노아의 홍수 이야기가 적혀 있다. 구약 「창세기」에는 노아(Noah, 쉬었다는 뜻)가 홍수의 영웅으로 등장하지만, 『수메르 창조 신화와 홍수 신화(Sumerian creation myth and flood myth)』, 즉 『에리두 창세기』에는 슈루팍의 왕인 지우수드라(Ziusudra, 영생을 찾다라는 뜻, 우트나피시팀의 수메르어 이름)가 영웅으로, 『길가메시 서사시』에는 우트나피시팀(Utnapishtim, 영생을 찾다라는 뜻, 수메르어 이름인 지우수드라의 아카드어 이름)이 영웅으로 등장하지만, 『아트라하시스 서사시』에는 아카드어 이름인 아트라하시스(Atrahasis, 매우 현명하다는 뜻)가 홍수의 영웅으로 등장한다. 시파르에서 발견된 길이 25cm에 넓이 19.4cm의 아카드어 설형문자 점토판들은 현재 영국의 대영박물관에 보관되어 있다.

안(An)/**아누**(Anu) **신**(神): 수메르어 안(An), 아카드어 아누(Anu), An=하늘=Sky=Heaven이라는 뜻, 따라서 Sky-God, the God of Heaven, the Lord of Constellations, King of Gods라는 뜻. 하늘에 거주하시며 연례적으로 이 땅을 방문하셨던 신. 적자(嫡子)인 엔릴(Enlil) 신과 서자(庶子)인 엔키(Enki) 신(神)의 아버지. http://en.wikipedia.org/wiki/Anu

안식일(Sabbath): 금요일 해질 무렵부터 토요일 해질 때까지를 말한다. 유대 교회에서는 지금도 이렇게 안식일을 지킨다. 기독교 개신교에서는 안식일 대신 주일, 곧 주님의 날(Lord's Day)을 안식일로 기념한다. 예수님이 로마제국[Roman Empire, 제정시대, BC 27-AD 476(서로마제국), 1453(동로마제국/비잔티움제국)]의 디베료 황제(Tiberius Caesar, Tiberius Julius Caesar Augustus, 통치 AD 15-AD 37)가 AD 30년에 임명한 유대의 총독(Prefect or Governor)인 본디오 빌라도(Pontius Pilate, 통치 AD 26-36)에게(「누가복음」 3:1) 재판받던 AD 33년의 재판은, 실제 AD 27(B)년의 목요일 오후부터 금요일 아침에 있었다. 따라서 금요일에 장사된 지 사흘 후, 즉 일요일 아침에 부활하셨기에 예수님의 부활을 기념하기 위해 초대 교인들이 주일 아침에 모여 예배를 드렸다.

알버트 아인슈타인(Albert Einstein, 1879-1955): 아인슈타인은 1905년에 4편의 논문을 발표했다. 첫 번째는 빛을 전도성의 금속에 비추면 전자가 방출되는 광전효과(光電效果, Photoelectric Effect)로 이는 후에 양자역학 이론(Quantum theory)의 기초가 된다. 두 번째는 스코트랜드의 식물학자인 로버트 브라운(Robert Brown, 1773-1858)이 1827년에 발견한 유체(Liquid) 속의 미립자의 불규칙적인 운동인 브라운 운동(Brownian motion or movement), 세 번째는 특수상대성이론(Special relativity=SR or Special theory of relativity=STR), 그리고 네 번째는 우리가 잘 알고 있는 물질과 에너지의 등가(Matter-energy equivalence) 방정식인 $E = mc^2$ 이다. 그리고 1916년에 일반상대성이론(General relativity or General Theory of Relativity)을 발표한다. 그러나 그 당시에는 특수상대성이론이나 일반상대성이론이 워낙 어려워 전문가들조차 이해하는 것이 불가능했다. 그 결과 상대성이론이 아니라 1921년에 광전효과(光電效果, Photoelectric Effect)로 노벨 물리학상을 수상했다. 노벨상위원회는 논쟁의 여지가 많다고 생각해서 상대성이론에 대해서는 한 마디도 하지 않았다. 광전효과의 원리를 응용하는 기술로는 태양전지(Solar cell)에 의한 태양광 발전, 빛 검출기와 카메라 등이 있다.

http://nobelprize.org/nobel_prizes/physics/laureates/1921/index.html
http://www.albert-einstein.org/, http://en.wikipedia.org/wiki/Albert_Einstein,
http://en.wikipedia.org/wiki/Special_relativity, http://en.wikipedia.org/wiki/Photoelectric_effect, http://en.wikipedia.org/wiki/Robert_Brown_(botanist)

알렉산드로스(알렉산더) **대왕**(Alexander III, 통치 BC 336~BC 323): 알렉산더 대왕은 그리스-페르시아-인도에 이르는 대제국을 건설하여 그리스 문화와 오리엔트 문화를 융합시킨 새로운 헬레니즘 문화를 이룩하는 데 지대한 공헌을 했는데, 이 때를 기점으로 그리스 역사의 헬레니즘(Hellenism)시대가 시작된다. 당시의 유명한 철학자가 바로 아리스토텔레스(Aristoteles, BC 384~BC 322)이다. 그는 마케도니아 수도인 펠라의 궁정에 초빙되어 3년 동안 알렉산더 대왕에게 윤리학, 철학, 문학, 정치학, 자연과학, 의학 등을 가르쳤다. 아리스토텔레스의 스승은 바로 플라톤(Plato, BC 428/427~BC 348/347)이다. 플라톤의 아카데미는 가장 유명하고 중요한 철학학교로 BC 387년부터 AD 529년까지 세계사에서 가장 오랫동안 유지된 아테네에 있는 학교였다. 플라톤이 초감각적인 이데아(Idea)의 세계를 존중한 것에 대해, 아리스토텔레스는 인간에게 가까운, 감각되는 자연물을 존중하고 이를 지배하는 원인들의 인식을 구하는 현실주의 입장을 취하였다.

야훼(히브리 성경의 Yahweh=YHWH=JHWH=Jehovah, 영문성경의 'the LORD' 또는 'the LORD God', 한글성경의 '여호와' 또는 '여호와 하나님', 가톨릭 성경의 '주님' 또는 '주 하느님'): 이스라엘의 신인 야훼(Yahweh, 히브리어= יהוה)의 실제 이름은 영문성경인 New Living과 가톨릭 성경의 「출애굽기」 3장 15절에 처음 등장한다. 다른 영문성경인 NIV, KJV, 그리고 Good News에는 야훼 신을 'the LORD'라 표현하고 있다. "하나님이 또 모세에게 이르시되 너는 이스라엘 자손에게 이같이 이르기를 나를 너희에게 보내신 이는 너희 조상의 하나님 곧 아브라함의 하나님, 이삭의 하나님, 야곱의 하나님 여호와라 하라 이는 나의 영원한 이름이요 대대로 기억할 나의 표호니라(God also said to Moses, "Say this to the people of Israel : Yahweh(1), the God of your ancestors – the God of Abraham, the God of Isaac, and the God of Jacob – has sent me to you. This is my eternal name, my name to remember for all generations. / (1) Yahweh is a transliteration of the proper name YHWH that is sometimes rendered "Jehovah"; in this translation it is usually rendered "the LORD")(New Living, 「출애굽기」 3:15)." 그리고 영문성경 New Living에는 Yahweh는 'YHWH'의 음역(transliteration)이며, 때때로 'Jehovah'로 간주되기도 하고 'the LORD'로 번역되기도 한다는 각주가 붙어 있다. 이때의 Yahweh는 「출애굽기」 3장 14절에 정의를 명시한 "I AM WHO I AM"(NIV, KJV, Good News) 또는 'I WILL BE WHAT I WILL BE'이다. 또한 「출애굽기」 6장 2절과 3절에도 등장한다. "하나님이 모세에게 말씀하여 가라사대 나는 여호와로라. 내가 아브라함과 이삭과 야곱에게 전능의 하나님으로 나타났으나 나의 이름을 여호와로는 그들에게 알리

지 아니하였고(And God said to Moses, "I am Yahweh - 'the LORD.' I appeared to Abraham, to Isaac, and to Jacob as El-Shaddai - 'God Almighty' - but I did not reveal my name, Yahweh, to them"(New Living, 「출애굽기」 6:2-3)이다. 이때 KJV 에는 'JEHOVAH'라 표현하고 있으며(「출애굽기」 6:3), 대부분의 한글성경은 이를 '여호와'로 번역하고 있고, 가톨릭 한글성경은 '야훼'로 번역하고 있다. 중요한 것은 아브라함과 이삭과 야곱에게는 전능의 하나님(히브리어로 El-Shaddai = God Almighty)으로 나타났으나, 그들에게는 이름이 무엇인지 알리지 않았고, 이제서야 그 이름이 야훼(Yahweh)라고 알렸다는 점이다. 그렇다면 문맥상 야훼(Yahweh, the LORD, Jehovah, 여호와)라는 이름은 「출애굽기」 이후에만 등장해야한다. 그렇지만 「창세기」 2장 4절부터 'the LORD God'(KJV/NIV 등 대부분의 영문성경) 또는 'Jehovah God'(ASV) 또는 'Yahweh God'(World English)이 등장한다. 이는 무엇을 의미하는가? 성경이 이스라엘의 입장에서 이스라엘의 신인 야훼가 유일신(唯一神)이라는 것을 강조하기 위해 유대교(Judaism) 입장에서 유대인들(Jews)이 편집했다는 것을 의미한다. 즉 유대인들은 「출애굽기」를 가장 먼저 편집하였으며, 이어서 「창세기」와 다른 토라(Torah)의 내용들을 편집하였다. 따라서 「창세기」 1장과 그 이후에 등장하는 'God', 즉 '엘로힘(Elohim)'을 제외하곤 구약성경 어디를 보나 'Yahweh(the LORD)' 또는 'Yahweh Elohim(the LORD God)'으로 일관성 있게 정리되었다. 참고로 가톨릭 성경은 '하나님(God)'을 '하느님'으로, '여호와 하나님(the LORD God)'을 '주 하느님'으로, 그리고 '여호와(the LORD)'를 '주님'으로 표현하고 있다. http://en.wikipedia.org/wiki/Yahweh

야살의 책(Book of Jashar): 영문성경 KJV이나 NIV에 나오는 영문의 책 이름으로 히브리어로는 'Sefer haYashar'이다. 이는 '잃어버린 구약성경(Lost books of the Old Testament)'으로 잘 알려져 있는데, 현존하는 복사본은 없다. 원래 오리지널 히브리어를 영어로 번역하면 'Book of the Upright'이다. 이는 「여호수아」 10장 13절과 「사무엘하」 1장 18절에도 언급되어 있다. 그리스어 번역본인 70인역(Septuagint)을 영어로 번역하면 'Book of the Just'이다. 자세한 것은 다음 사이트를 참조하라. http://en.wikipedia.org/wiki/Book_of_Jashar

에녹서(Books of Enoch)**의 에녹1서와 에녹2서**: 1947년에서 1956년에 쿰란 동굴(Qumran Cave)에서 발견된 사해사본(死海寫本, 사해문서, 死海文書, Dead Sea Scrolls, DSS)에서 고대 에티오피아어(Ethiopic language)와 아람어(Aramaic language)와 슬라브어(Slavonic language)로 쓰여진 「에녹서」가 발견되었다. 이는

히브리어를 번역한 것으로 보이며, 따라서 히브리어 사본이 있을 것으로 추정되고 있으나 아직까지 발견되지 않고 있다. 「에녹서」는 에녹(Enoch, BC 3492(B)-BC 3127(B)이 썼다기보다는 에녹의 4대손인 노아(Noah, BC 3058(B)-BC 2108(B)가 썼다고 보는 학자들이 많다. 그 이유는 「에녹서」 내용의 일부가, 지금은 손실되고 없는 「노아의 계시록(Apocalypse of Noah)」의 일부 파편조각과 같기 때문이다(Charles, 1893, p. 155 & Internet Publishing). 또한 에녹 이후의 편집한 사람들이 대부분의 내용을 변경하거나 삭제했을 가능성이 높은 이유로 위경(偽經, Pseudographia, Pseudepigrapha)으로 간주되었으나, 1-10번째 하늘, 미래의 예언, 노아의 신분 등 중요한 내용을 담고 있다. 「에녹서」의 영문 번역본은 다음 찰스와 로렌스의 인터넷 사이트를 참고하였다(Charles & Laurence, 인터넷 공개).

http://reluctant-messenger.com/1enoch01-60.htm, http://reluctant-messenger.com/1enoch61-105.htm, http://reluctant-messenger.com/2enoch01-68.htm,

http://www.johnpratt.com/items/docs/enoch.html, http://www.sacred-texts.com/bib/boe/

에돔(Edom) **족속**(Edomites): 아담(Adam)의 20대손인 아브라함(Abraham)의 아들인 이삭(Issac, BC 2066~BC 1886)의 쌍둥이 아들 중 장자인 에서(Esau, Edom)를 에돔이라고 하며(「창세기」 25:30), 에돔이 야곱(Jacob)에 속아 장자의 자리를 내주고(「창세기」 27장), 가나안을 떠나 유대 지방 남쪽의 세일(Seir) 산에 거처하여 거대한 에돔 족속(Edomites)을 이루고(「창세기」 36장), 홍해(Red Sea, Sea of Reeds) 반대쪽에 위치한 아카바만(Gulf of Aqaba)에 있는 에시온게벨(Ezion-Geger, 지금의 엘라트=Elath) 주변에 살던 족속이다. 이 에돔 족속은 이스라엘 민족이 출애굽을 하여 홍해를 건너고 호렙 산(Mt. Horeb or Sinai)을 거쳐 세일 산(Mt. Seir)을 지나 가데스 바네아(Kadesh Barnea)에 이르러(「신명기」 1:2), 가나안 남부, 즉 사해 남부의 호르 산(Mt. Hor)에 가고자 할 때, 이스라엘의 통과를 거절한 족속이다(「민수기」 20:14-21). 이스라엘은 에돔의 왕에게 형제 이스라엘(Brother Israel)이 왕의 대로(King's Highway)로만 갈 테니 허락해 달라는 모세(Moses)의 간청을 거절한다. 결국 이스라엘은 그들을 돌아 우회하여 호르 산에 이른다. 헤롯도 에돔 족속 출신이다. 역시 처음에 무엇인가 잘못된 족속 혹은 야훼를 거역한 족속들은 끝까지 말썽이다. 신약에 와서는 에돔 출신의 헤롯이 문제이다. 에돔은 '붉다(Red)'라는 뜻이다(「창세기」 25:30). 민족끼리의 투쟁이나 전쟁은 항상 붉은 것이 문제이다. 우리나라도 마찬가지이다.

http://en.wikipedia.org/wiki/Edomites

에르쉬기갈(Ereshkigal, Ereckigala) 여신: 아래세계의 위대한 여인(great lady under earth)이라는 뜻. 때론 아라루(Aralu) 혹은 이르칼라(Irkalla)라 불리는데, 이 것은 그리스 신화에 나오고 영문성경인 NIV의 「마태복음」 및 「요한계시록」에 나오는 하데스(Hades)와 같은 의미임(「마태복음」 16:18, 「요한계시록」 1:18 & 6:8 & 20:13 & 20:14). 죽은 자들이 가는 아래세계(Netherworld, Underworld)를 다스리는 여신으로, 난나(Nannar) 신이 지구에서 낳은 여신. 인안나(Inanna) 여신의 여동생임. 배우자는 네르갈(Nergal) 신임. http://en.wikipedia.org/wiki/Ereshkigal

에리두(Eridu, Eridug): '먼 곳에 지어진 집'이라는 뜻. 고고학적으로 이 땅에 제일 먼저 내려오신 신이 바로 엔키(Enki)이다. 엔키 신을 물의 신(Water of God)이라고 하는데, 바로 페르시아만 늪지대에 위치한 에리두를 건설하고 거기에 지구라트 신전인 압주(Abzu) 혹은 압수(Apsu)를 세웠다. 이러한 이유로 엔키 신을 종종 뱀(Serpent)으로 표현하기도 한다. 『수메르 왕 연대기』에 따르면 하늘로부터 왕권(Kingship)이 땅에 내려와(After kingship had descended from heaven) 최초의 도시를 건설했는데 그게 에리두(Eirdu, Eridug)였으며, 최초의 왕은 알루림(Alulim)이었다라고 기록하고 있다. 문맥상 일치하는 내용이다. 그런데 여기에서 의문이 하나 인다. 엔키 신은 왜 늪지대에 도시를 건설했을까? 처음에는 바다에서 금을 캐지 않았을까? http://en.wikipedia.org/wiki/Eridu, http://en.wikipedia.org/wiki/Sumerian_King_List

에리두 창세기(Eridu Genesis): 『수메르 창조 신화와 홍수 신화(Sumerian creation myth and flood myth)』, 즉 『에리두 창세기』는 고대 수메르시대(c.BC 5000-c.BC 2023)의 도시인 니푸르(Nippur)에서 발굴된 것으로, 단 하나의 점토판(Clay tablet, 粘土板) 위에 c.BC 2150년에 수메르어 설형문자(Sumerian Cuneiform)로 쓰여진 문서이다(Davila, 1995). 점토판은 수메르의 신들인 안(An), 엔릴(Enlil), 엔키(Enki), 닌후르쌍(Ninhursanga)등의 신들이 검은 머리에(black-headed)에 검붉은 피부를 가진(dark red blood-colored skin) 인간을 창조한 이야기에서, 왕권이 하늘로부터 내려와 에리두(Eridu), 바드티비라(Bad-tibira), 라락(Larak/Larag), 시파르(Sippar), 슈루팍(Shuruppak)에 도시를 건설했다는 내용으로 이어진다. 그 다음 슈루팍의 왕인 지우수드라(Ziusudra, 『아트라하시스 서사시』의 아트라하시스(Atrahasis), 『길가메시 서사시』의 우트나피시팀(Utnapishtim, 「창세기」의 노아)의

홍수 이야기가 이어지고, 홍수가 끝난 후 '인간과 동물을 홍수로부터 보호했다
는' 공을 인정 받아 지우수드라는 하늘의 신인 안(An)과 이 땅의 최고 높으신 엔
릴(Enlil) 신으로부터 영생(Eternal Life)을 얻고 그 당시 생명나무가 있던 동쪽의
해 뜨는 지역인 딜문(Dilmun)에 거처하게 된다는 이야기로 끝을 맺는다.
http://etcsl.orinst.ox.ac.uk/cgi-bin/etcsl.cgi?text=t.1.7.4#,
http://www.noahs-ark.tv/noahs-ark-flood-creation-stories-myths-eridu-
genesis-sumerian-cuneiform-zi-ud-sura-2150bc.htm

에안나(Eanna): 수메르어 에-아나(E-ana), 아카드어 에안나(Eanna, Eana). 천상의 거
처(house of heaven)라는 뜻으로 천상에 거주하던 최고 높은 신인 안(An)의 처소
(house of An)라는 뜻. 안(An) 신이 이 땅에 연례행사차 내려오실 때 사용하던 신
전임. 인안나(Inanna) 여신은 안(An) 신의 증손녀인데, 두 신이 연인관계가 되어,
인안나 여신의 거처가 되었음. 인안나 여신은 그래서 섹스와 사랑과 풍요와 전쟁
의 여신이라 불리며, 구약성경에도 자세히 기록되어 있음. 자세한 내용은 『바이
블 매트릭스』 시리즈 4권 『하나님들의 과학기술과 우리가 창조해야 할 미래』편
을 참조하라.
http://en.wikipedia.org/wiki/E-anna

엔릴(Enlil) **신**(神): 수메르어 엔릴(Enlil), 아카드어 엘릴(Ellil), 바빌로니아어
(Babylonian) 엘릴(Ellil). En=Lord=Bel이라는 뜻. Lil=Air or Loft라는 뜻. 따라
서 Lord of the Open 혹은 Lord of the Wind 혹은 Lord of the Air라는 뜻.
이 땅에 내려오신 신들 중 최고 높은(Most High or Great Mountain) 신. 이 땅
에 내려 오신 신들 중 최고 12명으로 구성된 고위 신들의 그룹인 아눈나키
(Great Annunakki, Ahnunnaki, Anunakk, Annunakki, Anunnaku, Ananaki, 접미사
ki=earth라는 뜻. 반면 하늘의 고위 신들의 그룹은 Anuna 또는 Anunna라고 함)의 수
장. 따라서 Lord of the Command라는 뜻. 그 당시 우주통제관제센터가 있던
니푸르(Nippur)의 주신(Patron god). 엔릴 신의 지구라트(Ziggurat) 신전은 니푸르
(Nippur)의 에쿠르(Ekur, 높은 집). 하늘에 거처하는 안(An, Anu) 신(神)의 적자(嫡
子)아들로 하늘에서 태어남. 고고학적으로 발굴된 고대 수메르의 그림문자에는
엔(En)이란 거대한 안테나가 우뚝 솟은 구조물로 표현되어 있고, 릴(Lil)이란 신
호를 주고받는 거대한 그물(vast net), 즉 오늘날의 거대한 레이더 신호들의 연결
망으로 표현. http://en.wikipedia.org/wiki/Anunnaki
http://en.wikipedia.org/wiki/Enlil, http://en.wikipedia.org/wiki/Nippur

엔키(Enki) **신**(神): 수메르어로 엔키(Enki), En=Lord=Baal=Bel 이라는 뜻. 접미사 ki 는 지구(Earth)라는 뜻으로 히브리 성경 「창세기」 1장 1절의 에레츠(Eretz= 지구)와 같은 뜻임. 따라서 '지구의 주인'이라는 뜻. 담수물(Freshwater)과 지식 (Knowledge)의 신. 따라서 땅의 주님(Lord of Earth)이라는 뜻으로 지혜의 신 (God of Wisdom). 인간에게 과학과 기술을 전수하여 주신 신. 고대 도시인 에 리두(Eridu)의 주신(Patron of Eridu). 수메르어로 에아(E-A)는 물의 집(the house of water)이라는 뜻. 아카드어로 에아(Ea)는 물의 신(Water of God) 또는 '그의 집 이 물인 자'라는 뜻. 따라서 황도대(黃道帶, Zodiac)의 12궁 별자리 중 물병자리 (보병궁, 寶甁宮, Aquarius, 제11궁)의 전형으로 묘사되는 신. 따라서 페르시아만 근 처의 늪지대에 위치한 에리두에 건설한 엔키의 지구라트(Ziggurat) 신전은 압주 (Abzu=E-abzu=E-engura)로 아카드어로 압수(Apsu)를 말함. 압주(Abzu) 또는 압 수(Apsu)는 때론 엔키 신의 주요관할 지역인 아프리카나 아프리카의 짐바브웨를 뜻하기도 함. 이집트에서는 프타(Ptah) 신으로 불림. 수메르어로 이미지 패셔너 (Image Fashioner)라는 뜻의 누딤무드(Nudimmud)로 불리기도 함. 이는 땅을 고 르게 펴거나 관개수로로 바꾸거나 유전자를 조작해 인간을 만든 것에 비유하여 사용함. 물의 신으로 종종 뱀(Serpent)으로 표현됨. 인간 창조는 엔키 신과 아루 루(Aruru, 닌후르쌍, Ninhursanga) 여신이 주도함. 엔키 신은 달(초승달)로 표현하기 도 했는데 그 이유는 바다의 조석(潮汐)을 만들어냈기 때문임. 하늘에 거처하는 안(An, Anu) 신(神)의 서자(庶子)로 하늘에서 태어남. http://en.wikipedia.org/ wiki/Enki, http://en.wikipedia.org/wiki/Nudimmud

엔키두(Enkidu, ENKI.DU): 과학과 지식문명의 최고 신인 엔키(Enki) 신의 이름을 딴 피조물이란 뜻. 『길가메시 서사시(Epic of Gilgamesh)』 〈점토판 1〉에 등장하는 원시 인간인(a primitive man, 猿人) 짐승 같은 엔키두(Enkidu, ENKI.DU). http:// en.wikipedia.org/wiki/Enkidu

염색체(chromosome): 식물과 동물의 세포 내부에서 발견되는 그 정보의 운반자는 염색체이다. 이 염색체는 세포의 핵이 두 개로 나뉘기 전에 실 가닥 같은 모양을 드러낸다. 염색체(chromosome)란 단어는 'colored body'란 뜻으로, 과학자들은 현미경으로 세포를 쉽게 관찰하기 위해 염료를 사용했는데, 이것이 염료를 잘 흡수하는 까닭에 염색체라 이름 지어졌다. 모든 세포에는 단지 한 줄기의 염색체 만 있는 데 반해, 인간과 다른 포유류의 생식세포에는 두 줄기, 즉 두 쌍의 염색 체가 있기 때문에 생식이 가능하다. 인간의 정자와 난자에는 1번에서 22번 염색체와 남자와 여자의 성을 구별하게 해주는 X와 Y의 23개로 이루어진 두 줄기, 즉 두 쌍의 염색체가 있다.

영국 옥스포드 대학 수메르 전자문학문서(The Electronic Text Corpus of Sumerian Literature): 고고학적으로 가장 오래된 고대 수메르(Smuer, 「창세기」 10장 10절에 처음 나오는 시날=Shinar)의 도시들, 예컨대 에리두(Eridu), 니네베(Niniveh, 「창세기」 10장 11절의 니느웨, 이라크의 모술=Mosul), 우르크(Uruk, 「창세기」 10장 10절의 에렉=Erech=에레크), 니푸르(Nippur), 라르사(Larsa), 시파르(Sippar), 슈루팍(Shuruppak) 등에서 발굴되거나 발견된 c.BC 3000-c.BC 2100년경의 수메르어로 새겨진 점토판들(Clay tablets, 粘土板), 원통형 인장들(Cylinder seals), 그리고 유물/유적지에 새겨진 부조(浮彫)나 조각(彫刻)의 형태로 남아 있는 문자로 이루어진 문서들을 말한다. 이 문서들은 쐐기 모양의 설형문자(Cuneiform), 그림문자(Iconography), 약호문자(Logogram), 그리고 기호문자(Symbology)로 새겨지거나 기록되었다. 수메르의 설형문자는 1686년 독일의 자연주의자이자 내과의사인 캠퍼(Engelbert Kaempfer)가 고대 페르시아(Persian)의 수도인 페르세폴리스(Persepolis, 그리스어로 '페르시아의 도시', 페르시아인들은 파르사(Parsa)라 부름)를 방문하여 발견하였다. 그 이후 수메르 지역에서 고고학적으로 발굴된 설형문자들은 학자들이 음역(transliteration)하거나 번역(translation)하여 영국 옥스포드 대학의 수메르 문학전자문서(The Electronic Text Corpus of Sumerian Literature, ETCSL)로 집대성하여 일반에게 공개하고 있다. 고대 수메르 지역에서 발굴된 총 400개 이상의 문서들을 목록에 따라 또는 번호로 매겨 집대성하고 있다.

이 전자문서에는 신들의 고향인 열두 번째 행성인 니비루(Nibiru)에서 이 땅에 내려와 인간을 창조하시고 인간에게 문명을 가르쳐 주신 엔키(Enk) 신(神)부터 시작하여, 두 번째로 이 땅에 내려와 최고 7명의 고위 신들의 그룹인 아눈나키(Great Ahnunnaki, the great Anunakk)의 최고 높은(Most High or Great Mountain) 신이 되신 엔릴(Enlil) 신(神), 그리고 엔릴 신의 손녀 여신인 인안나(Inanna, Ishtar, 이시타르)가 등장하고, 홍수 신화(The Flood story)도 등장하며, 우리가 잘 아는 고대 영웅인 첫 번째 우르크(Uruk) 왕조(c.BC 2900-c.BC 2370)의 다섯 번째 왕인 길가메시(Gilgamesh, 半神半人=Demigod=2/3는 신이고 1/3은 인간 c.BC 2700, 통치 126년)를 칭송하는 수메르어로 쓰여진 다섯 개의 시(Poems)도 등장한다. 따라서 이 고대 수메르 문서가 구약성경의 원천이라 말할 수 있으며, 또한 구약성경에서 말하지 않은 많은 역사적 진실을 말하고 있다. 이 땅에는

300명의 많은 신들과 신들의 배우자인 여신들, 기타 여신들, 그리고 200명의 젊은 신들이(「창세기」 6장 1절-4절의 하나님의 아들들=sons of God=네피림=Nephilim을 의미함) 내려왔으며(Charles & Laurence, 인터넷 공개, 에티오피아어의 번역, 외경인 「에녹1서」 7:7; Charles, 2002, 「희년서」 4:22-24), 인간을 왜 창조했는지, 노아의 홍수가 왜 일어났는지와 「창세기」 10장에 등장하는 고대도시를 다스린 신들과 왕들에 대해 자세히 기록하고 있다.

Black, J.A., Cunningham, G., Ebeling, J., Fluckiger-Hawker, E., Robson, E., Taylor, J., and Zolyomi, G., The Electronic Text Corpus of Sumerian Literature , Oxford 1998-2006.

http://www-etcsl.orient.ox.ac.uk/

http://www-etcsl.orient.ox.ac.uk/edition2/etcslbycat.php

http://www.sacred-texts.com/search.htm

http://www.ancienttexts.org/library/mesopotamian/index.html

예루살렘 성전: 예루살렘 성전 또는 여호와 하나님 성전(Temple of Jerusalem or Temple of the Lord)-이스라엘 백성이 야훼(Yahweh, YHWH) 신을 예배하기 위하여 모리야 산(성전산, Mount Moriah, Temple Mount, 아브라함이 아들 이삭을 번제물로 바치려 했던 산임) 정상에 세운 신전(神殿)으로 성서시대에 따라 예루살렘에는 같은 장소에 세 곳의 성전이 건축되었다. 제1성전은 솔로몬 왕(통치 BC 970-BC 930)이 세운 성전이다. BC 966년에 건축하기 시작하여(「열왕기상」 6:1, 6:37, 「역대하」 3:1) BC 959년에 완공하였다(「열왕기상」 6:38). 이스라엘 자손이 애굽 땅에서 나온 지 480년이요 솔로몬이 이스라엘 왕국의 왕이 된 지 4년에 건축을 시작하였다 했으니 애굽 땅을 나온 때가 BC 1446년이므로 1446-480=966년이며, 왕이 된 때가 BC 970이므로 970-4=966년이 된다. 또 솔로몬이 성전을 건축한 기간이 7년이었다 했으니 966-7=959년에 완성하였다. 솔로몬 왕이 건축한 제1성전은 신바빌로니아 왕조의 네브카드네자르 2세(구약의 '느부갓네살', Nebuchadnezzar, 통치 BC 605~BC 562)에 의해 파괴되었다(BC 586년). 제2성전은 70년간의 바빌로니아 포로(유수)에서 돌아온(BC 538년) 유대인들이 스룹바벨(Zerubbabel)의 지휘 아래 소규모의 성전 재건을 시작했는데 BC 516년에 완공되었다(「에스라」 5장-6장). 제3성전은 BC 20년경 공화정 및 제정시대의 로마제국(BC 509-BC 27, BC 27-AD 476)이 유대를 간접 지배하기 위해 임명한 유대의 분봉왕(Tetrarch, 分奉王)인 헤롯 왕(Herod Ⅰ, 헤로데, 헤로데스, 통치 BC 47-BC 40 & BC 37-BC 4)이 유대인의 민

심을 얻기 위해 기존의 제2성전을 헐고 대규모의 성전, 부속 건물, 요새 등을 세우며 과거 솔로몬 왕 시절의 웅장함과 아름다움을 재현했는데, 이를 제3성전이라고 부른다. 그 후 예수님 사후[AD 33 또는 AD 27(B)] 로마제국[Roman Empire, 제정시대, BC 27-AD 476(서로마제국), 1453(동로마제국/비잔티움제국)]에서 벗어나고자 유대인들이 총 궐기하여 유대전쟁(유대-로마전쟁, AD 66-73)을 일으킨다. 결과는 유대인의 패배로 AD 70년에 로마제국의 티토(Titus, AD 39-AD 81, 로마 황제로서의 통치 AD 79-AD 81)가 이끄는 로마군은 많은 유대인을 죽이고 예루살렘 성전을 완전히 파괴하였다. 이 성전 파괴는 예수 그리스도에 의해 이미 예언되어 있었다(「마태복음」 24:1-2, 「마가복음」 13:1-2, 「누가복음」 21:5-6). 현재의 통곡(痛哭)의 벽(Wailing Wall)은 제3성전 서쪽 벽의 남은 잔해에 해당한다. 이 같은 비극을 지켜 본 이 성벽은 밤이 되면 통탄의 눈물을 흘렸다고 한다. 그래서 붙여진 이름인데, 중세 유대인들은 성전이 파괴된 날이라는 아부월(유대력 5월) 9일에 이 벽 앞에 모여 성전 파괴와 예루살렘 함락을 슬퍼하고 그 회복을 기원하였다. 제2차 세계대전 후 예루살렘이 이스라엘과 요르단으로 분할되면서 동부의 성벽은 요르단측에 속하고 서부의 성벽은 1948년부터 이스라엘령이었으나, 1967년 6월의 제 3차 중동전쟁에서 이스라엘이 예루살렘 구시가지를 점령하여 동부의 성벽까지 이스라엘로 넘어왔다. 따라서 중동전쟁 이후로 유대교도, 그리스도교도(기독교도), 이슬람교도가 저마다 성지(聖地)로 받들고 있는 동쪽 지역도 이스라엘의 점령지가 되었다. 기타 내용은 다음을 참조하라.

http://en.wikipedia.org/wiki/Temple_of_Jerusalem

예수님의 탄생 연도: 원래 예수 그리스도(Jesus Christ)가 탄생한 시점을 기준으로 A.D.(Anno Domini)로 표기하는 것이 원칙이지만, 후에 성서학자와 역사학자들은 예수님 탄생을 잘못 계산했다는 사실을 발견했다. 마태(오)(Matthew)가 AD 70-80년에 쓴 「마태복음」에는 로마제국[Roman Empire, 제정시대, BC 27-AD 476(서로마제국) & AD 1453(동로마제국/비잔티움제국)]이 유대를 간접 지배하기 위해 임명한 유대의 분봉왕(Tetrarch, 分奉王)인 헤롯 왕(Herod I, Herod the Great, 헤로데, 헤로데스, 통치 BC 37-BC 4)이 유대를 지배할 때 예수님이 나셨다고 적고 있다(「마태복음」 2:1). 그리고 헤롯 왕이 살아 있을 때 두 살 아래 갓난 사내아이들을 다 죽였다라고 적고 있다(「마태복음」 2:16). 예수님은 애굽(이집트)으로 피하셨다가 헤롯 왕이 BC 4년에 죽은 후 갈릴리(Galilee)의 나사렛(Nazareth)으로 들어가신다(「마태복음」 2:19-23). 그렇다면 분명 BC 4년 이전에 탄생하셨음이 분명

하다. 그러나 이방인 의사 출신인 누가(Luke)가 c.AD 63년에 쓴 「누가복음」에는 이스라엘을 지배하고 있던 로마 황제 아우구스투스(옥타비아누스, Augustus, AVGVSTVS, Gaius Julius Caesar Octavianus, 신약의 아구스도, 통치 BC 27-AD 14)가 로마제국의 전 지역에 인구조사를 할 것을 명령하는 칙령(Decree)을 내린다. 이에 로마가 임명한 시리아 총독인 구레뇨(Publius Sulpicius Quirinius, BC 51-AD 21)가 첫번째 구레뇨 인구조사(Census of Quirinius)를 실시할 때 예수님이 나셨다라고 적고 있다(「누가복음」 2:1-7). 그러면 예수님은 분명 AD 1년에 나셨음이 분명해 보인다. 어느 것이 맞을까? 나중에 성서 학자들과 역사학자들은 구레뇨의 인구조사는 BC 6년에 실제로 실시되었음을 확인했다. 그래서 예수님 탄생은 AD 1년이 아니라 BC 6년으로 수정되었다. 그러나 이미 예수님 탄생 기준 시점을 AD 1년으로 보고 그 이후 모든 역사가 기록되었으므로 이를 고칠 수는 없어, 성경연대기(Chronology of The Bible)만 예수님 탄생 시점을 BC 6(B)년으로 수정하였다(Good News English Bible, p. 1531). 따라서 이 땅에서 사망과 부활한 연도도 33살에 하셨으니 AD 33년이 아니라 AD 27(B)로 수정하였다. B.C.는 Before Christ의 약자로 기원전을 말함.
http://en.wikipedia.org/wiki/Census_of_Quirinius

요한(John, AD 6-100): 예수님의 12제자로서 신약성경의 「요한복음」(Gospel of John)」과 「요한 1서-3서」와 「요한계시록」을 썼다. 요한(John)은 끓는 기름가마에 들어갔으나 죽지 않아 밧모 섬(Patmos)에 유배당하였다. 90세가 다 된 나이에 요한은 밧모 섬의 동굴에서 18개월이나 살았으며, 이곳에서 하늘의 목소리를 듣고 「요한복음」과 「요한계시록」을 썼으며, 죽지 않고 승천했다는 기록과 함께 터키인 에베소(Ephesus)에서 94세에 사망한 것으로 전하며, 12제자 중 유일하게 자연사한 것으로 알려진다. http://en.wikipedia.org/wiki/John_the_apostle

우르크(Uruk): 수메르어로 우누그(Unug), 아카드어로 우르크(Uruk), 아랍어로 와카(Warka), 「창세기」 10장 10절의 '에렉=에레크(Erech)'. 우르크의 주신(Patron god)은 인안나(Inanna) 여신(女神). 인안나 여신의 지구라트(Ziggurat) 신전은 우르크에 세워진 에안나(Eanna)로 하늘의 집(house of heaven)이라는 뜻. http://en.wikipedia.org/wiki/Uruk

우투(Utu) **신**(神): 수메르어로 우드(UD), 아카드어로 우투(Utu), 아시리아-바벨로니아어로 샤마시(Shamash), 모두 태양(Sun)이라는 뜻으로 태양의 신(God of Sun, Sun God). 우주공항이 있던 고대 도시인 시파르(Sippar, 수메르어로 Zimbir)

의 주신(Patron god). 우투 신의 지구라트(Ziggurat) 신전은 시파르의 에-바브바라(E-babbara). 난나(Nannar) 신(神)이 지구에서 낳은 쌍둥이 남매 중 아들로 우투 신의 쌍둥이 여동생은 인안나(Inanna) 여신임. 샤마시(우투) 신은 시파르에 있던 우주공항과 레바논의 바알벡(Baalbek)에 위치한 세다 산(Cedar Forest/Mountain/Felling)의 우주공항, 그리고 그 당시 생명나무가 있던 페르시아만 동쪽의 해 뜨는 지역인 딜문((Dilmun, Til.Mun) 우주기지 등 전체 신들의 우주공항과 우주기지를 책임지고 있던 신이었음. http://en.wikipedia.org/wiki/Utu, http://en.wikipedia.org/wiki/Sippar

우트나피시팀(Utnapishtim): c.BC 1150년경에 아카드어로 쓰여진 『길가메시 서사시(Epic of Gilgamesh)』의 슈루팍의 왕인 우트나피시팀(Utnapishtim)으로 '영생을 찾다'라는 뜻의 아카드어 이름. c.BC 2150년경에 수메르어로 쓰여진 『에리두 창세기』에 나오는 슈루팍의 왕인 지우수드라(Ziusudra), c.BC 1640년에 아카드어로 쓰여진 『아트라하시스 서사시』의 슈루팍의 왕인 아트라하시스(Atrahasis), 이들은 모두 구약성경의 홍수의 영웅인 노아(Noah)와 동일 인물. 노아와 아트라하시스는 영생을 얻지 못하지만, 우트나피시팀과 지우수드라는 영생을 얻음. http://en.wikipedia.org/wiki/Utnapishtim

원자(Atom): 원자는 핵과 전자로 구성돼 있는데, 에너지는 양성자와 중성자로 이루어진 핵에 집중돼 있다. 가장 밖의 음전하(-)를 띤 전자와 양전하(+)의 양성자 수는 같다. 따라서 일반적으로 원자는 중성이다. 그러나 인위적이든 자연적이든 어떤 상황에서 다른 원자나 분자의 상호작용을 받아 원래 중성의 원자나 분자가 전자를 잃거나 얻는 등의 전자이동이 일어나 음전하나 양전하를 띠게 되는 현상을 이온(Ion)이라 한다. 원자의 질량은 양성자 수와 중성자 수의 합이다. 원자번호는 양성자의 수에 따라 붙여지므로 가장 가벼운 원자가 1번이고 가장 무거운 원자번호가 118번이다. 1번은 수소원자로 양성자 1개만 있고, 2번은 헬륨으로 양성자 2개와 중성자 2개로 구성되어 있다. 원자번호는 같지만 중성자 수가 달라 질량수가 다른 원소를 동위원소(Isotope)라 한다. 예를 들어 양성자 1개에 중성자 1개가 있으면 이중수소(듀테륨, Deuterium), 양성자 1개에 중성자 2개가 있으면 삼중수소(티리튬, Tritium)가 되고, 양성자 2개와 중성자 1개로 구성되면 헬륨의 동위 원소인 헬륨3이 된다. 가장 무거운 원자 번호인 118번은 2006년 10월에 미국과 러시아 과학자들이 발견한 운운노시티윰(Ununoctium, Uuo)이다. 다음 원자 주기율표 참조 - http://www.webelements.com/

유대인(Judean): 유다인(People of Judah) 혹은 유태인(猶太人, Jews)을 말하며, 넓게
는 이스라엘인들을 유대인이라고 부르고 히브리인(헤브라이인, Hebrew, Heberites,
Hebreians)이라 부른다. 좁게는 이스라엘 12지파 지파 중 유다(Judah) 지파의 족
속이 다윗(David, 통치 BC 1010-BC 970) 왕과 솔로몬(Solomon, 통치 BC 970~930)
왕으로 이어지면서 신약의 예수 그리스도(Jesus Christ)를 탄생케 하는데, 이 유
다 지파의 족속을 유대인(유다인, Judean)이라 부른다. http://en.wikipedia.org/
wiki/Judean, http://en.wikipedia.org/wiki/Jews

이기기 신들(Igigi gods), **네피림**(Nephilim): 「창세기」 6장 4절에 등장하는 '복수'의
단어인 네피림(Nephilim)을 의미하는데, 하나님의 아들들(sons of God), 즉 '하
늘에서 지구로 내려온 신들'이라는 뜻이다. 특히 계급이 낮은 젊은 신들(Lower
Gods)을 지칭하는데, 『아트라하시스 서사시』 〈점토판 1~3〉과 『길가메시 서사시』
의 〈점토판 11〉에는 네피림을 이기기 신들(Igigi-Gods)이라 표현하기도 한다. 이기
기란 '돌면서 관측하는 자들(Those Who See and Observe)', 즉 '감시자 또는 주시
자(Watchers)'이란 뜻이다. 또한 『창조의 서사시』 〈점토판 3(III)〉의 126줄과 〈점토
판6(VI)〉의 21 줄과 123줄에도 이기기 신들이 등장한다. 이들은 주로 인간이 창
조되기 이전에 신들의 고향 행성인 니비루(Nibiru)에서 이 땅에 내려와 광산에서
금을 캐거나 강을 막아 수로를 만들거나 신들의 고향인 니비루로 금을 실어 나르
기 위해 지구 궤도 위에 있던 혹은 화성에 베이스를 둔 우주선 모선이나 우주왕
복선에 속해 일을 했다. 특히 모선에 속한 300명의 이기기 신들은 인간이 창조된
후에는 인간과 지구의 기후상황을 주시하고 감시하는 감시자들(Watchers)이었다.
문제는 이들 감시자들이었다. 위경인 「희년서(Book of Jubilees)」 4장 22절과 「에녹
1서(The Book of Enoch 1)」 7장 7절에는 천사 또는 감시자 또는 주시자로 표현하
고 있으며, 이들이 주어진 역할과 위치를 이탈하고 200명 규모로 이 땅에 내려와
인간의 여성들과 결혼하여 거인(Great/Giant Man)을 낳았다고 기록하고 있다. 이
는 「창세기」 6장 1절-5절의 내용과 일치한다. 자세한 것은 『바이블 매트릭스』 시
리즈 2권 『인간 창조와 노아 홍수의 비밀』편을 참고하시라.
http://en.wikipedia.org/wiki/Nephilim, http://en.wikipedia.org/wiki/Igigi

인안나(Inanna) **여신**: 수메르어로 인안나(Inanna) 혹은 이르니니(Irnini) 또는 닌니
(Ninni), 아카드어로 인안나(Inana) 혹은 이시타르(이슈타르, 이사타르, Ishtar), 섹
스와 사랑과 풍요와 전쟁의 여신(Goddess of sexual love, fertility, and warfare/
battle), 하늘 황후 또는 하늘 여신(Queen of Heaven) 또는 신들의 여인(Lady of

the Gods). 인안나 여신은 그리스 신화의 사랑과 아름다움의 여신인 아프로디테(Aphrodite)와 동일시되었으며, 로마 신화에는 아침과 저녁 별(the morning & evening star)인 금성(Venus)으로 표현함. 고대 도시인 우르크(Uruk)의 주신(Patron god). 인안나의 지구라트(Ziggurat) 신전은 우르크에 세워진 에안나(Eanna)로 하늘의 집(house of heaven)이라는 뜻. 난나(Nannar) 신(神)이 지구에서 낳은 쌍둥이 남매 중 딸로 인안나 여신의 쌍둥이 오빠는 우투(Utu) 신(神)임. 인안나 여신은 구약성경에 실제로 등장하는데, 시돈(Sidon)과 두레(Tyre)의 여신인 아스타테(Astarte), 가나안(Canaan)의 여신인 아세라(Asherah), 그리고 가나안과 시돈의 여신인 아스다롯(Ashtoreth, Ashtoret, Astaroth)으로 불렸으며 지저분한 섹스의 여신과 매춘(prostitute)의 여신으로 기록되어 있음. 이 내용은 『바이블 매트릭스』 시리즈 4권 『하나님들의 과학기술과 우리가 창조해야 할 미래』에서 자세히 다루기로 함.

http://en.wikipedia.org/wiki/Inanna, http://en.wikipedia.org/wiki/Uruk

지구라트(Ziggurat): 하늘로 이어지는 계단식 피라미드(Step pyramid)의 신전(Temple)을 말한다. 신들께서 거주하는 고대 7개 도시들인 에리두(Eridu), 라르사(Larsa), 바드티비라(Bad-tibira), 라가시(Lagash), 슈루팍(Suruppak), 니푸르(Nippur), 라락(Larak/Larag) 등과 기타 도시에는 이와 같은 지구라트를 건설했는데, 대개 7개 계단의 피라미드였다. 이 지구라트에는 각 도시를 지배한 고대 주신(Patron god)이 이 땅에 거주할 때 머무르곤 했는데, 오로지 제사장(Priest)만이 이곳을 출입할 수 있었다. 제사장들은 각 층의 방에 접근하여 신을 모시고, 신의 음식이나 요구에 시중드는 역할을 했다. 따라서 수메르시대(c.BC 5000~c.BC 2400)의 수메르 사회에서 제사장의 권력은 엄청나게 컸다. 또한 각 도시의 인간 왕들은 반드시 신의 허락과 재가를 받아야만 왕권이 주어졌다. 엔릴(Enlil) 신의 지구라트 신전은 니푸르(Nippur)에 건설한 에쿠르(Ekur)였으며, 엔키(Enki) 신의 지구라트 신전은 에리두(Eridu)에 건설한 압수(Abzu, 아카드어로 Apsu)였고, 인안나(Inanna) 여신의 지구라트 신전은 우르크에 세워진 에안나(Eanna)였다. 그 이후 고대 바벨론시대(BC 1830~c.BC 1531)에 신권과 왕권을 찬탈한 마르둑(Marduk) 신의 신전은 에-사길라(E-Sagile)에 세워졌다. 아카드(Akkad, Agade)와 바빌로니아에서는 지구라트를 주키라투(Zukiratu), 즉 '신성한 영의 수상기(tube of divine spirit)'라고 불렀으며 수메르인(Sumerian)은 에시(ESH), 즉 '최고의(supreme)' 혹은 '가장 높은(most high)' 혹은 '열을 뿜는 근원(a heat source)'

이라고 불렀다. 히브리어(Hebrew)로는 불(fire)이란 뜻이다. 지구라트에는 최소한 계단 세 개 정도의 높이와 맞먹는 두 개의 거대한 통신용인 '고리 안테나들(ring antennas or two horns)'이 세워져 있었다. 따라서 지구라트의 진정한 역할은 하늘에 있는 신들과 인간들의 연결이 아니라, 하늘에 있는 신들과 지구에 있는 신들과의 통신을 하기 위한 것이었다(시친, I, 2009, p. 430). 필자가 보기엔 이 안테나들은 아마도 「요한계시록」에 등장하는 하나님 보좌 앞의 일곱 등불(seven lamps)과 예수님의 일곱 뿔과 일곱 눈(seven horns and seven eyes)인 온 땅에 보내심을 입은 하나님의 일곱 영(the seven spirits of God)과 관계가 있는 것 같다(계1:4, 4:5 & 5:6). 이는 『바이블 매트릭스』 시리즈의 최종편인 『예수님의 재림과 새 하늘과 새 땅의 창조』편에서 자세히 다루기로 한다. http://en.wikipedia.org/wiki/Ziggurat

지우수드라(Ziusudra): 고고학적으로 고대 문서를 살펴보면 구약성경의 현존하는 문서는 1947년에서 1956년에 이스라엘 사해(死海) 서쪽 해안가인 쿰란 동굴(Qumran Cave)에서 BC 150-AD 75년에 히브리어로 쓰여진 타나크(Tanakh)의 사본인 사해사본(死海寫本, 사해문서, 死海文書, Dead Sea Scrolls, DSS)이다. 이 사해사본이 가장 오래된 것으로 사해사본의 「창세기」에는 노아(Noah, 쉬었다는 뜻)가 홍수의 영웅으로 등장하지만, 고대 도시인 니푸르(Nippur)에서 발굴된 단 하나의 점토판(Clay tablet, 粘土板)에 c.BC 2150년에 수메르어로 쓰여진 문서인(Davila, 1995) 『수메르 창조 신화와 홍수 신화』, 즉 『에리두 창세기』에는 슈루팍의 왕인 지우수드라(Ziusudra, 영생을 찾다라는 뜻, 우트나피쉼의 수메르어 이름)가 홍수의 영웅으로 등장한다. 또한 1876년 고대 수메르 도시인 시파르(Sippar, 수메르어로 Zimbir)에서 발견된 c.BC 1650년에 쓰여진 것으로 추정되는 아카드어로 쓰여진 『아트라하시스 서사시』에는 아카드어 이름인 아트라하시스(Atrahasis, 매우 현명하다= exceedingly wise는 뜻)가 홍수의 영웅으로 등장하고, 1852-1854년에 큐윤지크(Kuyunjik)라 불리는 아시리아의 수도였던 니네베(Ninive)에서 발굴된 c.BC 1150년에 신-리크-우니나니(Sin-liqe-unninni)가 옛 수메르 전설과 신화를 바탕으로 1-12개의 점토판들(Clay tablets, 粘土板)에 아카드어로 기록한 『길가메시 서사시』에는 슈루팍의 왕인 우트나피쉼(Utnapishtim, 영생을 찾다라는 뜻, 수메르어 이름인 지우수드라의 아카드어 이름)이 홍수의 영웅으로 등장한다. 이것은 원래 수메르어의 지우수드라가 각 시대에 따라 각기 다른 아카드어로 음역되거나 번역된 것이다. 그러므로 지우수드라=아트라하시스=우트나피쉼=노아는 같은 인물로 보는 것이 타당하다.http://en.wikipedia.org/wiki/Ziusudra,.
http://en.wikipedia.org/wiki/Utnapishtim,
http://en.wikipedia.org/wiki/Atra-Hasis

창조의 서사시(Epic of Creation, Enuma Elish, Creation Tablets) 또는 『바벨로니아 창
조의 서사시(The Babylonian Epic of Creation)』: 오늘날 알려진 『바벨로니아 창
조의 서사시』는 『바벨로니아의 창조의 신화(Babylonian creation myth)』로, 이
를 에누마 엘리시(Enuma Elish, 아카드 설형문자의 영어 번역)라 한다. 영국의 레이
어드(Austen Henry Layard)는 1845-1849년에 큐윤지크(Kuyunjik)라 불리는 아
시리아의 수도였던 니네베[Niniveh, 「창세기」 10장 11절의 '니느웨', 지금의 이라크 '모
술(Mosul)']의 발굴을 시도하여 1849년에 신아시리아 왕조의 마지막 왕인 아수
르바니팔(Ashurbanipal, 에사르하돈의 아들, 구약의 '오스납발', KJV의 'Asnappar', 통
치 BC 668-BC 612)이 세운, 그러나 폐허가 된 아수르바니팔의 도서관(Library of
Ashurbanipal)을 발굴하여 아카드어로 쓰여진 c.BC 18-c.BC 17세기의 에누마
엘리시를 발견해냈다. 이 내용은 1876년 아시리아 학자인 조지 스미스(George
Smith)가 『갈데아인과 창조의 근원(The Chaldean Account of Genesis)』이라는 제
목으로 최초로 번역하여 출판했다(Smith, 1876). 에누마 엘리시는 총 7개의 점토
판에 기록되어 있는데, 각 점토판은 115-117개 라인으로 구성되어 있다. 이 중 〈
점토판 5(V)〉는 해독이 불가능했지만, 복사본이 터키의 산리울파(Sanliurfa) 근
처에 위치한 고대 도시인 후지리나(Huzirina)의 술탄테페(Sultantepe)에서 발굴
되어 오늘날에는 총 7개 점토판이 번역되어 일반에게 공개되고 있다(King, 1902;
Budge, 1921). 이 『창조의 서사시』는 그 후 『바벨로니아 창조의 서사시』로 불리게
되었는데, 이는 원래 수메르어로 쓰여진 『메소포타미아 창조의 서사시』를—이
는 아직 발견되지 않음—바벨로니아 시대에 바벨로니아인들이 자기들의 주신인
마르둑(Marduk)과 바벨론의 관점에서 각색 편집한 것이다. 따라서 바벨론의 옥
좌에 오른 마르둑이 모든 신중에 최고의 신이며, 신들에게 시중을 들게 하고(for
the service of the gods) 신들을 고된 노동으로부터 해방시키기[I will set them (i.e.,
the gods) free] 위해 마르둑 신이 본인의 피(blood)와 뼈(bone)로 인간을 창조했
다고 〈점토판 6(VI)〉의 6줄(Line 6)에 적고 있다. 결국 인간은 신들의 노예(Slave)
로 창조되었다는 것이다. 특히 『창조의 서사시』에는 「창세기」 1장에 기록된 하늘
(Sky)과 지구(Earth) 창조의 비밀이 자세히 기록되어 있는데, 〈점토판 7(VII)〉에는
신들의 고향인 열두 번째 행성의 이름이 아카드어로 니비루(Nibiru, 타원형 궤도

의 가장 높은 점 또는 교차점이라는 뜻, 횡단하는 행성이라는 뜻)인데 이를 마르둑이라 표현하고(His name shall be 'Nibiru') 있다(Line 109). 또한 이기기 신들(Igigi-gods)이 등장하는데, 〈점토판 3(III)〉의 126줄과, 점토판 6(VI)의 21줄과 123줄에도 이 기기 신들이 등장한다. 그리고 『창조의 서사시』에는 이 땅에 오신 신들, 예컨대 아누(안, Anu, An) 신과 엔키(Enki, Ea) 신 등 다수의 복수의 신들(The gods)이 등장한다.

Budge, W.A. Wallis, 『The Babylonian Legends of Creation』, 1921, at sacred-texts.com, http://www.sacred-texts.com/ane/blc/index.htm

King, L.W., 『Enuma Elish(The Epic of Creation): The Seven Tablets of Creation』, London 1902, at sacred-texts.com, http://www.sacred-texts.com/ane/enuma.htm

체루빔(단수=cherub, 복수=cherubim): 히브리어의 라틴어로 「창세기」 3장 24절에 처음 등장하는 '그룹들', 즉 체루빔이다. 하나님이 아담과 이브를 에덴동산에서 쫓아내시고, 에덴 동산 동편에 그룹들과 두루 도는 화염검(a flaming sword flashing back and forth)을 두어 생명나무(the tree of life)의 길을 지키게 한다. 따라서 육적인 생명체가 아니라 오늘날의 로봇과 같은 그러나 그 이상의 존재이다. 「에스겔」 1장에는 네 생물의 형상(four living creatures)이 등장하는데 모양이 사람의 형상이요 각각 네 얼굴과 네 날개가 있다고 묘사하고 있다. 이것은 네 명의 하나님들이 반중력(Anti-gravity) 우주복과 방향전환용 소형 원자로를 장비하고, 궁창(expanse)에 있는 거대한 우주선(보좌)으로부터 내려오는 장면이다. 눈이 가득하다(full of eyes)는 뜻은 우주복 또는 우주선에 난 창(window)이나 비행등을 의미하는 것이다. 그리고 「에스겔」 10장에는 "여호와의 영광이 성전을 떠나시다 (The Glory Departs From the Temple)"이라는 장면이 등장한다. 이는 반대로 우주선을 타고 하나님들이 성전을 떠나시는 장면이다. 따라서 에스겔 10장에 등장하는 체루빔은 우주선이나 우주복을 의미하는 우주로봇을 말하는 것이다. 우주선이나 우주복 속의 하나님!! 하나님을 태우신 우주선이나 하나님이 입으신 우주복을 모두 체루빔이라 기록하고 있다. 그러나 세월이 흐른 오늘날에는, 에스겔에서 말하는 우주로봇이 아니라 우주로봇 기술 이상의 천상(celestial or heavenly)의 과학기술로 발전하였을 것으로 보고 있다.

http://en.wikipedia.org/wiki/Cherubim

코이네(Koine, 헬레니즘 그리스어): 알렉산더(Alexander III, 통치 BC 336~BC 323) 대왕

은 일찍 죽었지만 그의 공헌은 대단히 컸다. 무엇보다도 헬라(Hellas) 문화의 보급과 언어의 보급은 헬라 문명을 동방에 소개함으로써 그리스(헬라) 문화와 오리엔트 문화가 융합되는 헬레니즘(Hellenism) 문화를 형성했다. 그리하여 헬라 문화는 무려 600여 년 동안(BC 300-AD 300) 지중해를 중심으로 한 당시의 세계를 지배하게 되었으며, 그리스어(헬라어)는 당시의 세계어로 발전하게 되었다. 그러므로 신약성경이 이 당시의 세계어인 그리스어 코이네(Koine)로 기록된 것은 결코 우연이 아니다. 본래 코이네란 말은 '일반적인(Common)'이란 뜻이다. 코이네는 BC 300년에서 AD 500년까지 사용된 말이다. 헬라어에는 고전 헬라어와 일반 헬라어 두 종류가 있었는데 코이네 헬라어는 알렉산더 대왕이 세계를 정복한 후 통용시킨 말이다. 본래 코이네 헬라어는 고전 헬라어에 비해 누구나 읽고 이해하기 쉬운 글로 알렉산더 대왕이 문화의 교류와 정신세계의 통일을 위해 보급했지만 코이네 헬라어가 복음(福音)을 전 세계에 보급하는 데 사용될 줄은 알렉산더 대왕 자신도 몰랐을 것이다. http://en.wikipedia.org/wiki/Koine_Greek

키시 또는 구스(Kish, Cush, Cuth, Cuthah): 「창세기」 2장 13절의 지역 이름인 수메르 지역의 고대 도시인 구스(Cush). 히브리어 구스(Cush)라는 명칭은 노아(Noah)의 아들인 함(Ham)의 아들인 구스(Cush)와 같은데(「창세기」 10:6), 이는 지금의 수단 북동부 지역인 고대 누비아(Nubia) 또는 에티오피아(Ethiopia)를 가리킨다. 실제 영문성경인 NIV나 다른 영문성경에서는 구스(Cush)라고 표현하고 있지만 또 다른 영문성경인 New Living에서는 이를 에티오피아(Ethiopia)로 표현하고 있다(「에스더」 1:1; 8:9; 「욥기」 28:19). 또한 대부분의 영문성경은 구스 사람(Cushite)라고 표현하고 있지만, New Living에서는 이를 에티오피아인(Ethiopian)이라고 표현하고 있다(「사무엘하」 18:21, 23, 31, 32). 영문성경 NIV의 「다니엘」 11장 43절에는 구스 사람을 누비안(Nubians)이라 표현하고 있다. 그리고 에티오피아는 나일 강의 중심 항구의 땅, 날개 치는 소리 나는 땅을 에티오피아라고 적시하고 있다(New Living, 「이사야」 18:1). 이 지역의 주신(Patron of God)은 엔키(Enki) 신의 셋째 아들인 네르갈(Nergal, Nirgal, Nirgali) 신(神).
http://en.wikipedia.org/wiki/Kish_(Sumer)

테라헤르츠파(THz Wave): 최근 혁신적인 전자파 이용 신기술로서 메타물질(Metamaterial), 테라헤르츠(THz) 및 스마트 라디오(Smart Radio) 기술이 접목된 미래 신성장 동력 산업의 기반기술로, 미·일·유럽 등 선진국에서 범 국가적 차원에서 전자파 신기술 개발을 가속화하고 있다. 테라헤르츠 대역 이용의 활성화를 위하여 소재 및 부품의 고성능화 및 고출력화, 응용 시스템의 소형화 등 다각적인 연구를 추진하고 있다. 전자파의 임의 조정이 가능한 메타물질 기술 도입으로 정보 통신, 전자 기기, 의료영상기기, 물의 분자구조를 마음대로 조율하여 신약 만들기 등에 대한 산업 전반의 패러다임 변화가 예상되고 있다. 메타물질은 『Science』지에서 2003/2006년에 10대 혁신기술로 선정되었는데, 전파자원인 주파수 이용 효율 증대 기술 및 초광대역화/초고속화로 추구되는 기술이다.

특이점(Singularity): 영국의 수학 물리학자인 로저 펜로즈(Sir Roger Penrose, 1931~)는 1965년에 블랙홀의 중심에서 점으로 이루어진 중력을 발견하고 '특이점'이라고 불렀다. 시간의 끝이나 시작이 되는 특이점은 무한 밀도의 지점이다. 그 후 펜로즈는 스티븐 호킹(Stephen Hawking, 1942~) 박사와 공동연구를 통해 '펜로즈-호킹의 특이점 원리(Penrose-Hawking singularity theorems)'를 발견하고 이를 증명하였다. 즉 이들은 알버트 아인슈타인(Albert Einstein, 1879-1955)이 1916년에 발표한 일반상대성 이론의 수학적 모형 속에서 시간이 바로 빅뱅(Big Bang)이라고 불리는 출발점을 가질 수밖에 없음을 증명하였다. 마찬가지 논리로 항성이나 은하들이 자체 중력으로 붕괴해서 블랙홀을 생성할 때 시간이 끝나게 된다는 것을 입증하였다. 블랙홀은 시간의 끝이고 빅뱅은 시간의 시작이다. 따라서 특이점에서 일반상대성 이론이 붕괴된다. 이들은 시간이 출발점을 가진다는 것을 증명한 논문 덕분에 1968년 중력연구재단(Gravity Research Foundation)으로부터 상을 받았다.

http://en.wikipedia.org/wiki/Gravitational_singularity, http://en.wikipedia.org/wiki/Roger_Penrose, http://en.wikipedia.org/wiki/Stephen_Hawking

티아마트(Tiamat): 수메르어의 'T(티)' = 생명(Life), 'Ama(아마)' = 어머니(Mother)라는 뜻임. 대양의 여신(the goddess of the ocean), 혼돈의 괴물(Chaos Monster), 태고의 혼돈(primordial chaos), 생명의 처녀(maiden of life), 소금의 물(salt water), 나중에 마르둑(Marduk) 행성과 충돌해 두 동강 나서 윗 부분은 지구(Earth)가 되고 아랫 부분은 산산조각이 나서, 「창세기」 1장 6절~8절에 나오는 태양계(Solar system)의 궁창(expanse/NIV, firmament/KJV, space/New Living, dome/Good News), 즉 하늘(sky/NIV/New Living, Sky/Good News, Heaven/KJV)을 의미하는 소행성대(The Asteroid belt)가 됨. 「창세기」 1장 2절에 나오는 깊음(the deep, abyss)의 뜻인 북서 셈어(Semitic)의 히브리어(Hebrew)인 테홈(Tehom)(תהום)도 티아마트에서 파생된 것임.

http://en.wikipedia.org/wiki/Tiamat, http://en.wikipedia.org/wiki/Deeps,
http://en.wikipedia.org/wiki/Chaos_(cosmogony)

http://en.wikipedia.org/wiki/Primordial_chaos, http://en.wikipedia.org/
wiki/Tehom

페르시아 제국(Persian Empire, BC 691-BC 330): 페르시아는 원래 고대 지명인 엘람
(Elam, 지금의 이란 남부 고지대 지역)을 일컬었으나, 이란 고지대를 중심으로 서아
시아, 중앙아시아, 코카서스 지방을 포함하는 넓은 지역을 통치하던 제국을 통
칭하는 말로, 그 기원은 아케메네스(Achaemenes) 제국이다. 아케메네스란 페르
시아 왕조의 창시자들이 스스로를 하캄아니시(Hacham-Anish, 현명한 자)라 불렀
던 전통에 따라 부른 말로 이는 셈족의 호칭이다. 이는 셈족의 히브리 신인 야
훼(Yahweh, YHWH, JHWH)와 아케메네스의 현명한 신들 사이에는 매우 친밀하
고 유사성이 있음을 의미한다. 페르시아(구약성경의 '바사') 제국의 키루스 대왕
(고레스, Cyrus, 쿠루쉬, Kurush, 통치 BC 559-BC 529)은 세를 남쪽으로 확장시켜
바빌론 성을 무혈점령하고 신바빌로니아 왕조를 멸망시킨 후, BC 538년에 고레
스 칙령을 발표함으로써 이스라엘 민족의 바벨론 유수 시대(Babylonian Captivity
or Babylon Exile, BC 605~BC 538)가 끝이 나게 된다(「역대하」 36:20-21, 「에스라」 1
장, 「예레미야」 25:11-12 & 29:10, 「마태복음」 1:11-12). 페르시아 제국은 BC 330년 그
리스 위쪽을 중심으로 세운 마케도니아 왕조(Kingdom of Macedonia, BC 691 or
514-BC 146)의 알렉산더 3세(Alexander Ⅲ, 통치 BC 336~BC 323), 즉 알렉산드
로스(알렉산더) 대왕의 동방원정에 의해 멸망한다. http://100.naver.com/100.
nhn?docid=107407

플라즈몬(Plasmon): 물질 내의 전자들이 동시에 진동하는 현상으로 전자들의 파
동(waves of electrons)이라 부른다. 예를 들어 호수에 돌을 던지면 잔물결이 일
어나는 현상과 같은 것이다. 표면 플라즈몬(Surface plasmon)이란 호수의 잔물결
같이 물질의 표면에 에너지 파동(energy waves)이 집중되는 현상인데, 이러한 플
라즈몬을 일으키는 금속물질에 빛을 쏘이면 전자들의 파동이 일어나고 그 다음
전자들은 회절한계를 극복하는 하나의 빛을 방출해 이 빛이 특정 전자들의 파
동을 통해 통과된다. 이때 전자 파동들의 형태와 움직임은 전적으로 그 금속물
질의 성질에 의해 결정되는데, 더욱 작고, 얇고, 나노구슬의 입자일수록 그 성질
은 더욱 독특하다. 예를 들어 일반 광학 결정체들은 특정 광자는 통과시키고 다
른 광자들은 막는다. 따라서 새로운 메타물질(Metamaterials, 일반 물질과는 전혀

다른 성질을 보이는 물질)을 이용해 새로운 광학 결정체를 만들면 플라즈몬 형태에서 빛에 포함된 에너지의 흐름을 원하는 대로 조절할 수 있다.

하나님의 아들(the son of God): 구약과 신약 영문성경(NIV)에는 'the son of God'이란 표현이 「누가복음」 3장 38절에 딱 한 번 나온다. 유대인들은 이를 하나님이 아담(Adam)을 창조한 것으로 해석하지만, 이방인들은 아담도 하나님의 아들로 본다. 특히 바울(Paul, AD 5-68)이 이방인 지역을 전도할 때에 'sons of God'이란 표현을 썼는데, '이방인도 하나님의 아들들이다'라는 것을 강조한 것이다. 이 때 하나님의 아들들이란 하나님의 영(Spirit of God)으로 인도함을 받은 자(「로마서」 8:14), 피조물이(The creation) 열과 성의를 다해 나타나기를 기다리는 자(「로마서」 8:19), 그리스도 안에서 믿음으로 말미암은 자(「갈라디아서」 3:26), 그리고 여호와 하나님(Lord God)을 아버지로 영접하는 아들과 딸들을 가리키는(「고린도후서」 6:18) 말이다. 이는 「창세기」 6장 2절과 4절에 나오는 '하나님의 아들들(sons of God)'과는 의미가 전적으로 다른 뜻이다. 참고로 신약에만 등장하는 '하나님의 아들(Son of God)'이나 '인자(Son of Man)'는 예수님이 스스로를 부를 때 쓰이는 칭호이다(「요한복음」 1:51 & 10:36). 그리고 '인자(Son of man)'는 선지자 에스겔(Ezekiel) 등을 하나님이 부를 때 쓰는 말이다(「에스겔」 2:1).

하나님의 아들들(sons of God)(「창세기」 6:2): 「창세기」 6장 2절에는 '하나님의 아들들(sons of God)'(KJV & NIV)이라 표현되고 있으나 그들이 누구인지를 정확히 밝히지 않아 알 수 없다. 그러나 에티오피아어로 쓰여진 「에녹1서」 7장 2절에는 하나님의 아들들은 '천사들-하늘(천국)의 자식들(the angels, the children(sons) of the heaven)'이라 표현하고 7장 3절과 9절에는 사미야자(Shamgaz, Samyaza)라는 리더와 아자지엘(Azazyel) 등 직분과 처소를 이탈해 이 땅에 내려와 인간의 딸들을 아내로 삼아 거인을 낳는 등 불의에 가담한 천사들의 이름이 거론되고 있으며, 이에 가담한 천사만 200명이라고 적고 있다. 그런데 「마태복음」 22장 30절에는 예수님께서 "부활 때에는 장가도 아니 가고 시집도 아니 가고 하늘에 있는 천사들과 같으니라(For in the resurrection they neither marry, nor are given in marriage, but are as the angels of God in heaven.)"(KJV)고, 결혼할 수 없는 천사의 신분에 대해 말씀하신 것을 보면 「에녹1서」 7장 2절의 '하나님의 아들들'이 '천사들'이라고 언급된 것이 잘못되었음을 알 수 있다. 그러나 그 후 신약에 가면 계속해서 '범죄한 천사들(Sinned Angels)'이라고 나온다(「베드로후서」 2:4, 「유다서」 1:6). 밀리크(Milik)의 〈쿰란 동굴 4에서 발견된 아람어 조각(Aramaic Fragments of Qumran Cave 4)), 즉 아람어로 쓰여진 「에녹1서」 7장 2절에는 '천사'들이 '감시자 또는 응시자 또는 주시자(Watchers)'로 기록되어 있다(Milik, 1976). 재미난 것은 「에녹1서」 1장 5절과 10장 11절과 13절, 그리고 18절 이하에도 천사 대신 '감시자(Watchers)'라는 표현이 나온다(Charles & Laurence, 인터넷 공개). 또한 위경인 히브리어로 쓰여진 「희년서」 4장 22절에도 감시자가 나오고 5장 1절에는 천사가 나온다(Charles, 2002). 이때의 감시자란 하늘에서 지구를 내려보는 자들로 시친(Sitchin)에 의하면 이들은 지구와 신들(Gods)의 고향 행성인 니비루(Nibiru)를 오가는 모선(우주선)에 타고 있던 이기기(Igigi, 우주비행사 군단) 신들이다(Sitchin, 1976 & 1980 & 1985). 따라서 이들은 그 역할과 신분상 이 땅에 내려올 수 없는 자들이다. 「에녹1」서와 「희년서」는 '감시자'와 '천사'를 같은 신분으로 혼동하고 기록한 것 같다. 그러나 분명 이 둘의 신분과 역할은 다르다. 이런 관점에서 「창세기」 6장 2절의 'sons of God'과 그 이후의 'Sinned Angels' 사이에는 모순이 일어나게 되는데 이는 유일신 입장에서 보면 '하나님에게도 아들들이 있다'는 뜻으로 유대교와 기독교에서는 말도 안 되는 얘기이다. 이러한 이유로 「에녹1서」와 「희년서」는 위경으로 분류되었다. 그러나 분명 「창세기」 6장 2절에는 'sons of God'이라 기록되어 있다. 따라서 『모세오경(Five Books of Moses)』을 편집한 유대인들의 실수가 아닌가 생각한다. 유대인 관점에서 보면 「창세기」 6장 1절-4절을 뺐어야 했다. 그러나 성경은 진실을 기록한 것이다. 따라서 하나님의 아들들이란 천사가 아니고 인간과 관계(섹스)할 수 있는 하나님의 아들들, 즉 네피림(Nephilim), 즉 이기기 신들이다. 하나님들에게도 아들들이 있다. 예수님도 최고 높으신 하나님의 독생자 아들이시다. 인간은 하나님의 형상대로 만들어졌기 때문에 하나님의 아들들은 인간과 섹스할 수 있다. 그것은 바로 천사와는 다른 하나님의 아들들인 주시자들이다. 이러한 관점에서 감시자 즉 주시자들과 인간의 딸들 사이에 낳은 자식들, 즉 거인(Great man 또는 Giant Man)을 사생아(Biters, Bastards)라고 표현하는 학자들도 있다(Charles, 1893; Knibb, 1978). 자세한 것은 『바이블 매트릭스』 시리즈 2권 『인간 창조와 노아 홍수의 비밀』을 참조하라.

헬라어(Hellas language, 그리스어, Greek language): 고대 그리스인들은(c.BC 1100-BC 146) 스스로를 헬라스(Hellas, 헬레네스)라 불렀기 때문에 고대 그리스어를 헬라스어 또는 헬라어(Hellas language)라고 하며, 헬라어의 한자 음역인 희랍어(希臘語)라 불리기도 한다. 헬레네스가 사는 곳을 본토와 식민도시를 통틀어 헬라스(Ελλάς)라고 칭하였다.

http://en.wikipedia.org/wiki/Hellas

훔바바(Humbaba): 아시리아어로 괴물과 같은 반신반인의 훔바바(the monstrous demigod Humbaba) 또는 바벨로니아어로 후와와(Huwawa). http:// en.wikipedia.org/wiki/Humbaba

히브리어(헤브라이어, Hebrew Language): BC 2166-BC 2091년에 메소포타미아 남부 도시인 우르(Ur)를 떠나 아시리아(Assyria) 북쪽 도시인 하란(Haran)을 통해 가나안(Canaan)에 이주한 셈(Shem)족 후손인 아브라함(Abram, Abraham, BC 2166-BC 1991) 족속의 집단 언어로 고대 바벨로니아와 고대 아시리아의 공용어인 아람어(Aramaic or Arama(e)an language, 시리아어)와 가나안어와의 혼합 언어이다. 셈의 아들 중 아르박삿(Arphaxad)은 지금의 페르시아만 지역인 이라크 남단과 사우디 아라비아 반도 지역에 거주하였다. 특히 지금의 이라크 남단 지역을 그 당시에는 갈대아(Chaldea)라 불렀는데, 아르박삿의 9대손인 아브라함도 갈대아의 우르(Ur) 출신의 히브리인(헤브라이인, Heberites, Hebreians)이다(「창세기」 11:27-29 & 14:13 & 15:7). 아브라함은 우르를 떠나 가나안으로 가기 전에 셈계(Shem) 아람(Aram, 지금의 시리아) 족속들이 살던 하란(Haran)에 머물다, 여호와 하나님의 지시에 따라 75세에 가나안으로 들어간다(「창세기」 12:4-5, BC 2091). 따라서 히브리어의 조상은 셈족이며 직접 연계 있는 조상은 아브라함이라 말할 수 있다. http://en.wikipedia.org/wiki/Hebrew_language

히브리인(헤브라이인, Hebrew, Heberites, Hebreians): 「창세기」 10장 21절에는 "셈은 에벨 온 자손의 조상이요(Shem was the ancestor of all the sons of Eber)"(NIV)라는 구절이 나오는데 이때 에벨(Ever)이란 '건너온 땅' 또는 '저 건너쪽의 땅', 즉 강 건너의 땅이란 뜻으로 유프라테스 강(Euphrates, 「창세기」 2장 14절의 '유브라데')과 티그리스 강(Tigris, 「창세기」 2장 14절의 '힛데겔')이 흐르는 메소포타미아(Mesopotamia) 지역의 아시리아와 바벨론(바빌론)을 의미한다. 유대인의 조상을 일컬어 히브리 족속이라고 하는데 '히브리'의 어원이 바로 '에벨'이다. 「창세기」 10장의 셈족에 관한 내용[c.BC 2450(B)]과 바벨론 유폐/유수/포수(幽囚 또는 捕囚, Babylonian Captivity/Babylon Exile, BC 605-BC 538) 사건과의 연대 차이가 대략 1,000년이란 간격이 있지만, 유대인들이 그들 자신을 히브리인이라 부른 것은 바벨론 유수 이후이다. 즉 강 건너 땅인 바벨론에서 고생 끝에 살아서 가나안(Canaan)으로 건너온 민족이란 뜻이다. 그래서 바벨론 유수기를 거쳐 고향으로 돌아온 이스라엘인 또는 히브리인을 모두 유대인이라 불렀고, 이들은 스스로 히브리인 또는 이스라엘인이라고 불렀다. 그런데 바벨론 유수기에 앞서 강을 건너온 히브리인이 있었다. 셈의 아들 중 아르박삿[Arphaxad, BC 2456(B)-BC 2018(B)]은 지금의 페르시아만 지역인 이라크 남단과 사우디 아라비아 반도 지역에 거주하였다. 특히 지금의 이라크 남단 지역을 그 당시에는 갈대아(Chaldea)라 불렀는데, 아르박삿의 9대손인 아브라함(Abram, Abraham, BC 2166-BC 1991)도 갈대아 지역의 우르(Ur)에서 자란 히브리인이다(「창세기」 11:27-29; 「창세기」 15:7). 가나안에 이주하면서 아브라함 족속들은 히브리어(헤브라이어, Hebrew Language)를 사용하게 되었는데 이 히브리어를 말하는 사람들과 그 자손을 일컬어 유대인이라고 부른다. 이처럼 아브라함이 최초로 메소포타미아 남부를 건너온 히브리인이었다. 이런 점에서 유대인의 직접적인 조상은 아브라함이라고 볼 수 있다. 실제로 구약성경에는 히브리인(Hebrew)이라는 단어가 「창세기」 14장 13절(KJV, NIV)에 처음 등장하는데 아브라함을 일컬어 히브리 사람이라고 표현하고 있다. http://en.wikipedia.org/wiki/Hebreians

희년서(The Book of Jubilees): 혹은 「소(小)창세기(the Little Book of Genesis)」라고도 한다. 히브리어로 쓰여진 「희년서」가 발견되지 않아 위경으로 간주되었으나 1947년에서 1956년에 쿰란 동굴(Qumran Cave)에서 발견된 사해사본(死海寫本, 사해문서, 死海文書, Dead Sea Scrolls)에서 히브리어로 쓰여진 「희년서」가 발견되었다. 원래 희년(The Year of Jubliee)이란 말은 「레위기(Leviticus)」 25장 8절~12절에 처음 나온다. "너는 일곱 안식년을 계수할찌니 이는 칠년이 일곱 번인 즉 안식년 일곱 번 동안 곧 사십구 년이라… 제 오십 년을 거룩하게 하여 전국 거민에게 자유를 공포하라 이해는 너희에게 희년이니 너희는 각각 그 기업으로 돌아가며 각각 그 가족에게로 돌아갈찌며 그 오십 년은 너희의 희년이니 너희는 파종하지 말며 스스로 난 것을 거두지 말며 다스리지 아니한 포도를 거두지 말라 이는 희년이니 너희에게 거룩함이니라 너희가 밭의 소산을 먹으리라." 즉 희년은 50년을 말한다. 이 연수에 따라 「희년서」는 「창세기」부터 「출애굽기」 12장까지 기술되어 있는 사건들의 연대를 7년이 7번, 즉 49년마다 돌아오는 희년들을 가지고 계산하여 수록했다. 이렇게 희년력이 제정됨으로써 유대인들은 유대인의 종교적 절기와 성일(聖日)을 제 날짜에 지킬 수 있었고, 유대인들을 다른 이방인들과 구별해 하느님의 계약공동체라는 구약성서의 이스라엘 상(像)을 강조할 수 있었다. 「창세기」의 내용을 쉽게 풀어 쓰고 각색한 것 외에도 「희년서」는 당시의 유대교 율법과 관습의 기원을 설명하는 이야기들을 수록하고 있다. 이 책은 창세기의 족장들이 족장시대 이후에 생긴 율법과 절기들을 이미 지켰다고 주장함으로써 모세 율법과 「레위기」의 여러 율법의 기원을 더 오랜 과거로 소급시켰다. 따라서 헬레니즘적 사고에 젖은 유대인들에게는 그것이 더 성스럽게 보였다. 「희년서」의 최종 형태는 BC 150년경에 쓰어진 것으로 보이지만, 그 안에 수록된 신화적 전승들은 훨씬 전에 형성된 것들이다. 「희년서」에 담긴 종교적 고립주의 정신과 엄격성 때문에 팔레스타인 쿰란(Qumran)에 있던 유대교 에세네파(은둔파, Essenes)는 그들의 주요 저작인 『다마스쿠스 문서(Damascus Document)』에서 「희년서」를 폭넓게 인용했다. 「희년서」는 「창세기」와 유사할 뿐만 아니라 쿰란 공동체가 애독하던 「창세기 외경」과 밀접한 관계를 가지고 있다. 쿰란 서고, 즉 사해사본에서는 히브리어 원본인 「희년서」의 여러 단편들이 발견되었다. 희년서는 본문 서두에 "그들의 희년들과 칠칠절을 위한 시대 구분에 대한 책(the book of the Divisions of the Times for Their Jubilees and Weeks)"이라고 기록되어 있다. 이 제목은 나중에 「희년서(The Jubilees)」나 「소(小)창세기(The Little Genesis)」로 짧아졌다. 또한 나중에는 『모세의 증거(The Testament of Moses)』나 『모세의 계시록(The Apocalypse of Moses)』이라는 제목으로 출판되기도 했다. 원어가 히브리어였음에도 불구하고 모든 현존하는 버전들(Latin, Ethiopic)은 그리스의 헬라어(Hellas Language, Greek Language)로부터 번역된 것이다. 「희년서」의 영문 번역본은 다음 찰스(Charles, 1917 & 2002, 인터넷 공개)의 것을 참고하였다.

12지파(12 Tribes of Israel): 아브라함(Abraham, BC 2166-BC 1991)의 아들인 이삭(Issac, BC 2066-BC 1886)의 아들인 야곱(Jacob, BC 2006-BC 1859), 즉 이스라엘(Israel, 「창세기」 32:28 & 35:10, 하나님이 야곱을 이스라엘이라 부름)의 아들 12명을 지칭한다(「창세기」 35:23-26 & 49:3-28). 장자는 루우벤(Reuben), 네 번째는 유다(Judah), 11번째는 요셉(Joseph), 막내는 베냐민(Benjamin)이다. 아모리(Amorites) 족속 등 가나안(Canaan) 족속에게서 빼앗은 가나안 땅을 야곱의 아들 12지파에게 분할할 때 요셉(Joseph, BC 1916-BC 1806)은 다른 형제들보다 땅의 한 부분을 더 받는데, 이는 여호와 하나님이 야곱을 통해 요셉의 두 아들인 므낫세(Manasseh)와 에브라임(Ephraim)에게 둘 다 장자와 같은 권위와 축복을 내린 데서 비롯된다(「창세기」 48:13-20). 따라서 므낫세와 에브라임은 각기 한 지파로 땅을 분배받아 요셉 입장에서 보면 다른 형제들보다 몫을 두 배로 받은 셈이다. 「창세기」 48장 22절에 야곱이 축복하기를 "내가 네게 네 형제보다 일부분을 더

주었나니 이는 내가 내 칼과 활로 아모리 족속의 손에서 빼앗은 것이니라(And to you I give one portion more than to your brothers-the portion of land I took from the Amorites with my sword and my bow.)"(NIV)라고 기록하고 있다. 물론 야곱이 가나안 아모리 족속에게서 직접 땅을 빼앗은 것은 아니지만 차후 그렇게 될 것이라는 여호와 하나님의 말씀을 예언한 구절이라고 볼 수 있다. 단, 야곱이 두 손자에게 축복을 내릴 때 좌우수가 바뀌어(왼손과 오른손이 어긋나게) 동생인 에브라임을 므낫세보다 앞세웠기 때문에, 후일에 이스라엘 지파들이 광야에 집결했을 때 에브라임의 수가 므낫세 수보다 많았으며(「민수기」 1:33 & 35, 「신명기」 33:17), 여호수아(Hoshea-)Joshua)도 에브라임 지파 출신이다(「민수기」 13:8 &16, 「역대상」 7:20-27). 더욱이 가나안 땅에 입성한 므낫세 지파는 요르단(Jordan) 강을 중심으로 반은(half-tribe of Manasseh) 동쪽에 반은 서쪽으로 나뉘어져 힘이 없게 되었다(「여호수아」 13:8 & 14: 3-4). 이와 같이 에브라임의 후손들이 므낫세 후손들보다 강대해졌다. 「요한계시록」에는 이스라엘 12지파에서 12,000명씩 총 144,000명의 하나님의 인 맞은 자들이(Sealed) 등장하는데 여기에서는 야곱의 아들 12명 중 단(Dan) 지파가 빠지고 요셉 지파와 므낫세 지파가 기록되어 있다(「요한계시록」 7:4-8). 또한 전체 성경을 통해서 므낫세와 에브라임을 각각 12지파의 한 지파로 표현하기도 하고, 때론 장자인 므낫세 지파를 요셉 지파로, 차자인 에브라임 지파를 요셉 지파로 표현하기도 한다. 12지파 중 레위(Levi, Levites) 지파는 여호와 하나님께 시중드는 제사장(Priests) 직을 맡은 신분의 지파로(「민수기」 3장 & 18장), 가나안 족속과의 전쟁에는 직접 참여하지 않아(「민수기」 1:47-54), 가나안 땅에 들어가서는 나머지 11지파처럼 땅을 배분 받지 못하지만(「민수기」 18:20-24, 「민수기」 26:62, 여호수아 13:14 & 33), 레위 족속들이 특별히 거주할 수 있는 레위 족속의 성읍(Levitical Towns)을 배분 받는다(「레위기」 25:32, 「민수기」 35장, 「여호수아」 21장). http://en.wikipedia.org/wiki/12_tribes_of_Israel

70인역(셉튜아진타, The Septuagint Version, LXX): 디아스포라(Diaspora, 이산, 離散) 의 유대인들은 본토 팔레스타인에 머물던 유대인들보다 그리스 문화에 대해 훨씬 개방적이어서 헤브라이어(히브리어, Hebrew Language)와 아람어(Aram, 시리아어)를 사용하던 극소수를 제외하고는 대부분이 그리스어인, 즉 헬라어(Hellas Language)의 코이네(Koine)를 상용(常用)했다. 그 결과 디아스포라 유대인들은 히브리어 구약성서 원문을 헬라어로 번역할 필요가 있었다. 그래서 c.BC 250년 알렉산드리아에서 탄생한 것이 바로 70인역으로 이는 현존하는 가장 오래된 그리스어역의 구약성서이다. 70을 뜻하는 라틴어의 Septuaginta에서 유래한 70인이라는 명칭은, 유대인 12지파 중에서 헬라어와 히브리어에 정통한 학자 6명씩 뽑아 총 72명으로 하여금 각각 다른 독방에 분리해 놓고, 히브리 구약성경을 헬라어로 번역하도록 시켰는데, 이들은 70일 만에 번역을 완성하였고, 나중에 그것을 모아 보니 그 번역 내용이 다 똑같았다는 전승에서 유래되었다. 이러한 전승은 '70인역'도 하나님의 영감으로 된 것이라는 점을 강조하기 위해서 생겨난 것으로 추정된다. 처음에는 율법서인 『모세 5서(경)(Five Books of Moses, 「창세기」, 「출애굽기」, 「레위기」, 「민수기」, 「신명기」)』가 번역되었고, 그 이후로 성서 번역 작업은 AD 1세기까지 꾸준히 계속되었다. 그 결과 당시에 성립된 24권의 히브리 원문 성경을 39권으로 재 분류한 가운데, 새로이 그리스어나, 아람어(시리아어), 혹은 히브리어로 쓰여진 10권의 외경(外經)(유딧, 토비트, 마카베오 상/하, 송시, 지혜서, 집회서, 바룩서, 수산나, 벨과 뱀 등) 문헌들까지 추가되었다. 그 결과 70인역은 총 49권으로 구성되었다. 70인역은 성서 연구에는 물론, 언어학상으로도 중요한 자료인데, 신약성서의 문체와 사상을 연구하는 데 특히 귀중한 자료이다. 자세한 것은 부록의 "구약성경의 역사"를 참조하라.

http://en.wikipedia.org/wiki/Septuaginta, http://www.sacred-texts.com/bib/sep/index.htm

참고문헌

단행본

차원용,『바이블 매트릭스』시리즈 2권『인간 창조와 노아 홍수의 비밀』갈모산방, 2013, p. 164

차원용,『바이블 매트릭스』시리즈 1권『우주 창조의 비밀』, 갈모산방, 2013

차원용 외,『미래가 보인다, 글로벌 미래 2030』, 박영사 2013, pp. 73~75

차원용,『c.BC 1150년에 쓰여진 c.BC 2700년의 길가메시의 서사시(Epic of Gilgamesh)에나타난 로봇윤리에 대한 고찰』, 한국산업로봇진흥원, 지식경제부, 2012

차원용,『한국을 먹여 살릴 녹색융합 비즈니스』, 아스팩국제경영교육컨설팅(주), 2009, pp. 39~46

차원용,『미래기술경영 대예측 : 매트릭스 비즈니스』, 굿모닝미디어, 2006, p. 58

번역본

에모토 마사루 지음, 홍성민 옮김,『물은 답을 알고 있다 : 물이 전하는 신비한 메시지』, 더난출판사, 2008년 03월

칼 세이건 [홍승수 옮김],『코스모스(Cosmos)』, 사이언스북스, 2006

Sagan, Carl,『Pale Blue Dot: A Vision of the Human Future in Space』, 1st ed., New York: Random House, ISBN 0-679-43841-6, pp. xv-xvi, 1994[현정준 역,『창백한 푸른 점』, 사이언스북스, 2001년 12월]

Sitchin, Zecharia,『The 12th Planet(Book I)(The First Book of the Earth

Chronicles)』, Harper, 1976; Bear & Company, May 1, 1991[제카리아 시친 지음, 이근영 옮김,『수메르, 혹은 신들의 고향』SK, 2009]

http://www.bibliotecapleyades.net/sitchin/planeta12/12planeteng_index.htm

Sitchin, Zecharia, 『The Stairway to Heaven(Book II)(2nd Book of Earth Chronicles)』, Avon Books, 1980; Bear & Company, 1992; Harper, 2007[제카리아 시친 지음, 이근영 옮김,『틸문, 그리고 하늘에 이르는 계단』, AK, 2009]

http://www.bibliotecapleyades.net/sitchin/stairway_heaven/stairway.htm

Sitchin, Zecharia, 『The Wars of Gods and Men(Book III)(Earth Chronicles, Book 3)』, Avon Books, 1985; Bear & Company, 1992; Harper, March 27, 2007[제카리아 시친 지음, 이재황 옮김,『신들의 전쟁, 인간들의 전쟁』, AK, 2009]

http://www.bibliotecapleyades.net/archivos_pdf/wars_godsmen.pdf
http://www.bibliotecapleyades.net/sitchin/sitchinbooks03.htm

외국서적

Berossus, 『Babyloniaca or History of Babylonia』, BC 280 at The Search for Noah's Ark. http://www.noahs-ark.tv/noahs-ark-flood-creation-stories-myths-berossus-xisuthrus-babyloniaca-history-of-babylonia-abydenus-apollodorus-alexander-polyhistor-josephus-eusebius-georgius-syncellus-oannes-280bc.htm

Black et al., 『A balbale to Inana as Nanaya(Inana H)』, The Electronic Text Corpus of Sumerian Literature (http://etcsl.orinst.ox.ac.uk/), Oxford 1998-2006.

http://etcsl.orinst.ox.ac.uk/cgi-bin/etcsl.cgi?text=t.4.07.8&charenc=j#

Black et al., 『A song of Inana and Dumuzid(Dumuzid-Inana J)』, The Electronic Text Corpus of Sumerian Literature, University of Oxford Library, 1998-2006.

http://www-etcsl.orient.ox.ac.uk/section4/tr40810.htm
http://etcsl.orinst.ox.ac.uk/cgi-bin/etcsl.cgi?text=c.4.08*#

Black et al., 『Dumuzid and Geshtin-ana』, The Electronic Text Corpus of Sumerian Literature, Oxford 1998-2006.

http://www-etcsl.orient.ox.ac.uk/section1/tr1411.htm

Black et al., 『Dumuzid's dream』, The Electronic Text Corpus of Sumerian Literature, Oxford 1998-2006.

http://www-etcsl.orient.ox.ac.uk/section1/tr143.htm,

http://www-etcsl.orient.ox.ac.uk/section4/tr4078.htm,

http://etcsl.orinst.ox.ac.uk/cgi-bin/etcsl.cgi?text=t.1.4.3&charenc=j#

Black et al., 『Enlil in the E-kur (Enlil A) or Hymn to Enlil, the all beneficent』, The Electronic Text Corpus of Sumerian Literature, Oxford 1998-2006.

http://etcsl.orinst.ox.ac.uk/cgi-bin/etcsl.cgi?text=t.4.05.1#, http://en.wikipedia.org/wiki/Hymn_to_Enlil

Black et al., 『Enmerkar and the lord of Aratta』, The Electronic Text Corpus of Sumerian Literature, Oxford 1998-2006.

http://www-etcsl.orient.ox.ac.uk/section1/tr1823.htm

http://en.wikipedia.org/wiki/Enmerkar_and_the_Lord_of_Aratta

Black et al., 『Gilgamesh Related』, The Electronic Text Corpus of Sumerian Literature, Oxford 1998-2006. 길가메시 관련 5편의 시 - 영어 번역본.

http://etcsl.orinst.ox.ac.uk/cgi-bin/etcsl.cgi?text=c.1.8.1*#

『Gilgamesh and Aga』

http://etcsl.orinst.ox.ac.uk/cgi-bin/etcsl.cgi?text=t.1.8.1.1#

『Gilgamesh and the bull of heaven』

http://etcsl.orinst.ox.ac.uk/cgi-bin/etcsl.cgi?text=t.1.8.1.2#

『The Death of Gilgamesh』

http://etcsl.orinst.ox.ac.uk/cgi-bin/etcsl.cgi?text=t.1.8.1.3#

『Gilgamesh, Enkidu and the nether world』

http://etcsl.orinst.ox.ac.uk/cgi-bin/etcsl.cgi?text=t.1.8.1.4#

『Gilgamesh and Huwawa(Version A)』 - 아카드어 표준 버전 『길가메시 서사시』 〈점토판 3-5〉의 내용과 일치.

http://etcsl.orinst.ox.ac.uk/cgi-bin/etcsl.cgi?text=t.1.8.1.5#

『Gilgamesh and Huwawa(Version B)』 - 아카드어 표준 버전 『길가메시 서사시』 〈점토판 3-5〉의 내용과 일치.

http://www-etcsl.orient.ox.ac.uk/section1/tr18151.htm

http://etcsl.orinst.ox.ac.uk/cgi-bin/etcsl.cgi?text=t.1.8.1.5.1#

Black et al., 『Hymns addressed to deities : Inana and Dumuzid(Dumuzid-Inana A~F1)』, The Electronic Text Corpus of Sumerian Literature, Oxford 1998-2006.

http://www-etcsl.orient.ox.ac.uk/catalogue/catalogue4.htm

Black et al., 『Inana A~I)』, The Electronic Text Corpus of Sumerian Literature, Oxford 1998-2006. http://etcsl.orinst.ox.ac.uk/cgi-bin/etcsl.cgi?text=c.4.07*#

Black et al., 『Inana's descent to the nether world』, The Electronic Text Corpus of Sumerian Literature, Oxford 1998-2006.

http://www-etcsl.orient.ox.ac.uk/section1/tr141.htm

http://www.bibliotecapleyades.net/sitchin/guerradioses/guerradioses11a.htm

Black et al., 『Inana and An』, The Electronic Text Corpus of Sumerian Literature, Oxford 1998-2006.

http://etcsl.orinst.ox.ac.uk/cgi-bin/etcsl.cgi?text=t.1.3.5#

Black et al., 『Inana and Enki』, The Electronic Text Corpus of Sumerian Literature, Oxford 1998-2006. http://etcsl.orinst.ox.ac.uk/cgi-bin/etcsl.cgi?text=t.1.3.1#

http://etcsl.orinst.ox.ac.uk/cgi-bin/etcsl.cgi?text=t.1.7.8&charenc=j#

Black et al., 『The cursing of Agade or The Curse of Akkad』, The Electronic Text Corpus of Sumerian Literature, Oxford 1998-2006.

http://etcsl.orinst.ox.ac.uk/cgi-bin/etcsl.cgi?text=t.2.1.5#

http://www-etcsl.orient.ox.ac.uk/section2/tr215.htm

Black et al., 『The Flood Story』, The Electronic Text Corpus of Sumerian Literature, Oxford 1998-2006.

http://etcsl.orinst.ox.ac.uk/cgi-bin/etcsl.cgi?text=t.1.7.4#

http://www.noahs-ark.tv/noahs-ark-flood-creation-stories-myths-eridu-genesis-sumerian-cuneiform-zi-ud-sura-2150bc.htm

Black et al., 『The Sumerian king list: translation』, The Electronic Text Corpus of Sumerian Literature, Oxford 1998-2006.

http://www-etcsl.orient.ox.ac.uk/section2/tr211.htm

http://etcsl.orinst.ox.ac.uk/cgi-bin/etcsl.cgi?text=t.2.1.1#

Budge, W.A. Wallis, 『The Seven Tablets of Creation, The Babylonian Legends of Creation』, 1921, at sacred-texts.com, http://www.sacred-texts.com/ane/blc/index.htm

Campbell, Joseph, 『The Masks of God: Occidental Mythology』, New York: Penguin, 1976.

Charles, R.H.(ed. and trans.), 『The Book of Enoch』, Oxford: Clarendon Press, 1893, p. 63 & 65 & 73 & 155 & 162.

Charles, R.H.(tr), 『The Book of Enoch : Chapters 1-105 & 106-108 ; also referred to as "Ethiopian Enoch" or "1 Enoch"』, 1917, Internet Publishing at sacred-texts.com. http://www.sacred-texts.com/bib/boe/index.htm, http://reluctant-messenger.com/book_of_enoch.htm

Charles, R.H.(tr), 『The Book of Jubilees Or the Little Book of Genesis』, Wipf & Stock Publishers, July 2002. Internet Publication : http://reluctant-messenger.com/book_jubilees.htm

Charles, R.H.(tr), 『The Book of Jubilees』, Society for Promoting Christian Knowledge, London, 1917. Internet Publication : http://www.sacred-texts.com/bib/jub/index.htm

Crichton, Michael, Prey : A Novel, Harper Collins, 2002

Dalley, Stephanie, 『Myths From Mesopotamia: Gilgamesh, The Flood, and Others』, 1998; Excerpted "Epic of Atra-Hasis, Tablet I-III" at http://www.noahs-ark.tv/ http://www.noahs-ark.tv/noahs-ark-flood-creation-stories-myths-epic-of-atra-hasis-old-babylonian-akkadian-cuneiform-flood-creation-tablet-1635bc.htm http://www.bibliotecapleyades.net/serpents_dragons/boulay03e_a.htm

Drexler, K. Eric, 『Engines of Creation : The Coming Era of Nanotechnology』, Anchor Books, p.94, 1986. http://e-drexler.com/d/06/00/EOC/EOC_Cover.html

Ellis, Elsi Vassdal, 『Inanna: The sacred marriage rite』, EVE Press, 1987.

Fraser, James, 『The Golden Bough』, The 3rd Edition, 1922, Chapter 31: Adonis in Cyprus.

George, Andrew R.(Tr.), 『The Epic of Gilgamesh』, Penguin Books, 1999.

Halloran, John A., 『Sumerian Lexicon Version 3.0』 http://www.sumerian.org/sumerlex.htm

http://www.sumerian.org/suma-e.htm

Haupt, Paul, 『The Dimensions Of The Babylonian Ark』, Nabu Press, 28 Pages, 15 Mar 2012

Haupt, Paul, 『The ship of the Babylonian Noah and Other Papers』, J.C. Hinrichs'sche Buchhandlung, 1 Jan 1927.

Herodotus, The Histories 1.199, tr A.D. Godley, 1920.

Horowitz, Wayne, 『Mesopotamian Cosmic Geography』, Eisenbrauns, December 1, 1998. p. 4 & 283.

http://books.google.co.kr/books?id=P8fl8BXpR0MC&pg=PA283&lpg=PA283&dq=A.RA.LI&source=bl&ots=JdXndCU0P6&sig=uNKuou-2dTStbK0uhAScUXQyq0&hl=ko&ei=hsQeTpHIJZHRiAKhrPyhAw&sa=X&oi=book_result&ct=result&resnum=3&sqi=2&ved=0CDkQ6AEwAg#v=onepage&q=A.RA.LI&f=false

Jacobsen, Thorkild, 『The Treasures of Darkness: a History of Mesopotamian Religion』, Yale University Press, New Haven and London, 1976.

Jastrow, M., 『The Descent of Ishtar Into the Lower World』 [From The Civilization of Babylonia and Assyria], 1915. http://www.sacred-texts.com/ane/ishtar.htm, http://www.ancienttexts.org/library/mesopotamian/ishtar.html

Jastrow, M., 『Descent of The Goddess Ishtar Into The Lower World』, Amazon Kindle Edition, Kindle eBook, Oct. 29, 2010.

King, Leonard William, 『Enuma Elish : The Seven Tablets of Creation』, London 1902, at sacred-texts.com, http://www.sacred-texts.com/ane/enuma.htm, http://www.sacred-texts.com/ane/stc/index.htm (Akkadian(akk) - http://wikisource.org/wiki/Enuma_Elish)

Kleiner, Fred S. and Christin J. Mamiya, 『Gardner's Art Through the Ages: The Western Perspective - Volume 1』, 12th Edition ed., Thomson Wadsworth, pp. 20-21, 2006.

Kramer, Samuel Noah, 『Sacred Marriage Rite: Aspects of Faith, Myth and Ritual in Ancient Sumer』, Indiana University Press, 1970.

Kramer, Samuel Noah, 『The Sumerians: Their History, Culture and Character』, University of Chicago Press, 1963.

Kramer, Samuel Noah, 『Sumerian Mythology : A Study of Spiritual and Literary Achievement in the Third Millennium B.C.』, University of Pennsylvania Press, Philadelphia, 1944, revised 1961 & 1998. http://www.sacred-texts.com/ane/sum/index.htm

Kramer, Samuel Noah and Diane Wolkstein, 『Inanna : Queen of Heaven and Earth』, New York: Harper & Row, 1983.

Laurence, Richard(tr), 『The Book of the Secrets of Enoch : Chapters 1-68 ; also referred to as "Slavonic Enoch" or "2 Enoch"』, Internet Publishing. http://reluctant-messenger.com/2enoch01-68.htm

Laurence, Richard(tr), 『The Book of Enoch : Chapters 1-60 ; also referred to as "Ethiopian Enoch" or "1 Enoch"』, Internet Publishing.
http://reluctant-messenger.com/1enoch01-60.htm

Laurence, Richard(tr), 『The Book of Enoch : Chapters 61-105 ; also referred to as "Ethiopian Enoch" or "1 Enoch"』, Internet Publishing.
http://reluctant-messenger.com/1enoch61-105.htm

Mallon, Alexis, 『Voyage D'Exploration Au Sud-Est De La Mer Morte(Voyage of Exploration to South-East of Dead Sea)』, Institus Biblique Pontifical, 1 January 1924. http://www.amazon.com/Voyage-DExploration-Sud-Est-Exploration-South-East/dp/B004PHW14C

Milik, J.T., 『Aramaic Fragments of Qumran Cave 4』, Oxford: Clarendon Press, 1976, p. 167.

Mitchell, Stephen, 『Gilgamesh: A New English Translation』, Free Press, 2004.

O'Neill, Gerard K., 『The High Frontier : Human Colonies in Space』, William Morrow, 1977

O'Neill, Gerard K., 『The High Frontier: Human Colonies in Space』, Apogee Books Space Series 12, 1 Dec 2000.

Sandars, Nancy K.(Tr), 『The Epic of Gilgamesh』, Harmondsworth: Penguin, 1985.

Scafi, Alessandro, 『Mapping Paradise, A History of Heaven on Earth』, Chicago and London, University of Chicago Press & The British Library,

2006; Figure 11.3 on p. 349, Figure 11.4 on p. 350, Figure 11.5 on p. 351.

Sitchin, Zecharia, 『The Lost Realms(Book IV) (4th Book of Earth Chronicles)』, Bear & Company, September 1, 1990.

http://www.bibliotecapleyades.net/archivos_pdf/lostrealms.pdf

Sitchin, Zecharia, 『The Lost Book of Enki : Memors and Prophecies of an Extraterrestrial God』, Bear & Company; X edition, p. 139, 148, 167-170, 198-199, August 16, 2004.

http://www.bibliotecapleyades.net/archivos_pdf/lostbook_enki.pdf

Speiser, E.A.(Tr.), 『The Descent of Ishtar』, From Ancient Near Eastern Texts.

http://www.bibliotecapleyades.net/serpents_dragons/boulay08e_b.htm

Tellinger, Michael, 『Slave Species of God』, APG Sales & Distribution; 2nd Edition edition, p. 251 & 452 & 472, 2006; December 11, 2009.

Temple, Robert, 『A verse version of the Epic of Gilgamesh』, 1991.

http://www.angelfire.com/tx/gatestobabylon/temple1.html

http://www.bibliotecapleyades.net/serpents_dragons/gilgamesh.htm

Thompson, R. Campbell(Tr), 〈The Epic of Gilgamish』, London, 1928.

http://www.sacred-texts.com/ane/eog/index.htm

논문

Amato, Ivan, "Metallic hydrogen: Hard pressed", 『Nature』, Vol. 486, No. 7402, pp. 174-176, 14 Jun 2012.

http://www.nature.com/news/metallic-hydrogen-hard-pressed-1.10817

Appeltans et al., "The Magnitude of Global Marine Species Diversity", 『Current Biology』, Vol. 22, No. 23, pp. 2189-2202, 15 Nov 2012.

http://www.cell.com/current-biology/abstract/S0960-9822(12)01138-4

Arzt & Spolenak et al., "From micro to nano contacts in biological attachment devices", 『PNAS』, Vol. 100, No. 19, pp. 10603-10606, 25 Jul 2003

http://www.pnas.org/content/100/19/10603.abstract

Ayub & Fisher et al., "FOXP2 Targets Show Evidence of Positive Selection in European Populations", 『The American Journal of Human Genetics』, Vol. 92, No. 5, pp. 696-706, 18 April 2013. http://www.cell.com/AJHG/

retrieve/pii/S0002929713001274

Blackstone et al., "H2S Induces a Suspended Animation - Like State in Mice", 『Science』, Vol. 308, No. 5721, p.518, 22 Apr 2005.

http://www.sciencemag.org/content/308/5721/518.abstract

Boixo & Lidar et al., "Experimental signature of programmable quantum annealing", 『Nature Communications』, 4, Article number: 2067, DOI: doi:10.1038/ncomms3067, 28 June 2013.

http://www.nature.com/ncomms/2013/130628/ncomms3067/full/ncomms3067.html

Burguiere et al., "Optogenetic Stimulation of Lateral Orbitofronto-Striatal Pathway Suppresses Compulsive Behaviors", 『Science』, Vol. 340, no. 6137, pp. 1243-1246, 7 June 2013. http://www.sciencemag.org/content/340/6137/1243.abstract

Clark et al., "Inferring Nonneutral Evolution from Human-Chimp-Mouse Orthologous Gene Trios(인간-침팬지-쥐의 정통 유전자 삼각관계로부터 추론하는 비중립적 진화)", 『Science』, Vol. 302, No. 5652, pp. 1960-1963, 12 December 2003.

http://www.sciencemag.org/cgi/content/short/302/5652/1960

Colgin et al., "Frequency of gamma oscillations routes flow of information in the hippocampus(감마 리듬(진동)은 해마에서 정보의 흐름을 라우팅)", 『Nature』, Vol. 462, No. 7271, pp 353-357, 19 November 2009.

http://www.nature.com/nature/journal/v462/n7271/abs/nature08573.html

Collinger et al, "High-performance neuroprosthetic control by an individual with tetraplegia", 『The Lancet』, Volume 381, Issue 9866, Pages 557 - 564, 16 February 2013, doi:10.1016/S0140-6736(12)61816-9, Published Online: 17 December 2012. http://www.thelancet.com/journals/lancet/article/PIIS0140-6736%2812%2961816-9/fulltext

Desland & Simpson, "Resource distribution mediates synchronization of physiological rhythms in locust groups", 『Proc. R. Soc. A.』, vol. 273, No. 1593, pp. 1517-1522, 22 Jun 2006

http://rspb.royalsocietypublishing.org/content/273/1593/1517.abstract

Dominguez & Rakic, "Language evolution: The importance of being human", 『Nature』, Vol. 462, No. 7270, p. 169, 12 November 2009. http://www.nature.com/nature/journal/v462/n7270/full/462169a.html

Emery & Clayton et al., "The Mentality of Crows: Convergent Evolution of Intelligence in Corvids and Apes", 『Science』, Vol. 306, No. 5703, pp. 1903-1907, 10 Dec 2004. http://www.sciencemag.org/content/306/5703/1903. abstract

Eremets, M. I. & I. A. Troyan, "Conductive dense hydrogen", 『Nature Materials』, Vol. 10, No. 12, pp. 927~931, Published online13 November 2011 http://www.nature.com/nmat/journal/v10/n12/full/nmat3175.html

Gehring & Boyd et al., "Observation of Backward Pulse Propagation Throught a Midium with a Negative Group Velocity", 『Science』, Vol. 312, No. 5775, pp. 895-897, 12 May 2006. http://www.sciencemag.org/content/312/5775/895.abstract

Guthrie et al., "Neutron diffraction observations of interstitial protons in dense ice", 『PNAS』, 2013 ; doi:10.1073/pnas.1309277110, Published ahead of print on 11 June 2013. http://www.pnas.org/content/early/2013/06/11/1309277110.abstract

Hassabis et al., "Imagine All the People: How the Brain Creates and Uses Personality Models to Predict Behavior," 『Cerebral Cortex』, 10.1093/cercor/bht042, published online 5 March 2013. http://cercor.oxfordjournals.org/content/early/2013/03/04/cercor.bht042.abstract

Haupt, Paul, "The dimensions of the Babylonian ark", is an article from 『The American Journal of Philology』, Vol. 9, No. 4, pp. 419-424 Jan 1988. http://www.jstor.org/stable/287191
https://archive.org/details/jstor-287191

Hochberg et al., "Neuronal ensemble control of prosthetic devices by a human with tetraplegia", 『Nature』, Vol 442, No. 7099, pp. 164-171, 13 July 2006. http://www.nature.com/nature/journal/v442/n7099/abs/nature04970.html

Horikawa et al., "Neural Decoding of Visual Imagery During Sleep", 『Science Express』, DOI: 10.1126/science.1234330, Published Online 4 April 2013. http://www.sciencemag.org/content/340/6132/639.abstract

Kilmer, Anne Draffkorn, "How was Queen Ereshkigal tricked? A new interpretation of the Descent of Ishtar", 『Ugarit-Forschungen』 3, pp 299-309, 1971.

Konopka et al, "Human-specific transcriptional regulation of CNS(the central nervous system) development genes by FOXP2", 『Nature』, Vol. 462, No. 7270, p. 213-217, 12 November 2009.
http://www.nature.com/nature/journal/v462/n7270/abs/nature08549.html

Lai & Fisher et al., "A forkhead-domain gene is mutated in a severe speech and language disorder", 『Nature』, Vol. 413, No. 6855, pp. 519-523, 4 October 2001.
http://www.nature.com/nature/links/011004/011004-4.html
http://www.nature.com/nature/journal/v413/n6855/abs/413519a0.html

Lauwers et al., "An Iron-Rich Organelle in the Cuticular Plate of Avian Hair Cells", 『Current Biology』, 10.1016/j.cub.2013.04.025, 25 April 2013
http://www.cell.com/current-biology/abstract/S0960-9822(13)00433-8

Levin, Yigal, "Nimrod the Mighty, King of Kish, King of Sumer and Akkad", 『Vetus Testementum』, Vol. 52, Facs. 3, 2002, pp. 350-366. http://www.jstor.org/pss/1585058

Mannoor, "A 3D Printed Bionic Ear", 『Nano Letters』, DOI: 10.1021/nl4007744, Publication Date (Web): May 1, 2013 (Communication)
http://pubs.acs.org/doi/abs/10.1021/nl4007744

Mora et al., "Magnetoreception and its trigeminal mediation in the homing pigeon", 『Nature』, Vol. 432, No. 7016, pp. 508-511, 25 November 2004
http://www.nature.com/nature/journal/v432/n7016/abs/nature03077.html

Poplicha, Joseph, "The Biblical Nimrod and the Kingdom of Eanna", 『Journal of the American Oriental Society』, Vol. 49, 1929, pp. 303-317. http://www.jstor.org/pss/593008

Rauch et al., "Illuminating the Neural Circuitry of Compulsive Behaviors", 『Science』, Vol. 340, no. 6137, pp. 1174-1175, 7 June 2013.
http://www.sciencemag.org/content/340/6137/1174.summary

Robertson et al., "Sound beyond the speed of light: Measurement of negative group velocity in an acoustic loop filter", 『Applied Physics Letters』, Vol. 90, Iss. 1, Articles(014102), Published online 2 Jan 2007
http://apl.aip.org/resource/1/applab/v90/i1/p014102_s1

Schiff et al., "Behavioural improvements with thalamic stimulation after severe traumatic brain injury(심각한 외상성 뇌손상 이후 전극을 이식한 시상 자극 치료법으로 환자의 활동 향상에 관한 연구)", 『Nature』, Vol. 448, No. 7153, pp. 600-603, 2 August 2007. http://www.nature.com/nature/journal/v448/n7153/abs/nature06041.html

Spolenak et al., "Effects of contact shape on the scaling of biological attachments", 『Proc. R. Soc. A.』, Vol. 461, No. 2054, pp. 305-319, 8 February 2005
http://rspa.royalsocietypublishing.org/content/461/2054/305.abstract

Sun et al., "3D Printing of Interdigitated Li-Ion Microbattery Architectures", 『Advaned Materials』, DOI: 10.1002/adma.201301036, Article first published online: 17 Jun 2013. http://onlinelibrary.wiley.com/doi/10.1002/adma.201301036/abstract

Swisdak et al., "A Porous, Layered Heliopause", 『The Astrophysical Journal Letters, Vol. 774, No. 1, L8, doi:10.1088/2041-8205/774/1/L8, 14 Aug 2013. http://iopscience.iop.org/2041-8205/774/1/L8

Tinney, Steve, "A New Look at Naram-Sin and the Great Rebellion", 『Journal of Cuneiform Studies』, Vol. 47, pp. 1-14, 1995.

Uomini & Meyer, "Shared Brain Lateralization Patterns in Language and Acheulean Stone Tool Production: A Functional Transcranial Doppler Ultrasound Study", 『PLoS ONE』 8(8): e72693. doi:10.1371/journal.pone.0072693, 30 August 2013. http://www.plosone.org/article/info%3Adoi%2F10.1371%2Fjournal.pone.0072693

Yu. Ts. Oganessian et al., "Synthesis of the isotopes of elements 118 and 116 in the 249Cf and 245Cm+48Ca fusion reactions(칼리포르늄과 칼슘의 융

합 반응에서 조합되는 원소번호 118과 116의 동위원소 발견)", 『Phys. Rev. C』, Vol. 74, 044602, 2006. http://prc.aps.org/abstract/PRC/v74/i4/e044602

You et al., "Non-Invasive Brain-to-Brain Interface (BBI): Establishing Functional Links between Two Brains", 『PLoS ONE』, 8(4): e60410. doi:10.1371/journal.pone.0060410, 3 Apr 2013. http://www.plosone.org/article/info%3Adoi%2F10.1371%2Fjournal.pone.0060410

Velliste et al., "Cortical control of a prosthetic arm for self-feeding(보철팔을 이용해 스스로 먹게 하는 보철팔의 대뇌피질 제어)", 『Nature』, advance online publication 28 May 2008, http://www.nature.com/nature/journal/v453/n7198/abs/nature06996.html

Weir, Chappell & Kacelnik, "Shaping of Hooks in New Caledonian Crows", 『Science』, Vol.

297, No. 5583, p. 981, 09 Aug 2002.

http://www.sciencemag.org/content/297/5583.toc

신문/방송 미디어

동아일보 - '태양계 울타리' 넘는 보이저 1호(20 Jun 2013) http://news.donga.com/Inter/3/02/20120620/47147187/1

동아일보-루이터즈 - 지상에서 포착한 가공할 쓰나미의 위력(13 Mar 2011) http://reuters.donga.com/bbs/main.php?tcode=10102&no=15309

동아일보 - 서울대병원'뇌심부자극술'이용 파킨슨병 수술현장 가보니…(12 Mar 2007 & 27 Sep 2009). http://news.donga.com/3//20070312/8416714/1

동아일보 - 21세기 '북극大戰' 시작됐다…"석유-어족자원 신천지"(10 Oct 2005) http://news.donga.com/3/all/20051012/8236926/1

동아일보 - 남극반도 빙하 급속히 녹아(22 Apr 2005) http://news.donga.com/3/all/20050422/8182311/1

동아일보 - 제주도 1.4배 빙산, 남극서 충돌(20 Apr 2005) http://news.donga.com/3/all/20050420/8181729/1

동아일보 - "일본이 독도 탐내는 이유는 지하자원 때문"(18 Mar 2005) http://news.donga.com/3/all/20050318/8170432/1

서울신문 - 영화 '쥬라기 공원'처럼 공룡이 부활할 수 있나요(02 Jul 2013) http://www.seoul.co.kr/news/newsView.php?id=20130702023001

세계일보 – 대만, 전자칩 이식으로 식물인간 6명 의식 회복(30 Mar 2005)

   http://www.segye.com/Service5/ShellView.asp?TreeID=1052&PCode=0
   003&DataID=200503301355002507

세계일보 – 바다 밑 독도는 울릉도 면적의 6배(18 Mar 2005)

http://www.segye.com/Articles/News/Article.asp?aid=20050318000111&cid
   =0101090400000&dataid=20050318204100254

아주경제 – 대전시, 국방벤처기업 지능형 비행로봇 '멀티콥터' 비행(29 May 2013)

   http://www.ajunews.com/kor/view.jsp?newsId=20130529000368

연합뉴스 – "중국, 1만1천m급 심해잠수정 개발 착수"(30 Jun 2013)

   http://news.naver.com/main/read.nhn?mode=LSD&mid=sec&sid1=100&
   oid=001&aid=0006344233

이데일리 – 태양 주변서 UFO 포착… '벌써 세번째'(12 May 2013)

   http://www.edaily.co.kr/news/NewsRead.edy?SCD=DH34&newsid=0110
   5366599528264&DCD=A00710

조선일보 – 주라기 공원처럼… 황우석 이번엔 매머드 복원한다고?(29 Jun 2013)

   http://news.chosun.com/site/data/html_dir/2013/06/28/2013062802172.
   html

조선일보 – [오늘의 세상] 영화 아바타처럼… 사람 생각만으로 동물
   을 움직였다(4 Apr 2013). http://biz.chosun.com/site/data/html_
   dir/2013/04/04/2013040400202.html

조선일보 – 보이저 1호, 태양계 끝 새 영역 발견(04 Dec 2012)

   http://news.chosun.com/site/data/html_dir/2012/12/04/2012120401048.
   html

조선일보 – [오늘의 세상] 초콜릿도 혈관도 비행기도… '3D 프린터(입체 분사방식)'로
   찍어낸다(01 Dec 2011)

   http://news.chosun.com//site/data/html_dir/2011/12/01/2011120100334.
   html

조선일보 – 태양계, 원형이라는 편견 깨져… 찌그러진 타원형(03 Jul 2008)

   http://news.chosun.com/site/data/html_dir/2008/07/03/2008070301052.
   html

조선일보– 6천m급 심해무인잠수정 '해미래' 개발 완료(07 Dec 2005)

   http://www.chosun.com/economy/news/200512/200512070109.html

조선일보 - 독도 바다 밑에 전국민 30년 쓸 수 있는 가스 묻혀 있다. 독도 남서해역 포함 동해일원에 6억t 매장 추정(17 Mar 2005)

http://www.chosun.com/economy/news/200503/200503170291.html

중앙일보 - [Life] "물도 감정에 반응해요", 01 Sep 2008

http://article.joinsmsn.com/news/article/article.asp?total_id=3281104

중앙일보-우주탐사선 '보이저 1호' 태양계 끝자락까지 갔다(27 May 2005)

http://article.joins.com/article/article.asp?total_id=1605228

한국일보 - 인류의 메시지, 드디어 태양계 너머로…(19 Aug 2013)

http://news.hankooki.com/lpage/world/201308/h2013081903344922450.htm

한국일보 - 日강타 쓰나미, 최고 높이 37.9m(03 Apr 2011)

http://news.hankooki.com/lpage/world/201104/h2011040323321522450.htm

헤럴드생생뉴스 - 태양 주변서 천사 형태 UFO 또 포착 기사 입력(23 Feb 2013)

http://news.heraldcorp.com/view.php?ud=20130222000585&md=20130224003231_AN

BBC - 'Language gene' effects explored(13 Nov 2009).

http://news.bbc.co.uk/2/hi/science/nature/8355541.stm

BBC - Pentagon plans cyber-insect army(15/Mar/2006) http://news.bbc.co.uk/1/hi/world/americas/4808342.stm

BBC - Arctic ice 'disappearing quickly'(28 Sep 2005) http://news.bbc.co.uk/2/hi/science/nature/4290340.stm

BBC - Voyager 1 pushes for deep space. The Voyager 1 probe is getting very close to the edge of the Solar System(24 May 2005)

http://news.bbc.co.uk/2/hi/science/nature/4576623.stm

BBC - Mice put in 'suspended animation'(21 Apr 2005)

http://news.bbc.co.uk/2/hi/science/nature/4469793.stm

BBC - Brain chip reads man's thoughts. A paralysed man in the US has become the first person to benefit from a brain chip that reads his mind(31 Mar 2005)

http://news.bbc.co.uk/2/hi/health/4396387.stm

BBC - Crows and jays top bird IQ scale(22/Feb/2005)

http://news.bbc.co.uk/1/hi/sci/tech/4286965.stm

BBC - Pigeons 'sense magnetic field'(24 Nov 2004)

http://news.bbc.co.uk/2/hi/science/nature/4038179.stm

Cnet - 7-foot crab robot may be future of underwater exploration(30 Jul 2013)

http://news.cnet.com/8301-11386_3-57596202-76/7-foot-crab-robot-may-be-future-of-underwater-exploration/

Cnet - Brain implants let paralyzed woman move robot arm(17 Dec 2012)

http://news.cnet.com/8301-17938_105-57559675-1/brain-implants-let-paralyzed-woman-move-robot-arm/

CNN - Will mammoths be brought back to life? Liquid blood find fuels cloning hopes(02 Oct 2013)

http://edition.cnn.com/2013/05/30/world/asia/siberia-mammoth-blood-discovery/

CNN - Brain downloads 'possible by 2050'(23/May/2005)]

http://edition.cnn.com/2005/TECH/05/23/brain.download/index.html

EBS - 창백한 푸른 점 지구_1(20 Feb 2006)

http://www.ebs.co.kr/

KBS - 日 뇌파 분석…꿈 일부 해독(6 Apr 2013)

http://news.kbs.co.kr/news/NewsView.do?SEARCH_NEWS_CODE=2638844

Korea News1 - 러시아 소유스호…우주정거장 도킹 성공(29 May 2013)

http://news1.kr/articles/1153222

List 25 - 25 Most Intelligent Animals On Earth(03 June 2013)

http://list25.com/25-most-intelligent-animals-on-earth/

Livescience.com- Sound Pulses Exceed Speed of Light(12 Jan 2007)

http://www.livescience.com/1212-sound-pulses-exceed-speed-light.html

Livescience.com- Light Travels Backward and Faster than Light(18 May 2006)

http://www.livescience.com/790-light-travels-faster-light.html

MSNBC - News Week-Inventing the Future(25/Oct/2004)

http://www.msnbc.msn.com/id/6256766/site/newsweek/

National Geographic - Episode: Mammoth: Back from the Dead(15 Mar 2013)

http://channel.nationalgeographic.com/channel/a-night-of-exploration/episodes/mammoth-back-from-the-dead/

http://channel.nationalgeographic.com/channel/a-night-of-exploration/episodes/mammoth-back-from-the-dead/video/

National Geographic - Crows as Clever as Great Apes, Study Says(09 Dec 2004)

http://news.nationalgeographic.com/news/2004/12/1209_041209_crows_apes.html

National Geographic - Magnetic Beaks Help Birds Navigate, Study Says(24 Nov 2004)

http://news.nationalgeographic.com/news/2004/11/1124_041124_magnetic_birds.html

National Geographic - Crow Makes Wire Hook to Get Food(08 Aug 2002)

http://news.nationalgeographic.com/news/2002/08/0808_020808_crow.html

National Geographic - Scientists Identify a Language Gene(04 Oct 2001)

http://news.nationalgeographic.com/news/2001/10/1004_TVlanguagegene.html

Nature, News Feature, "Metallic hydrogen: Hard pressed"(13 June 2012)

http://www.nature.com/news/metallic-hydrogen-hard-pressed-1.10817

SBS - [취재파일] 인류로부터 가장 멀리 날아간 물체, 보이저 1호(13 Sep 2013)

http://news.sbs.co.kr/section_news/news_read.jsp?news_id=N1001981464

Science - 125 Questions, What don't we know?(1 Jul 2005)

http://www.sciencemag.org/site/feature/misc/webfeat/125th/

Science Daily - Language and Tool-Making Skills Evolved at the Same Time(03 Sep 2013). http://www.sciencedaily.com/releases/2013/09/130903102003.htm

Science Daily - Researcher Controls Colleague's Motions in First Human Brain-To- Brain Interface(27 Aug 2013).

http://www.sciencedaily.com/releases/2013/08/130827122713.htm

Science Daily – Voyager 1 Has Left the Solar System(15 Aug 2013) http://www.sciencedaily.com/releases/2013/08/130815133726.htm

Science Daily – NASA's Voyager 1 Explores Final Frontier of Our 'Solar Bubble'(27 Jun 2013). http://www.sciencedaily.com/releases/2013/06/130627140803.htm

Science Daily – Unfrozen Mystery: H2O Reveals a New Secret(10 June 2013) http://www.sciencedaily.com/releases/2013/06/130610152133.htm

Science Daily – Printable Functional 'Bionic' Ear Melds Electronics and Biology(01 May 2013). http://www.sciencedaily.com/releases/2013/05/130501193208.htm

Science Daily – Bird Navigation: Great Balls of Iron(25 Apr 2013) http://www.sciencedaily.com/releases/2013/04/130426073811.htm

Science Daily – Evolving Genes Lead to Evolving Genes: Selection in European Populations of Genes Regulated by FOXP2(18 Apr 2013). http://www.sciencedaily.com/releases/2013/04/130418124905.htm

Science Daily – Mental Picture of Others Can Be Seen Using fMRI, Finds New Study(5 Mar 2013). http://www.sciencedaily.com/releases/2013/03/130305091000.htm

Science Daily – At Least One-Third of Marine Species Remain Undescribed(15 Nov 2012). http://www.sciencedaily.com/releases/2012/11/121115133148.htm

Technology Review – Samsung Demos a Tablet Controlled by Your Brain, An easy-to-use EEG cap could expand the number of ways to interact with your mobile devices(19 Apr 2013) http://www.technologyreview.com/news/513861/samsung-demos-a-tablet-controlled-by-your-brain/

Telegraph – Biblical plagues really happened say scientists(27 Mar 2010) http://www.telegraph.co.uk/science/science-news/7530678/Biblical-plagues-really-happened-say-scientists.html

The Washington Post – Paralyzed woman uses robotic arm controlled by her thoughts to feed herself(By Reuters, 31 December 2012)

http://articles.washingtonpost.com/2012-12-31/national/36104181_1_robotic-arm-brain-controls-healthy-limbs-brain-signals

UFO Sightings Daily - Giant Angel Returns To Our Sun For Second Time In NASA PHOTOS(20 Feb 2013).
http://www.ufosightingsdaily.com/2013/02/giant-angel-returns-to-our-sun-for.html

UFO Sightings Daily - Angelic UFO Travels Toward Sun In NASA Photo(15 Oct 2012)
http://www.ufosightingsdaily.com/2012/10/angelic-ufo-travels-toward-sun-in-nasa.html

Wired - Sweet Dreams Made by Machine(23 Jan 2004) http://www.wired.com/gadgets/miscellaneous/news/2004/01/62004

Wired - Plants: New Anti-Terror Weapon?(05/Apr/2003)
http://www.wired.com/science/discoveries/news/2003/04/58118

Youtube - Message to Voyager: Welcome to Interstellar Space(12 Sep 2013)
https://www.youtube.com/watch?v=lwW3ZNdaeU0

Youtube - Voyager Captures Sounds of Interstellar Space(6 Sep 2013)
http://www.youtube.com/watch?v=LIAZWb9_si4

Youtube - Direct Brain-to-Brain Communication in Humans: A Pilot Study(26 Aug 2013).
http://www.youtube.com/watch?v=rNRDc714W5I

Youtube - Crabster CR200 1st underwater test at SSRIKIOST)(19 Jul 2013)
http://www.youtube.com/watch?v=MVfzIPBAyEs

Youtube - Quadriplegic Jan Scheuermann has been able to feed herself for the first time(17 Dec 2012). http://www.youtube.com/watch?feature=player_embedded&v=QVhJuwfNTC4

Youtube - 일본 소마 쓰나미 동영상(11 Mar 2011)
http://www.youtube.com/watch?v=JibTcNQeZB0

Youtube - BrainGate lets your brain control the computer(14 Aug 2008)
http://www.youtube.com/watch?v=TJJPbpHoPWo

Youtube - Organ Repair: ScienCentral News Video(12 Sep 2006)
http://www.youtube.com/watch?v=rv6ZJeEBOPo

Zdnet - 게 로봇...거친 바다 탐사 작업 '척척' (31 Jul 2013)

  http://www.zdnet.co.kr/news/news_view.asp?artice_id=20130731083632

기타

두란노성서지도 - 아브라함의 이동 경로

  http://www.youngseo.org/bbs/skin/ggambo7002_board/print.

  php?id=ed07&no=3

브레이크뉴스 @ 빛과 흑암의 역사, '노아의 방주-2'(23 Aug 2005).

  http://www.aspire7.net/belief-1-5-b.html

비피솔루션 - 가시광통신(VLC, Visible Light Communication)- www.ibps.co.kr

성평건, 제이스텝(주) 회장, "주역으로 풀어 본 물의 비밀", 24 Aug 2012, 필자에게

  온 이메일

시장판, '물 이야기'의 '육각수는 생명수(生命水)다'와 '육각수는 생명수(生命水)다' 2011

  년 11월 9일자 웹 사이트, http://www.sijangpan.com/

이영제 목사 - 신약의 배경과 총론 - http://kcm.co.kr/bible/new/new005.html

후루사키 코이치 박사, "테라헬츠테크놀로지 : 자연환경의 개선과 건강의 창조",

  리켄테크노시스템(주), 발표자료, 일본, 2011년 7월

케임브리지 한인교회, 주제별 시리즈 설교 19의 사명(1) 이미지 중 '출애굽 경

  로-광야통과와 가나안 정복'의 이미지 - http://web.firstkoreanchurch.

  org/?document_srl=358

한국컴퓨터선교회의 출애굽의 시내반도(Sainai) 이미지-http://kcm.kr/dic_view.

  php?nid=38027&key=&kword=%C3%E2%BE%D6%B1%C1&page,

  http://kcm.kr/dic_view.php?nid=38414&key=&kword=%C3%E2%BE%D

  6%B1%C1&page

GLOHA, 은혜 안에 뛰놀며 주의 영광보리라 by mikhail, 이스라엘 입국 때 가나

  안 족속들의 이미지 중 '노아의 후손들과 민족(「창세기」 10장)'의 이미지, '이스

  라엘 입주 때 가나안 지역의 족속'의 이미지, '이스라엘 12지파에게 분활된 가

  나안' 이미지 - http://hoika6.egloos.com/4930339

IAU(International Astronomical Union) - The IAU draft definition of "planet"

  and "plutons"(16 Aug 2006, Prague).

  http://www.iau.org/public_press/news/detail/iau0601/

  http://www.iau.org/administration/resolutions/ga2006/

IBM - The 5 in 5 - Innovations that will change our lives in the next five years(17 Dec 2012). http://www.ibm.com/smarterplanet/us/en/ibm_predictions_for_future/ideas/

NASA - Spacecraft Embarks on Historic Journey Into Interstellar Space(12 Sep 2013). http://www.nasa.gov/mission_pages/voyager/voyager20130912.html

http://www.jpl.nasa.gov/news/news.php?release=2013-277

NASA - NASA's Voyager 1 Explores Final Frontier of our 'Solar Bubble'(27 Jun 2013). http://voyager.jpl.nasa.gov/news/voyager_final_frontier.html

NASA - Station Crew Expands to Six Following Express Soyuz Flight(29 May 2013)

http://www.nasa.gov/mission_pages/station/expeditions/expedition36/e36_052813_launch.html

NASA - Expedition 36 Soyuz Launch(28 May 2013)

http://www.nasa.gov/multimedia/imagegallery/image_feature_2519.html

NASA - PIA00452: Solar System Portrait - Earth as 'Pale Blue Dot'(12 Sep 1996) http://photojournal.jpl.nasa.gov/catalog/PIA00452

NASA - "Eagle" In Lunar Orbit(20 Jul 1969)

http://grin.hq.nasa.gov/ABSTRACTS/GPN-2000-001210.html

http://grin.hq.nasa.gov/IMAGES/SMALL/GPN-2000-001210.jpg

Sony - Optical Communication Apparatus and Optical Communication Method(20120147043, 14 June 2012)

http://appft1.uspto.gov/netacgi/nph-Parser?Sect1=PTO2&Sect2=HITOFF&p=1&u=%2Fnetahtml%2FPTO%2Fsearch-bool.html&r=1&f=G&l=50&col=AND&d=PG01&s1=20120147043.PGNR.&OS=DN/20120147043RS=DN/20120147043

University of Washington - Researcher controls colleague's motions in 1st human brain-to-brain interface(27 Aug 2013)

http://www.washington.edu/news/2013/08/27/researcher-controls-colleagues-motions-in-1st-human-brain-to-brain-interface/

바이블 매트릭스 4 : 하나님들의 과학기술과 우리가 창조해야 할 미래·하

2014년 5월 15일 초판 1쇄 인쇄
2014년 5월 20일 초판 1쇄 발행

지은이 차원용
펴낸이 권오상
펴낸곳 갈모산방

등록 2012년 3월 28일(제2013-000090호)
주소 경기도 고양시 일산서구 대화동 2232번지 402-1101
전화 031-907-3010
팩스 031-912-3012
이메일 galmobooks@naver.com

ISBN 979-11-85793-00-9 04230
ISBN 978-89-969524-4-2 (세트)

값 18,000원